Karl-May-Studien Bd. 3
Hg. v. D. Sudhoff (†) u. H. Vollmer

Old Shatterhand (Dr. Karl May)
mit Winnetous Silberbüchse.

Dieter Sudhoff (†) / Hartmut Vollmer (Hg.)

Karl Mays
„Old Surehand"

LITERATURWISSENSCHAFT

Dieter Sudhoff/Hartmut Vollmer (Hg.)
Karl Mays „Old Surehand" Karl-May-Studien; Bd. 3
1. Auflage 1995 | 2. Auflage 2011
ISBN: 978-3-86815-509-9
© IGEL Verlag Literatur & Wissenschaft, Hamburg, www.igelverlag.com
Alle Rechte vorbehalten.
Titelbild: Rainer Griese
Igel Verlag Literatur & Wissenschaft ist ein Imprint der Diplomica Verlagsgruppe
Hermannstal 119 k, 22119 Hamburg
Printed in Germany

Die Deutsche Bibliothek verzeichnet diesen Titel in der Deutschen Nationalbibliografie.
Bibliografische Daten sind unter http://dnb.d-nb.de verfügbar.

INHALT

Dieter Sudhoff / Hartmut Vollmer
Einleitung 7

Lorenz Krapp
Das sittliche Ideal bei Karl May 25

Hansotto Hatzig
Liebe und Versöhnung oder Das Programm Albert Schweitzers
Träume von einer Erlösung 45

Eckehard Koch
„...einer der gefährlichsten Winkel des fernen Westens..."
Zum zeitgeschichtlichen Hintergrund der
‚Old-Surehand'-Erzählung 57

Walther Ilmer
Mit un-sicherer Hand zum sicheren Sieg
Karl Mays ‚Old Surehand' als Werk der Kontraste 79

Harald Fricke
Karl May und die literarische Romantik 104

Jürgen Hahn
„an den sorgfältig ausgesuchten Orten"
‚Andeutungen über Landschaftsgärtnerei' in Karl Mays
Romantrilogie ‚Old Surehand'
Ein Versuch über das allegorische Wesen hortologischer
„Raumbilder" 127

Christoph F. Lorenz
Vom ‚Self-man' zum ‚Helden des Westens'
Zur Abenteuerkonzeption und Integration
früher Erzähltexte in Karl Mays ‚Old Surehand II' 169

Hartmut Vollmer
Die Schrecken des ‚Alten': Old Wabble
Betrachtung einer literarischen Figur Karl Mays 191

Joachim Biermann
Die Spur führt in die Vergangenheit
Überlegungen zur Thematik der Identitätssuche
in Karl Mays ‚Old Surehand' 220

Walter Olma
Schuld, Sühne, Vergebung in Karl Mays ‚Old Surehand' 251

Bibliographie 286

Dieter Sudhoff / Hartmut Vollmer

Einleitung

I

Als ein forschungsanregendes Charakteristikum des Œuvres Karl Mays gilt der ‚Bruch im Werk'. Diese ‚Brüchigkeit' ist nicht nur – in negativer Sichtweise – als Unvollkommenheit, Disparität, Inkohärenz und einheitsspaltende Heterogenität zu werten, sondern sie manifestiert zugleich auch Mays literarische Entwicklung, sie ist, so paradox es scheint, letztlich Ausdruck einer Kontinuität und erhebt sich als ästhetische Pluralität und erzählerisches Konglomerat sogar zum Strukturprinzip des Schreibens. Der Bruch (bzw. die Wandlung) vollzieht sich dabei auf mehreren Ebenen; er läßt sich ästhetisch wie ethisch, psychisch wie intellektuell, in der Weltanschauung wie in der Erzählprätention nachweisen.

Der zwischen 1894 und 1896 entstandene dreibändige Roman *Old Surehand* demonstriert wie die im letzten Studienband behandelte *Silberlöwen*-Tetralogie den ‚Bruch im Werk' in exemplarischer Weise. Daß die divergente Komposition der Trilogie in der kritischen Rezeption ein einstimmiges Urteil verhindert hat, kann nicht überraschen. Die Frage, ob der *Surehand* überhaupt als ein *geschlossenes Gesamtwerk* gelten kann, ist sehr kontrovers beantwortet worden. Vor allem der zweite Band des Romans, für den May bereits früher veröffentlichte Erzählungen kompilierte, widersetzt sich qualitativ, inhaltlich und strukturell einer epischen Geschlossenheit. Dies hat später dazu geführt, daß der Band in der Radebeuler bzw. Bamberger Reihe der ‚Gesammelten Werke' aus der Trilogie herausgelöst wurde und seit 1921 als eigenständiger Sammelband unter dem Titel *Kapitän Kaiman* erscheint.[1] Die Intention der Bearbeiter, den brüchigen Roman dadurch zu glätten, hat das Werk so aber im eigentlichen erst recht fragmentiert.

Old Surehand ist ein paradigmatisches Werk des Übergangs und der Wandlung Karl Mays. Vor dem Hintergrund der Entstehung bezeugt die Trilogie mit ihren fragwürdigen und rätselhaften Dissonanzen den seelischen Umbruch und die damit verbundenen Krisen des Autors.

May hatte sich 1894 als Verfasser ‚klassischer' Reiseerzählungen, die ab 1892 im Freiburger Verlag Friedrich Ernst Fehsenfelds gesammelt erschienen, bei einem breiten Lesepublikum etabliert; mit Werken wie dem sechsbändigen Orientzyklus, von *Durch Wüste und Harem* bis *Der Schut*, der *Winnetou*-Trilogie oder der 1890/91 in der ‚Illustrierten Knaben-Zeitung' *Der Gute Kamerad* publizierten Jugenderzählung *Der Schatz im Silbersee* genoß er den glanzvollen und zugleich (ver)blendenden Zauber des literarischen Ruhms. 1893 hatte er direkt für die Buchausgabe sein wohl bekanntestes und beliebtestes Werk, *Winnetou I*, geschrieben. Der Plan, die Geschichte um den edlen Apatschenhäuptling zur Trilogie auszuweiten, erwies sich jedoch als überaus problematisch und mühsam. Schon bei diesem Roman sah sich May gezwungen, für die Bände *II* und *III* auf ältere Texte zurückzugreifen, deren Zusammenfügung ihm dann nicht eben meisterlich gelang.[2]

Mit der *Surehand*-Trilogie gedachte May nicht nur im Umfang und in der Struktur an den erfolgreichen *Winnetou*-Roman anzuknüpfen. Gesundheitlich geschwächt (eine schwere Grippe mit Lungenentzündung lag hinter ihm, ein Augenleiden machte ihm weiterhin zu schaffen), kündigte er Fehsenfeld am 17. Juli 1894 ein dreibändiges Werk *Old Firehand* an[3], einen umfangreichen Roman also über jenen Westmann, den er – zurückgreifend auf eine frühe Zeitschriftenerzählung[4] – im zweiten *Winnetou*-Band auftreten ließ. Doch schon zehn Tage später hatte May unter Beifügung von 60 Manuskriptseiten einen anderen Plan gefaßt: „Ich habe den Titel geändert", teilte er Fehsenfeld am 27. Juli mit, „nicht Old Fire- sondern Old Surehand, weil Surehand als Westmann und Mensch noch bedeutend höher steht als Firehand, den wir später bringen können. Surehand ist unter den Weißen das, was Winnetou unter den Rothen war, die Verkörperung des Rassenideales. Haben Sie keine Sorge; diese drei Bände werden mehr wie Winnetou gefallen und uns Ehre machen."[5]

Weitere 60 Manuskriptseiten verschickte May am 31. Juli.[6] Die Verve des Schreibbeginns resultierte dabei vor allem aus dem Umstand, daß der Anfangsteil des Romans auf zwei bereits veröffentlichten Erzählungen beruhte, die er geschickt in die *Surehand*-Fabel einzuflechten wußte: *Der erste Elk*[7] und *Im Mistake-Cannon*.[8] Von Schreibschwierigkeiten und gleichzeitiger Zuversicht, nun doch zügig voranzukommen, zeugt hingegen ein Brief an Fehsenfeld vom 8. September: „Haben Sie die Correctur erhalten? Gefällt es Ihnen? Es wird hoch-, hochinteressant. [...] Endlich ‚fleckt' es jetzt gut. Sie erhalten den Schluß von Bd. I *noch vor* dem 1. October [...], Bd. II sicher bis 1. Dezember. Bd. III wird bis Ende Februar fertig."[9]

Dennoch dauerte es noch bis zum 2. Dezember, ehe May den Schluß des ersten Bandes abschicken konnte. Die angegriffene Gesundheit des Schriftstellers scheint die Arbeit am Roman erheblich beeinträchtigt zu haben. Am 6. Dezember teilte er Fehsenfeld mit, daß ihm die überstanden geglaubte Krankheit „noch schwer in den Gliedern" liege.[10] Hinzu kamen die täglichen ‚Leiden' eines Erfolgsautors: „Es sollen zu Weihnachten noch drei Bände ‚Old Surehand' erscheinen", schrieb May einem Schüler in Montabaur, „und vor mir liegen 600 Briefe, welche zu beantworten sind. Meine lieben Leser scheinen anzunehmen, daß bei mir das Jahr 24 Monate und der Tag 48 Stunden habe. Um Ihnen eine kleine Freude zu bereiten, schicke ich Ihnen den Federhalter, mit welchem ich den ersten Band meines neuen Werkes ‚Old Surehand' geschrieben und gestern vollendet habe."[11]

Die Verzögerung der Manuskriptabgabe brachte Fehsenfeld im Hinblick auf das lukrative Weihnachtsgeschäft in arge Verlegenheit, so daß er May mit der Bitte bedrängte, den ersten Band zu kürzen, um ihn noch rechtzeitig zu Weihnachten ausliefern zu können. Fehsenfelds Vorschlag, den Band einfach mit dem 33. Bogen (nach Seite 528) zu beenden, stieß bei May allerdings auf heftigen Widerstand:

Es ist mir außerordentlich unangenehm, daß Bd. I nur 33 Bogen enthalten soll. Das Manuscript für 40 Bogen ist fort, und es ist geradezu unmöglich, an der Stelle, wo es 33 Bogen füllt, einen Schluß anzubringen; der Inhalt läßt das nicht zu, und außerdem hat ganz kurz vorher ein neues Kapitel begonnen. Dazu arbeite ich jetzt schon tüchtig am 2ten Bande und müßte Alles fortwerfen, was davon fertig ist; das sind über 200 Seiten. Wie wenig erwünscht mir das sein kann, brauche ich Ihnen nicht zu sagen.

Und was hier am Meisten zu berücksichtig[ig]en ist, das ist der Werth des Werkes. „Old Surehand" soll wo möglich noch besser sein als „Winnetou". Grad darum habe ich nicht leichtsinnig drauflos geschrieben und mir infolge dessen Ihren Zorn zugezogen. Und nun soll das umsonst sein?

Der erste Band mit *vollen 40 Bogen* wird jeden Leser hoch befriedigen. Wird er aber bei Bogen 33 abgebrochen, so taugt er gar nichts; er ist ein Champagner ohne Mousseux, ein Calummet ohne Pfeifenkopf, und das ganze Werk wird verdorben.[12]

Ungekürzt, als Band XIV der ‚Gesammelten Reiseromane', erschien der erste Teil des *Surehand*-Romans dann aber doch noch kurz vor Weihnachten. Schon am 18. Dezember lieferte May die letzten Manuskriptseiten für den zweiten Band. Dieser rasche Abschluß verwundert weniger, wenn man bedenkt, daß dem Buch fünf früher bereits veröffentlichte Texte zugrunde lagen, die May lediglich überarbeitet und durch eine neu verfaßte Rahmenerzählung, die an die Fabel des ersten Bandes anschloß, zusammengefügt hatte. Im einzelnen handelt es sich bei den älteren Erzählungen um *Three carde monte* (Erstdruck: *Deutscher Hausschatz*, Jg. 5, 1878/79, Nr. 26-28, März/April 1879[13] = XV 7-74), *Vom Tode erstanden* (Erstdruck: *Frohe Stun-

den, Jg. 2, 1878, Nr. 38-41, September/Oktober 1878 = XV 79-113), *Auf der See gefangen* (Erstdruck: *Frohe Stunden*, Jg. 2, 1878, Nr. 21-52, Mai-Dezember 1878 = XV 116-211, 429-581), *Unter der Windhose* (Erstdruck: *Das Buch der Jugend*, Bd. 1. Stuttgart 1886 = XV 215-247) und *Der Königsschatz* (Teil von Mays Kolportageroman *Das Waldröschen*, H. 16-21, 1883 = XV 252-424).[14] Gewiß interessant ist es, daß May ursprünglich als Band XIV der Fehsenfeld-Reihe eine Sammlung kleinerer Erzählungen mit dem Titel *Aus allen Zonen* (bzw. *Aus allen Meeren*) geplant hatte, die er zugunsten des *Firehand*- bzw. *Surehand*-Romans dann aber wieder aufgab. Roland Schmids Vermutung, daß May aufgrund der Schwierigkeiten Ende 1894, die Handlung von *Old Surehand I* fortzusetzen, „sich seiner ursprünglichen Absicht entsonnen" habe und nun der alten Idee folgend für den zweiten Band ältere Erzählungen zusammenstellte, dürfte wohl zutreffen.[15]

Der zweite *Surehand*-Band erschien im März 1895. Obwohl May schon am 18. Dezember 1894 versprochen hatte: „Nun wird Bd. III begonnen"[16], verging nahezu ein Jahr, bis er Fehsenfeld am 3. November 1895 berichtete, den Anfang des dritten *Surehand*-Bandes an die Druckerei Krais geschickt zu haben.[17] Und noch einmal fast ein Jahr dauerte es, ehe May seinem Verleger am 6. Oktober 1896 die Mitteilung geben konnte, „daß das Anfangs-Manuscript zu ‚Old Surehand' III morgen zu Herrn Krais abgeht".[18] Im Dezember 1896 lag *Old Surehand III* als Band XIX dann endlich vor. Durch die unerwartete neuerliche Verzögerung hatte Fehsenfeld sich genötigt gesehen, den beim Erscheinen von *Old Surehand II* bereits angekündigten *Mahdi*-Roman als Bände XVI bis XVIII in der Veröffentlichung vorzuziehen.

Die Suche nach den tieferen Gründen für die offensichtliche Schaffenskrise Mays zur Zeit der Entstehung des *Surehand*-Romans führt in eine höchst merkwürdige, verwunderliche und doch auch zukunftsweisende Lebensphase des Schriftstellers, die so abenteuerlich wie seine literarische Fiktion anmutet. Es ist jene traumerfüllte und zugleich desillusionierende Zeit eines ichspaltenden Konflikts zwischen Maskerade und Offenbarung, der May über schmerzhafte Brüche zum ‚eigentlichen' Schaffen leitete. Äußerlich schienen der Erfolg und Ruhm alles zu überstrahlen. Verführerisch entrollte sich die ‚Old-Shatterhand-Legende': ‚Dr. Karl May, genannt Old Shatterhand', formulierte sich die verhängnisvolle Identifikation des Autors mit seinem omnipotenten Ich-Helden.[19] Stolz bezog der ‚Berühmte', nun endlich zum ersehnten Wohlstand gelangt, im Januar 1896 sein prächtiges neues Domizil in Radebeul, das sich mit großen goldenen Lettern an der

Fassade als ‚Villa Shatterhand' auswies – ein Heim, das einem ‚heldenhaften Weltläufer' würdig war. In zahllosen Briefen an seine Leser beteuerte er unermüdlich, alle erzählten Abenteuer selbst erlebt zu haben: „Ich habe jene Länder wirklich besucht und spreche die Sprachen der betreffenden Völker", ließ er in einem Brief vom 9. August 1894 wissen: „Die Gestalten, welche ich bringe (Halef Omar, Winnetou, Old Firehand [...]) haben gelebt oder leben noch und waren meine Freunde".[20] „Keine der Personen und keines der Ereignisse, welche ich beschreibe, ist erfunden", versicherte er in einem Brief vom 3. Januar 1895.[21] Um den Authentizitätsanspruch seiner Bücher zu festigen, ließ er 1896 den Reihentitel der Fehsenfeld-Ausgabe, beginnend mit Band XVIII (*Im Lande des Mahdi III*), ändern: nicht mehr als fiktionale ‚Reiseromane', sondern als realistische ‚Reiseerzählungen' wurden seine Werke nun deklariert. Zur Legendenbildung um den Schriftsteller trugen wesentlich die zahlreichen Fotografien bei, die ihn vor einer künstlichen Märchen-Kulisse präsentierten, „in den Original-Kostümen, die Old Shatterhand und Kara Ben Nemsi auf seinen gefahrvollen Weltreisen trug", wie es der Prospekt des Foto-Verlegers Adolf Nunwarz verkündete.[22] Bezeichnenderweise war es der Band *Old Surehand III*, der mit einem Frontispiz, betitelt „Old Shatterhand (Dr. Karl May) mit Winnetous Silberbüchse", der Helden-Maskerade das offizielle Bildnis lieferte.[23]

Hinter der ruhmreichen Fassade, unter der Oberfläche des glanzvollen Scheins verbarg sich freilich ein ganz anderer Karl May: ein innerlich zerrissener, von drückender Schuld beladener und von schrecklichen Ängsten traumatisch gequälter Mensch, der verzweifelt um Erlösung rang. *Old Surehand III* trug nicht nur das martialische Helden-Porträt seines Autors, das der Fabel ikonengleich voranstand; die Geschichte, die das Buch erzählte, war von tiefer Dunkelheit, von schweren Schatten der Vergangenheit belastet, die das bunte abenteuerliche Geschehen im Wilden Westen hinunterzogen zu den enigmatischen ‚Jagdgründen der Seele'. Der dritte *Surehand*-Band leitet die ‚späten Reiseerzählungen' Mays ein, für die eine verstärkte Introspektion und handlungsbestimmende philosophisch-religiöse Diskurse konstitutiv sind. Im Mittelpunkt stehen dabei die Motive der Liebe und des Todes, mit denen vornehmlich ‚gebrochene Charaktere', glaubens- und liebesverlustige Figuren, in denen May immer wieder seine eigene dunkle Geschichte verschlüsselt hat, konfrontiert werden. Psychisch vollzieht sich hier seine zunehmende Abkehr vom alten väterlichen Ich-Ideal und die Neuorientierung am wiedergefundenen mütterlichen Liebes-Ideal.[24]

Der seelische Zwang, von dem May im *Surehand* zum Erzählen und zum Verschweigen der Geheimnisse um eine auseinandergerissene Familie, um verirrte und verlorene, haltlose und suchende, stetig gefangengenommene und befreite Menschen getrieben wird, ist nicht zu übersehen. Dieser Zwang ruft Bilder von großer Eindringlichkeit ab, er läßt erschütternde Projektionen des Schreckens und der Erlösungssehnsucht entstehen.

Während May sich mit dem ersten *Surehand*-Band auf der Höhe seiner ‚klassischen' Reiseerzählungen befand und er sich mit dem zweiten Band eher als – frühere Texte sammelnden – Novellisten denn als Romancier präsentierte (in der Tradition von Hauffs *Wirtshaus im Spessart* und Sealsfields *Cajütenbuch*), kündigte der dritte Band durch eine fabeldeterminierende Innenwelt-Fixierung bereits das symbolisch-allegorische Spätwerk an, in dem die äußere Begebenheit stets emblematisch auf die innere Wahrheit verweist. Die proklamierten Ziele, die May mit der *Surehand*-Trilogie ursprünglich verfolgte, erreichte er indes nicht. Weder vermochte der *Surehand* den *Winnetou*-Roman qualitativ zu übertreffen noch gelangte die Titelfigur als Winnetou-Pendant zur „Verkörperung des Rassenideales". Gerade die unheroischen und sehr verhaltenen, ja verschämten Auftritte des Titelhelden machen evident, wie sehr sich der seelische Stoff verselbständigte und zur Erzählung der einen und einzigen Geschichte über Untergang und Rettung des Ichs drängte. So kann es keineswegs überraschen, daß May auf dem Gipfel der identifikatorischen Helden-Idealisierung am 6. Oktober 1896 seinem Verleger Fehsenfeld von ganz anderen, höheren, abseits der reißenden Abenteuer liegenden literarischen Plänen schrieb – *Marah Durimeh* hieß das große, zukünftige Werk:

3 Bände, *mein Hauptwerk*, welches meine ganze Lebens- und Sterbensphilosophie enthalten wird. Ich habe aber eingesehen, daß es ein großer Fehler wäre und schädlich für uns beide, dies schon jetzt zu bringen, denn es würde möglicher Weise die folgenden Bände in Schatten stellen, und ein Autor soll doch nicht zurückgehen, sondern sich steigern. Deshalb bitte ich Sie um die gütige Erlaubniß, diese 3 Bände *später* bringen zu dürfen![25]

An der Schwelle zum ‚eigentlichen' Werk hielt May noch einmal ein, er ging in Wahrheit doch „zurück" auf vertrautes und erfolgversprechendes erzählerisches Gebiet. Noch allzu gewagt, zu unsicher und zu rätselhaft erschien ihm der Schritt über die Grenze; er selbst wußte ja nicht, wohin ihn der Schritt führen würde (und tatsächlich blieb der *Marah-Durimeh*-Roman nur eine Idee). Statt dessen schlug er Fehsenfeld vor, zunächst den dreibändigen Roman *Satan und Ischarioth* „in Angriff" zu nehmen, für den er wiederum auf bereits vorliegende Texte zurückgreifen konnte. Mays Neigung zur Roman-Trilogie Mitte der neunziger Jahre entsprach ganz offenkundig dem Bewußtsein, daß die zu erzählende, kryptische (Lebens-)Geschichte eine breite Form benötigte. Zwischen literarischer Idee und Ausführung – dies belegt eindrücklich auch die *Surehand*-Trilogie – öffnete sich freilich immer wieder eine weite Kluft. Bis zu seinem Tod war May erfüllt von großen, noch zu verwirklichenden Plänen; die stetigen Hinweise auf das ‚kommende', ‚spätere' Werk, das *alles* erklären werde, begleiteten Mays Schaffen, seitdem er um den tieferen Sinn und die erlösende Aufgabe seines Schreibens wußte. In *Old Surehand* brachen die inneren Geheimnisse auf wie nie zuvor. Die Rätsel, von denen die ‚gebrochenen' Figuren Old Surehand und Old Wabble umstrickt sind, die ‚gespaltenen' Mutter-Gestalten Kolma Puschi und Tibo-wete-elen, die maskierten Schurken Dan Etters und Lothaire Thibaut, der wiedergefundene Bruder Apanatschka und auch die persönlichen Bekenntnisse des Ich-Helden Old Shatterhand: sie alle tragen das ungelöste Schicksal des Autors und verknüpfen sich zu einer Geschichte, die gerade durch die bis zuletzt gehaltene Spannung zwischen Kaschierung und Aufklärung, zwischen Schuld und Sühne ihre erzählerische Kraft beweist. „Soll ein Buch seinen Zweck erreichen, so muß es eine Seele haben, nämlich die Seele des Verfassers", erklärt der Ich-Erzähler des *Surehand* apodiktisch: „Ist es bei zugeknöpftem Rock geschrieben, so mag ich es nicht lesen." (XIX 342) Sehr dezidiert hat May hier die Motivation und Intention seines Werks formuliert und gleichzeitig den Schlüssel der bis heute ungebrochenen Faszination seiner Bücher geliefert. Seine Reiseerzählungen habe er allein für die Seele geschrieben, betonte er rückblickend noch in seiner Selbstbiographie, denn „nur sie allein" könne ihn „verstehen und begreifen": „Für seelenlose Leser rühre ich keine Feder."[26] „Ich schreibe nieder, was mir aus der Seele kommt, und ich schreibe es so nieder, wie ich es in mir klingen höre. [...] Mein Stil ist also meine Seele".[27] Welche furchtbar dröhnenden inneren ‚Klänge' May während der Arbeit am *Old Surehand* gehört haben muß, läßt sich erahnen (denkt man nur an die Todesszene Old Wabbles). Und so sind denn auch seine finalen Worte auf der Rückseite des letzten Manuskriptblattes zu *Old Surehand III* zu verstehen: „Endlich, Endlich, Endlich / Schluss / des III^{ten} Bandes / Hamdulillah!"[28]

II

Ungeachtet aller philologischen Einwände kommt der *Old-Surehand*-Trilogie schon deshalb unter Karl Mays Reise- und Jugenderzählungen besondere Bedeutung zu, weil es sich – anders etwa als bei den übrigen Trilogien *Im Lande des Mahdi*, *Satan und Ischariot* und selbst *Winnetou* – um das einzige mehrbändige Werk handelt, das, einmal abgesehen von den Binnentexten des zweiten Bandes, unmittelbar für die Buchausgabe entstand. Der damit einhergehende Anspruch wurde literarästhetisch vielleicht nicht eingelöst und die Möglichkeiten befreiteren Schreibens, unabhängig von der sonst durch das Zeitschriftenformat diktierten Fortsetzungsstruktur, hat May größtenteils verschenkt, doch dürfte die exklusive Veröffentlichung zusammen mit der formalen und inhaltlichen Nähe zur vorausgegangenen *Winnetou*-Trilogie wesentlich dazu beigetragen haben, daß *Old Surehand* fast von Beginn an zu einem der bekanntesten und beliebtesten Romane Karl Mays avancierte und auch von weniger vertrauten Lesern bei seinem Namen sogleich assoziiert wird. Dazu trug zweifellos auch der Titel bei, der an ‚Old Shatterhand' erinnert, einen ungeschriebenen Roman, den viele Leser sich gewünscht hätten, und so war der Karl-May-Verlag verkaufspsychologisch schlecht beraten, als er den zweiten Band herauslöste und in *Kapitän Kaiman* umbenannte. Die Verkaufszahlen, wie sie der Verlag 1938 zum 25jährigen Jubiläum veröffentlichte, geben ein beredtes Zeugnis: 1913 lag die Auflage der *Surehand*-Trilogie zwischen 47.000 und 52.000 Exemplaren, übertroffen nur noch vom Orientzyklus und der *Winnetou*-Trilogie; 1938 hatte sich die Jugenderzählung *Der Schatz im Silbersee* überraschend an die dritte Stelle geschoben, ansonsten aber blieb die Reihenfolge unverändert, mit einem bemerkenswerten Unterschied: Während die Bände *Old Surehand I* und *II* (= *III*) mit 230.000 bzw. 220.000 Exemplaren bei einer Einzelzählung nun sogar auf den Plätzen 6 und 8 der Erfolgsstatistik rangierten (noch vor einigen Bänden des Orientzyklus), war der zum Sammelband *Kapitän Kaiman* deklarierte zweite Romanteil mit 143.000 Exemplaren auf einen mittleren Rang gesunken, noch hinter die strukturell ähnlichen Bücher *Am Stillen Ozean* und *Auf fremden Pfaden*.[29] Trotz insgesamt unvergleichlich höherer Auflagenzahlen dürfte sich an dieser Rangfolge und damit an der Popularität des (reduzierten) *Surehand*-Romans bis heute wenig geändert haben – Grund genug, zunächst dieser Trilogie nach den Studienbänden über *Winnetou*, den Orientzyklus und den komplexen *Silbernen Löwen* ein eigenes Buch mit gültig gebliebenen Altbeiträgen und hoffentlich die Forschung belebenden neuen Aufsätzen zu widmen.

Die besondere Vorliebe des allgemeinen Lesepublikums für *Old Surehand* hat in der wissenschaftlichen Rezeption bisher erstaunlicherweise keine wirkliche Entsprechung gefunden, ein Phänomen, das für beinahe alle Reiseerzählungen Karl Mays gilt und uns ein wesentlicher Anlaß zur Konzeption der Studienreihe war. Wie es scheint, ist selbst unter den Forschern, die ihren Autor ernstnehmen, die Ansicht verbreitet, es handle sich bei den exotischen Romanen aus Ost und West um ein Gesamtphänomen, dem am ehesten in Gesamtdarstellungen beizukommen sei, um ein Thema mit Variationen, das nicht zwingend monographische Einzeluntersuchungen erfordere, weil diese doch nur längst Vertrautes bestätigen könnten. In Wahrheit aber kann ein authentisches Gesamtbild erst dann entstehen, wenn man über den Wald nicht die Bäume vergißt und die durchaus vorhandene Eigenart der einzelnen Erzählung beachtet und betrachtet. So gesehen, steht die Karl-May-Forschung, der man angesichts der schon jetzt kaum noch überschaubaren Flut an Sekundärliteratur ein baldiges Erschöpftsein ihres Gegenstandes prophezeit hat, immer noch am Anfang, in einem Stadium erster, globaler Sichtung.

Von verschiedenen Detailanalysen (vor allem Walther Ilmers) und allfälligen Abhandlungen innerhalb größerer Zusammenhänge abgesehen, beschränkt sich die monographische Literatur zu *Old Surehand* fast auf die hier wieder vorgelegten Aufsätze von Lorenz Krapp, Harald Fricke und Hartmut Vollmer. In je anderer Weise bezeugen sie zusammen mit den Neubeiträgen die Eigenart eines Romans, der – auch dies eine Besonderheit des *Surehand* – über einen Zeitraum von mehreren Jahren entstand und so in gleich doppelter Hinsicht zu einem Werk des Übergangs wurde: als Zwischenglied von den frühen zu den späten Reiseerzählungen und als Brücke zum philosophisch-religiösen Spätwerk.

Der heute vergessene katholische Lyriker, Jurist und frühe May-Apologet Lorenz Krapp (1882–1947)[30] war womöglich der für die Karl-May-Rezeption unseres Jahrhunderts wichtigste Mann überhaupt, denn er war es, der seinen Bamberger Jugendfreund Euchar Albrecht Schmid zuerst für den von der Presse geschmähten Schriftsteller begeisterte und so mittelbar zur Gründung des Radebeuler Karl-May-Verlags beitrug. Nachdem Krapp schon zu Lebzeiten Mays mit Aufsätzen in der *Augsburger Postzeitung* und anderen Blättern für den Dichter eingetreten war (dessen Spätwerk er freilich eher abschätzig beurteilte), wurde er hernach freier Mitarbeiter des Verlages, ist in den *Karl-May-Jahrbüchern* aber nur im ersten und letzten Band vertreten, mit der kurzen Betrachtung *Am Grabe Winnetous* (1918) und dem hier wieder vorgelegten Aufsatz *Das sittliche Ideal bei Karl May* (1933), den er selbst als späte Erfüllung eines Versprechens verstand, das er May 1907 bei einem Besuch in der ‚Villa Shatterhand' gegeben hatte. Aus heutiger Sicht wirken einige Stellen in Krapps Aufsatz, besonders die Schlußanekdote um den ‚Heldentod' eines jungen Soldaten im Ersten Weltkrieg, zeitgebunden und ideologisch bedenklich, bei kritischer Distanz läßt sich seinen Ausführungen über die nach seiner Ansicht für *Old Surehand* konstitutiven Tugenden der „Ritterlichkeit, Ehrfurcht und Gerechtigkeit" aber noch immer Kenntnis und Erkenntnis abgewinnen. So bemerkte Krapp als einer der ersten, daß dieser Roman letztlich ein „Bekenntnisbuch", eine „Dichtung der Scham" sei, und konnte derart zutreffend begründen, weshalb gerade die Schicksale Old Surehands und besonders Old Wabbles den intuitiven Leser menschlich so zu ergreifen vermögen. Krapps allzu apologetische Interpretation der „sittlichen Auffassungen" im *Surehand*, in der er May eine moralische Souveränität zuschreibt, die dieser nicht besaß, wäre demgegenüber noch zu hinterfragen: In dieser Hinsicht erweist sich Krapps Aufsatz selbst als bemerkenswertes Zeugnis einer inzwischen doch weithin historisch gewordenen Rezeption, die in dem Schriftsteller vor allem den vorbildlichen Volkserzieher sehen wollte und darüber die Untiefen seines Charakters nur allzu gerne übersah.

Der Vorwurf einseitiger Verklärung kann Hansotto Hatzig, dem überaus verdienstvollen Nestor der Karl-May-Forschung, sicher nicht gemacht werden; in zahlreichen Aufsätzen und besonders in seinem Standardwerk *Karl May und Sascha Schneider* (1967) hat er immer wieder seinen bei aller Sympathie kritischen Blick auf den Menschen und den Schriftsteller Karl May bewiesen und ist gerade hierin selber zu einem Vorbild für viele jüngere Forscher geworden. So stellt er in seinem impressionistischen Essay über *Das Programm Albert Schweitzers*, der zurückgeht auf eine bereits 1956 entstandene, aber erst 1969 in veränderter Form erschienene Vergleichsdokumentation[31], den Abenteuerschriftsteller auch nicht apodiktisch auf eine moralische Stufe mit dem Urwaldarzt von Lambarene, weist aber anhand verblüffender Parallelen zwischen *Surehand*-Zitaten und unabhängigen Äußerungen Schweitzers nach, daß beide von dem gleichen humanitären Ethos getragen waren und der ‚missionarische' Aufruf zu *Liebe und Versöhnung* in den (vor allem späten) Reiseerzählungen von einer „Seelenverwandtschaft aller menschlich Denkenden" zeugt, die May nicht nur mit Schweitzer oder Leo Tolstoi und Bertha von Suttner verbindet, sondern mit allen Menschen, „die guten Willens sind" – und die also auch keineswegs konfessionell gebunden ist. Über den reinen Vergleich hinaus begründet Hatzig auch eindrucksvoll, weshalb gerade im *Surehand* die *Träume von einer Erlösung* so lebendig sind, indem er den Roman als ein „Hohelied auf die Mutter" interpretiert – eine These, die durch andere Aufsätze bestärkt wird.

Sehr vereinfacht gesagt, besteht das Charakteristische der Mayschen Reiseerzählungen in der (meist) gelungenen Kombination des ethischen Gehalts mit abenteuerlichen Inhalten und ethnographischen oder anderweitigen Belehrungen, wobei letztere auch die Funktion haben, das oft unglaublich anmutende Geschehen zu beglaubigen. Eckehard Koch, der es sich seit langem zur Aufgabe gemacht hat, den Quellen für Mays exotische Schilderungen nachzuspüren, untersucht in seinem Beitrag den *zeitgeschichtlichen Hintergrund der ‚Old-Surehand'-Erzählung* und kommt dabei zu dem erstaunlichen Befund, daß die Beschreibungen der ‚Comancheria', also des Llano estacado und der dortigen Verhältnisse, weitgehend zutreffen, obwohl May außer Nachschlagewerken und Landkarten nur wenig an Sachliteratur zur Verfügung stand. Einmal mehr erweist sich so Mays sichere Inspiration, die sich oft selbst dann bewährte, wenn er – vor allem aus seiner Sympathie für die Indianer heraus – von dem vorgefundenen und ideologisch meist voreingenommenen Quellenmaterial bewußt abwich. Aber auch unabhängig von May wird der Leser Kochs kompetenten Schilderungen etwa der Comanchen und ihrer Lebensweise interessiert folgen und sich vielleicht sogar seiner überraschenden Hypothese anschließen, die Geschichte um Old Surehand und Apanatschka habe ein reales Vorbild oder wenigstens eine Anregung im Schicksal des bedeutenden Comanchenführers Quanah Parker.

Während man May in Anbetracht der dürftigen Quellen, die ihm zur Verfügung standen, aus den gelegentlichen Sachfehlern, die ihm Koch nachweist, kaum einen wirklichen Vorwurf machen kann, sind die eklatanten kompositorischen Mängel, auf die Walther Ilmer in seinem Essay *Mit unsicherer Hand zum sicheren Sieg* den kritischen Blick richtet, vor dem Hintergrund der langwierig-schwierigen Entstehung der *Surehand*-Trilogie bestenfalls begreiflich, unter literarischen oder gar ästhetischen Gesichtspunkten aber eigentlich unverzeihlich.[32] Um so erstaunlicher ist es, daß die handlungslogischen Inkonsequenzen und weiteren Defizite, die jeden anderen

Romancier diskreditiert hätten, kaum einem Leser störend auffallen und zum Teil selbst den Bearbeitern des Karl-May-Verlags entgingen: Gerade der so fehlerbehaftete *Surehand*-Roman ist, wie Ilmer im zweiten, ‚kontrastierenden' Teil seiner Überlegungen aufzeigt, ein modellhaftes Beispiel für die ungebrochene Faszination, die von Mays imaginierten Welten in ihrer existentiellen Tiefendimension ausgeht und offenbar alles andere darüber verblassen läßt. May selbst wußte um diese irrationale Qualität seiner Reiseerzählungen, als er in der Selbstbiographie konstatierte, er schreibe nicht für den Intellekt, sondern für die Seele seiner Leser, und hinzufügte: „Ein Musterschriftsteller, der Mustergeschichten für Musterleser schreibt, bin ich nicht und mag es auch niemals sein und niemals werden."[33]

Ilmers Meinung, vor allem der zusammengestückelte zweite Band des *Surehand* sei alles andere als ‚musterhaft' geraten und im Grunde eine literarische Bankrotterklärung, wurde und wird von den meisten Forschern geteilt. Da mußte es zwangsläufig wie eine Provokation wirken, als 1981 der damals in Göttingen lehrende Germanist Harald Fricke auftrat und, sich in seiner Argumentation auch und gerade auf diesen Band stützend, nicht weniger behauptete als daß May mit dem *Surehand* die ‚romantische' Dichtung im Sinne einer ‚progressiven Universalpoesie' gelungen sei, die von Friedrich Schlegel und anderen Romantikern wohl eingefordert, aber nicht geschrieben wurde. Beinahe noch interessanter als diese – je nach Sicht – gewagte oder mutige These, freilich ihre Ernsthaftigkeit auch in Zweifel ziehend, ist ihre Publikationsgeschichte. Während nämlich der von uns wieder abgedruckte, sprachlich relativ nüchtern formulierte Aufsatz *Karl May und die literarische Romantik* im *Jahrbuch der Karl-May-Gesellschaft* (1981) erschien, veröffentlichte Fricke eine inhaltlich weitgehend identische, in der poetisierenden Diktion aber am Sprachstil Mays orientierte Alternativfassung mit dem selbstironischen Titel *Wie trivial sind Wiederholungen?* in einem germanistischen Sammelband über die *Erzählgattungen der Trivialliteratur* (1984).[34] Hintergrund dieser intentional wohl einmaligen ‚Parallelaktion' war Frickes Anliegen, mit einem ‚Versuch am lebenden Objekt der Karl-May-Forschung' zu beweisen, „daß die Beurteilung literaturwissenschaftlicher Arbeiten [...] in entscheidendem Maße vom Grad ihrer suggestiven Rhetorisierung abhängt: Die gleiche Interpretation stößt in poetisierter Präsentation überwiegend auf Zustimmung, in schmuckloser Darbietung überwiegend auf Ablehnung".[35] Die unterschiedlichen Reaktionen auf beide Aufsätze scheinen diese These zu bestätigen, und tatsächlich gibt es ja gerade in der germanistischen Zunft Anlaß genug, vor einer hochstilisierten, schwammigen Rhetorik des Postmodernismus zu warnen, die ihren Gegenstand verunklärt und damit bewußt einer sachlichen Überprüfung entzieht. Gleichwohl haftet dem Experiment Frickes auch etwas Fragwürdiges an, denn die gewählten Publikationsorte führten zwangsläufig zu höchst unterschiedlichen Kontrollgruppen, und aus unserer Sicht ist zu bedauern, daß die provokante *Surehand*-These durch ihre Instrumentalisierung relativiert und womöglich konterkariert wurde.

Ein seltenes Beispiel dafür, wie eine auf den ersten Blick elaborierte Sprache mit großer gedanklicher Präzision einhergehen kann, bieten seit längerem die Essays des schweizerischen Philologen Jürgen Hahn, die sich auch dadurch auszeichnen, daß sie über den germanistischen Tellerrand hinausblickend faszinierende Zusammenhänge der Mayschen Phantasien mit Ideen aus der gesamten Kulturgeschichte sichtbar zu machen verstehen. Sein *Versuch über das allegorische Wesen hortologischer „Raumbilder"* unterstützt auf originären, auch von der engeren Karl-May-Forschung unabhängigen Wegen die These von Mays „enger Geistesverwandtschaft zu den Romantikern", vor allem aber geht es Hahn darum, die Landschaftsschilderungen des *Surehand*-Romans als semiotisches System zu begreifen und dessen allegorische Zeichen lesbar zu machen: Dabei wird freilich in die opak gewordene Gegenwart nicht nur die Transparenz der Utopien gebracht, sondern auch deren reaktionärer Glanz enthüllt, ist doch die Utopie grundsätzlich eine regressiv dynamisierte Denkform, besonders natürlich in den noch relativ naiv-romantischen Reiseerzählungen Mays vor seiner Wende zum reflektierten Spätwerk. Einmal mehr wird deutlich, daß Karl Mays Schreiben, von vielen noch immer als ‚trivial' denunziert, einen Modellfall menschlich-kultureller Kreativität überhaupt darstellt, der nicht nur für die autor- oder genrebezogene Forschung von Erkenntniswert sein kann.

Mit der *Abenteuerkonzeption und Integration früher Erzähltexte* in dem umstrittenen zweiten Band der *Surehand*-Trilogie befaßt sich Christoph F. Lorenz in seinem Aufsatz *Vom ‚Self-man' zum ‚Helden des Westens'*. Er kommt dabei zu einer ähnlich positiven Bewertung wie Harald Fricke oder auch Ulrich Schmid in seiner Dissertation *Das Werk Karl Mays 1895–1905* (1989)[36], doch scheint uns seine Annahme, diese Einschätzung habe sich in der jüngeren May-Forschung seither durchgesetzt, zumindest verfrüht, und man wird sogar mit Fug bezweifeln müssen, ob über solche Wertungsfragen, die sehr mit den unterschiedlichen Erwartungshaltungen der Leser korrespondieren, überhaupt jemals ein Konsens zu erreichen sein wird. Was Lorenz leistet und seinem Beitrag besonderes Gewicht gibt, ist denn auch nicht eine endgültige Rehabilitierung von *Old Surehand II*, sondern die notwendige Korrektur des Vorurteils, May habe die Kompilation der älteren Texte mehr oder weniger beliebig und unreflektiert vorgenommen. Tatsächlich lagen der beobachteten ‚Gattungsmischung', die von den Apologeten als Signum einer ‚romantischen' Schreibtradition gewertet wird, sehr bewußte Bearbeitungsprinzipien zugrunde, die in ihrer jeweiligen Tendenz Mays Bemühen um eine neue Konzeption seiner Reiseerzählungen zeigen, und diesen Anspruch hat man wohl selbst dann zu respektieren, wenn man das Ergebnis subjektiv für gescheitert hält.

Literarisch am sinnfälligsten wird Mays Wandlung in den ‚gebrochenen Charakteren' der späten Reiseerzählungen, im *Surehand* also in der seit jeher besonders faszinierenden Gestalt des greisen Old Wabble. In seinem Aufsatz *Die Schrecken des ‚Alten'*, der zuerst im *Jahrbuch der Karl-May-Gesellschaft 1986* erschien, wertet Hartmut Vollmer diese Figur als das neben dem blinden Münedschi in *Am Jenseits* „eindringlichste und erschütterndste Porträt des leidenden May auf seinem Weg von der Verirrung zur Erlösung", und er unternimmt an diesem signifikanten Typus und seiner Genese den Versuch, „einen repräsentativen Einblick in Mays Schaffensprozeß, der Literarisierung vorgeprägten Innenmaterials, zu gewinnen".

Biographisch-psychologisch orientiert sind auch Joachim Biermanns *Überlegungen zur Thematik der Identitätssuche*, in denen er nicht nur mit der gebührenden Sorgfalt die im Roman mehr verdeckte als enthüllte Familientragödie Old Surehands und Apanatschkas nachzeichnet, sondern auch und vor allem den bemerkenswerten Nachweis führt, daß der vordergründig so divergente Roman in der grundlegenden, vielfach variierten und kombinierten „Thematik der rückwärtsgewandten Spurensuche" dennoch eine einheitsstiftende Inhaltsstruktur besitzt. Wie Biermanns Interpretation verdeutlicht, hat May im *Surehand* so konsequent wie in keiner früheren Reiseerzählung versucht, die eigene traumatische Vergangenheit zu ergründen und zu bewältigen. Gelingen zwar konnte ihm das erlösende Erschreiben der eigenen Identität letztlich nicht, aber im analytischen Rückerinnern wurde doch die Perspektive frei für die künftigen Utopien des Spätwerks.

Walter Olma schließlich beschreibt in seinem eher textimmanenten Essay über *Schuld, Sühne, Vergebung in Karl Mays ‚Old Surehand'* auf erhellende Weise noch einmal in einer Art literaturwissenschaftlicher Conclusio die besondere Phänomenologie der Trilogie, die er in der eigenwilligen Kombination typischer Abenteuerelemente mit einer für das Genre eigentlich untypischen thematischen Struktur erblickt: danach stellt die ethische Problematik von Schuld, Sühne und Vergebung eine auffällige handlungskonstitutive Dimension dar, die das Schicksal, die Motive und Handlungen nahezu aller zentralen Romanfiguren, besonders von Old Wabble, dem ‚General' und Old Surehand, bestimmt und so seine Eigenart ausmacht.

Der vorliegende Studienband berücksichtigt, ähnlich konzipiert wie seine Vorgänger, fast alle relevanten Interpretationsaspekte der Trilogie *Old Surehand* und bringt die Forschung zu diesem bisher vernachlässigten Roman, wie wir hoffen, ein gutes Stück voran. Ein endgültiges Fazit jedoch kann gerade über diese Reiseerzählung, die in vielerlei Hinsicht ein Werk der Krise und des Bruchs, des Endes und des Neubeginns ist, nicht gesprochen werden: zuletzt erschließt sie sich jedem Leser anders und bei jedem Wiederlesen neu. Es ist diese persönliche Faszination, die den individuellen Rang *Old Surehands* bestimmt, und sie scheint so groß und nachhaltig, daß wir nicht zögern sollten, von einem ‚großen Roman' zu sprechen, auch wenn er in vielen Aspekten fragmentiert und gescheitert ist.

Paderborn, im April 1995

Anmerkungen

1 Unter Weglassung der Erzählung *Der Königsschatz* und Hinzufügung von *Ein Dichter*. Der ursprüngliche dritte Band ist mit dem Schlußkapitel des zweiten Bandes, das an die Fabel des ersten Bandes anknüpft, zu einem neuen Band *II* zusammengesetzt worden.
2 Vgl. dazu Dieter Sudhoff/Hartmut Vollmer: *Einleitung*. In: *Karl Mays ‚Winnetou'. Studien zu einem Mythos*. Hg. v. Dieter Sudhoff u. Hartmut Vollmer. Frankfurt/M. 1989, S. 12-14.
3 Vgl. Roland Schmid: *Nachwort zur Reprint-Ausgabe* v. Karl May: *Old Surehand I*. Bamberg 1983, S. N2f.
4 Karl May: *Aus der Mappe eines Vielgereisten, Nr. 2: Old Firehand*. In: *Deutsches Familienblatt*, Jg. l, 1875/76, Nr. 7-17, Oktober/November 1875.
5 Abgedruckt bei R. Schmid: *Surehand I* [Anm. 3], S. N7.
6 Vgl. Ulrich Schmid: *Das Werk Karl Mays 1895-1905. Erzählstrukturen und editorischer Befund*. Ubstadt 1989, S. 59.
7 Erstdruck (anonym): *Ueber Land und Meer*, Jg. 9, 1892/93, H. 11, Mai 1893.
8 Erstdruck (anonym): *Illustrirte Welt*, Jg. 38, 1889/90, H. 6, Oktober 1889.
9 Abgedruckt bei U. Schmid [Anm. 6], S. 59.
10 Abgedruckt bei Wilhelm Vinzenz: *Karl Mays Reichspost-Briefe. Zur Beziehung Karl Mays zum ‚Deutschen Hausschatz'*. In: JbKMG 1982, S. 230.
11 Abgedruckt in: MKMG 71 (1987), S. 25f. (26). Der Brief ist datiert auf den 2. November 1894. Wenn May davon spricht, „gestern" den ersten *Surehand*-Band „vollendet" zu haben, hieße das also: am 1. November. Da der Band jedoch nachweislich erst Anfang Dezember

abgeschlossen war, ist zu vermuten, daß es sich um eine fehlerhafte Briefdatierung handelt: statt „2. XI." müßte sie richtiger ‚2. XII.' lauten.
12 Brief v. 6.12.1894; abgedruckt bei Vinzenz [Anm. 10], S. 229f.
13 Diese Erzählung ist wiederum eine Bearbeitung von *Ein Self-man*, erschienen in: *Frohe Stunden*, Jg. 2, 1878, Nr. 25-28, Juni/Juli 1878.
14 Zu den Überarbeitungen der Erzählungen vgl. Roland Schmid: *Anhang zur Reprint-Ausgabe* v. Karl May: *Old Surehand II*. Bamberg 1983.
15 Ebd., S. A2.
16 Brief an Fehsenfeld; vgl. U. Schmid [Anm. 6], S. 60.
17 Vgl. ebd.
18 Abgedruckt bei Vinzenz [Anm. 10], S. 230.
19 Vgl. dazu ausführlich Claus Roxin: *„Dr. Karl May, genannt Old Shatterhand". Zum Bild Karl Mays in der Epoche seiner späten Reiseerzählungen*. In: JbKMG 1974, S. 15-73.
20 Brief an Prof. Dr. Gustav Jäger; zit. nach Hans Wollschläger: *Karl May. Grundriß eines gebrochenen Lebens*. Zürich 1976, S. 84.
21 Mitgeteilt bei Ansgar Pöllmann: *Ein Abenteurer und sein Werk*. In: *Über den Wassern*, Jg. 3, 1910, S. 307.
22 Zit. nach Roxin [Anm. 19], S. 19.
23 Vgl. dazu auch Mays autobiographische Skizze *Freuden und Leiden eines Vielgelesenen*, die September/Oktober 1896 im *Deutschen Hausschatz* erschien (Jg. 23, 1896/97, Nr. 1 u. 2) und in heiter-ironischer Form von den Schattenseiten des Ruhmes erzählt.
24 Vgl. dazu grundlegend Hans Wollschläger: *„Die sogenannte Spaltung des menschlichen Innern, ein Bild der Menschheitsspaltung überhaupt". Materialien zu einer Charakteranalyse Karl Mays*. In: JbKMG 1972/73, S. 11-92.
25 Abgedruckt bei Vinzenz [Anm. 10], S. 230.
26 Karl May: *Mein Leben und Streben*. Freiburg i. Br. 1910; Reprint, hg. v. Hainer Plaul. Hildesheim, New York 1975, S. 226.
27 Ebd., S. 228.
28 Faksimiliert bei R. Schmid: *Surehand I* [Anm. 3], S. N11.
29 *25 Jahre Schaffen am Werke Karl May's*. Radebeul 1938, S. 24f.
30 Lorenz Krapp, der Sohn eines Bamberger Kunstgärtners, wirkte nach seinem Jura-Studium als Staatsanwalt und Richter in der Pfalz, in München und in Franken. In den zwanziger Jahren war er am deutsch-italienischen Schiedsgerichtshof und Ausgleichsamt in Rom tätig, danach als Oberstaatsanwalt in Bamberg und Präsident des Landgerichts. 1933 legte er aus Protest gegen das neue Unrechtsregime seine Ämter nieder, nach 1945 reformierte er als Oberlandesgerichtspräsident die Gerichte des Bezirks Bamberg und wurde Vorsitzender des Verfassungsausschusses. Als religiöser Dichter (*Christus*, 1903) stand Krapp in seinen Jugendjahren dem Gralbund nahe. Vgl. Thomas Dehler: *Geheimrat Dr. Lorenz Krapp †*. In: *Fränkischer Tag*, Pfingsten 1947.
31 Vgl. Hansotto Hatzig: *Karl May und Albert Schweitzer. Beispiele zu einer Gegenüberstellung*. In: MKMG 3 (1969), S. 3-7.
32 Vgl. hierzu auch Walther Ilmer: *Sichere Hand auf wackligen Füßen: Old Surehand*. In: MKMG 29 (1976), S. 4-19.
33 May: *Mein Leben und Streben* [Anm. 26], S. 226.
34 Vgl. Harald Fricke: *Wie trivial sind Wiederholungen? Probleme der Gattungszuordnung von Karl Mays Reiseerzählungen*. In: *Erzählgattungen der Trivialliteratur*. Hg. v. Zdenko Škreb u. Uwe Bauer. Innsbruck 1984, S. 125-148.
35 Harald Fricke: *Wieviel Suggestion verträgt die Interpretation? Ein Versuch am lebenden Objekt der Karl-May-Forschung. Mit einem Exkurs zur Psychoanalyse*. In: ders.: *Literatur und Literaturwissenschaft. Beiträge zu Grundfragen einer verunsicherten Disziplin*. Paderborn, München, Wien, Zürich 1991, S. 45-62 (45); vgl. auch die Erstfassung dieses Berichts: *Suggestion statt Argumentation. Beobachtungen zur Wirkung literaturwissenschaft-*

licher Prosa. In: *Akten des VII. Internationalen Germanistenkongresses Göttingen 1985. Kontroversen, alte und neue.* Bd. 10. Hg. v. Wilhelm Vosskamp u. Eberhard Lämmert. Tübingen 1986, S. 138-147.
36 Vgl. U. Schmid [Anm. 6], S. 72-79.

Abkürzungen

Römische Ziffern beziehen sich auf die im Verlag von Friedrich Ernst Fehsenfeld, Freiburg i. Br., seit 1892 erschienene Reihe ‚Karl May's gesammelte Reiseerzählungen' (bis 1896 ‚Reiseromane'); Reprint: Bamberg 1982-84:

I	Durch Wüste und Harem, 1892
II	Durchs wilde Kurdistan, 1892
III	Von Bagdad nach Stambul, 1892
IV	In den Schluchten des Balkan, 1892
V	Durch das Land der Skipetaren, 1892
VI	Der Schut, 1892
VII	Winnetou I, 1893
VIII	Winnetou II, 1893
IX	Winnetou III, 1893
X	Orangen und Datteln, 1894
XI	Am Stillen Ocean, 1894
XII	Am Rio de la Plata, 1894
XIII	In den Cordilleren, 1894
XIV	Old Surehand I, 1894
XV	Old Surehand II, 1895
XVI	Im Lande des Mahdi I, 1896
XVII	Im Lande des Mahdi II, 1896
XVIII	Im Lande des Mahdi III, 1896
XIX	Old Surehand III, 1896
XX	Satan und Ischariot I, 1897
XXI	Satan und Ischariot II, 1897
XXII	Satan und Ischariot III, 1897
XXIII	Auf fremden Pfaden, 1897
XXIV	„Weihnacht!", 1897
XXV	Am Jenseits, 1899
XXVI	Im Reiche des silbernen Löwen I, 1898
XXVII	Im Reiche des silbernen Löwen II, 1898
XXVIII	Im Reiche des silbernen Löwen III, 1902
XXIX	Im Reiche des silbernen Löwen IV, 1903
XXX	Und Friede auf Erden!, 1904
XXXI	Ardistan und Dschinnistan I, 1909
XXXII	Ardistan und Dschinnistan II, 1909
XXXIII	Winnetou IV, 1910

*

KMV	Karl-May-Verlag, Radebeul bzw. Bamberg
KMJb	Karl-May-Jahrbuch, hg. v. Rudolf Beissel u. Fritz Barthel, 1918-19: Breslau; hg. v. Euchar Albrecht Schmid u.a., 1920-33: Radebeul bei Dresden; hg. v. Thomas Ostwald u.a., 1978-79: Bamberg, Braunschweig
KMG	Karl-May-Gesellschaft e.V
MKMG	Mitteilungen der Karl-May-Gesellschaft, Hamburg 1969ff.
SoKMG	Sonderheft der Karl-May-Gesellschaft, Hamburg 1972ff.
JbKMG	Jahrbuch der Karl-May-Gesellschaft, hg. v. Claus Roxin, Hamburg 1970-73; hg. v. Claus Roxin u. Heinz Stolte, Hamburg 1974; hg. v. Claus Roxin, Heinz Stolte u. Hans Wollschläger, Hamburg 1975-81, Husum 1982-92; hg. v. Claus Roxin, Helmut Schmiedt u. Hans Wollschläger, Husum 1993ff.

Sperrdruck (im Original) wird grundsätzlich kursiv wiedergegeben.

Vorbemerkung zur zweiten Auflage

Sechzehn Jahre nach dem Erscheinen der Erstausgabe des ‚Studienbandes' zu Karl Mays *Old Surehand* hat sich bei der Planung einer Neuauflage des schon seit längerem vergriffenen Buches unweigerlich die Frage gestellt, die Beiträge des Bandes zu überarbeiten und zu aktualisieren oder sie in unveränderter Fassung neu zu veröffentlichen. Angesichts der Tatsache, dass der Band trotz neuerer Forschungsarbeiten noch immer uneingeschränkte Gültigkeit beanspruchen darf, aber ebenso in der Intention, den Charakter einer ‚historischen Dokumentation' zu bewahren – was traurigerweise auch durch den Tod des Mitherausgebers der *Studien*-Reihe Dieter Sudhoff 2007 bedingt wird –, haben Verlag und Herausgeber sich für eine (abgesehen von kleineren formalen Korrekturen) unveränderte Neuauflage entschieden. Um den neuesten Stand der Forschung zum *Surehand* zu dokumentieren, ist die Bibliographie allerdings aktualisiert worden.

H. V. *Paderborn-Dahl, im Oktober 2011*

Lorenz Krapp

Das sittliche Ideal bei Karl May

1.

Der *Old Surehand* ist mir seit meiner Jugend als das menschlich aufschlußreichste Werk Karl Mays erschienen. Er ist es mir noch mehr heute nach dem kühnen Schnitt, der aus dem Ganzen den unorganisch eingepropften früheren zweiten Band lostrennte und so die innere Einheit der Dichtung wiederherstellte. Ich erfülle heute, da ich diese Zeilen niederschreibe, ein Versprechen, das ich fast noch als Student vor mehr als fünfundzwanzig Jahren gab und das um so mehr auf mir lastet, als es ein Toter ist, dem ich es nicht hielt.

Es war am Palmsonntag 1907, als ich im stillen Haus Karl Mays zu Gast weilte. Gerade zur Zeit der entfesseltsten Angriffe auf ihn, da man aus dem Dunkel einer tragischen Vergangenheit, die mehr als vierzig Jahre hinter ihm lag und die durch ein heroisches inneres Leben mehr als gesühnt war, Stück für Stück seines persönlichen Daseins herausriß und auf dem Markte ausbreitete. Ich war, glaube ich, der erste, der (in der *Augsburger Postzeitung*) sich gegen diese Menschenjagd erhoben hatte, gegen die mein elementarstes Rechtsgefühl sich aufbäumte. Da saß ich nun zusammen mit ihm, dem leidgeprüften Mann und der leidgeprüften Gefährtin seines Schaffens. Ich sehe ihn noch, mit den großen kummervollen Augen und dem buschigen weißen Haar, mit der leicht vornübergebeugten Haltung des nahenden, aber immer noch rüstigen Alters, wie er mir die symbolische Deutung seiner Werke vortrug, der ich zuhörte, die mich aber nicht überzeugte und heute noch nicht überzeugt. Da sagte ich in einer Pause: „Ich kann nichts anfangen mit Ihrem Ben Nur und aller Ihrer Geisterwelt. Ihr Tiefstes ist mir Ihr ‚Old Surehand'. Dort stehen Sie ganz mit den drei großen Dingen, die Sie meiner Jugend gesagt haben und die da heißen: *Ritterlichkeit, Ehrfurcht, Gerechtigkeit*." Er fuhr erstaunt auf und antwortete: „Dies Urteil über den ‚Old Surehand' habe ich noch nie gehört. Wollen Sie es nicht einmal in einer freien Stunde näher begründen?" Ich sagte es zu, aber Arbeit, Krieg und all die schweren Dinge, die uns seitdem mit sich rissen, ließen mich erst heute das nie vergessene Versprechen einlösen.

2.

Der *Old Surehand* ist ein Buch, das schwer ist von der Poesie der unberührten Natur wie kein zweites Karl Mays. Es ist die Poesie der ‚rollenden' Savannen, der Waldseen, der Lagerfeuer, der Ritte durch die heroische Wildnis der Welt in ihrer Jünglingszeit. Eine einzige Stadt – Jefferson City – taucht auf aus diesem grünen Meer und verschwindet darin. Jeder Tag, besonders im zweiten Teil*, bringt diesen paar Menschen, die durch die wogenden Savannen und die Einsamkeit zyklopischer Berge traben und nachts unter den Wipfeln eines Baums im kühlen Steppenwind schlafen, einen Sieg, eine Niederlage, ein heldisches Erleben: ein ritterliches Landstreichertum, wie es uns aus den Wäldern des Mittelalters heraus grüßt gleich dem Parzivals. Werner Mahrholz** sieht einmal im Mayschen Roman einen letzten Ausläufer des französischen Amadis-Romans, also des Ritterromans in seiner schon leise ins Barock einschlagenden Form, der aber noch eine ungeheure Wirkung auf seine Zeit ausübte, ehe ihn Cervantes endgültig zerschlug. Ich billige den Vergleich nicht. Durch den Amadis weht der Hauch einer spielerischen, tänzelnden, flirtenden, nicht mehr an sich glaubenden, übersatten Welt. Seine Welt ist chevaleresk, die Mays ritterlich. *Joyeux et joli* steht als Devise im Wappen des fröhlichen, bildschönen Zierbengels Amadis: für die Natur, für die tiefen Quellen des Seins, für den Mythos fehlt ihm jedes Organ. Er hätte gelangweilt gelächelt, hätte man ihm erzählt, daß es über den Begriff einer Freundschaft und Liebe zwischen einem galanten Mann und einer züchtig oder auch unzüchtig drapierten schönen Frau hinaus auch Begriffe gibt wie Freundschaft zwischen Mensch und Tier, Freundschaft zwischen Mensch und Waffe. Jahrhunderte vorher, in den tosenden Ritterliedern des Frühmittelalters, den *Chansons de geste*, wußten es noch die Vorfahren des schönen Amadis. Sie kannten, noch völlig vom Mythos durchschauert, in eine schöne, wilde, jungfräuliche Welt hinausblickend, die Freundschaft zwischen Mensch und Pferd, wie die Haimonskinder sie kannten mit ihrem Roß Bayard, wie Karl der Große mit seinem Roß Blanchard, wie Roland mit seinem Roß Valentin. Sie kannten noch die Liebe Rolands zu seinem Streitschwert Durandal, zu seinem Streithorn Olifant, die Liebe der nordischen Könige zu ihren Schwertern, denen sie so oft den seltsamen Namen Miseri-

---

* Krapp bezieht sich auf die zweibändige, bearbeitete Radebeuler Ausgabe, aus der auch die späteren Zitate stammen; gemeint ist hier also der ursprüngliche dritte Band.
** Vgl. Werner Mahrholz: *Ohne Zorn und Eifer.* In: KMJb 1927, S. 11-31.

cordia gaben. Aber alle diese Dinge einer nicht sich zum Sterben legenden, sondern jünglingshaften Welt kennt noch Karl May. Ich denke an diese Freundschaft zwischen dem Menschen und den Rossen Hatatitla, dem ‚Blitz', und Rih, dem ‚Wind'; mit Dojan, dem Hund; selbst seine Waffen nehmen Namen an und personifizieren sich ihm wie dem Jüngling Roland sein schimmerndes Durandal. Und am bedeutsamsten ist seine Hauptwaffe: seine ‚Schmetterfaust'. Die Schmetterfaust ist in der Tat sein Symbol: *der waffenlose, nur auf sich gestellte Mensch, der alles selbst erledigt.* Kein Wunder, daß er sie immer dann gebraucht, wenn die Not am höchsten und jede andere Waffe nutzlos oder schädlich ist. Sein Ideal ist eben der in sich gefaßte, des Irrtums fähige, aber sein besseres Sein selbst bewahrende *Mann*.

Darum wählt er als Hintergründe seiner Dichtungen auch nur Landschaften, in denen die kraftvolle Einzelpersönlichkeit sich frei entfalten kann. Das menschenwimmelnde China, in dem alles Starke, Herrische, Eigenständige untergeht im dunstigen Brodem der ‚Masse Mensch', ist ihm gerade noch gut genug zu einem Schelmenroman, dem *Blauroten Methusalem*; es weckt nichts als sein Gelächter. Die Dschungel, wo in glutbrütender Wildnis und in betäubendem Klima die menschliche Tatkraft welkt, erschlafft, erlahmt; die Taiga und Tundra Sibiriens, in denen der Geist verelendet und verödet: all dies berührt er ein oder zweimal in kurzen Skizzen, dann nie wieder. Gewiß: auch dort kann menschliche Pionierarbeit Großes tun, kann Bahnen legen, Brücken über Urströme werfen, Steppen in Fruchtland verwandeln; aber all das kann der Mensch dort nur in Massen, in geschlossenen Trupps, als einer unter Hunderten, vielleicht überhaupt nur mit dem Staatsverband und durch ihn. Aber was May will, das ist: zeigen, was die Einzelpersönlichkeit kann, der hochgesinnte, der auf sich gestellte, der ritterliche Mann. Darum immer wieder die Prärie, die Wüste, das wilde Gebirg, in dem Wolf und Mensch den Menschen umlauern, der durch sie hindurchreitet wie der legendäre Ritter hindurchreitet mitten zwischen Tod und Teufel.

Der Begriff der *Ritterlichkeit*, des allein auf sich gestellten Menschen, führte ihn mit unentrinnbarer seelischer Notwendigkeit auch zu dem, was man das ‚Karl Maysche Ich' heißt. In jener Leidenszeit, als der von allen Seiten Gehetzte – hilflos wie ein angeschossenes edles Wild – die Verteidigungsschriften für das tragische Schicksal seiner jungen Jahre schrieb, hat er einmal[1] diese vereinzelt angegriffene ‚Ichform' erklärt mit den Worten: „Das

---

1 *Meine Beichte* (28. Mai 1908). Bd. 34, S. 217ff.

‚Ich', von dem ich schreibe, das bin doch nicht ich selber, sondern das ist die Menschheitsfrage, die ich zu verkörpern suche, um sie beantworten zu können." Es hätte nicht dieser symbolischen Deutung bedurft, um die Ichform zu rechtfertigen. Die Ichform ist ein vollberechtigtes, in der ganzen Weltliteratur vom griechischen und römischen Roman der Alexandrinerzeit an tausendfältig gebrauchtes Mittel, um die künstlerische Wirkung im Reich der Illusion, das ist der Dichtung, zu steigern. Sie steht überhaupt an der Schwelle des deutschen Romans bei dem unsterblichen Hans Jakob Christoffel von Grimmelshausen (1625–1676), dem ersten großen deutschen Erzähler, dem eigentlichen Schöpfer des deutschen Romans, ja sie bildet bei ihm überhaupt das Charakteristikum für die individualistische Form und Seele des deutschen Romans gegenüber der alles Individualismus baren Welt des französischen Amadis- und Schäferromans und des spanischen Schelmenromans.[2] Sein in der Ichform geschriebener *Abenteuerlicher Simplizissimus*: glaubt wirklich heute noch einer, daß dies in Glut und Farbenpracht einherschreitende Gemälde der Schicksale des über ganz Europa verschlagenen Simplex ein photographisches Konterfei eigenen Erlebens seines Verfassers sei? Gewiß knüpft vieles darin an eigenes Erleben an; als zehnjährigen Knaben griffen den Gelnhausener Edelknaben hessische Kriegsvölker auf und schleppten ihn nach Kassel; dann machte er jahrelang das Soldatenleben des Dreißigjährigen Krieges mit; vieles von dieser Welt tollsten Leichtsinns und wüster Ausgelassenheit der Soldateska und grenzenlosen Elends des geplünderten und gemarterten Volkes wird auf eigene Erinnerungen zurückgehen. Aber gerade das Schönste und dichterisch Höchste bestimmt nicht: so vor allem die Bauern- und Hirtenjungenzeit beim ‚Knan' im Spessart, die er – der Gelnhausener Edelmannssohn – erfindet; so das wunderbare zweijährige Idyll im tiefsten Wald beim Einsiedel, über dem in Wipfel- und Quellenrauschen die unvergeßliche Weise des Liedes *Komm, Trost der Nacht, o Nachtigall* hinweht. Und ebensowenig jene Raub- und Freibeuterzeit mit prächtigen Pferden und vielen Dienern, in der er als ‚Jäger von Soest' den Schrecken des Landes bildet; jene phantastische Reise nach Rußland, und endlich der Schluß, wo er den Unbestand alles irdischen Glücks erkennt, alles Weltliche von sich wirft und als frommer Einsiedler in die Wildnis des Waldes zieht, um sich dort durch ein Büßerleben aufs Sterben vorzubereiten. In Wahrheit starb dies Grimmelshausensche ‚Ich' nicht als Einsiedler, son-

---

2   Adolf Bartels, *Geschichte der deutschen Literatur.* 1924. I. S. 283ff.

dern lebte über zwei Jahrzehnte lang als hochgelahrter Schultheiß von Renchen im Schwarzwald im Dienste des Straßburger Bischofs Egon von Fürstenberg, die Welt um einen Berg anderer ähnlicher Sittenbilder bereichernd.

Was trieb den Grimmelshausen zu dieser Ichform, und was Karl May? Die Antwort ist: beide trieb derselbe dichterische Grund. Der geistvolle Franzose Charles Mauriac bemerkt einmal, eigentlich sei es ein psychologischer Widersinn, in einem in der ‚Er-Form' geschriebenen Roman das erzählen zu wollen, was im Innern dieser Personen vorgehe. Woher wisse denn der Romancier von dieser Welt unausgesprochener, daher nicht aus den Geheimnissen der Brust hervorgetretener Dinge, die sich in der Seele seiner Menschen abspielten? Der Dramatiker habe es nicht so leicht: ein Faust, ein König Lear, ein Macbeth müssen das *aussprechen*, was sie denken und fühlen; nur der Romancier maße sich das Vorrecht eines Gottes an, in den Herzen Dritter das unerforschliche und unausgesprochene Verborgene lesen und deuten zu wollen. Und Mauriac fragt sich, ob der ganz große Roman, gleich dem *Abenteuerlichen Simplizissimus* und Goethes *Wahrheit und Dichtung*, nicht überhaupt mit logischer Notwendigkeit die Ichform brauche? Wir gehen nicht so weit; wir sehen den Grund der Ichform bei Grimmelshausen wie bei Karl May vielmehr in etwas anderem, im Charakter ihrer Helden selbst. Ihre beiden Helden – mögen sie sich nun Simplex und Jäger von Soest oder Old Shatterhand und Kara Ben Nemsi nennen – reiten als Fremde durch eine wilde, tosende, ungeformte Welt. Sie reiten allein, mit ihrem bessern Selbst, nur Gott und ihren Stern über sich, nur das Licht des Todestrotzes, der Männlichkeit, der hohen Ideale in der Brust. Was bedeutet für sie der bürgerliche Name? Er ist Schall und Rauch, und nur leise klingt er bei May noch herein in dem ‚Kara Ben Nemsi', dem ‚Karl, Sohn der Deutschen' oder in dem ‚Mein Bruder Scharlih', mit dem ihn Winnetou, wenn sie allein in Stunden der Freundschaft sich das Herz ausschütten, anredet. Was sind für sie Legitimationen, was äußere Hilfen? Diesen Kara Ben Nemsi: kein deutscher Konsul kennt ihn, keinen sucht er auf, niemals bittet er um seinen Schutz. Er hat einen Budjeruldu des Großherrn, aber er hat ihn nicht erworben durch eine amtliche Stelle, niemals erfahren wir, woher; und er gibt auf diesen Budjeruldu nichts. Und im Westen vollends ist er nichts als das ‚Bleichgesicht', der weiße Mann, der Kaukasier. Mit einem Wort, der in sich gefaßte, nur auf sich gestellte, nur Gott und sein edleres Selbst über sich anerkennende Mann.

3.

Das zweite Wort, das aus dem *Old Surehand* für mich am vernehmlichsten herausklingt, heißt *verecundia*. Zwei Dinge begriff der Römer unter diesem schon lautlich wie schwerer alter Edelwein anmutenden Wort: *Ehrfurcht* und *Scham*. Die Scham ist ja nur die andere, nach innen gekehrte Seite der Ehrfurcht; sie ist Ehrfurcht vor dem in uns waltenden Gott, vor der edleren Seite unseres Seins.

Die sittliche Idee der Ehrfurcht beherrscht bei May alle Beziehungen des Menschen zu den Dingen außer und über ihm: zu Mensch, Natur und Gott. Zuvörderst zum *Mitmenschen*. In dieser noch jünglinghaften, von der planmäßig ordnenden Hand des Menschen gesellschaftlich und staatlich noch fast völlig ungeformten Welt der Savannen, Urwälder und Wüsten, durch die seine Menschen reiten, gibt es doch den Grundbegriff aller Ordnung in Gesellschaft und Staat: den Begriff der Hierarchie, der Autorität. Welche wenn auch ungeschriebenen, aber doch mächtigen und alle erfassenden Gesetze der Hierarchie herrschen nicht unter diesen Westmännern der Steppe! Freie Männer sind sie alle, aber mit zwingender Macht neigt sich der menschlich Geringere vor dem menschlich Tüchtigeren. Der schlichte, fast namenlose Westmann fühlt die Überlegenheit des berühmteren, dem Kraft und kühner Sinn oft schon einen eigenen Beinamen der Savannen schufen (Old Wabble, Old Surehand, Old Firehand), und freiwillig beugt er sich diesem wie der Soldat dem Offizier. Und auch diese ‚Offiziere' aus eigenem Patent und eigenen Gnaden ordnen sich freiwillig den ganz Großen, den ‚Generalen' dieser seltsamen Rangfolge – einem Old Shatterhand, einem Winnetou – unter, und wo sie es nicht tun wie Old Wabble, wo sie meutern gegen diese ungeschriebene Rangordnung, zerbrechen sie an sich selbst. Wenn die Häupter dieser Hierarchie auch nur die dumpfigste Kneipenstube betreten (II. S. 36), herrscht tiefe Stille, die Menschen machen ihnen Platz, neugierig richten sich auf sie alle Augen. ‚Der König sei der beßre Mann, sonst sei der Beßre König', sagt einmal der alte Wandsbecker Bote Matthias Claudius; ein fast revolutionär anmutendes Wort bei diesem bis auf die Knochen loyalen und vom Begriff der Autorität durchdrungenen Mann. Diese Welt des alten Claudius ist auch die der Mayschen Wüste und Savanne: nur die Tüchtigkeit adelt, nur sie macht zum Führer. Nicht das Amtskleid adelt und nicht der Titel: sie machen sowenig aus dem Kaimakan der zerfallenden türkischen wie aus dem Sheriff der aufsteigenden amerikanischen Hierarchie einen Richter, dem Ehrfurcht gebührt und erwiesen wird; sie geben den Leutnants und Hauptleuten und Majoren der Frühzeit Nordamerikas zwar eine äußere Uniform und den Schein einer Befehlsgewalt, aber all das zerstäubt in nichts, wenn der wahre, geborene und erfahrene Führer, der aus sich selbst gewordene selbstsichere Mann ihnen gegenübertritt.

Die Idee der Ehrfurcht durchdringt auch alle Beziehungen des Mayschen Menschen zur Natur. Hier scheidet sich der Typus des Mayschen Menschen am tiefsten von dem der mit ihm gleichzeitigen sonstigen europäischen Meister des Abenteuerromans. Nehmen wir den Helden des Franzosen Jules Verne. Dem Jules Verne ist die Natur nicht etwas Geheimnisvolles, das der Mensch mit scheuer Ehrfurcht betrachtet, sondern eine alles Rätsels bare Summe von Kräften und Erscheinungen, die der Mensch herausreißt ins grelle Licht, die er spielend erforschen und meistern zu können glaubt vom Bauch der Erde an bis zu den Bergen im Mond, mit denen er Fangball spielt wie ein verwegener Taschenkünstler. Dem Engländer wieder sind die Erscheinungen der Natur entweder Gegenstände, die er schulmeisterlich lehrhaft beschreibt und klassifiziert, oder die Natur ist ihm bestenfalls ein Hintergrund, auf dem man verwegene Sportkünste betreiben kann. Die Italiener (Salgari, Hugo Mioni) vollends haben überhaupt kein Naturgefühl; ihnen ist die Natur nur eine Theaterkulisse, vor der ihr Held als *miles gloriosus* nach bombastischen Abenteuern auf die Suche sprengt. Ganz anders Mays Verhältnis zur Natur: sein Leitwort heißt Ehrfurcht vor dem Unerforschbaren. Seine Naturauffassung ist die deutsche etwa der Romantik oder besser des Früh- und Hochmittelalters, in der ein Siegfried, ein Parzival staunenden Blicks durch die Wirrnis dieser großen wilden unbegreiflichen Welt reiten, mit Baum und Getier reden, der Sprache der Vögel, des Grases und der Winde kundig sind und doch das Letzte nicht durchdringen können, den Zauberbann des Merlin, d. h. die Seele der Natur. Seine Naturanschauung ähnelt unter fremden Völkern noch am meisten der gefühlsbeseelten der großen Slawen, eines Gogol oder Puschkin, deren Helden wie der reine Tor durch die taufrische Welt der Kosakensteppen traben; man denke nur an die Steppenbilder der *Kapitánskaja Dotschka* von Puschkin, des *Taras Bulba* von Gogol. Man lese etwa im *Old Surehand* die Poesie jener Szene (II. S. 497), wo die Reiter in der dunklen Nacht von der Höhe aus über die zwei Feuer hinausblicken, die über den schwarzen See hinwegglänzen; oder jenes von Todesahnungen schwere Gespräch in *Winnetou III* S. 423, das der dem Tod Geweihte einleitet mit dem Hinausdeuten auf den dunklen See und mit den Worten: ‚Dieser See ist wie mein Herz.' Diese Ehrfurcht vor der Natur bestimmt May auch, in den meisten seiner Bücher den ganzen Überbau beiseite zu schieben, den menschliche Zivilisation und Technik darüber zimmerten. Ich erinnere wieder an die einzige städtische Niederlassung, die uns in den über 1100 Seiten des *Old Surehand* begegnet, dies Jefferson City, das er verächtlich kurz abtut; denn es ist heute, aber kann morgen nicht mehr sein, wie es Tausenden dieser Goldgräber- und Händlerstädte erging, die heute aufschossen und morgen, wenn die Goldader ausgebeutet war, verschwanden, und von deren Dasein nichts mehr Zeugnis gibt als verfallene Planken und die zwei Hauptembleme dieser für May ‚künstlichen' technischen Zivilisation: die leere Branntweinflasche und die leere Konservenbüchse.

Eine Flucht aus dieser Welt der Zivilisation ist in mehr als einem Sinne ja überhaupt Mays ganzes Werk, eine Flucht in die jungfräuliche, über dem Menschen mit seinem Jammer zusammenschlagende und ihn verbergende Wildnis.

Damit kommen wir zur zweiten Seite der Ehrfurcht, der *Scham*. In Sudermanns *Es war* reckt eines Tags der Held die Faust und schreit in wildem Zorn als sein Losungswort heraus: ‚Nichts bereuen!' Ein solches Losungswort erscheint in Mays Welt der sittlichen Ideen als die gellendste der Blasphemien. Dan Etters, der Mörder, hat es auf den Lippen (II. S. 583), als er am ‚Teufelshaupt' vom Fels zerschmettert stirbt; aber er schreit es heraus ‚mit zusammengebissenen Zähnen, mit unbeschreiblich tierischen, nein viehischen Augen', als der Letzte der Menschen. Nicht einmal ein Old Wabble bringt es sterbend mehr über die Lippen, trotz des Abgrunds der sittlichen Verkommenheit, in den er schrittweise mehr und mehr versank.

Der ganze *Old Surehand* – und darin liegt ja vielleicht das Geheimnis, warum er im Rahmen des Gesamtwerks Mays menschlich so tief ergreift – ist überhaupt eine *Dichtung der Scham*. Was ist denn das Rätsel im Leben Old Surehands? Warum hat er sich in die erbarmende Wildnis geflüchtet? Auf über tausend Seiten reitet er einher; nur dunkle Andeutungen über etwas Furchtbares, das auf seinem Vorleben lastet, entspringen hier und da ungewollt seinen Lippen. So fest hat er sich die Binde der Scham vorgebunden, daß Old Shatterhand ihm einmal zürnt, weil er sie nicht lüftet und er ihm daher das Herz nicht erleichtern kann. Da endlich reißt Surehand sich verzweifelt zusammen, nachdem das Geheimnis bereits längst fast völlig gelüftet ist, und schreit es heraus (II. S. 527): ‚Vater und Mutter waren Zuchthäusler!' Das Abwälzen des Drucks, der auf der Seele Old Surehands lastet, das Aufzeigen dieser Scham als eines großen Irrtums: das ist das einzige Thema der mehr als 1100 Seiten dieses Romans.

Und das führt uns sofort hinüber zu einer anderen Erkenntnis: die ganze kummerbeschwerte, sich in Scham wie in eine undurchdringliche Wolke hüllende Gestalt Old Surehands ist nur eine Deckfigur, ein Nebelbild. Hinter dem Nebelbild hervor taucht, auch in den Mantel der Scham gehüllt, auch in die verbergende Wildnis geflüchtet, ein anderes kummerbeschwertes Antlitz empor, das des Dichters Karl May selber. Der *Old Surehand* ist eine Konfession seines eigenen, längst wie ein Schattenbild hinter ihm liegenden Lebens, ein Bekenntnisbuch, dichterisch zarter und für mich menschlich sogar ergreifender als sein späterer Band *Ich*.*

In keinem seiner erzählenden Werke hebt May freiwillig so voll den Schleier von seiner Kindheit und Jugend (I. S. 366). Kind bettelarmer Eltern, krank und schwach geboren, so schwach, daß er noch im Alter von fünf Jahren auf dem Boden rutscht, ohne stehen und laufen zu können; dreimal erblindet und dreimal operiert. Als armer Schüler hat er wochenlang nichts als trockenes Brot und Salz, weil er keinen Menschen hat, der ihm hilft, und zu stolz ist zum Betteln. Durch Stundengeben schlägt er sich kümmerlich durch, und oft hält er im Winter sein Buch zum Dachfenster hinaus, um seine Lektion beim Mondenschein durchzunehmen, weil er kein Geld für Licht und Feuerung hat. Und doch bleibt er niemals jemand einen Pfennig schuldig: ‚Ich hatte nur zwei Gläubiger, die waren Gott und ich.' Damit bricht die Beichte seines Lebens ab. Aber – im Lichte seines späteren Buches *Ich* gesehen – geht sie, halb stockend, angstvoll und die Fortsetzung nur andeutend, doch weiter. Wir hören Dinge, die er sonst nirgends erörtert: über den tiefen Einfluß der Umgebung auf die Entwicklung eines Menschen und seine Straffälligkeit (II. S. 64ff.), über die die Schuld auslöschende Wirkung der Strafe (II. S. 527), über das Recht der Notwehr (I. S. 40) und ähnliche Dinge (II. S. 341). Es ist die ‚Maske der Mayschen Scham' (das tiefe Wort stammt von Dr. K. H. Strobl[3]), die er sich vorband und durch die er hervorlugt, um zu ergründen, was die Umwelt von der Schuld und Tragik seiner jungen Jahre weiß, und die er doch zittert, abzuheben. Andere – ein Oscar Wilde, ein Paul Verlaine, ein Georg Kaiser – hätten es anders gemacht; sie

---

* Bearbeitete und erweiterte Fassung der Autobiographie *Mein Leben und Streben* (Freiburg i. Br. 1910).
3 Vgl. Jahrbuch 1921: Dr. Karl Hans Strobl, *Scham und Maske*.

hätten dies Vorleben abgeschüttelt, indem sie kalt und entschlossen vor die Welt traten und es ausbreiteten. Aber dieser feinen Natur war alles möglich, nur nicht dies, die Scham abzuwerfen und nackt wie jene auf den Markt hinauszugehen. Heuchelei haben das einige genannt; aber sie wußten nie und werden nie wissen, was Scham heißt und was Schamlosigkeit.

‚Im Gefängnis': das Wort, das Old Surehand tausend Seiten lang nicht über die Lippen bringt, auch May brachte es nicht über die Lippen. Wer als Richter heute liest, was den Siebzehnjährigen einst zum erstenmal ins Gefängnis brachte – ein kleiner Diebstahl, und nicht einmal ein voll erwiesener –, der bleibt tief erschüttert über das seelische Unverständnis jener Zeit. In unserer Zeit hätte ein Richter von Erfahrung und Seelenkunde die Tat geahndet mit einer Warnung an den kaum dem Knabenalter Entwachsenen, und er hätte diese brausende Jünglingsnatur dadurch vor Rückfall bewahrt und dauernd sittlich gefestigt. So aber warf der krasse Unverstand der Zeit May in einen derart aufwühlenden Kampf zwischen Gut und Böse, zwischen Fall und Erhebung, so schleuderte er ihm vor allem fürs ganze weitere Leben die quälende Angst vor Entdeckung nach, daß – als endlich nach vierzig Jahren eines heldenhaften Sühnelebens die Roheit den Schleier von diesen Jugendsünden riß – diese edle Natur völlig zusammenbrach. Was für Werke der Frische und Lebensbejahung hätten aus dieser Feder, die die letzten zehn Jahre nur mehr hilflos Verteidigung über Verteidigung schrieb, noch fließen können! Keinen Richter von heute wird es geben, der nicht wünschen würde, er hätte über siebzig Jahre zurück den Siebzehnjährigen mit dem Bekenntnis seiner ersten Schuld vor sich stehen und ihm statt einer Strafe, die nach Art und Dauer sinnlos war, die helfende Hand zum Aufstieg reichen können. Den Richter jener Zeit, der dies Sinnlose tat, mag die Dumpfheit der gerade auf dem Gebiete des Strafrechts noch völlig zurückgebliebenen Zeiten etwas entschuldigen. Die aber, die im Anfang des 20. Jahrhunderts noch, als die Forschungen auf dem Gebiete von Strafrecht und Strafvollzug, vom Schutz der Ehre, von Seelenkunde im allgemeinen und Kenntnis der Seele der Jugendlichen im besonderen, längst eine Läuterung dieser Begriffe angebahnt hatten, die diese verschollenen Fehltritte aus einem vierzigjährigen Grabe wühlten, haben keine Entschuldigung vor Gott und dem Kreise aller Anständigen: sie sind und bleiben moralische Leichenschänder, und sie haben vielleicht noch mehr auf dem Gewissen, nämlich den viel zu früh für die Rüstigkeit dieses Körpers eingetretenen Tod des von ihnen ins Grab Gehetzten.

Und die Idee der Ehrfurcht spricht sich endlich aus bei May in jedem Werke, und vor allem in diesem seinem Bekenntnisbuch *Old Surehand*, in der Ehrfurcht vor dem Göttlichen.

‚Die Schmetterhand' ist alt geworden, sie hat den Verstand verloren, sie predigt nur noch und wurde ein ‚priest' (Pfaffe), so höhnen Old Wabble und die Komantschen (I. S. 328, 355ff.). So redeten auch Kritiker, denen die Frömmigkeit Mays in diesen lebenstrotzenden Werken künstlich aufgepropft und konventionell vorkam. May scheint daher das Bedürfnis empfunden zu haben, einmal seine ganze religiöse Lebensauffassung zusammenfassend darzustellen. Er tut dies im *Old Surehand*, und zwar an drei Hauptpersonen, deren Lebensschicksale das Gerüst des ganzen Romans bilden: an Old Surehand, Old Wabble und dem ‚General' Dan Etters. An jeder dieser drei Gestalten zeigt er ein anderes Stück seiner Weltauffassung, alle drei zusammen geben den Gesamtbegriff dessen, was man die vielumstrittene ‚Karl Maysche Frömmigkeit'[4] nennen mag. Eine tiefernste Grundstimmung liegt über diesem ganzen Werk, ein ‚Favete linguis'. Selbst von seinem steten Reisebegleiter, seinem Humor, der uns sonst in zahllosen Gestalten entgegenschallt, tönt fast nichts herein außer spärlichen Stellen, etwa wo Winnetou als der Chirurgus erscheint, an dessen Nachtglocke man läutet, oder Old Shatterhand als taubstummer geplagter Mann von zwölf Squaws. Es fehlen auch die zeitbedingten Ausblicke auf die werdende amerikanische Zivilisation, wie etwa im *Winnetou*, wo Bahnen vermessen, Ölschächte ausgebeutet und die materiellen Grundlagen einer neuen Welt der Technik gelegt werden. Alles ist vielmehr abgestellt auf die grenzenlose Einsamkeit der Wildnis, wo der Mensch allein ist mit sich und den Mächten über sich, Auge in Auge mit dem Nichts und dem All.

Drei Grundgedanken umschließen das, was man die Maysche Frömmigkeit nennen mag. Sie heißen: Es gibt einen Gott. Gott ist der Urgrund der sittlichen Ordnung. Der Mensch ist der Vervollkommnung fähig durch eigenes Bemühen und durch die Gnade.

Das Dasein Gottes steht für May fest aus dem Einfachsten und Sinnfälligsten, aus der Zahl der Gottesbeweise, aus dem Kosmologischen. Diese gewaltige, wunderbar geordnete Welt läßt sich für ihn nicht erklären ohne einen allmächtigen und allweisen Schöpfer und Ordner. Diese Gewißheit

---

4 Darüber auch die eindringlicheren Untersuchungen von Dr. A. Droop (*Karl May*. Köln 1909. S. 126-195) und die Aufsätze *Karl Mays Gottesglaube* im Jahrbuch 1922, S. 101ff.

überwältigt ihn vor allem dort, wo Gott stets vernehmbarer als anderwo zu dem in die Nacht der Urrätsel starrenden Geist sprach, in den Unendlichkeiten der Wüste (I. S. 352) und des Urgebirgs (II. S. 373). Da reitet er im Mondlicht durch die Wüste des Llano Estacado, und ‚von den leuchtenden Sternen des Firmaments' senkt sich die ‚große Bestätigung' nieder auf das Gemüt. Wer glaubt, sich dem Schluß auf Gottes Dasein entziehen zu können:

... der reitet durch Sand und Sand und wieder Sand; er sieht nichts als Sand; er hört ihn stunden- und stundenlang von den Hufen des Pferdes rieseln, und wie die traurige Öde sich vor ihm immer und immer erneut und ihm nichts bringt und bietet als Sand und wieder Sand, so gibt es in den verlornen Tiefen seines Innern auch nur eine unsagbar elende Wüste, einen trostlosen, toten Sand ...

Ebenso im Vorgebirg der Rocky Mountains (II. S. 373). Fühlt sich der Mensch auf der Savanne ‚wie ein Halm im grenzenlosen Grasmeer, wie ein Ahasver, der nach Ruhe schreit und keine findet', so steigen jetzt im Urgebirg die Berge als ‚in Stein erklingende Hymnen von der Erde auf und jubeln: Die Himmel erzählen die Ehre Gottes'. Die Theologie aller Glaubensbekenntnisse lehrt, daß der kosmologische Gottesbeweis als der sich auch dem stumpfesten Sinn unabweisbar aufdrängende dem Menschen nicht erst durch die Offenbarung zuteil wurde, sondern daß ihn der Mensch auch unabhängig von jeder Offenbarung gewinnen muß, auch der in den ‚Vorhallen des Tempels' Sitzende, auch der Wilde, zu dem nie ein Wort der Lehren des Christentums drang. Er ist in seiner ungeheuern Anschaulichkeit auch der einzige Beweis, der im Reich der Anschauung, der Kunst, möglich ist, soll sie Kunst bleiben und nicht lehrhaft werden. Mag der Philosoph sich lieber vergrübeln in sonstige Beweise wie den ontologischen, in den Gott als Postulat der praktischen Vernunft oder andere Dogmen: dem Dichter ist einzig und allein gegeben, den Beweis der Ehrfurcht zu formen, der Gott aus der Gewalt und Ordnung der anschaulichen Welt erkennt. Daran hielt sich auch May, und darum spüren wir: hier ist nichts künstlich aufgepropft, hier brechen Quellen aus dem Herzen.

Sich diesem Beweis, der auch den in den ‚Vorhallen Wandelnden' und selbst dem Wilden gegeben ist, widersetzen zu wollen, ist nach May nur verständlich aus völliger Verderbtheit des Herzens, aus einer Vertiertheit, die eigentlich schon mehr satanisch ist. Für solche Vertiertheit gibt es keine Rettung, weder hier, noch drüben. Der Typ dieser Vertierten – nur wenige andere hat May so geschaffen, etwa den Mörder Santer im *Winnetou* – ist hier der ‚General' Etters. Mörder, zynischer Zerstörer eines Familienglücks, des Gedankens der Reue nicht einmal fähig, so jagt ihn der Dämon, der ihn besitzt, zurück zum Ort seines Mordes, dem ‚Devils Head' (Teufelshaupt). Und um zu sagen, daß hier nicht Menschenhand, sondern ein allgerechter Gott richtet, läßt May ihn sterben nicht durch Menschenhand, sondern durch eine Naturkatastrophe, durch die Zerschmetterung unter den niederbrausenden Felsen. Es ist mir unverständlich, wie ein Kritiker finden kann, ein solches Gottesgericht ziehe Gott ‚unter das Niveau menschlichkleinlicher Rachsucht', das ‚gehöre ins Mittelalter'. Wenn damit gesagt sein soll, daß das Mittelalter wie alle Zeiten ritterlicher junger Völker nichts von öliger Sentimentalität wußte, lasse ich's gelten. Es läßt in der Tat kalt und hart seinen Faust und Don Juan vom Teufel holen, dem sie sich verschrieben, weil es vom stahlharten Grundsatz ausging, daß der Mensch einstehen muß für seine Taten. Die Antike dachte noch härter: der König Ödipus wird zermalmt bloß wegen der äußeren Seite seiner Tat, nicht wegen der inneren, der Schuld. Im Himmel und auf Erden hat der Mensch kein anderes Recht als das auf Gerechtigkeit: so dachten alle großen Zeiten. So denkt auch das Christentum. Denn das, was bei Goethe den Faust dem Teufel entreißt, die ‚Liebe, die von oben teilgenommen', ist die Gnade. Die Gnade aber – wir werden sehen, welchen gewaltigen Raum sie in Mays Denken einnimmt – ist kein Recht, sie ist Geschenk von oben.

Der zweite religiöse Grundgedanke Mays ist der: es gibt eine sittliche Weltordnung, die aus Gott als ihrem Ursprung fließt. Daher sein häufiges Wort, doppelt schwer in dieser seiner Welt wirbelnder und sich jagender Geschehnisse, in der oft das Unglaublichste eintritt: ‚Es gibt keinen Zufall.' Wohl aber gibt es Ahnungen, innere Stimmen, auf die ich immer achte' (II. S. 495), die er auch als ‚geistigen Anhauch' (II. S. 205) bezeichnet und in denen er die Einwirkung Gottes auf den Menschen durch dessen Schutzengel sieht. Im Band *Am Jenseits* (S. 288)[*] erzählt er von Winnetou:

> Zuweilen, wenn wir miteinander im nächtlichen Dunkel lagen, rings von Gefahr umgeben, da geschah es, daß er die Hand hob, um grüßend rundum zu winken, und als ich ihn einst fragte, warum er das tue, erwiderte er: ‚Mein weißer Bruder frage nicht! Wir sind beschützt, das mag dir genügen. ... Wenn man in Gefahr ist und ihn (Manitou) um Hilfe bittet, so sendet er seine Krieger herab, die für uns kämpfen. Mein weißer Bruder nennt diese Freunde Engel; ich sage Krieger, denn das Leben ist ja stets nur Kampf. Du hast auch zuweilen nicht Engel, sondern Schutzengel gesagt; ich aber weiß, daß mehrere bei mir sind, sooft ihr Beistand nötig ist.'

---

[*] Radebeuler Ausgabe.

Nicht mit der gleichen dichterischen Begeisterung, sondern mehr lehrhaft, stellt May diesen seinen Glauben – auch den etwas seltsamen mehrerer Schutzengel desselben Menschen – im *Old Surehand* dar. Es liegt einer der tiefsten Züge des Mayschen sittlichen Ideals in diesem Glauben an das Hineingebettetsein des starken, ritterlichen Mannes mit seinem brausenden Tatendrang in die Hand Gottes. Vor keinem andern beugt sich der gerade gewachsene Mann, aber vor Gott ist er ein Kind und läßt sich führen. Wer das ‚Weichheit' schelten will, mag es tun; Weichlinge waren dann aber auch Arndt und Schenkendorf, die dasselbe sagten. – Zusammen damit hängt Mays Antwort auf die zweitausendjährige Frage aller Theodizeen: wozu ist das Leiden in der Welt? Ist das noch ein Gott, der den Schuldigen triumphieren läßt, den Schuldlosen aber leiden? Old Surehand, von den Qualen dieser Frage zerrissen, hat alle Bande zur Mitwelt gelöst und ist ihretwegen, Gott und seinem Dasein grollend, hinausgeflüchtet in die Wildnis. May gibt darauf die Antwort, die einzige, die es gibt, und die schon Sophokles kannte: ‚daß im Leiden Lehre wohne', d. h. daß das Leid gesandt sei, den Menschen zu läutern. Er beweist es auf jenem ergreifenden Nachtritt durch die Wüste (I. S. 360-369) vor allem mit dem *argumentum ad hominem*, mit dem Hinweis auf seine eigene grauenvolle Jugend voll von Jammer, Krankheit und Entbehrung: ‚Hatte ich das verdient?' Dies Gespräch ist das erste, das zur Auflockerung des in Qualen erstarrten Jammerlebens Surehands führt: ‚Ich begann zu ahnen, daß dieser gewaltige Jäger auch in seinem Innern jage.'

Aber die zwingendste Kette von Beweisen führt erst auf halbem Wege zum Ideal des sittlich guten Menschen. Sokrates hat unrecht mit seinem Wort: Wissen macht gut. Zum *Wissen* ums Gute muß der *Wille,* es zu üben, hinzutreten, und zu beiden die *Gnade,* erfleht durchs Gebet. Darin gipfelt Mays religiöses Ideal. Er zeigt es an den beiden Zentralgestalten des Romans: Old Wabble und noch mehr an Old Surehand. Harte, von allen Wettern des Lebens gepeitschte Gestalten, Hierarchen im obengenannten Sinn dieser Hierarchie der Steppe, sind beide, und Mays ganze Liebe gilt ihnen zuerst gleichermaßen: ‚Old Surehand und Old Wabble, zwei solche Reiter an meiner Seite! Ich warf, einen Jauchzer ausstoßend, den Hut hoch in die Luft und fing ihn im Jagen wieder auf' (I. S. 185). Aber schon von Anfang an sehen wir den Unterschied zwischen beiden, der schließlich zur rasenden Feindschaft Old Wabbles gegen Old Shatterhand und zum entsetzlichen Ende des alten Cowboys führen wird. Dieses wandelnde Skelett mit den wehenden Greisenhaaren, dieser König der Savannen, ist ein Überbleibsel aus der dunklen und blutigen Welt jener erbarmungslosen Schlächter, die seit dem Anfang der Besiedelung der Neuen Welt über die rote Rasse herfielen und sie bis zu den kläglichen Resten ausrotteten, die heute noch in der verkrüppelten Freiheit ihrer Reservationen leben. Aufgewachsen im Kampf Auge um Auge, in Härte, List und Todestrotz, mutter-, familien- und heimatlos, die Brust gepanzert gegen das Mitleid und gegen jede höhere Regung, der schweifenden königlichen Bestie gleich: das ist ihr Leben. Sie sind nicht von Natur aus schlecht; aber stoßt den Menschen, das ‚gesellige Wesen‘, von Kindheit an hinaus in die Gesellschaftslosigkeit, in den immerwährenden tierhaften Kampf um Morden und Gemordetwerden, und es wird wahr an ihm: ‚Homo homini lupus‘ (der Mensch ist ein Wolf für den Mitmenschen). Die Tragödie der Gesellschaftslosigkeit, der Ausgestoßenheit aus dem sittlich festigenden Kreis der Mitmenschen von Kindheit an: das ist Old Wabbles Tragödie. Ausgestoßen, wenn auch aus freiem Willen, ist auch Old Surehand; aber er hat wenigstens die Wohltat der Gesellschaft einmal in seiner Jugend gekannt, ihn hat wenigstens einmal eine Mutter beten gelehrt. Und dann lebt in diesem Westmann eine große, von Anfang an edle Seele. Ist bei Old Wabble der ganze sittliche Kern angefressen, das Bewußtsein von Gut und Böse fast bis zum Unkenntlichen verwischt, so ist Surehands sittliches Sein unberührt; was ihm als Makel anhaftet, ist nur sein hartnäckiger Zweifel an einer sittlichen Weltordnung, an Gott.

Wie finden nun beide die sittliche Umkehr? Bei Old Wabble liegt der Fall, wie ersichtlich, fast verzweifelt. Man hat etwas Unwahrscheinliches (Droop, S. 134), Mittelalterlich-Barbarisches in der Art gesehen, wie ihn May durch einen gräßlichen Tod (II. S. 510-524) zur sittlichen Umkehr bringt. Mit Unrecht. Ehe ein solcher Granit springt, wie es dies vertierte Herz ist, müssen die gewaltigsten Hämmer darauf dröhnen. Hier, wo kein inneres sittliches Erleben vorhanden ist, versagen alle Mittel, es wecken zu wollen. May hat recht: diesen Hohn, der nach einem ‚Fact‘ schreit, soll er von seinen Lästerungen lassen, muß ein ‚Fact‘ beugen, das einzige, das ihn beugen kann: die zerschmetternde Erkenntnis seines Nichts. Und dann – und das ist die Hauptsache –: es ist nicht die Todesqual, die Old Wabble Gott finden läßt, sondern das Gebet, also die Gnade. Das Gebet aller rings um ihn, auch Old Surehands erstes Gebet, auch das der ‚Wilden‘, und endlich das seine. – Das Gebet ist es auch, das Old Surehand letzten Endes wieder an Gott glauben läßt. Die Zwischenstationen, die diese vornehme Seele durchlaufen muß, sind freilich friedlicher, obwohl auch hier starke Beweggründe nötig sind, soll dieser eisenharte Charakter ergriffen werden: diese Zwischenstationen sind die Erschütterung über den schrecklichen Tod Old Wabbles (II. S. 522) und die Erkenntnis, daß unverdientes Leiden sich mit einer sittlichen Weltordnung verträgt, weil Leiden läutert (II. S. 581).

Ist die ‚Schmetterhand' also wirklich alt und ein lehrhafter ‚priest' geworden? Wir glauben es nicht. Die Linien seiner religiösen Auffassung sind nicht konventionell, nicht aufgepropft, keine frömmelnde Zutat; seine Gründe haben Hörner und Zähne; sie zeigen, daß er den Menschen kennt. Old Wabbles Tragödie der Gesellschaftslosigkeit wiederholt sich heute millionenfach in aller Welt. Nicht mehr auf den Savannen des Urwalds, wohl aber in den rußüberwehten Jammergassen der Industrieweltstadt laufen heute Millionen Old Wabbles umher: Parias der Gesellschaft, entwurzelte, an deren Kinderohr auch kein Gebet einer Mutter klang, Unglückliche, denen Gott eine Hand zur Arbeit gab und denen die Gesellschaft keine Arbeit geben kann, um diese Hand zu rühren. Hohe Kunst, hohe Literatur? Laßt diese Unglücklichen die *Iphigenie* Goethes sehen oder den *König Ödipus* des Sophokles: Worte, die uns erschütternde Erlebnisse werden, müssen tot oder wie ein Hohn an die Ohren derer klingen, die abseits der Gesellschaft am Abgrund des Elends taumeln. Aber laßt sie die kunstlosen Worte hören, die wie Hammerschlag über den Häuptern Old Wabbles und Old Surehands dröhnen, laßt sie die wie mit einer Schmetterfaust hingeworfenen Holzschnitte dieser zwei Geächteten sehen, denen auf öder Heide der Glaube aufgeht, daß es trotz allem eine ewige sittliche Ordnung gibt. Und dann, wenn erst das Vordringlichste geschah, wenn erst die unternagten Fundamente der Gesellschaft durch kunstlose, aber wirkungsgewaltige Volkserzieher wie diesen armen Proletariersohn aus Sachsen und seinesgleichen wieder leidlich gestützt sind, laßt Toren um uns weiterschwatzen von *l'art pour l'art* und die Ernsten unter uns weitersprechen nicht über das Fundament, sondern nur die Blüte der Gesellschaft: die hohe Kunst. Für die Blüte ist dann wieder Zeit, heute aber heißt es: Erst rettet die Fundamente!

4.

Mit dem Ideal der *Gerechtigkeit* endlich schließt sich der Ring der sittlichen Auffassungen Mays. Dies führt uns zu seinen Gedanken über die Beziehungen der Völker untereinander und über den Staat. Wie er immer in großen

Linien, in holzschnittartiger Knappheit zeichnet, so auch hier. Er kennt nur eine alles beherrschende Grundforderung für beide: die Gerechtigkeit. Schon der Schauplatz, auf dem sich seine Erzählungen aus dem Westen abspielen, mußte ihn zum Nachdenken über dies Problem drängen. Diese ‚dark and bloody grounds' haben etwa drei Jahrhunderte hindurch den Verzweiflungskampf zweier Rassen gesehen, der fast zum Erlöschen der roten Völker führte. Die amerikanischen Geschichtschreiber selbst gestehen offen zu, daß ihre Vorväter und nicht die rote Rasse die Hauptschuld an diesem mitleidlosen Morden trugen. In einem alten Buch, das erschien, als dieser Ausrottungskampf noch in den Savannen tobte, in Joseph E. Worcestors *Ancient and modern history* (Boston 1854, S. 261), ist die erste schauerliche dieser Bluttaten seitens der 1584 zum erstenmal unter Walter Raleigh, Francis Drake und Sir Richard Granville gelandeten Engländer geschildert: Kaum gelandet, verbrannte Granville 1585 ein ganzes großes Indianerdorf, weil man ihm einen Silberbecher gestohlen hatte. Der Geschichtschreiber fügt bei, daß die Feindschaft der Indianer gegen die Kolonisten nicht unbegründet war, ‚as they had been treated previously by them with cruelty'. Auch der von den Amerikanern mit Recht als ihr erster großer Erzähler gefeierte James Fenimore *Cooper*[5] (1789–1851) teilt auf vielen Seiten diese Ansicht vom Unrecht der weißen Rasse und beklagt, daß sein Volk, statt diese bildungsfähigste und begabteste aller farbigen Rassen zu sich heranzuziehen, sie ausrotte. Dabei ist Cooper noch Stock-Yankee alten Stils. Und wie schon in Coopers *Deerslayer* (S. 185) der rote Mann klagt: ‚Die Bleichgesichter kommen von der aufgehenden Sonne her mit ihrem heiligen Buch (Bibel) in der Hand und lehren den roten Mann, es zu lesen; aber warum vergessen sie selbst, was das Buch sagt?', so klingt es auch Dutzendmale bei May (z. B. II. S. 141):

---

5 Es scheint, daß Cooper, den der alte Goethe mit Vergnügen las und dessen prachtvolle Schilderung z. B. des Othegosees im *Deerslayer* (*Wildtöter*) Adalbert Stifter für seinen *Hochwald* Anregungen gab, endlich auch wieder in Deutschland rehabilitiert wird. An seinen großgeschauten Werken haben unsere deutschen Jugendschriftsteller einen schlechthin schmählichen Unfug verübt. Nicht bloß, daß man in ›Jugendbüchern‘ umarbeitete, man gab dem Helden der Cooperschen Pentalogie (*Wildtöter, Pfadfinder, Ansiedler, Letzter Mohikaner, Die Prärie*) sogar den blödsinnigen Namen Lederstrumpf (bei Cooper heißt er *Hawkeye*, Falkenauge). Man muß sie ungekürzt und am besten im englischen Original statt der unsagbar verballhornten deutschen Ausgabe lesen. Das frischeste der fünf *Hawkeye*-Bücher ist der *Deerslayer*, erschienen in Nelsons grünen Klassikerausgaben.

Old Shatterhand und Winnetou haben an tausend Lagerfeuern gesessen und zehnmal tausendmal die Klagen gehört, die der rote Mann gegen den weißen zu erheben hat ... Wer ist der Betrogene und wer der Betrüger? Wer ist der Beraubte und wer der Räuber?

Jedes Volk auf dieser Erde hat nach May ein Urrecht auf Leben und Entfaltung, auch nach seiner Ansicht damals niedergehende Völker wie der ‚kranke Mann'; Völkerunterdrückung ist für May ebenso ruchlos wie Meuchelmord.

Die Gerechtigkeit ist ihm auch die Grundfeste des Staates selbst. Es weht oft ein schneidender Wind der sich aufbäumenden freien Einzelpersönlichkeit durch seine Bücher. Ströme beißenden Spotts ergießen sich über minderwertige Vertreter der Staatsgewalt wie manche Walis und Kaimakans der Türkei, wie über fast alle Offiziere der damaligen Union und der südamerikanischen Staaten, wie über die Richter der Union und die Kadis der Türkei von damals. Der freie Mann lacht ihrer und beschämt sie durch seine Überlegenheit. Aber wer genauer horcht, erkennt, daß in diesem Spott kein Geist der Verneinung des Staates selbst liegt, sondern Zorn über die Unfähigkeit dieser Organe, ein so hohes Amt so würdig auszufüllen, wie sie es müßten, falls das hohe Bild des starken und gerechten Staates vor ihnen stünde. Staat ist für May Ordnung, und wer Ordnung und Rechtsfrieden schaffen will, muß hart zupacken, muß den Friedensbrecher, falls er sich nicht beugt, rücksichtslos zerschmettern. Nicht faule Zauderer und lahme Ästheten taugen für den Staat, vor allem nicht für einen noch nicht in Ordnung gekommenen oder aus der Ordnung geratenen Staat, wie es die waren, in denen Mays Bücher spielen. Wo es das Staatswohl gilt, kommen unerbittlich harte Züge in Mays sonst so gütiges Antlitz. Dem Mörder gebührt mit Recht die Todesstrafe; ja selbst die Prügelstrafe für vertierte Rohlinge dünkt ihm gerecht (II. S. 341). Ein grandioses Bild ist jener Schmied (II. S. 387), der dem Rowdy Toby Spencer mit dem Hammer in einer Art altgermanischen Gottesgerichts die Schulter zerschmettert. In werdenden Staaten, in denen der Himmel hoch und die staatlich eingesetzten Richter unerreichbar fern sind, braucht es beherzte Männer wie diesen Schmied oder den Bloody-Fox (I. S. 141), die in einem stillschwaigend vorausgesetzten Auftrag des Staates das Land von der Pest des Verbrechertums reinigen; sie sind Kulturpioniere und ebenso nötig, wie der Farmer, dessen Pflug zum erstenmal den Boden aufreißt.[6]

---

6 Vgl. Cooper, der im *Deerslayer* das Idealbild des kulturschaffenden Amerikaners aus Ame-

5.

In Notzeiten, wie die sind, die jetzt mit zermalmender Schwere über das Abendland gehen, mag man seltsame Dinge erleben. Ich erlebte ein solch seltsames Ding jüngst in einem bürgerlichen Theater in Berlin. Der Vorhang ging auf, und an einem Kaschemmentisch gröhlten fünf Jünglinge, und sie gröhlten es noch einmal, da sie tosender Beifall umrauschte:

> ‚Erstens, vergeßt nicht, kommt das Fressen,
> zweitens kommt die Liebe dran,
> drittens das Boxen nicht vergessen,
> viertens saufen, solang man kann.
> Vor allem aber achtet scharf,
> daß man hier alles dürfen darf.'

Man versicherte mir, daß dies wahrhaft geistvolle Stück, das so herzerhebend anhob und gleich erhebend weiterging, seit vierzehn Tagen volle Häuser mache. Ich beneidete den Direktor und seine fünf Jünglinge, und was sonst noch auf der Bühne herumschwirrte, nicht um diesen Erfolg. Sie kannten sicher die Seele ‚ihres' Volkes. Es klatschte ihnen zu und sang die geistvollsten Couplets mit.

Ich dachte an einen andern Tag im Krieg vor sechzehn Jahren im *Bois Brûlé* an der Maas. *Bois Brûlé*, ‚verbrannter Wald': es war kein Hohn, der Wald war tatsächlich von Linie zu Linie nur noch ein granatenzerpflügtes Feld zerschossener schwarzer Strinke. Ich hatte einen jungen Kriegsfreiwilligen in die Kompanie bekommen, siebzehn Jahre, ein Milchgesicht, doch tapfer wie kein zweiter. Aber wenn es in die Ortsunterkunft ging, verschwand er zu jeder freien Stunde im Wald, lag hinter einem Busch und hing mit roten Wangen über einem Buch, dem einzigen, das er im engen Tornister hatte verstauen können. Einmal ritt ich vorbei und ließ es mir zeigen. Er gab mir's errötend, und ich sah, was es war: der dritte Band des *Winnetou*, aufgeschlagen bei Seite 474, dort wo Winnetou stirbt.

Die Tage kamen und gingen, jede Nacht krochen die Patrouillen hinaus, immer war er freiwillig dabei, zweimal schleppte er einen Gegner, den er mit einem Kolbenhieb – echt Shatterhand – betäubt hatte, lebend herein. Alle vergötterten ihn, den Prachtkerl, und voller Stolz wie ein Vater auf den best-

---

rikas Jugendzeit aufstellt (S. 527): ›Wenn die jungen Männer dieses Landes beiseite stehen und die Verbrecherbanden das Land überschwemmen lassen wollen, nun da wäre es genau so gut, wir gäben Land und Sippe gleich ganz auf.'

geratenen seiner Söhne nannte ihn selbst unser immer brummelnder guter alter Major seinen ‚Young Shatterhand'.

Eines Nachts wurde sein Patrouillenführer, ein älterer verheirateter Landwehrmann, schwer angeschossen und lag stöhnend vorm feindlichen Drahtverhau. Da schnellte der Jüngling auf – Freund und Feind sahen es; denn die Leuchtkugeln flammten und alles hielt wie staunend mit dem Schießen inne: er kroch nicht, wie Vorschrift und Vorsicht befahlen, nein er stand, schön und kerzengerad wie eine junge Tanne, nahm den Verwundeten über die Schulter und trug ihn langsam auf unsern Graben zu. Er reichte den Schwerverletzten zu uns herunter; der lebt heute noch. Ihn aber traf in demselben Augenblick eine Kugel mitten ins Herz, tot fiel er uns in die Arme.

Im *Bois Brûlé* haben wir ihn begraben. Wir begruben ihn mit seinem Karl May auf der Brust. Ich sah neulich auf einer Fahrt an die Kriegsgräber meines Regiments sein Grab noch unberührt. Vielleicht werden sie nach zwanzig, nach hundert Jahren ihn einmal umbetten und den Pflug über die Stätte seiner letzten Ruhe führen. Dann werden sie mit den vermorschten Gebeinen das mitvermorschte Buch finden, von dem vielleicht die Aufschrift und der Verfasser noch lesbar sind, und werden sagen: „Ob es ein großer Dichter war oder nicht, den dieser gefallene deutsche Soldat auf dem Herzen trug: auf alle Fälle muß es einer gewesen sein, der diesem Heldengeschlecht junger Deutscher viel zu sagen hatte und der unendlich von ihnen geliebt worden ist."

Von denen, die diesen toten Dichter bis übers Grab verfolgten und von den fünf singenden Jünglingen und von tausenderlei anderm Aberwitz dieser aus den Achsen geratenen Zeit aber wird keiner mehr reden. Keiner.

Hansotto Hatzig

Liebe und Versöhnung oder Das Programm Albert Schweitzers

Träume von einer Erlösung

Es hat schon immer Menschen gegeben, die eine bessere Welt, ein besseres Leben in sich entwickelten und darüber schrieben oder sprachen. Alle paar Jahrzehnte taucht ein solcher auf, die Jahrhunderte, ja Jahrtausende zurück bis über Christi Geburt hinaus.

In der zweiten Hälfte des vorigen Jahrhunderts wirkte Leo Tolstoi in diesem Sinne, dessen theoretische Schriften in Karl Mays Bibliothek gestanden haben, was wohl nicht der Fall gewesen wäre, wenn May nicht zuvor Tolstois große Romane gelesen hätte.

Zu der Zeit lebte Bertha von Suttner mit ihrem Mann im Kaukasus, in einer Landschaft, in der Tolstois *Hadschi Murat* spielt. Als die Suttner in den achtziger Jahren nach Österreich zurückkehrte, legte sie ihren Roman *Die Waffen nieder!* (1889) vor, der weltweit Aufsehen erregte. Bertha von Suttner wurde mit Karl May bekannt; sie nannte ihn ihren „Gesinnungsgenossen".[1] Sie erhielt 1905 den Friedensnobelpreis.

May trat in den neunziger Jahren mit seinem Roman *Old Surehand* hervor, in dem wohl erstmals deutlich sichtbar wurde, welchen neuen Zielen er zustrebte. Besonders im dritten Band begegnen uns Wendungen und Forderungen zum Thema „Liebe" und „Versöhnung"[2], die man später vor allem bei Albert Schweitzer wiederfinden kann. May kann jedoch weder etwas von ihm gelesen noch ihn kennengelernt haben.

Wenn man also trotzdem etwas Gemeinsames auffinden kann, so ergibt sich um so mehr die Verpflichtung, darüber nachzudenken.[3]

Karl May – die Seelenverwandtschaft aller menschlich Denkenden, eine Seelenverwandtschaft, die letzten Endes unter allen Menschen möglich ist, die guten Willens sind.

Albert Schweitzer – der zu der Zeit den Entschluß faßte, Urwaldarzt zu werden, als Karl May die Erlebnisse seiner Orientreise auswertete (die Werke Mays nach 1900 sind alle mehr oder weniger die Frucht dieser Reise), ist sich einer Seelenverwandtschaft durchaus bewußt, wenn er von Karl May sagt: „Großmut und Nachsicht, kurzgesagt: Im Nebenmenschen, selbst wenn er auf Irrwegen geht, den Bruder in Christo zu sehen – – – und gerade das halte ich für das Unvergängliche an seinem Werk!"[4]

„Nebenmenschen": eine Bezeichnung, die May oft und gern verwendet, wo sonst üblicherweise von ‚Mitmenschen' gesprochen wird. Da scheute er auch nicht davor zurück, ein Bibelwort zu verändern (XIX 128): „Du sollst deinen Nebenmenschen lieben wie dich selbst!"

In einem seiner frühen Afrikaberichte erzählt Albert Schweitzer, daß er während der Reise zurück nach Lambarene mit Vergnügen einen Indianerroman gelesen habe; wer diesen schrieb, sagt er jedoch nicht. Späterhin äußert sich Schweitzer einmal im folgenden Sinne: ‚Wenn die Wohlwollenden aller Völker einmal in der Überzahl sein werden, können wir vielleicht daran denken, eine neue Welt aufzubauen.' Albert Schweitzer erhielt den Friedensnobelpreis 1952.

Es seien hier einige Zitate Mays solchen von Schweitzer gegenübergestellt, ergänzt durch einen Ausspruch vor, während und nach der *Surehand*-Niederschrift.

Karl May:

Das ist die Meinung eines Mannes, der jeden nützlichen Käfer von der Straße aufhebt und dahin setzt, wo er nicht zertreten wird, eines Weltläufers, der überall, wohin er seinen Fuß setzte, bedacht war für den Nachruf: „er war ein guter Mensch", und endlich eines Schriftstellers, der seine Werke nur in der Absicht schreibt, ein Prediger der ewigen Liebe zu sein und das Ebenbild Gottes im Menschen nachzuweisen!

(*Old Surehand III*, S. 308)

Albert Schweitzer:

Wahrhaft ethisch ist der Mensch nur, wenn er der Nötigung gehorcht, allem Leben, dem er beistehen kann, zu helfen, und sich scheut, irgendetwas Lebendigem Schaden zu tun [...]. Das Leben als solches ist ihm heilig. Er reißt kein Blatt vom Baume ab, bricht keine Blume und hat acht, daß er kein Insekt zertritt [...].

Geht er nach dem Regen auf die Straße und erblickt einen Regenwurm, der sich darauf verirrt hat, so bedenkt er, daß er in der Sonne vertrocknen muß, wenn er nicht rechtzeitig auf Erde kommt, in der er sich verkriechen kann, und befördert ihn von dem todbringenden Steinigen hinunter ins Gras.

(*Kultur und Ethik*, S. 230)

***

Karl May:

[...] ähnlich ist es, wenn man auf leichtfüßigem Pferde [...] über die Wüste fliegt. Man kennt nichts Störendes, nichts Hemmendes, denn das einzige Hindernis, welches es giebt, ist der Boden, der hinter einem verschwindet [...]. Das Auge haftet nicht auf ihm, sondern auf dem Horizonte, der sich wie eine sichtbare aber nicht zu greifende Ewigkeit immer von neuem gebiert; es richtet sich nach oben, wo zwischen den strahlenden Lichtern des Himmels immer andre und andre, immer mehr und mehr Lichter erscheinen, bis der Blick sie nicht mehr zu fassen vermag. [...] und es entstehen Gedanken, die nicht auszudenken sind; es steigen Ahnungen auf, die man vergeblich in Worte fassen möchte, und es wallen und wallen Gefühle und Empfindungen empor, [...] immer tiefer und tiefer hinein in ein andächtiges Staunen und ein beglückendes Vertrauen auf die unfaßbare und doch allgegenwärtige Liebe, welche der Mensch [...] nur durch die eine Silbe anzustammeln vermag: – – Gott – – Gott – – Gott!

(*Old Surehand I*, S. 397)

Albert Schweitzer:

Auf schwankendem Schiff in stiller Nacht nur die gewölbte Wasserfläche und die Sterne zu sehen, ist etwas Wunderbares. Wie wird man da von der Wirklichkeit gepackt, daß wir auf einer kleinen Kugel inmitten unzähliger Welten dahintreiben! Wie gewaltig rauschen da die Fragen nach dem Woher und Wohin der Welt und unseres Daseins auf! Wie nichtig erscheint da das Trachten der Völker und der Ehrgeiz der Menschen.

(zit. nach Rudolf Grabs *Albert Schweitzer*, S. 203)

***

Karl May:

„Geht mir mit einer Civilisation, die sich nur von Länderraub ernährt und nur im Blute watet! [...] Wird da nicht überall und allerwärts [...] ein fortgesetzter Raub, ein gewaltthätiger Länderdiebstahl ausgeführt, durch welchen Reiche gestürzt, Nationen vernichtet und Millionen und Abermillionen von Menschen um ihre angestammten Rechte betrogen werden?"

(*Old Surehand III*, S. 127)

Albert Schweitzer:

In schlimmster Weise vergeht man sich gegen das Recht des geschichtlich Gegebenen, und überhaupt gegen jedes menschliche Recht, wenn man Völkerschaften das Recht auf das Land, das sie bewohnen, in der Art nimmt, daß man sie zwingt, sich anderswo anzusiedeln. Daß sich die Siegermächte am Ende des zweiten Weltkrieges dazu entschlossen, vielen hunderttausend Menschen dieses Schicksal, und dazu noch in der härtesten Weise aufzuerlegen, läßt ermessen, wie wenig sie sich der ihnen gestellten Aufgabe einer gedeihlichen und einigermaßen gerechten Neuordnung der Dinge bewußt wurden.

(*Friedensrede* [*Das Problem des Friedens in der heutigen Welt*, 1954], S. 6)

***

Karl May:

„Steckt, wie Petrus, Eure Schwerter in die Scheide; Eure einzige Waffe soll nur die Liebe sein, und auf Eurem Banner darf man nur das Wort Versöhnung lesen. Wie es einen Menschen gab, welcher die erste Mordwaffe erfand, so wird es dereinst, so wahr ein Himmel über uns ist, auch einen Menschen geben, der die letzte Waffe zwischen seinen Fäusten zerbricht."

(*Old Surehand III*, S. 128)

Albert Schweitzer:

Für den modernen Krieg jedoch kann mit weniger Zuversicht angenommen werden, daß durch ihn Fortschritt zustande kommt. Was er heute als Übel bedeutet, fällt viel schwerer ins Gewicht als früher.

(*Friedensrede*, S. 7)

***

Karl May:

„O ihr Thoren, die ihr den Haß liebt und die Liebe haßt! Soll sich das Wasser wieder vom Blute röten und das Land vom Scheine der Flammen?" [...] „Siehe dieses Land an, über dem jetzt die Sonne leuchtet. Dieselbe Sonne hat Tausende hier sterben sehen, und derselbe Fluß, den du hier [...] erblickst, hat Hunderte von Leichen mit sich fortgerissen. Und warum? Frage die Emire des Glaubens, die dort hinter den Bergen von Karitha und Tura Schina wohnten; frage die Scheiks der christlichen Fürsten, die bei den Statthaltern des Sultans waren und dies alles ruhig geschehen ließen!"

(*Durchs wilde Kurdistan*, S. 595, 633f.)

Albert Schweitzer:

Stoff zu künftigen Kriegen bleibt da erhalten, wo bei einer Neugestaltung der Verhältnisse nach einem Kriege nicht das geschichtlich Gegebene in Betracht gezogen und eine im Sinne desselben sachliche und gerechte Lösung erstrebt wird. Denn nur diese kann die Gewähr des Dauerhaften tragen.

(*Friedensrede*, S. 5)

***

Karl May:

Man sage nicht, der Neger fühle nicht so wie wir; er fühlt sogar leidenschaftlicher als wir und kann dem Unglücke nicht den Trost entgegensetzen, den uns der Glaube an einen Gott der Liebe und der Weisheit gibt.

(*Im Lande des Mahdi III*, S. 152)

Albert Schweitzer:

In allem hat sich mir bestätigt, daß die Überlegungen, die mich aus der Wissenschaft und aus der Kunst in den Urwald hinaustrieben, richtig waren. „Die Eingeborenen sind nicht soviel krank wie wir und spüren den Schmerz nicht wie wir", hatten mir meine Freunde gesagt, um mich zurückzuhalten. Ich aber habe gesehen, daß dem nicht so ist. Draußen herrschen die meisten Krankheiten, die wir in Europa haben, und manche, die häßlichen, die wir dorthin getragen haben, schaffen dort womöglich noch mehr Elend als bei uns. Den Schmerz aber fühlt das Naturkind wie wir, denn Menschsein heißt der Gewalt des furchtbaren Herrn, dessen Name „Weh" ist, unterworfen zu sein.

(*Zwischen Wasser und Urwald*, S. 144)

***

Karl May:

„Ja, was lehrt man denn bei Euch sonst außerdem? Nicht Humanität? Nicht Menschenliebe und Menschenachtung? Womit belebt, womit beseelt Ihr alles Andere, was Ihr zu lernen habt, wenn nicht mit diesen Beiden?"

(*Und Friede auf Erden!*, S. 321f.)

Albert Schweitzer:

Bei aller Bedeutung, die den Errungenschaften des Wissens und Könnens zukommt, ist doch offenbar, daß nur eine ethischen Zielen zustrebende Menschheit des Segens materieller Fortschritte in vollem Maße teilhaftig und der mit ihnen gegebenen Gefahren Herr werden könne. Dem Geschlechte, das sich dem Glauben an einen immanenten, sich gewissermaßen von selbst und naturhaft verwirklichenden Fortschritt ergab und meinte, ethischer Ideale nicht mehr zu bedürfen, sondern allein durch Können und Wissen vorankommen zu können, lieferte die Lage, in die es daraufhin geriet, den furchtbaren Beweis des Irrtums, in dem es sich befunden hatte.

(*Leben und Denken*, S. 125)

***

Wenn man Albert Schweitzers ‚Programm' mit den Worten: Nächstenliebe – Ehrfurcht vor dem Leben – Frieden kennzeichnen will, so sind das zugleich die Leitworte von Karl Mays „Shen": Bruderliebe – Menschlichkeit – Frieden. Lorenz Krapp hat in seinem Aufsatz: *Das sittliche Ideal bei Karl May* das ‚Old-Surehand-Thema' mit folgenden Begriffen gekennzeichnet: Ritterlichkeit – Ehrfurcht – Gerechtigkeit.[5]

In zwei Punkten seines Aufsatzes muß Krapp jedoch widersprochen werden: Karl May proklamiert weder das Recht auf Notwehr noch die Todesstrafe.[6]

1. Bei Old Shatterhands Erzählung von dem Dachdecker und seinem Sohn (XIV 40-45) handelt es sich nicht um Notwehr, sondern um eine Zwangsläufigkeit schicksalhafter Verstrickungen; genauso wie bei einer seltsam ähnlichen Situation in Otto Ludwigs *Zwischen Himmel und Erde*. Das irdische Gericht hat zwar die Pflicht, diesen Mann freizusprechen, wie er sich aber vor Gott zu verantworten hat, das ist eine andere Sache. Daß

diese Geschichte erzählt wird, geschieht also nicht, um das Recht auf Notwehr zu proklamieren, sondern das Recht auf Mitleid, das jeder Nebenmensch (Hawley) zu beanspruchen hat, das Recht auf tröstenden Zuspruch!

2. Befürwortung der Todesstrafe? Dafür gibt Krapp keinen Beleg. Ein Gegenbeweis findet sich aber auf Seite 355 des dritten Bandes, wo es heißt: „sie verlangten alle, mit Ausnahme Winnetous, den Tod wenigstens Toby Spencers, und dazu konnte und wollte ich nicht ja sagen." Ein Gottesgericht ist keine Todesstrafe; eher werden einmal Prügelstrafen verhängt (XIX 307). Schon in dem frühen May-Roman *Scepter und Hammer* bittet der Held, als ihm von seinem König ein Wunsch freigegeben wird, um die Abschaffung der Todesstrafe.[7]

Ein weiterer Beleg: ‚Der schwarze Mustang' und sein Enkel erhielten keineswegs die Todesstrafe; das haben sich erst die Bearbeiter der *Halbblut*-Fassung einfallen lassen.

Der genannte Aufsatz von Krapp konnte auch nicht klären, warum der dritte Band des Romans erst nach einem Jahr erschienen ist, während die beiden ersten Bände unter den Reihennummern 14 und 15 längst vorlagen. Der Verleger Friedrich Ernst Fehsenfeld schob die drei *Mahdi*-Bände ein und gab dem dritten Band *Old Surehand* die Nummer 19. Aus dem Briefwechsel May – Fehsenfeld, der immer noch nicht vorliegt, müßten die Hintergründe zutage treten. Roland Schmid hat im Nachwort zum Fehsenfeld-Reprint einige Auszüge aus diesem Briefwechsel veröffentlicht, ohne das Problem lösen zu können.[8] War der zweite Band, den May zumeist aus alten Geschichten zusammensetzte, die in der Kneipe der Mutter Thick zum besten gegeben werden, eine Verlegenheitslösung? Doch schon im ersten Band finden sich drei eingeschobene Geschichten. Sogar der dritte Band weist noch eine eingeschobene Erzählung auf, was bei May in dieser Zeit sonst kaum mehr üblich ist. Es ist die Geschichte vom „Schutzengel", die May von einem ihm bekannten, „sehr gelehrte[n] und weitgereiste[n] Herr[n]" erzählen läßt, der in Tirol abstürzt und durch die Tochter eines Wirtes gerettet wird (XIX 152-155). Wie fast alle kleinen Mädchen bei May ist dieses Kind acht Jahre alt (wie auch die kleine Tochter der Pflanzensucherin Nebatja – IV 525). Erst nach dieser Erzählung tritt Kolma Puschi auf (XIX 180f.).

Old Surehand ist nicht nur der Roman über die großen Weltprobleme, sondern auch eine Abrechnung mit sich selbst, was May bisher noch nicht in einer solchen Konzentration unternommen hatte. Er spricht zu seinem Leser (XIX 342):

Du darfst es mir wirklich nicht übelnehmen, daß ich das, was ich drüben im wilden Westen dachte und fühlte, hier in der von der „Civilisation" gebändigten Heimat niederschreibe. Was ich da drüben gethan und erlebt habe, das waren doch Ergebnisse meiner Gedanken und Gefühle, und wenn ich dir die Folgen erzähle, darf ich doch die Ursachen nicht verschweigen!

Rein biographische Probleme sind auch die folgenden: Seine erste ‚Beichte' (XIV 406-408), sein erstes ‚Glaubensbekenntnis' (XIX 150-152, 466-471) und seine Auslassungen über den Strafvollzug (1-4, 306-308).[9]

Wie könnte es nun zu dieser Verspätung des dritten Bandes *Old Surehand* gekommen sein? Weil es May schwer fiel, das zu bewältigen, was er sich vorgenommen hatte. Nicht umsonst schloß er sein Manuskript mit den Worten ab: „Endlich, Endlich, Endlich / Schluss / des III[ten] Bandes / Hamdulillah!"

Wenn durch Fakten nichts festzustellen ist, muß man überlegen, ob es in Mays Schaffen noch einmal eine ähnliche Situation gegeben hat. Im umgekehrten Sinne hat es sie tatsächlich gegeben. Als May sich nur wenige Jahre später gedrängt fühlte, ein Hohelied auf die Ehefrau und Gefährtin zu schreiben. Vorbereitet war dazu alles, so das Nachtgespräch mit Hanneh (XXVI 369-377). Aber die Reise nach Persien war noch gar nicht geschrieben, als *Am Jenseits* erschien.

Das betrifft auch Halef, der schon beim ersten Nachtlager am Tigris nach dem Aufbruch zu dieser Reise Heimweh nach Frau und Sohn bekommt und somit sinnvollerweise gleich zu Beginn des *Jenseits*-Romans triumphierend äußern kann: „Sihdi, [...] schöner ist es doch, wenn man einen Tachtirwan bei sich hat, in welchem die holdselige Gebieterin des Frauenzeltes sitzt." (XXV 1f.). Da gab es noch keine Probleme, nur Hoffnungen.

Wenn man von da zurückblickt, kommt man eher darauf, daß May mit dem *Old Surehand* (konzentriert im dritten Band) ebenfalls ein Hohelied schreiben wollte, das Hohelied auf die Mutter. Seine Mutter war 1885 gestorben, vor etwa zehn Jahren also, aber noch immer hatte er diesen Tod nicht überwunden. Kolma Puschi ist die Mutter, das darf jetzt nicht länger im Hintergrund bleiben. Der Bericht über ihr Leben kann hier nicht im einzelnen nachvollzogen werden (siehe dazu XIX 180-188), wie auch einzelne Handlungsfäden in diesem Rahmen nicht nacherzählt werden können. Kolma Puschi ist das Urbild einer Mutter, die alles, was einmal zu ihr gehörte, wieder eintreiben muß und dafür keine Opfer scheut. Kolma Puschi alias Tehua (oder Tahua), verheiratete Emily Bender: Ihre Familie (Bruder und Schwester) ist zum Christentum übergetreten. Zwei Söhne, Leo und Fred, werden geboren. Benders Stiefbruder Etters bringt – zusammen mit dem Schurken Thibaut – Bender, seine Frau und ihren Bruder wegen angeblicher Falschmünzerei ins Zuchthaus. Als sie nach Jahren freikommen, hat Bender den Gefängnisaufenthalt nicht überlebt, Tehuas Bruder wird kurz nach der Befreiung ermordet. Die Kinder Leo und Fred sind unauffindbar. Die Schwester Tokbela ist mit dem kleinen Fred zu den Indianern gegangen. Da sie nach den schlimmen Ereignissen in eine seelisch-geistige Umnachtung gefallen war, ist ihr noch die beste Lösung zuteil geworden; denn bei den Indianern wurden solche Menschen geachtet. Leo war von einer weißen Familie aufgenommen worden, doch als er großjährig war, verließ er sie, um sich an den Verderbern seiner Familie zu rächen.

Kolma Puschi, voll ‚in sich ruhend' und nicht bereit, sich der Verzweiflung hinzugeben, verwandelt sich in einen Indianer und ist nahezu zwei Jahrzehnte lang unterwegs, um nach ihren Söhnen zu suchen. Sie wurde endlich belohnt.

Hier sei eingeschaltet, daß das ‚Programm' Albert Schweitzers nicht mit den großen Weltideen endet, sondern die Erlösung des Einzelmenschen mit einschließt. Dazu ein Zusatz:

Im modernen Unterricht und in den modernen Schulbüchern steht die Humanität im dunklen Winkel, als wäre es nicht mehr wahr, daß sie das Elementarste bei der Erziehung zur Persönlichkeit ist, und als gälte es nicht, sie unserem Geschlechte, entgegen dem Einfluß der Verhältnisse, zu erhalten. Früher war es anders. Da herrschte sie nicht nur in der Schule, sondern auch in der Literatur bis zum Abenteuerroman herab.

(Verfall und Wiederaufbau der Kultur, 1923)

Schweizer sagte an anderer Stelle:

Man soll nicht sagen: Das Leben wird schon dafür sorgen, daß euer Idealismus zerstört werde, sondern die Lösung muß heißen: Das Ideal muß euch so sehr durchdringen, daß das Leben es euch nicht mehr rauben kann.[10]

Die Söhne Kolma Puschis – in zwei verschiedenen Welten aufgewachsen – treffen eines Tages zusammen. Sie kennen sich nicht; es kommt zu einem Zweikampf (XIV 572-576).

Roland Schmid berichtet in seinem Nachwort zu *Old Surehand I,* daß May für die Umschlagbilder dieser drei Bände einen Dresdener Illustrator vorgeschlagen habe, der dieses Zusammentreffen in überhöhter, symbolischer Form dargestellt hat: Albert Richter (1845–1898). Richter soll auch noch das Titelbild für die nächsten drei Bände (*Satan und Ischariot*) geschaffen haben. Richters symbolisches Bild war für jeden Leser leicht zu begreifen: Da treffen ein Roter und ein Weißer im Kampf gegeneinander zusammen, die in Wahrheit jedoch Brüder sind.[11]

Vorgebildet ist dieses Motiv bei May bereits in seinem Roman *Die Liebe des Ulanen*. Da treffen im Krieg 1870/71 bei einem Kavalleriegefecht Schneeberg und Lemarch zusammen, Kinder einer französischen Mutter und eines deutschen Vaters (*Deutscher Wanderer*, S. 897), Mischlinge also auch sie – wie Leo und Fred, die Söhne einer indianischen Mutter und eines weißen Vaters.

Es ist schon an anderer Stelle geäußert worden, daß Mays Dialoge zumeist ‚bühnenreif' sind.[12] Um in der Theatersprache zu bleiben, könnte man sagen, daß in diesem Roman Apanatschka und Old Surehand die ‚zweite Besetzung' bedeuten. Winnetou und Old Shatterhand sind selbstverständlich die ‚Stars', aber die beiden anderen dürfen auch zuweilen ihre Rollen spielen.

Nachdem die Familie schon beinahe endgültig zusammengefunden hatte, stehen für Old Shatterhand und Winnetou noch etliche Befreiungsaktionen bevor. So muß fast jedes Familienmitglied nochmals aus neuen Gefangenschaften befreit werden: Kolma Puschi, Old Surehand und speziell Tokbela aus den Händen des Schurken Thibaut. May sagt dazu: „Diese Geschichte muß ein Ende nehmen. Ich habe das ewige Anschleichen satt!" (XIX 555) Surehand, noch ehe er seine Mutter erkannt hat: „Wer hier nicht zu der Erkenntnis kommt, daß es einen Gott giebt [...], der ist ewig verloren!" (XIX 562)

Nicht übergangen werden darf hier Old Wabble, der ‚King of the Cowboys', neben Kolma Puschi die wichtigste Person in diesem Roman. May hatte es sich wohl zu leicht gemacht, als ihm in seiner Orient-Odyssee der Sieg über Kara Nirwan, den Schut, sozusagen in den Schoß fiel, ohne daß er sich darüber tiefere Gedanken oder Gewissensbisse zu machen brauchte. Bei Old Wabble war das anders. Über längere Zeit hin bewundert er ihn und hat ihn gern:

Wir fegten wie im Sturme über die grasige Ebene dahin, und es war eine wahre Lust, das lange, schneeweiße Haar Old Wabbles und die fast noch längere braune Mähne Old Surehands im Winde fliegen zu sehen. Der letztere ritt einen mexikanischen Fuchs spanischen Blutes, welcher es zwar mit meinem Rappen nicht aufnehmen konnte und, der Schwere seines Reiters angemessen, stark gebaut war, aber den langen Galopp doch spielend überwand.

Old Surehand und Old Wabble, zwei solche Reiter an meiner Seite! Ich warf, einen Jauchzer ausstoßend, den Hut hoch in die Luft und fing ihn im Jagen wieder auf. (XIV 205)

Aber immer mehr quält ihn der Alte und wird zu seinem Widersacher, bis er sich kurz vor seinem Tode offenbart. Mays biographische Bekenntnisse in diesem Roman und sein Hohelied auf die Mutter finden mit dem Tod Old Wabbles ihren Abschluß.

Es sei aber noch auf Mays ‚romantische Landschaftsschilderungen‘ hingewiesen, die in diesem Roman eine besondere Rolle spielen:[13]

Das waren himmelhohe und meilenlange Granitmauern mit wunderbar gestalteten Bastionen, über welche es kein Hinüberkommen zu geben schien. Wenn wir, uns umwendend, rückwärts blickten, lag im Osten die weite Prairie wie ein endloser, flimmernder See tief, tief zu unsern Füßen. Die Bäche rauschten um uns wie zu Schaum gewordenes, flüssiges Silber dahin; Frau Flora stieg, gekleidet in ihr reich nuanciertes, grünes Sammetgewand und ihr Haupt mit Gold gekrönt, stolzen Schrittes zu den erhabenen Scheiden und Kuppen des Gebirges empor. Hier bauten sich gigantische Felsenstufen, eine über die andere, auf, mächtige Balsamtannen tragend und den Geistern des Gebirges als Treppe dienend, wenn sie nächtlicherweise niedersteigen, „eine Wildschur um die Lenden, eine Kiefer in der Faust". (XIX 460f.)

Hier ist auch der See Pahsawehre (oder Pahsawahre) zu finden, welchen Namen May mit ‚Grünes Wasser‘ übersetzt. Irgendwo war einmal zu lesen, daß die Indianer ihn als ‚See der Tränen‘ bezeichnen:

Wir ritten durch all diese Pracht und Herrlichkeit empor. Unser heutiges Ziel war der Pahsawehre, jener einsam liegende, hellgrüne See, von welchem die Sagen der Indianer so viel Wunderbares zu erzählen wissen. Dort wollten wir übernachten, um am ändern Morgen in den Park von San Louis hinabzusteigen, in welchem ich die Aufklärung so vieler Rätsel erwartete. (461)

In dieser paradiesischen Landschaft stirbt Old Wabble (499-501). In dieser Gegend wird auch die Mutter Kolma Puschi erwartet (513).

Da schlug Old Wabble die Augen auf und richtete sie auf mich. Sein Blick war klar und mild, und seine Stimme klang zwar leise doch deutlich, als er sagte:
„Ich schlief jetzt einen langen, langen, tiefen Schlaf und sah im Traum mein Vaterhaus und meine Mutter drin, die ich beide hier nie gesehen habe. Ich war bös, sehr bös gewesen und hatte sie betrübt, so träumte mir; ich bat sie um Verzeihung. Da zog sie mich an sich und küßte mich. Old Wabble ist nie im Leben geküßt worden, nur jetzt in seiner Todesstunde. War das vielleicht der Geist von meiner Mutter, Mr. Shatterhand?"
„Ich möchte es Euch gönnen. Ihr werdet's bald erfahren", antwortete ich.
Da ging ein Lächeln über seine viel durchfurchten Züge, und er sprach in rührend frohem Tone:
„Ja, ich werde es erfahren, in wenigen Augenblicken. Sie hat mir verziehen, als ich sie darum bat! Kann Gott weniger gnädig sein als sie?" (499)

Das ist aber nicht das Ende dieses Hoheliedes. Etwa fünf Jahre danach findet sich in Mays *Himmelsgedanken* (S. 105) das hier wiedergegebene Gedicht:

An die Mutter

Ich hab gefehlt, und du hast es getragen,
So manches Mal und, ach, so lang, so schwer.
Wie das mich nun bedrückt, kann ich nicht sagen;
O komm noch einmal, einmal zu mir her!

Du starbst ja nicht; du bist hinaufgestiegen
Zu reinen Geistern, meiner Mutter Geist.
Ich weiß, du siehst jetzt betend mich hier liegen;
O komm, o komm, und sag, daß du verzeihst!

Komm mir im Traum; komm in der Dämmerstunde,
Wenn, Stern um Stern, der Himmel uns umarmt.
Bring mir Verzeihung, und bring mir die Kunde,
Daß auch die Seligkeit sich mein erbarmt!

Anmerkungen

1   Vgl. Hansotto Hatzig: *Bertha von Suttner und Karl May*. In: JbKMG 1971, S. 246-258.
2   „Liebe" und „Versöhnung": bei May entnommen aus dem Satz: „Eure einzige Waffe soll nur die Liebe sein, und auf Eurem Banner darf man nur das Wort Versöhnung lesen" (nach Jesus Christus, XIX 128).
3   Vgl. auch Hansotto Hatzig: *Karl May und Albert Schweitzer. Beispiele zu einer Gegenüberstellung*. In: MKMG 3 (1970), S. 3-7.
4   Vgl. A. W. Conrady: *Wirkungen*. In: *Karl Mays Gesammelte Werke* Bd. 34, Bamberg 1958, S. 373, sowie *die therapie des monats*, Mannheim (1960), Nr. 9, S. 44. Conrady wurde nach dem Zweiten Weltkrieg von den Amerikanern aus dem KL Dachau befreit und aufgrund seiner Fähigkeiten als Vortragender in mehreren Amerika-Häusern eingesetzt. In diesem Zusammenhang kam er auch zu einer Tagung der „Moralischen Aufrüstung" in die USA, wo er das Gespräch zwischen Albert Schweitzer und Albert Einstein aufzeichnen konnte.
5   Lorenz Krapp: *Das sittliche Ideal bei Karl May*. In: KMJB 1933, S. 362.
6   Vgl. ebd., S. 375 u. 389.
7   Darauf machte bereits 1958 in einem Brief an den Verfasser Heinz Neumann, Bietigheim, aufmerksam, zu einer Zeit, als noch kaum jemand den Originalroman gelesen hatte.
8   Vgl. Roland Schmid: *Nachwort zur Reprint-Ausgabe* v. Karl May: *Old Surehand* I. Bamberg 1983, S. N1-N12. Auch Ulrich Schmid (*Das Werk Karl Mays 1895–1905*, Ubstadt 1989, S. 58f.), beschäftigte sich mit diesem Problem, ohne zu einem endgültigen Ergebnis zu kommen.
9   In diesem Zusammenhang sei auf einen Beitrag von Karl Serden hingewiesen: *Old Surehand – Roman der Erfüllung?* In: MKMG 66 (1985), S. 41f., in dessem Mittelpunkt das Stichwort ‚Bruchsaler Einzelhaft' abgehandelt wird (*Der blaurote Methusalem*, S. 500, gespiegelt in *Old Surehand III*, S. 101).
10 Zit. nach MKMG 3 (1969), S. 3.
11 Hans Stosch-Sarrasani ließ nach diesem Motiv eine Bronzestatue schaffen, die er Ende der zwanziger Jahre dem Karl-May-Museum Radebeul bzw. dem ehemaligen Artisten Patty Frank zum Geschenk machte. Auf dem Sockel war der indianische Gruß „Hau Kola!" eingraviert. Nach Auskunft von Lothar Schmid ist diese Plastik seit Jahren spurlos verschwunden. 1956 war sie noch vorhanden und dokumentierte den Besuchern auf eindrückliche Weise die Versöhnung zwischen Weiß und Rot.

12 Ludwig Körner hat sich das zunutze gemacht; er hat mit *Winnetou* das erfolgreichste May-Bühnenstück geschrieben, das 1929 in Berlin uraufgeführt wurde. Carl Zuckmayer lobte den Darsteller des Winnetou – Hans Otto – in höchsten Tönen (*Winnetou auf der Bühne*. In: KMJB 1931, S. 300-306). Otto war Schulkamerad von Erich Kästner und häufig Partner von Elisabeth Bergner in klassischen Stücken; er sorgte dafür, daß sie noch rechtzeitig nach England ging. 1933 schon wurde Otto von den Nazis umgebracht. Die Bergner hat ihm in ihren Memoiren ein Denkmal gesetzt (*Bewundert viel und viel gescholten*, Gütersloh 1978).
13 Auch Lorenz Krapp [Anm. 5, S. 370-372] lobt Mays Landschaftsbeschreibungen, unnötigerweise jedoch auf Kosten einiger französischer, englischer und italienischer Schriftsteller, und übersieht dabei, daß jeder von ihnen seine eigenen Qualitäten hat. So Salgari, der ein glänzender Schilderer der Fauna und Flora war und bei Jagdszenen das gefallene Tier zumeist als ‚la povera bestia' (das arme Tier) bezeichnet. Vgl. dazu Hansotto Hatzig: *Emilio Salgari*. In: *Lexikon der Reise- und Abenteuerliteratur*. Meitingen (Loseblatt-Werk). In diesem Zusammenhang wird auch Hugo (eigentl. Ugo) Mioni genannt, worüber die Karl-May-Gesellschaft bereits einiges Aufklärende berichten konnte (so im SoKMG 85, *Karl Mays Spuren in der Literatur. Vierte Sammlung*, in einem Beitrag von Piero Chiara, S. 85f., und im SoKMG 98, *Fünfte Sammlung*, Nachtrag S. 101).

Eckehard Koch

„...einer der gefährlichsten Winkel des fernen Westens..."

Zum zeitgeschichtlichen Hintergrund der ‚Old-Surehand'-Erzählung

1

„Diese Gegend kannte ich; es war der öde, der heißen, sandigen Sahara vollständig gleichende Llano estacado", schreibt Karl May; aber er irrt – er kannte den Llano, diese „zwischen Texas, Arizona, Neu-Mexiko und dem Indianer-Territorium" liegende „weite, furchtbare Strecke Landes" (XIV 100 u. 148), nicht, er hat ihn auch weder in seinem *Old Surehand* noch etwa in *Winnetou III* richtig beschrieben: „Wüste Strecken dürren, glühenden Sandes wechseln mit nackten, brennend heißen Felslagerungen, die nicht imstande sind, auch nur der allerdürftigsten Vegetation die kärgsten Bedingungen des kürzesten Daseins zu erfüllen, [...] und der Tod tritt dem Auge überall unverhüllt in seiner fürchterlichsten Gestalt entgegen." (148) Nein, ganz so furchtbar war der Llano nicht. Meredith McClain hat in ihrem verdienstvollen Beitrag[1] die mutmaßliche Quelle beschrieben, aus der May seine Darstellung bezog, nämlich die Werke des irischen Schriftsteller Thomas Mayne Reid (1818–1883): dieser sprach von der ‚Amerikanischen Sahara' und von der ‚pfadlosen Unfruchtbarkeit' des Llano; er gab auch eine Erklärung für den Namen dieser ‚Wüste', die von May übernommen wurde: „weithin aber ist sie wegen der eingerammten Pfähle, welche den Weg bezeichnen sollen, entweder als ‚Llano estacado' oder als ‚Staked-Plain' bekannt" (150).

Schon der Chronist der bis ins nordwestliche Texas gelangten Coronado-Expedition 1541, Pedro de Castaneda, schrieb über die westtexanischen Ebenen, den texanischen Pfannenstiel, d. h. den Ostteil des Llano: „Das Gras wächst sehr hoch nahe den Seen, aber weiter weg davon ist es sehr kurz", und ein anderes Mitglied der Expedition meinte: „Durchziehen dieser Ebenen ist wie Fahren über's Meer." Es war aber auch Coronados Truppe, die an den steilen Ostabhang des Llano stieß und von daher die hinter diesen palisadenartig anmutenden Felsklippen liegende Hochebene als ‚Palisaden-Ebene' bzw. ‚mit Palisaden bewehrte Ebene' bezeichnete. Dieser Ausdruck wurde später von Anglo-Amerikanern falsch in ‚Staked Plains' übersetzt – sie erzählten von Pfählen, die in den Boden gerammt wurden, um im ‚Grasmeer' nicht verloren zu gehen – eine ‚reizvolle Volkssage', wie Sasser eine Aussage Boltons zitiert.[2]

Man muß aber May Gerechtigkeit widerfahren lassen. Im *Pierer* konnte er über das nordwestliche Texas nachlesen: „das felsige Hochland, öd u. wüst, der Cultur wahrscheinlich kaum zugänglich, noch wenig bekannt, erst von wenigen Karavanenstraßen durchzogen".[3] Und in *Meyers Konversations-Lexikon* heißt es noch 1897 über den Llano estacado: „(engl. Staked Plain), wüstes Sandsteinplateau im nordwestlichen Texas. [...] Das 970–1450 m hohe, 70,000 qkm umfassende wüste und monotone Plateau, das wie eine große Bastion in das um 500–800 m tiefer liegende Land abfällt, besteht zumeist aus cretaceischen Sandsteinschichten mit sandiger Oberfläche und wird von einzelnen Schluchtenthälern (Cañons) zerrissen." Hier wird eine neue Version für die Namensgebung geboten: „Seinen Namen verdankt es den stakes (Pfählen), durch welche die wenigen ‚Wasserlöcher' auf ihm von der Ferne kennbar gemacht wurden."[4] Aus einem Reisebericht Möllhausens[5] konnte May über die „Hochebene oder El Llano Estacado (Die abgesteckte Ebene) [Anm.: Auf dieser Hochebene befindet sich durchaus nichts, was dem Reisenden als Landmarke dienen könnte. Mexikanische Tauschhändler hatten deshalb vormals durch lange Stangen, die sie in gewisser Entfernung voneinander aufrecht in den Boden steckten, den Reisenden die vorteilhafteste Richtung angegeben; von daher stammt der Name El Llano Estacado.]" entnehmen:

Der Boden auf dem Llano ist sandig und horizontale Lagen von rotem und weißem Sandstein ziehen sich von einer Grenze bis zur anderen. Nur wenig von dieser ausgedehnten Fläche ist bis jetzt bekannt, da Reisende sich scheuen, in Regionen vorzudringen, wo sie durch gänzlichen Mangel an Holz und Wasser dem Untergang preisgegeben sein würden.

Auch Möllhausen vergleicht den Llano mit dem Ozean, aber: „Auf dem Llano schweifen des Wanderers Blicke vergeblich in die Ferne – kein Baum, kein Strauch grüßt dort sein Auge. [...] der Llano Estacado [...] ist tot."

Hören wir dazu noch Theodore R. Fehrenbach, der die Heimat der Comanchen folgendermaßen beschreibt:

Im Frühling, während der Hauptregenperiode, leuchten aus dem tiefgrünen Gras der südlichen Plains wilde Blüten in den herrlichsten Farben; mit dem Ende der Frühjahrsregen laugt die Sonne die Erde aus; die zahlreichen Wasserstellen, die selbst die baumlose Hochebene des Llano Estacado übersäen, vertrocknen in Sand und Schmutz, das Gras wird gelb und spröde. Im

Spätsommer muten die Plains wie eine echte Wüste an; doch schon geringe Regenfälle bringen die überraschende Schönheit zurück.[6]

May hat den Llano mit seinem „Vielzuviel an Sand einerseits und der übertriebenen Üppigkeit der Oase des Bloody-Fox andererseits", wie Meredith McClain es ausdrückt[7], in seiner Fürchterlichkeit übertrieben, wenngleich für seine Romanhandlungen natürlich entsprechend passend geschildert. Abgesehen von Landkarten, Nachschlagewerken und möglicherweise Reiseschilderungen wie die Möllhausens oder den Romanen Reids u. ä. hat er offenbar für die *Old-Surehand*-Erzählung kein besonderes Quellenmaterial benutzt.[8] Von daher wird man zunächst eher skeptisch sein, wenn man sich seinen Aussagen über die Bewohner des von ihm nur teilweise richtig geschilderten Llano zuwendet: den Comanchen.

2

Der erste Band *Old Surehand* spielt in einem

der gefährlichsten Winkel des fernen Westens [...], weil sich dort die Streifgebiete der Comantschen und Apatschen berührten. Wer die Verhältnisse kennt, der weiß, daß es, so lange diese beiden Nationen überhaupt noch existieren, niemals zwischen ihnen zu einem dauernden Frieden kommen kann; die gegenseitige Erbitterung wird schon dem Kinde anerzogen und eingeprägt, und wenn ja einmal der Tomahawk des Krieges zwischen ihnen vergraben wird, so genügt doch die geringste Veranlassung, ihn wieder auszugraben. [...] Der Vorwurf einer Grenzverletzung war [...] leicht zu haben, ganz abgesehen von den hundert andern Gründen, die es gab, wenn man den Kampf nur wünschte. Darum wurden jene Gegenden von den Westleuten gern „the shears" [Anm.: Die Scheeren.] genannt, ein Ausdruck, der sehr bezeichnend war. [...] Die häufigen Kämpfe zwischen den beiden Nationen pflegten drüben in den ‚shears' zu entbrennen und sich dann über den Pecos herüberzuspielen (162f.).

Mag man hierin wieder eine ‚typische Maysche Übertreibung' sehen, aufgebauscht, um den Abenteuerhandlungen seiner Wild-West-Romane wie gerade *Old Surehand* den nötigen Hintergrund zu geben, so irrt hier diesmal doch der unkundige Leser: Die Erbfeindschaft zwischen Apachen und Comanchen ist keine Erfindung Karl Mays. Die Verhältnisse in den Gebieten, in denen der erste *Surehand*-Band mit seinen Auseinandersetzungen zwischen Apachen und Comanchen einerseits und zwischen Comanchen und weißen Soldaten andererseits spielt, waren noch weitaus schrecklicher, als May es erahnen läßt.[9] In unserem Zusammenhang können die Details nicht geschildert werden. Es sei u. a. auf die historische Darstellung Fehrenbachs verwiesen, die ‚blutrünstigere' Geschehnisse bietet als alle Mayschen Wild-West-Romane zusammen.

Wer waren die Comanchen?

Bis Anfang des 17. Jahrhunderts, bevor sie die Pferde übernahmen und in die Prärien zogen, lebten die Nemen oder Nemene, wie sie sich selbst nannten – der Name bedeutet ‚Volk' –, ein sehr hartes Leben als Sammler und Jäger in den Bergen am Südrand des Wyoming-Beckens. Von den Utes wurden sie ‚Koh-mahts' (‚Feinde') genannt; daraus machten die Spanier Komantcia, woraus dann schließlich der Name Comanchen entstand. Sie sprachen schoschonisch, wie May (65) richtig angibt, während sein Hinweis auf die Verwandtschaft mit der Tonkawa-Sprache jeder Grundlage entbehrt (98f.). Fraglich ist auch Mays Einteilung der Comanchen in Unterstämme. In der Historie unterscheidet man dreizehn eigenständige Banden, vielleicht gab es auch noch weitere. Geschichtlich spielten aber nur fünf Stämme auf den südlichen Ebenen vom 18. bis zum Ende des 19. Jahrhunderts eine Rolle: die Penateka (‚Honigesser', auch Pehnahner = ‚Wespen' oder Hoh'ees, ‚Waldvolk', wegen ihrer Heimat in den bienenreichen Forsten des südlichen Texas) folgten vermutlich als erste Comanchenbande den Bisons gen Süden. Nördlich davon nomadisierten die Nokoni, ‚Jene, die zurückschlagen' mit unglaublicher Mobilität. Vielleicht entlehnte May seine Bezeichnung für einen Comanchenstamm: die Naiini (u. a. 354), von diesem Namen. In einem indianischen Ausdruck („Uff! Naiini peniyil – die Comantschen kommen!", 417) setzt er jedoch die Naiini mit den Comanchen gleich, so daß die Vermutung aufkommt, er habe die Bezeichnung von dem Eigennamen der Comanchen, Nemene, abgeleitet. Wie dem auch sei: die Nokoni änderten später ihren Namen in Detsanayuka und teilten ihr Gebiet mit kleineren Seitenlinien wie Tanima (‚Leberesser') und Tenawa (‚Jene, die flußabwärts leben').

Im westlichen Oklahoma jagten die Kotsoteka (‚Büffelesser'); bis nördlich des Arkansas dehnte sich das Gebiet der Yamparika oder Yahpaheenuh (‚Kümmelwurzelesser'). In der Historie mit am bedeutendsten wurden schließlich die Kwahari (‚Antilopen') bzw. Kwahadi (‚Sonnenschatten auf dem Rücken', wegen ihrer Sonnenschirme aus Bisonhäuten), obwohl sie nie mehr als 2000 Seelen zählten. Sie bewohnten den östlichen Llano estacado im texanischen Pfannenstiel mit seinen Canyons wie Palo duro oder Tule; sie schlossen nie einen Vertrag mit den Weißen und waren die letzten Comanchen, die sich ergaben.

Jeder dieser Banden gehörten 2– bis 5000 Menschen an, und jede stellte 5– bis 700 Krieger. Aus mehr als 12 000 Angehörigen bestanden die Comanchen vermutlich aber nie, obwohl es Schätzungen gibt, nach denen sie um 1800 an die 25 000 Seelen zählten.

Weitere kleinere Banden, die eine Zeitlang in Erscheinung traten, waren die Ketahto (‚Verbranntes Fleisch'), die wegen angeblich inzestiösen Verhaltens sogenannten Nahmal-er-er-nuh (die ‚Unzüchtigen') und Waw-ahhees (‚die mit Maden am Penis'), sowie Banden mit den Namen ‚Stromaufwärts', ‚Am Mittellauf', ‚Unteres Ufer' und ‚Wasserpferd'. May befördert Apanatschka zum Häuptling der Kanean-Comanchen (u. a. XIX 93) und erwähnt noch die Racurroh-Comanchen (u. a. XIV 76), eine Bezeichnung, die von ihm offenbar ebenfalls ersonnen wurde. Roland Schmid vermutet bei seinen Überlegungen zur Herkunft des Namens Winnetou[10], daß er die indianischen Namen seiner ersten Reiseerzählungen, also auch den Winnetous, erfunden habe. In diesen Erzählungen kommen nur wenige, aber gleichklingende Namen vor: „Nämlich: Parranoh, Riccarroh, Ribanna und Winnetou. Nehmen wir dazu den Namen Inn-nu-woh [...] und Rakurroh, die Bezeichnung für einen Komantschenstamm, den es nicht gibt, so erhalten wir ein merkwürdiges Bild von lauter ähnlich klingenden Wörtern". Für diese Deutung, nämlich der Erfindung des Namens Racurroh wegen des Klanges, spricht viel. Doch sollte zumindest ergänzt werden, daß Maximilian zu Wied-Neuwied in seinem Werk[11] über die Arikkaras berichtet, die auch Rikkaras hießen und mit den Pawnee verwandt waren, von denen sie sich dereinst trennten. Es soll hier gar nicht auf die früher geäußerte Vermutung zurückgekommen werden, daß sich May bei seiner Darstellung der Apachen und Winnetous von Elementen der Pawnee-Geschichte inspirieren ließ[12], aber bemerkenswert ist es doch, daß Catlin[13] wiederum berichtet, daß die Pahni Picts, die offenbar den Wichitas entsprachen und mit den eigentlichen Pawnee sprachverwandt waren, Verbündete der Comanchen gewesen sind – und daß May aus Catlins Werk schöpfte, ist erwiesen.[14]

Woher nun May seine Namen für Comanchen-Banden entlehnte, oder aber, ob er sie erfand – richtig ist in jedem Fall seine Beurteilung der Kriege mit den Apachen. Ab Mitte des 17. Jahrhunderts übernahmen die Comanchen das Pferd und drangen dann nach Süden vor, wo sie die östlichen Apachen beinahe ausrotteten und die Überreste nach Westen abdrängten. Die Mescalero beispielsweise zogen sich vor ihnen tief in die Gebirge von Neu-Mexiko zurück. Um 1725 gab es keine Apacheria im Osten der südlichen Rocky Mountains mehr, sondern sie hatte sich zur Comancheria gewandelt.

Schon um 1750 waren die Comanchen die Herren der südlichen Plains, und ihr Gebiet

umfaßte das gesamte Areal von der spanischen Grenze bis zum Arkansas, zwischen der Grand Cordillera und den Cross Timbers in Texas; im Kern maß es von Nord nach Süd etwa eintausend, von Ost nach West über sechshundert Kilometer. Die Comancheria reichte vom achtundneunzigsten Längengrad bis an den Fuß der Rocky Mountains. [...] Der Einfluß der Comanchen ging jedoch weit über ihr Territorium hinaus; sämtliche Camps und Niederlassungen im Umkreis von 1500 Kilometern lagen in Reichweite der Reiternomaden.[15]

May stellt die Apachen gegenüber den Comanchen heraus: „Old Surehand [...] bemerkte, daß sie fast militärisch geschult waren" (XIV 316), Old Wabble begeistert sich: „Ich habe die Krieger der Apatschen gesehen, wie gut bewaffnet und disciplinirt sie sind. Zweihundert von ihnen würden dreihundert Comantschen besiegen" (330); aber die Geschichte lief anders ab. Und so wurden die Comanchen nicht nur zum Schrecken der Apachen, sondern auch zur Geißel der spanischen und dann der texanischen und amerikanischen Siedler. „Auch die Nemene mußten wie alle anderen verschwinden, doch erst nachdem sie wie ein Wirbelwind in die Geschichte gestürmt waren. [...] Die Nemene sollten sich von allen Plainsindianern am unerbittlichsten, erfolgreichsten und tapfersten widersetzen: nicht um ihr Heimatland zu verteidigen, sondern um ihren geheiligten Lebensstil zu bewahren."[16]

3

Karl May hatte die Apachen zu seinem Lieblingsstamm erkoren; von daher ist es verständlich, daß er die Comanchen eher negativ schildert. Auf den ersten Blick scheint es, als schlage sich in seinen Romanen zudem die zeitgenössische Meinung über die Comanchen nieder, wie sie z. B. im *Pierer* zum Ausdruck kommt: „grausam, kriegs- u. raublustig, treulos u. hinterlistig".[17] Bis auf den edlen Apanatschka verhalten sich die geschilderten Comanchenhäuptlinge gerade so, einschließlich des jungen Schiba-bigk, der einmal Old Shatterhands Freund geworden war. „Stets sind es die Comantschen gewesen, welche den Unfrieden angestiftet und den Kampf begonnen haben", hält Old Shatterhand dem Häuptling Nale-Masiuv vor (XIV 483), und: „Im Verhältnisse zu euch ist ein Mordbrenner noch ein sehr guter Mensch", muß sich Vupa Umugi von ihm sagen lassen (549). Als er mit seiner Bande dann gefangen ist, sinnt Old Shatterhand nach: „hundertundfünfzig kühne und gewissenlose Indianer, welche ausgezogen waren, zu rauben und zu morden und keinen Gegner zu schonen" (565). Es wird grausam skalpiert (36) oder damit gedroht; immer wieder drohen Comanchen Old Shatterhand, Winnetou oder Old Surehand u. a. mit dem grausamen Tod am Marterpfahl, z. B. einem gefangenen Apachenkrieger: „Du weißt, daß wir dir die Haut und das Fleisch in Stücken von dem Leibe schneiden werden" (221).

Grausam waren die Comanchen in der Tat, sie skalpierten – wobei sich die meisten Wissenschaftler heute darin einig sind, daß das Skalpieren vor der Ankunft der Weißen nur im Südosten der heutigen Vereinigten Staaten bekannt war und erst durch die Weißen (Aussetzen von Skalpprämien) über den Kontinent verbreitet wurde[18] – und sie marterten und folterten mit viel Raffinesse – das von May (478) erwähnte Abziehen der Haut eines Opfers bei lebendigem Leibe gehörte auch dazu. Aber es gab viele Indianervölker, vor allem die traditionsreichen, seßhaften Stämme, die den wilden Nemene in der Folterkunst weit ‚überlegen' waren, und in diesem Zusammenhang muß man sich auch vor Augen halten, daß jene „französischen und spanischen Schreiberlinge, die voller Entsetzen die Foltern der Indianer beschrieben, [...] Gesellschaften [entstammten], die Frauen und Kinder Inquisitionen unterzogen, wie sie sich ein amerikanischer Ureinwohner nicht hätte vorstellen können".[19]

May zeichnet aber die Comanchen nicht ausschließlich negativ. Das kommt nicht nur in der Schilderung der ‚Bekehrung' Schiba-bigks oder in der Zeichnung des Helden Apanatschka zum Ausdruck, sondern schlägt sich in seiner gesamten Grundhaltung nieder, in seiner Beurteilung der Verhältnisse. So gibt Winnetou Old Wabble zu bedenken: „Mein alter Bruder [...] hält sie [die Comanchen] für Diebe, Räuber und Mörder, ohne zu bedenken, daß sie nur zu den Waffen greifen, um ihr gutes Eigentum zu verteidigen, oder das zu rächen, was an ihnen verbrochen worden ist." Old Wabble rechtfertigt sich: „Die Roten, mit denen ich bisher zusammengetroffen bin, sind alle, alle Schufte gewesen." „Das bezweifle ich", erwidert Winnetou. „Und wenn es wahr sein sollte, wer hat sie denn zu Schuften gemacht? [...] Sie sind es durch die Bleichgesichter geworden." (331f.) Diese Haltung gipfelt in Mays Anklage gegenüber der weißen Zivilisation generell – darauf wird aber noch zurückzukommen sein.

4

Die Comanchen entwickelten niemals die komplexen sozialen und politischen Strukturen sowie Institutionen wie die übrigen Präriestämme. Erst als ihre Kultur sich schon dem Ende zuneigte, tanzten sie den Sonnentanz. Sie kannten auch nicht den Federschmuck der übrigen Plainsindianer, sondern trugen – vorbehalten allerdings nur besonders tapferen Männern – im Krieg Schlachthauben aus Büffelkalbskalpen, aus denen die Hörner ragten. Federhaube und Federschleppe wurden erst spät übernommen, blieben aber auf besonders herausragende Krieger beschränkt. Insofern ist die Darstellung Nale-Masiuvs mit Federn (474) nicht ganz falsch.

Streifen in Schwarz, der Farbe des Todes, die über Gesicht und Stirn verliefen, bildeten die Kriegsbemalung der Comanchen. Das gab ihnen ein furchterregendes Aussehen. Ihre militärische Organisation und das individuelle Trachten der Krieger nach Ruhm und Ehre ließen aus den Comanchen die gefürchtetsten Indianer überhaupt werden. Sie erwarteten im Krieg kein Pardon und gaben auch selten eines. Dennoch wurden Gefangene, darunter viele Kinder, sehr häufig in den Stamm adoptiert.

Die Comanchen waren im allgemeinen nicht sehr hoch gewachsen – die Männer wurden selten größer als 1,65 m und neigten etwas zur Beleibtheit, die Frauen waren im Durchschnitt nur 1,50 m groß; dies kam ihnen aber beim Reiten zustatten. Mit der Übernahme des Pferdes – zunächst von den Spaniern oder benachbarten Stämmen gestohlen, später gezüchtet – entwickelten sie sich zu einem Reitervolk, wie es die Welt kaum ein zweites Mal gesehen hat. Nach den Spaniern bezeichneten auch die Amerikaner die Comanchen als die ‚beste leichte Kavallerie der Welt'. Ihre Reitkultur war unglaublich entwickelt; Zügel, Sättel, Lanzen und das Aufsitzen von rechts übernahmen sie von den Spaniern. Neu aber war ihre Einführung einer Halsschlinge – sie erlaubte es, mit einem Arm in der Schlinge und einem Bein am Sattel seitlich am Pferd zu hängen, dieses – auch in vollstem Galopp – als Deckung zu benutzen und unter seinem Hals Pfeile auf die Feinde abzuschießen, ein Kunststück, das schon Catlin beschrieb. Als Waffen dienten ihnen Pfeil und Bogen, Lanze und Kriegsbeil; später übernahmen sie von den Weißen Gewehre und Revolver. „Selten wurde schon in alten Berichten ein Volk mit so vielen Superlativen bedacht wie die Comanche, und auch heute noch schwelgen Autoren in der Schilderung von tollkühnen Reiterkunststücken, grausamen Riten und Skalpjagden."[20] Die Pferde dienten auch als Lasttiere, aber in erster Linie für den persönlichen Transport. Vor allem aber waren sie ein Zeichen für Reichtum und Prestige der Besitzer. Die Herden der Comanchen waren riesig; von einem Indianer wird berichtet, er habe mehr als 1000 Pferde besessen. Viele Indianer hatten auch ein Lieblingspferd, das im Fall ihres Todes oft ebenfalls getötet wurde. Persönliche Tapferkeit stand für die Comanchen als höchste Tugend über allem.

Nur manches von diesen ‚Superlativen' scheint im Werk Karl Mays auf – wenn überhaupt, dann hat er die Apachen damit bedacht. Aber auch er spricht von der „indianische[n] Schule" des Reitens (293) und schreibt bewundernd über die Pferde der Comanchen, von denen er eines entführt (275ff., 288; XIX 51f.). Daß die Comanchen in Tipis wohnten, ist richtig (XIV 250), aber sie bestanden aus Büffelfell und nicht aus Leinen. Über das Familienleben der Comanchen schreibt May, sieht man von der Schilderung der Zuneigung Apanatschkas zu seiner vermeintlichen Mutter ab, nichts; es war im ganzen harmonisch, die Kinder wurden mit viel Liebe erzogen, und die Frauen standen in keinem geringen Ansehen – daß sie die Sklavinnen der Männer gewesen seien und nur die Schwerstarbeit zu verrichten gehabt hätten, wie es noch der *Pierer* weiß, entspricht nicht den Tatsachen. Richtig ist Mays Aussage (540), daß sich die Indianer ihre wenigen Barthaare ausrissen – das taten auch die Comanchen.

Die Nemene kannten Friedens- und Kriegshäuptlinge. Die Führer in zivilen Angelegenheiten hatten keine Befehlsgewalt; wie weit man sich nach ihren Vorschlägen richtete, hing von ihrer persönlichen Autorität ab. Sie waren nur Erste unter Gleichen, und die erwachsenen Männer trafen die wesentlichen Entscheidungen in den feierlichen Ratsversammlungen. Anders war es im Kriege. Den hierfür gewählten Häuptlingen, deren Autorität aber nur während des Kriegspfades bestand, folgte man freiwillig, daher konnten sie auch – solange ihnen das Glück hold war – absoluten Gehorsam erwarten. So trifft auch May im Prinzip nicht daneben, wenn er schreibt: „Ein Indianerhäuptling ist nichts weniger als ein absoluter Herrscher; er wird von dem Stamme gewählt; er behält seine Würde, so lange er sich durch Erfahrung, Klugheit und Kühnheit zu halten weiß, aber er kann in jedem Augenblick durch die ‚Versammlung der Alten' abgesetzt werden und ist dann weniger, als er vorher war". Und mit Recht legt er einem Comanchenkrieger die Worte in den Mund: „Du bist Vupa-Umugi, unser Häuptling des Krieges, dessen Befehle wir zu befolgen haben; aber wenn du Befehle erteilst, die nicht auszuführen sind, so darfst du diejenigen nicht beschimpfen, die sich vergeblich Mühe geben" (108f.). Die Bedeutung indianischer Beratungen hat May ebenfalls betont (u. a. 191). Old Shatterhand pflegt seine Beratungen mit feindlichen Häuptlingen gelegentlich zu verkürzen, indem er droht, deren Medizinen, in deren Besitz er sich gebracht hat, zu verbrennen – ein Kunstgriff, den May auch in anderen Romanen verwendet. Vieles ließe sich über die Religion und den Glauben der Comanchen berichten; hierauf muß jedoch in diesem Rahmen verzichtet und auf die Literatur verwiesen werden. Doch so viel sei immerhin gesagt:

Die Comanchen betrachteten sich als Teil der Natur und versuchten, sich die übernatürlichen Mächte geneigt zu erhalten oder zu machen. Sie glaubten nicht an einen persönlichen Gott; ihre „Religion [...] war das Bemühen um ein Verständnis der kosmischen Mächte, um sie des Überlebens und Gedeihens willen beeinflussen zu können".[21] Während der Pubertät suchte ein Junge, durch eine Vision seinen persönlichen Schutzgeist, seine ‚Medizin' (Puha) zu finden; durch sie würde er in der Lage sein, die Fährnisse des Lebens zu überwinden und Glück in Jagd und Krieg zu haben. Die Vision, die Offenbarung, schenkte ihm Anteil an der Macht der Geister, eben die Medizin, die er sorgsam interpretieren mußte, die aber sein Geheimnis blieb. Mit diesem verbunden waren neben der eigentlichen Medizin: bestimmte Gegenstände, die in einem Medizinbeutel unter dem Lendenschurz getragen wurden, gewisse Tabus, an die sich der Junge sein Leben lang halten mußte. Zerstörung der Medizin bedeutete auch die Zerstörung der Lebenskraft. Auch die Nichteinhaltung von Tabus konnte zur Zerstörung der magischen Kraft führen und bei Comanchen psychosomatische Störungen bis hin zum Tode auslösen. Sie glaubten auch, das Skalpieren zerstöre den menschlichen Geist; Skalpierte dürften nicht in das Paradies eintreten. Das Jenseits stellten sich die Nemene als liebliches Tal im Westen vor, „überstrahlt von Sonne und Wärme, belebt von unzähligen Jagdtieren und frei von Sorge und Schmerz. Dort trafen alle in ewiger Jugendfrische zusammen, und es herrschte Friede und Eintracht."[22] May irrt also, abgesehen davon, daß er ständig das Wort ‚Manitou' auch für die Comanchen benutzt, wenn er schreibt: „Die roten Männer und Völker müssen untergehen, weil sie nicht aufhören, sich untereinander selbst zu zerfleischen; ihr Manitou ist ein Manitou des Blutes und der Rache, der ihnen selbst in den ewigen Jagdgründen keinen Frieden, sondern Schlachten und Kämpfe ohne Ende bietet" (369); er läßt – zu Unrecht – auch Skalpierte ins Jenseits kommen (wenn auch ohne Diener, 220; an anderer Stelle heißt es aber richtig: „Die Skalplocke rauben, ohne die man nicht jenseits leben kann", 489), aber seine Darstellung der Bedeutung einer Medizin für ihren Besitzer ist vom Prinzip her richtig.[23] Schiba-bigk freilich hat durch Old Shatterhands Einfluß den Glauben daran verloren.

Es gab auch Männer, die aufgrund besonders reichhaltiger Visionen sehr viel Puha besaßen – die Puhakut, die Medizinmänner, die zwar keine Priester waren, aber als Heiler und durch ihren Rat sehr viel Einfluß besaßen. Auch Frauen konnten Puhakuts werden. Der Medizinmann der Comanchen, dem May eine Schlüsselrolle in seinem *Old Surehand* zugeschrieben hat, ist ein weißer Verbrecher – nämlich Thibaut, den Apanatschka für seinen Vater hält.

Insgesamt ist die Darstellung, die May von der Religion der Comanchen gibt, negativ, aber dies ist, wie schon früher beschrieben[24], ein Kunstgriff, um die christliche um so mehr herauszustellen. Dabei stellten ihr „Glaube an ein Leben nach dem Tode und die ebenso universelle Legende vom Versinken der Kontinente in einer Sintflut [...] die einzigen Übereinstimmungen mit dem Glauben der Europäer dar".[25]

5

„Sicher ist: Die Nemene zerstörten den langgehegten Traum der Spanier von der Herrschaft über Nordamerika, sie verhinderten das Vordringen der Franzosen in südwestlicher Richtung, und sie verzögerten die endgültige Eroberung des Kontinents durch die Angloamerikaner um fast sechzig Jahre." „So haben die Nemene die Entwicklung des Kontinents doch in einer Weise mitgeprägt, die in unseren Tagen kaum jemandem richtig bewußt und einsichtig ist."[26] Wir können hier diese Geschichte nicht einmal ansatzweise nachzeichnen; wiederum muß auf die Literatur verwiesen werden.

Etwa ab Mitte des 18. Jahrhunderts erhielten die Comanchen von französischen Händlern Feuerwaffen, wodurch sie den Nachbarstämmen weit überlegen wurden. Ein Friedensschluß mit den Spaniern 1786 erfolgte eher halbherzig. Einige Jahre später bekriegten die Nemene die Kiowa, aber 1795 schlossen sie mit ihnen eine Konföderation, und von da ab war das Schicksal beider Stämme eng miteinander verflochten. In die etwas bekannter gewordene Geschichte gingen dann allerdings merkwürdigerweise viel mehr Kiowahäuptlinge ein als Comanchen-Chiefs. Als Hauptgegner sahen die Comanchen nach den Spaniern und Mexikanern die Texaner an, während sie mit dem US-Militär zunächst um ein Auskommen bemüht waren. Aber die Siedler und Viehzüchter sowie das Militär drangen unaufhaltsam vor, und der Krieg der Comanchen und Kiowa gegen sie wurde schließlich mit aller Erbitterung geführt. Verträge wie 1835 und 1867 (Medicine Lodge) beendeten sie keineswegs, und erst als es keine Büffel mehr gab und die Comanchen dem Hungertode preisgegeben waren, erfüllte sich endgültig ihr Schicksal. Wie May mit Recht schreibt: „Wenn der Buffalo jetzt ausgestorben ist, so trägt nur der Weiße allein die Schuld daran" (XIX 427). Schon viel früher – um 1849 – hatten von Weißen eingeschleppte Krankheiten tausende Comanchen hinweggerafft.

Bemerkenswert ist der große Feldzug des Penateka-Chiefs Buffalo Hump gegen Texas 1840, und 1864 versuchte Häuptling Little Buffalo ihm nachzueifern, kam aber dabei ums Leben. Nicht der ‚Kleine', aber ein ‚Großer Büffel' wird als berüchtigter Comanchenhäuptling von Karl May erwähnt (XIV 34ff.), der im Zusammenhang mit der tragischen Mistake-Cañon-Episode getötet wird. Zu bemerken ist, daß es in der Geschichte der Comanchen zwar keinen Häuptling Eisenherz (Schiba-bigk) gegeben hat, aber einen Chief Eisenjacke, Iron Jacket, den 1858 Texas Ranger erschossen. Zumindest erwähnt werden sollte der Häuptling der Yamparika Ten Bears (1792–1872), dessen blumenreiche Rede zur Verteidigung der Jagdgründe der Comanchen während der Vertragsverhandlungen in Medicine Lodge 1867 berühmt geworden ist. Kurz vor seinem Tode machte er den Vorschlag, „die Regierung solle einmal versuchen, die Texaner umzusiedeln, nachdem die Indianer so oft und so erfolglos umgesiedelt worden waren".[27] Das Jahr 1874 brachte den meisten Kiowa und Comanchen die bittere Niederlage und die endgültige Verbannung in die Reservate. Der bedeutendste Comanchenhäuptling, der Quahadi Qua-nah, ergab sich allerdings erst 1875 den weißen Soldaten – auf ihn wird noch einmal zurückzukommen sein.

May beschreibt in seinem ersten *Surehand*-Band einen Feldzug von US-Soldaten gegen die Comanchen. Er schildert ihren Kommandanten als arrogant und negativ, und aufgeblasene Typen wie dieser liefen im Wilden Westen tatsächlich zu Dutzenden herum und waren großteils mitschuld an den Indianerkriegen – hier traf May durchaus nicht daneben; aber daß so ein Offizier ins feindliche Terrain ohne (Indianer-)Scouts auszog, wie es May behauptet (32), das wäre denn doch nicht vorgekommen. May spricht von Dragonern (59), aber zu der Zeit, in der seine Erzählung spielt, war die Armee schon weit über die Dragoner aus Catlins Zeiten hinausgewachsen. Die 1833 aufgestellten Dragoner,

> von denen einige Abteilungen nach Texas beordert wurden, [...] stellten [...] keine echte Kavallerie dar, die ausreichend trainiert und ausgerüstet gewesen wäre, um die Blitzangriffe der indianischen „leichten Kavallerie" zu kontern. [...] Die Dragoner operierten nach Art der schweren Kavallerie und hätten gegen eine reguläre Armee gut bestehen können. Gegen die Reiterstämme jedoch waren sie hilflos. [...] Die Dragoner hätten keiner Indianertruppe habhaft werden können. [...] So mußte Colonel Richard Irving Dodge um 1850 leider feststellen, daß die amerikanischen Truppen den Plainskriegern in jeder bis auf eine Hinsicht unterlegen waren: ihre disziplinierte Beharrlichkeit.[28]

Die Beharrlichkeit zusammen mit neuer Bewaffnung und Umstrukturierung in eine echte Kavallerie führte die US-Truppen unter dem genialen Obersten Ranald Slidell Mackenzie (1840–1889) – in Verbindung mit der Zerstörung der Lebensgrundlagen der Comanchen durch die Büffeljäger – 1874/75 zum Sieg. Erst Mackenzie drang mit Soldaten in die Tiefen des Llano vor – May war also mit seinem Roman der Handlungszeit voraus.

Daß die Armee – und das nicht zu Unrecht – in schlechtem Ruf stand und allerhand Gesindel in ihren Reihen hatte, schmälert Mackenzies Leistung nicht. Die Prügelstrafe – selbst bei geringeren Vergehen – war, um für Disziplin und Ordnung zu sorgen, in der Armee an der Tagesordnung, und sie trifft bei May denn auch den angeblichen ‚General'. Old Shatterhands Henrystutzen bewundern in Mays Roman nicht nur die Indianer, sondern auch die Soldaten, aber:

> Die beständigen Klagen der Indianer über Mangel an Gewehren ließ einige Weiße glauben, die Plainsstämme benötigten mehr Feuerwaffen, um sich durch Jagd selbst ernähren zu können. So kam es, daß das Innenministerium verschiedenen Gruppen Plainsindianern tatsächlich etliche Tonnen Gewehre und Munition lieferte, obwohl es nach den Bundesstatuten gesetzwidrig war, Indianern Waffen zu verkaufen. Bei vielen der gelieferten Waffen handelte es sich um neue Repetiergewehre und -karabiner der Typen Henry [!] und Spencer. [...] dank der Regierung waren daher zahlreiche Plainskrieger besser bewaffnet als die eigene Armee.[29]

Dies ereignete sich um 1869. So liegt May bei seiner Darstellung der Soldaten gleichzeitig richtig und falsch, aber es wäre gerade bei seiner Schilderung der Dragoner und vor allem deren Obrigkeit verfehlt, ihn nur an der historischen Elle zu messen – hier schlagen sich eher seine persönlichen Obrigkeitserfahrungen nieder.

Noch vieles ließe sich im Zusammenhang mit Mays Schilderungen über den zeitgeschichtlichen Hintergrund erwähnen.[30] Da ist z. B. der Neger Bob, den May – wie auch andere Schwarze in seinen Romanen – liebenswürdig und pointiert zeichnet.[31] Abgesehen davon, daß nach dem Bürgerkrieg in

Texas viele freigelassene Neger in schwarzen Regimentern dienten – die Comanchen nannten sie wegen ihrer Hautfarbe und ihres krausen Haares ‚Büffelsoldaten' und ekelten sich vor diesem Haar, Mackenzie machte aus der Negerkavallerie ein erstklassiges militärisches Instrument[32]; am Ende siegten auch Negersoldaten über Comanchen –, wurde ein Neger in Texas in diesen rauhen Zeiten berühmt: der schwarze Grenzer Britt Johnson, dessen Sohn von Comanchen getötet und dessen Frau und zwei weitere Kinder entführt worden waren, geschehen während des Feldzuges von Little Buffalo 1864. Johnson gelang es nach „vier ans Unglaubliche grenzende[n] März-sche[n] ins Herz der *Comancheria*" seine überlebende Familie und noch weitere weiße Gefangene von den Indianern zurückzukaufen: „Der Neger Britt hatte den Respekt der gesamten weißen Grenzbevölkerung gewonnen." Nach dem Bürgerkrieg baute er ein Fuhrunternehmen auf und transportierte mit drei anderen ehemaligen Sklaven als Teilhabern Vorräte zu den Armee-forts. Während einer dieser Fahrten fiel der unerschrockene Mann am Ende doch den Comanchen zum Opfer (1871).[33] Bezüglich der Achtung vor Negern erteilt Old Shatterhand Old Wabble eine deutliche Lehre, als dieser seiner Mißachtung Ausdruck verleiht: „Ein Nigger ist ein so niedriges Geschöpf, daß es sich eigentlich gar nicht lohnt, von ihm zu sprechen"; er erwidert nämlich u. a.: „Wenn man Euch einmal in die Erde scharrt, wird aus Eurem weißhäutigen Leibe grad und genau so ein stinkiger Kadaver wie aus einer Negerleiche" (240 u. 242).

Betrachten wir nun noch Bobs ‚Master' Bloody-Fox, so stoßen wir auch auf die Deutschen in Texas (auch der Farmer Helmers gehört dazu, 152). Der Name Bloody-Fox in Verbindung mit seiner vermutlich deutschen Herkunft erinnert makaber an den ‚Blutigen Deutschen' Ludwig Wetzel (gest. ca. 1808), der es allerdings in den Kämpfen mit Indianern in den ‚dunklen und blutigen Gründen' von Kentucky auf Indianerskalps und nicht auf Stakemen abgesehen hatte; gestorben ist er aber möglicherweise in Texas. May hat sich zwar nicht weiter über die Deutschen in Texas ausgelassen. Sie haben aber die Geschichte von Texas gar wohl und vor allem in kultureller Hinsicht beeinflußt, und nicht nur im bekannten Bereich Friedrichsburg und Neubraunfels, wo sie 1847 mit den Comanchen einen Friedensvertrag (incl. Landkauf) abschlossen, sondern neben vielem anderen auch im Pfannenstiel, wo kurz nach Beendigung der Indianerkriege Heinrich Schmitt (1836–1912) aus Roßbrunn bei Würzburg, der sich Henry Clay Smith nannte, im Blanco Canyon einen an Helmers' Farm erinnernden Wohnsitz gründete.[34] Erwähnen wir noch den inmitten der Indianer umherstreifenden und von ihnen als ‚großer Medizinmann' unbehelligten Erforscher der texanischen Pflanzenwelt und späteren Zeitungsredakteur Jakob Lindheimer (1805–1879), den Schriftsteller Friedrich Armand Strubberg (1806–1889), der viele abenteuerliche Jahre in Texas als ‚Westmann' verbrachte und dort Stoff für seine spannenden Romane sammelte, den Offizier Johann W. Clous (1837–1908), der als typischer Frontoffizier gegen die Comanchen kämpfte und es am Ende seines Lebens bis zum Brigadegeneral gebracht hatte, oder – auf der anderen Seite – den von Comanchen aus Friedrichsburg entführten deutschen Jungen Rudolf Fischer, der als Assuwana ein bedeutender Krieger wurde und erst 1943 im Reservat starb – sein Enkel war der Kiowa-Häuptling Taft Hainta in den 60er Jahren.[35] Aber die Geschichte der Deutschen in Texas weist weit über diese wenigen hier genannten herausragenden Gestalten hinaus.

Zusammenfassend ist festzuhalten, daß May die Verhältnisse in der Comancheria, im Llano estacado, vom Prinzip her gar nicht falsch geschildert hat. Ihn an Einzelheiten, die vielfach nur der Dramaturgie seiner Romane dienen, zu messen, wäre nicht gerecht. Viel bedeutender als seine Kenntnisse von Details ist indes seine Beurteilung der Verhältnisse als solcher, und hier hebt sich May weit von seinen zeitgenössischen Autoren ab.

6

Die C[omanches] leben schon seit den frühesten Zeiten mit den benachbarten Volksstämmen in fortwährendem Kampfe u. beunruhigten auch noch in den neuesten Zeiten die umliegenden Ansiedelungen u. die Züge der Kauf- (Traders) u. Handelsleute so sehr, daß sich diese um Hilfe u. Schutz an die Bundesregierung der Vereinigten Staaten wandten; diese sandte denn auch in den letzten Jahren Militärcommandos dahin ab.

So auf den Kopf gestellt wurden die Verhältnisse im 19. Jahrhundert, hier im *Pierer*:[36] es sind nicht die Weißen, die den Indianern ihre Heimat nehmen, sondern umgekehrt bedrohen die Indianer, die Comanchen, die – wie hier der Eindruck erweckt wird – ‚ange-stammte' Heimat der Weißen. Im Artikel *Texas* des *Pierer* kommt das Wort ‚Comanchen' oder ‚Indianer', abgesehen von dem erwähnten Landkauf der Deutschen 1847, überhaupt nicht vor, die Indianer werden aus der geschichtlichen Wahrheit schlechterdings ausgeblendet, die Jagdgründe, die Heimat der Comanchen, werden durch geschichtliche und sprachliche Manipulation zur wahren Heimat der Amerikaner erklärt, in der es gar keine Indianer gibt – und wenn, dann nur als Feinde. Von hier ist zu den Ausfällen des Indianerhassers Old Wabble noch ein großer Schritt, aber eben nur ein Schritt: „ich sage Euch wieder und immer wieder, daß man gar nicht genug Indsmen auslöschen kann. Dieses Ungeziefer muß weg von dieser Welt" (261), gemäß der Losung, nur ein toter Indianer sei ein guter Indianer: „Ich bin nie ein Indianerfreund gewesen; sie taugen alle nichts" (147) – „Rote sind Rote; es ist keinem zu trauen", fällt der Offizier mit ein (456), der ein strenges Strafgericht über die Comanchen halten will, aber von Old Shatterhand daran gehindert wird (458ff.); doch selbst Old Shatterhand mahnt Schiba-bigk: „Auf das Wort eines Christen kann ich mich verlassen, auf das Versprechen eines Roten aber nie" (515) – was wohl Old Shatterhand selbst nicht geglaubt hat. Und in der Tat steht Old Wabble mit seinem Indianerhaß allein. Old Shatterhand belehrt ihn: „Ich [...] habe unter den schwarzen, braunen, roten und gelben Völkern wenigstens ebenso viel gute Menschen gefunden wie bei den weißen, wenigstens, sage ich, wenigstens!" (241). Vor allem im dritten *Surehand*-Band steigert sich May immer stärker in die Anteilnahme an den Indianern hinein: „Ein von den Weißen abgehetzter Indianer, der zur Verteidigungswaffe greift, ist des Mitleides aber nicht der Peitsche wert" (XIX 3). So hat Old Surehand auch Verständnis für die Osagen: „Es war die alte leider immer wiederkehrende Geschichte: Die Osagen waren von den Weißen in Beziehung auf die ihnen zukommenden Lieferungen betrogen worden und hatten, um sich einigermaßen zu entschädigen und das nötige Fleisch zu haben, die Rinder einer Farm weggetrieben. Man hatte sie verfolgt und eine Anzahl ihrer Krieger getötet. Nach ihren Anschauungen forderte das ihre Rache heraus" (20; vgl. auch 81). Wie wahr verteidigt sich Schahko Matto: „Der Weiße ist der Ehrenmann, welcher den Roten unaufhörlich betrügt und bestiehlt, und der Rote ist der Dieb, der Räuber, welchem von dem Weißen stets das Fell über die Ohren gezogen wird. Dabei sprecht ihr ohne Unterlaß von Glaube und von Frömmigkeit, von Liebe und von Güte!" (85) May verweist auf den unseligen Gebrauch des Feuerwassers (107) und die im Fall der Indianer mangelnde Gerechtigkeit der Weißen (108f.), eine Aussage, die auch heute noch weitgehend Gültigkeit hat: „Anstatt uns die erbetene Hilfe zu leisten, wollte die Obrigkeit der Weißen uns gefangennehmen."[37] Kolma Puschi erklärt stolz: „Das Bleichgesicht nannte die roten Männer eine armselige Bande, welche immer mehr herunterkomme. Wer ist tiefer herabgekommen, und wer ist verachtenswerter, der Weiße, welcher wie ein räudiger, hungriger

Hund als Tramp das Land durchstänkert, oder der Indianer, welcher als unausgesetzt Bestohlener und immerfort Vertriebener durch die Wildnis irrt und den Untergang seiner unschuldigen Nation beklagt?" (288f.) Und der Häuptling der Utahs ruft aus: „Jeder rote Mann kennt die Bleichgesichter; sie sind blutdürstig und räuberisch" (388).

Noch viele Zitate aus Mays *Surehand* im Zusammenhang mit dem Schicksal der Indianer, aber auch in bezug auf Gott, Religion, Christentum und Humanität wären hier am Platze.[38] Sie alle gipfeln in Harbours oft zitierter Rede (127): „Geht mir mit einer Civilisation, die sich nur von Länderraub ernährt und nur im Blute watet! Wir wollen da gar nicht etwa nur von der roten Rasse reden, o nein. Schaut in alle Erdteile".

Karl May hat die schäbigen Aussagen Old Wabbles über die Indianer zurechtgerückt. Nicht nur im *Surehand*, auch in anderen Werken und vor allem in seiner *Winnetou*-Trilogie hat er Partei für die verfolgten Indianer ergriffen. Er hielt es mit den Indianern; er hat die indianische Welt durchdrungen und verzaubert und der Deutschen positives Bild von den Indianern ganz entscheidend geprägt.[39] Aber sein *Surehand* weist, wie Harbours Rede dokumentiert, darüber hinaus und erhebt den Vorwurf gegen das barbarische Vordringen der Zivilisation schlechthin, ein Vorgriff Mays auf seine Alterswerke *Und Friede auf Erden!* und *Winnetou Band IV*.

7

Im vierten *Winnetou*-Band tauchen viele der alten Recken aus Mays Abenteuererzählungen wieder auf. Auch Old Surehand und Apanatschka, inzwischen selber Väter geworden, stellen sich ein. Beide sind Geschwister, beide sind Halbbluts, und beide sind – wie schon in den *Surehand*-Bänden – von edler Gesinnung, womit May, der Halbbluts häufig negativ darstellt, diesmal eine positive Haltung einnimmt – eine andere Haltung hätte sich auch mit dem Geist weder der *Surehand*- noch der *Winnetou IV*-Handlung vertragen. Aber: „Old Surehand und Apanatschka waren nicht mehr die Indianer resp. Westmänner, als die ich sie vor Zeiten kennen gelernt hatte. Sie waren infolge ihrer Reichtümer und weit verzweigten Geschäftsverbindungen hoch über ihre früheren Anschauungen und Verhältnisse hinausgewachsen. Sie gehörten innerlich schon längst nicht mehr zu den Roten, sondern zu den Weißen" (XXXIII 433); sie sind auf dem besten Wege, profitsüchtige Yankees zu werden, aber sie kehren sich – nach einem zeitweiligen Beinahe-Zerwürfnis mit Old Shatterhand – wieder um und schließen sich der allgemeinen Entwicklung hin zu dem in brüderlicher Liebe tätig werdenden, friedensstiftenden ‚Clan Winnetou' an. May trug sich damals mit einer neuen Theorie, einer neuen ‚Aufgabe': dem „Nachweis des langsamen, aber sicheren Entstehens einer neuen germanisch-indianischen Rasse jenseits des Atlantic, deren Prototyp Winnetou ist. [...] Der Yankee ist unfähig, eine herrschende Rasse für Amerika zu zeugen, und doch hat diese Rasse dort unbedingt zu erscheinen, um die großen menschheitlichen Aufgaben wieder aufzuheben, welche Europa vielleicht zu Boden fallen läßt".[40] Hier kommt Halbbluts wie Apanatschka sicher keine Nebenrolle zu.

Der Name Apanatschka bedeutet nach May ‚Mann, der in allem gut und tüchtig' ist; der Häuptling erinnert ein wenig an Assuwana, den weiter oben erwähnten ‚deutschen Comanchen'. Aber Assuwana war kein Halbblut. Ein Halbblut ist dagegen der wohl bedeutendste Comanchenführer überhaupt gewesen: Quanah Parker. Es gibt einige Ähnlichkeiten zwischen Quanah und Apanatschka, so daß zum einen verwundert, daß sie bislang noch keinem May-Forscher aufgefallen sind, zum anderen, daß man förmlich zu der Ansicht genötigt wird, May habe sich von Quanahs Biographie für seine Story um Old Surehand und Apanatschka[41] inspirieren lassen.

Comanchen raubten 1836 in Texas die damals neunjährige Cynthia Ann Parker, die bei diesem Stamm aufwuchs und niemals mehr Neigung zeigte, zu ihrem eigenen Volk zurückzukehren. Sie heiratete den Häuptling Nokoni (oder Peta Nokona), dem sie um 1845 einen Sohn gebar, eben Quanah, ein Name, der ‚süßer Duft' bedeutet. Es ist überliefert, daß das Familienleben von Nokoni und seiner weißen Frau sehr harmonisch war, aber es endete tragisch. Nokoni starb an der Infektion einer Wunde, die ihm Weiße zugefügt hatten (ca. 1860); beider Sohn Pecos oder Peanut ging an einer von Weißen eingeschleppten Seuche zugrunde. Und Cynthia, die nun Naduah hieß, wurde von Texas Rangers aufgegriffen und in ihre ursprüngliche Heimat zurückgebracht. Dort schlugen alle durchaus liebevoll gemeinten Versuche, sie wieder in die weiße Gesellschaft zu integrieren, fehl; ihr einziger Wunsch, zu den Ihren zurückkehren zu dürfen, wurde nicht erfüllt. Als ihre kleine Tochter starb, die damals mit zu den Weißen geschafft worden war, versank Cynthia in Apathie und hungerte sich zu Tode (1870). Quanah aber überlebte und war schon mit etwas über zwanzig Jahren Kriegshäuptling der Quahadi.

Sind die Ähnlichkeiten nicht verblüffend? Wie Kolma Puschi hatte auch Cynthia die Hoffnung, ihre beiden Söhne wiederzufinden – sie wagte dafür sogar die, wenn auch vergebliche, Flucht.[42] Die Anfangsbuchstaben von Kolma Puschi und Cynthia Parker lauten abgekürzt K. P. und C. P.; und, ähnlich wie Tokbela, verfällt auch Cynthia in Melancholie und Apathie.

Doch dessen nicht genug: Quanah kämpfte als Häuptling der Quahadi gegen die weißen Soldaten und errang sich bei ihnen hohe Achtung. Er gehörte mit zu den Verlierern des Kampfes von Adobe Walls 1874, aber ansonsten gelang es ihm häufig, Teile von Mackenzies Truppen erfolgreich anzugreifen. Erst als es keine Nahrung mehr für die verfolgten Indianer gab, kapitulierte auch Quanah im Juni 1875, um von nun an – wie Apanatschka – eine zweite Karriere zu beginnen. Er hängte den Namen seiner Mutter an – der Parker-Clan war berühmt in Texas –, lernte Englisch und Spanisch, übernahm das Leben der Weißen und wurde ein reicher Rancher. Schon 1878 war er Sprecher der Quahadi in den Verhandlungen mit den Indianeragenten; von 1886 bis 1898 diente er als einer der drei Richter am Gericht für indianische Vergehen für Comanchen, Kiowa, Apachen und Wichitas. 1890 war er Oberhäuptling aller Comanchen, und in den Verhandlungen mit der weißen Regierung über die Landaufteilung erreichte er für sein Volk sehr viel. Für seinen Stamm reiste er fast zwanzigmal als Delegierter nach Washington. Ihm war die Rückkehr des Apachenführers Geronimo (1829–1909) aus Florida nach Fort Sill zu verdanken. Ferner war Quanah auch ein Förderer des Peyotekults unter den Indianern und damit einer der Väter der Native American Church, die 1918 gegründet wurde – sieben Jahre nach seinem Tode. Er setzte sich dafür ein, daß die Comanchen die Zivilisation übernahmen, und da ihm bewußt war, daß Erziehung und Ausbildung ausschlaggebend dafür waren, gründete er eine Reihe von Schulen. Zwei seiner Töchter heirateten Weiße. Er studierte die Ackerbaumethoden der Weißen und führte sie bei seinem Volke ein, und in seiner Hand lagen praktisch alle Geschäftsverbindungen der Comanchen, Kiowa und der in diesem Gebiet lebenden Apachen. Er lebte in einem modernen Wohnhaus inmitten seiner Ranch. Seine ständigen Anstrengungen führten auch dazu, daß die Indianer seiner Stämme sich frühzeitig die Bürgerrechte sichern konnten.

War nicht Quanah geradezu ein Beispiel par excellence für Mays Vorstellung einer ‚indianisch-germanischen Rasse' – nicht nur Geschäftsmann, sondern Promoter der Freundschaft der Indianer mit den Weißen, die er vordem noch erfolgreich bekriegt hatte, ein Apanatschka und darüber hinausweisend? „Die Nachfahren des Häuptlings Quanah Parker in der vierten Generation hielten mit dem Parker-Clan von Texas an den Gräbern von Quanah, Topsannah und Cynthia Ann regelmäßig Familientreffen ab, und beide Sippenzweige dachten voll Stolz und voller Trauer an das gelebte Beispiel ihres verwobenen Schicksals der Weißen und der Roten zurück."[43] Ob May von Quanah wußte, auf den die Texaner stolz waren und den sie fast als einen der Ihren betrachteten? Ob er sich von seiner Lebensgeschichte inspirieren ließ, selbst noch für *Winnetou IV*? Und wenn nicht: hat er dann nicht wieder einmal unglaubliches Einfühlungsvermögen bewiesen?

Wie dem auch sei: Man kann nur enden wie May in *Winnetou IV* (XXXIII 623): „Ich frage: Ist das nicht interessant?"

Anmerkungen

1 Meredith McClain: *Karl Mays Llano estakado und die Wirklichkeit heute.* In: JbKMG 1994, S. 299-311, hier S. 305-307.
2 Zitate in: Elizabeth S. Sasser: *Dugout to Deco.* Texas 1993, S. 3; vgl. auch: *Documents of Texas History.* Edited by Ernest Wallace. Austin 1960, 1963; Herbert E. Bolton: *Coronado.* Albuquerque 1990.
3 *Pierers Universal-Conversations-Lexikon, neuestes enzyklopädisches Wörterbuch aller Wissenschaften, Künste und Gewerbe.* 6. vollständig umgearbeitete Auflage. Berlin, Leipzig 1879, 17. Bd., Artikel *Texas,* S. 288.
4 *Meyers Konversations-Lexikon.* 5. gänzlich neubearbeitete Auflage, 11. Bd., Leipzig, Wien 1897, S. 431.
5 Balduin Möllhausen: *Wanderungen durch die Prärien und Wüsten des westlichen Nordamerika vom Mississippi nach den Küsten der Südsee.* Leipzig 1860. Nachdruck München [1979], S. 177 u. 179.
6 Theodore R. Fehrenbach: *Die Comanchen. Zerstörung einer Kultur.* Hannover 1992, S. 119.
7 McClain [Anm. 1], S. 304.
8 Vgl. dazu Claus Roxin: *Old Surehand I-III.* In: *Karl-May-Handbuch.* Hg. v. Gert Ueding. Stuttgart 1987, S. 239f.
9 Die hier und im folgenden gegebenen Hinweise auf Geschichte und Kultur der Comanchen folgen vor allem der eindringlichen und m. E. sehr objektiven, wenn auch für ‚Indianerfreunde' mitunter etwas negativen Darstellung der Comanchen von Fehrenbach [Anm. 6]. Ferner sei verwiesen auf: Hans Läng: *Kulturgeschichte der Indianer Nordamerikas.* Olten 1981, S. 223ff.; H. J. Stammel: *Indianer. Legende und Wirklichkeit von A–Z.* Gütersloh, Berlin 1992; Ulrich van der Heyden (Hg.): *Indianer-Lexikon. Zur Geschichte und Gegenwart der Ureinwohner Nordamerikas.* Berlin 1992; Wolfgang Lindig, Mark Münzel: *Die Indianer. Kulturen und Geschichte der Indianer Nord-, Mittel- und Südamerikas.* München ²1981; *America's Fascinating Indian Heritage.* Edited by James A. Maxwell. Pleasantville, New York, Montreal 1991; Klaus Gröper: *Im Winter brach der Regenbogen. Der deutsche Treck nach Texas.* München 1978; *Encyclopedia Americana, Handbook of American Indians North of Mexico.* 2 Bde. Washington 1907, 1910; Howard R. Lamar (Hg.): *The Reader's Encyclopedia of the American West.* New York 1977;

Norman B. Wiltsey: *Die Herren der Prärie. Der Todeskampf der Indianer.* Stuttgart 1965; Dee Brown: *Begrabt mein Herz an der Biegung des Flusses.* Hamburg 1972.
10   Roland Schmid: *Anhang zur Reprint-Ausgabe* v. Karl May: *Old Surehand III.* Bamberg 1983, S. A5f.
11   Maximilian, Prinz zu Wied-Neuwied: *Reise in das innere Nord-America in den Jahren 1832 bis 1834.* 2. Bd. Coblenz 1841, S. 237ff.
12   Eckehard Koch: *„Winnetou war geboren 1840 und wurde erschossen am 2. 9. 1874". Zum historischen Hintergrund der Winnetou-Gestalt.* In: Dieter Sudhoff/Hartmut Vollmer (Hg.): *Karl Mays ‚Winnetou'. Studien zu einem Mythos.* Frankfurt/M. 1989, S. 105-147.
13   George Catlin: *Die Indianer Nordamerikas und die während eines achtjährigen Aufenthalts unter den wildesten Stämmen erlebten Abenteuer und Schicksale.* New York, London 1841; deutsch Brüssel, Leipzig 1848; Neuausgabe Berlin 1924 (Kapitel 38 u. 39).
14   Gabriele Wolff: *George Catlin: Die Indianer Nord-Amerikas. Das Material zum Traum.* In: JbKMG 1985, S. 348-363.
15   Fehrenbach [Anm. 6], S. 119.
16   Ebd., S. 60.
17   *Pierer* [Anm. 3], 5. Bd., Art. *Comanches,* S. 226.
18   Läng [Anm. 9], S. 248.
19   Fehrenbach [Anm. 6], S. 75.
20   Läng [Anm. 9], S. 247.
21   Fehrenbach [Anm. 6], S. 51.
22   Läng [Anm. 9], S. 244.
23   Aussagen hierzu XIV 251, 375f., 382, 489ff., 546, 559, 595; XIX 171.
24   Ekkehard Koch: *Karl May und die indianische Religion.* In: MKMG 6 (1970), S. 3-8.
25   Fehrenbach [Anm. 6], S. 57.
26   Ebd., S. 9.
27   Wiltsey [Anm. 9], S. 215.
28   Fehrenbach [Anm. 6], S. 333.
29   Ebd., S. 413f.
30   Einige Stichworte hierzu: Mays Darstellung der Chickasaw (XIV 553, 596, 623, 628) ist unzutreffend. Der im zweiten *Surehand*-Band auftretende Falschspieler und Verbrecher Kanada-Bill hat historische Hintergründe (vgl. Ekkehard Koch: *Der ‚Kanada-Bill' – Variationen eines Motivs bei Karl May.* In: JbKMG 1976, S. 29-46). Die von May erwähnten Stämme Osage, Cheyenne, Moqui und Utah waren bedeutende Indianervölker, auf die bei anderer Gelegenheit zurückzukommen sein wird. Wesentlich erscheint noch der Hinweis, daß der Moqui Ikwehtsi'pa (Padre Diterico), der Onkel von Apanatschka und Old Surehand, als Priester dargestellt wird. Daß ein Indianer Priester sein mag, mag befremdlich wirken. Tatsächlich hat es aber eine Reihe von indianischen Priestern bzw. christlichen, indianischen Missionaren gegeben, z. B. den bedeutenden Chippewa George Copway (1818–ca. 1863), der auch als Autor hervortrat und 1850 Deutschland besuchte. Die Geschichte dieser ‚weißen' Indianer muß noch geschrieben werden.
31   XIV 154f., 239ff., 272, 286f., 297, 317, 385f., 388, 501, 516.
32   Fehrenbach [Anm. 6], S. 430 u. 442f.
33   Fehrenbach [Anm. 6], S. 387ff. u. 429f.
34   Vgl. hierzu McClain [Anm. 1], S. 304f.; zur Geschichte der Deutschen in Texas: Gröper [Anm. 9] und Ekkehard Koch: *Karl Mays Väter. Die Deutschen im Wilden Westen.* Husum 1982, mit der dort angegebenen Literatur. Zu Henry Clay Smith vgl. W. Hubert Curry: *Sun Rising on the West. The Saga of Henry Clay and Elizabeth Smith.* Crosbyton, Texas, 1979.
35   Vgl. u. a. Koch [Anm. 34], S. 99ff., 103f., 170-176.
36   *Pierer* [Anm. 17].

37 Vgl. z. B. Wolfgang Lindig (Hg.): *Indianische Realität. Nordamerikanische Indianer in der Gegenwart.* München 1994; *„Unsere Zukunft ist eure Zukunft". Indianer heute.* Hamburg 1992; Mary Crow Dog: *Lakota Woman. Die Geschichte einer Sioux-Frau.* Aufgezeichnet von Richard Erdoes. München 1994.

38 Vgl. auch: XIV 20f., 29, 76, 185, 263, 330ff., 345, 354, 362ff., 366, 406f., 413, 464, 590f.; XIX 17, 24, 43, 75, 79, 84ff., 99, l05ff., 113, 226, 307f., 352, 426f., 467f., 495ff., 505, 557.

39 Vgl. u. a. Eckehard Koch: *„Dein Gesicht war weiß, aber dein Herz war rot..." — Karl May und der Deutschen Bild von den Indianern.* In: *Weiterbildung und Medien* 1/1992, S. 47-49; ders.: *„...die Farbe der Haut macht keinen Unterschied". Betrachtungen zum angeblichen Rassisten Karl May.* In: Walther Ilmer/Christoph F. Lorenz (Hg.): *Exemplarisches zu Karl May.* Frankfurt/M. 1993, S. 99-120.

40 Zit. in: Hans Wollschläger: *Karl May in Selbstzeugnissen und Bilddokumenten.* Reinbek b. Hamburg 1965, S. 129.

41 Zu Apanatschka vgl. u. a. XIV 539f., 562, 566, 574ff., 594, 610; XIX 52, 59, 258f., 412, 518ff.

42 Norman B. Wood: *Die großen Häuptlinge der Indianer.* Weimar 1974, S. 354. Zu Quanah vgl. auch Fehrenbach [Anm. 6], Wiltsey [Anm. 9], Brown [Anm. 9], Lamar [Anm. 9], *Encyclopedia Americana, Dictionary of American Biography* (edited by Allen Johnson, New York 1928-1936), sowie Carl Waldman: *Who Was Who in Native American History: Indians and Non-Indians From Early Contacts through 1900.* New York 1990.

43 Fehrenbach [Anm. 6], S. 474.

Walther Ilmer

Mit un-sicherer Hand zum sicheren Sieg

Karl Mays ‚Old Surehand' als Werk der Kontraste

Die großen Reiseerzählungen Karl Mays lassen im allgemeinen erkennen, daß sie ihrem Autor flott von der Hand gingen und daß ihm das Umsetzen seines gedanklichen Konzeptes in fesselndes Geschehen – auf dem Papier – keine Schwierigkeiten bereitete. Die in den achtziger Jahren entstandene vielgestaltige Orienterzählung, die sechs ganze Bände (I bis VI) umfaßt[1], wirkt wie aus einem Guß, wie ‚hintereinander weggeschrieben', trotz der häufigen und langfristigen Unterbrechungen, die sie wegen Mays Tätigkeit als Kolportage-Schriftsteller für den Dresdener Verleger Heinrich Münchmeyer erfuhr.[2] Auch *Im Lande des Mahdi*, 1890 anscheinend mühelos niedergeschrieben, obwohl Schulden den Autor drückten[3], und die von (etwa) Mai 1891 bis (etwa) August 1892 geradezu bravourös verfaßte Trilogie *Satan und Ischariot* sowie Karl Mays größter Bucherfolg überhaupt, *Winnetou I*, in den ersten Monaten des Jahres 1893 entstanden, verraten Konzentration und zielgerichtete Arbeit. Patzer im Gefüge – die bei Karl May nie ausblieben – wirken eher erheiternd als abträglich. Allein schon unter solchem Blickpunkt ist das diesen Werken seit rund hundert Jahren zugekommene vielfältige Lob verständlich.

Befremdlich anders verhält es sich bei den drei Bänden *Old Surehand*, die Karl May seinem Verleger Fehsenfeld am 27. Juli 1894 vollmundig ankündigte – und deren Niederschrift sich, anstatt der von May leichthin angenommenen sieben Monate, über zweieinhalb Jahre hinschleppte. Der Autor war nur selten ganz bei der Sache und hatte offenkundig große Mühe, sich in seinem eigenen Plan zurechtzufinden. Der Erzählung fehlt es durchweg an Aktionslogik und innerer Einheit; sie weist schwere kompositorische Mängel und Widersprüche nebst unerklärlichen Abweichungen von angedeuteten Markierungspunkten der Handlung auf – und im Gegensatz zu den hochgeschraubten Erwartungen des Lesers zeigt sich der Titelheld keineswegs heldenhaft. Um so erstaunlicher bei diesen Defiziten erscheinen die große Bekanntheit und Beliebtheit der Erzählung (in der neuzeitlichen zweibändigen Bamberger – wie vordem schon Radebeuler – Ausgabe der *Ge-*

sammelten Werke wie in der ursprünglichen dreibändigen Freiburger Ausgabe) – und die bezwingende Wucht, die *Old Surehand* auf den Leser ausübt.[4]

*

Als „ein Lieblingskind der Not, der Sorge, des Kummers" hat Karl May sich im Alter bezeichnet.[5] Er hätte dieses Bekenntnis auch auf *Old Surehand* beziehen können. Aus dem chancenlosen blinden Krabbelkind und späteren Zuchthausinsassen freilich wurde, entgegen aller Wahrscheinlichkeit, in der Summe seiner lebensfernen Träume, seiner Fehler und Verfehlungen, seiner negativen Züge und Verirrungen, seiner Versäumnisse und Leistungen, im Endeffekt ein Magier für gesunde wie für kranke Leserseelen, wurde ein Gütezeichen. Und das mit Gebresten behaftete, von Mängeln überquellende Werk der Löcher, Luftblasen und Leidensmale, *Old Surehand*, wurde unter der Hand zum Modellfall des Siegs des auktorialen Anliegens über die Stimmigkeit der Präsentation.

*

Die Ausgangsbasis der *Surehand*-Handlung ist Winnetous Botschaft an Old Shatterhand: „Mein Bruder komme schnell zu Bloody-Fox, den die Comantschen überfallen wollen." (XIV 3) Mit ‚Bloody-Fox' nimmt Karl May Bezug auf seine erstmals 1888 in der Jugendzeitschrift *Der Gute Kamerad* in Fortsetzungen veröffentlichte Erzählung *Der Geist des Llano estacado* (zunächst in der falschen Schreibung *Llano estakata*)[6], deren Hauptfigur eben Bloody-Fox ist; und ungewollt gesteht Karl May damit auch seine im Sommer 1894 bestehende ungünstige innere Verfassung ein, über die er sich und Fehsenfeld in seinen forsch klingenden Briefen vom Juli hatte hinwegtäuschen wollen:[7] *Der Geist des Llano estacado* (dessen Handlung May in XIV 151ff. ausführlich rekapituliert) entstand damals in mühsamer Kleinarbeit, ‚scheibchenweise' zwischen mehreren großen Reiseerzählungen, die Mays Arbeitskraft voll in Anspruch nahmen[8], und gehört zu des Autors schwächsten und enttäuschendsten Produktionen. Erzählerische Meriten, die sich unter bestimmten Blickwinkeln und großem Wohlwollen herausfiltern lassen[9], werden überlagert von unfaßbaren Verstößen gegen Vernunft und Logik.[10] An Spannungsgehalt und selbst an reinem Unterhaltungswert steht *Der Geist des Llano estacado* weit zurück hinter *Der Sohn des Bärenjägers* oder *Die Sklavenkarawane*. (Erzählerisch vollauf gelungen sind m. E. nur die

Schilderungen der diversen Naturphänomene und das Spurenlesen der Snuffles.)

Beladen mit der Erinnerung an diese verpfuschte Wildwest-Geschichte, beginnt Karl May also *Old Surehand* – für psychologische Untersuchungen (auch wenn ich sie hier ausspare) ein belangreiches Faktum. Und von seiner seelischen Holperbasis aus gerät Karl May auch alsbald ins Stocken bei *Old Surehand* und streut flugs zwei frühere kleine Erzählungen, die er anonym veröffentlicht hatte, in den Handlungsgang ein (ohne sich darum zu kümmern, daß er unter Umständen als Plagiator dagestanden hätte): *Der erste Elk*[11] und *Im Mistake-Cannon*.[12] Beide haben mit dem Titelhelden Old Surehand und seiner Familiengeschichte nicht das geringste zu tun und bleiben ohne jede assoziative Bedeutung für den Fortgang der Handlung. Nicht einmal zur Einführung der eigentlichen Hauptgestalt Old Wabble in *Old Surehand* ist *Der erste Elk* erforderlich. Und das charaktervolle, treuherzige Greenhorn Parker in *Der erste Elk*, dem ein Indianerhäuptling mit Recht den Beinamen At-pui (= Gutes Herz) zuerkennt, hat nichts gemeinsam mit demselben Sam Parker in *Old Surehand*, den Karl May dort als geltungsbedürftig, vorlaut, oberflächlich und untüchtig zeigt. Zu dieser Inkongruenz gesellen sich einige andere, die May unbeachtet läßt:[13]

– Der geographische Hinweis „hier oben im Norden" (nämlich in Idaho, XIV 14) in *Der erste Elk* paßt nicht in die Wiedergabe in *Old Surehand*, da der Erzähler Sam Parker sich jetzt in New Mexico befindet.

– Auch des Erzählers Bemerkung „ihr kennt das Land" (19) kann höchstens auf die Zuhörer zutreffen, die der Leser der Zeitschrift *Ueber Land und Meer* zu imaginieren hatte, nicht aber auf die in *Old Surehand* Versammelten, denn von denen weiß Sam Parker so gut wie gar nichts (35).

– Die in *Der erste Elk* geschilderte Begebenheit spielt zu einer Zeit, als die Eisenbahnlinie schon bis Eagle Rock fertiggestellt war, also geraume Zeit nach dem Ende des amerikanischen Bürgerkrieges. Bei der um Jahre später liegenden Wiedergabe in *Old Surehand* streifen in New Mexico wilde Comantschen-Scharen auf Kriegszug in der Nähe des Erzählers umher – womit Karl May die historische Wahrheit arg strapaziert.[14]

Den Berichterstatter über das Unglück im Mistake-Cañon, Jos Hawley, einen zufälligen Gefährten Sam Parkers, befreit Old Shatterhand von einer Gewissenslast; als Autor konstatiert er anschließend: „Ich hatte einen dankbaren Freund gewonnen." (45) „Ja, ich hatte es gut mit ihm gemeint und sollte später erfahren, welchen Nutzen [das] ihm und infolgedessen auch –

mir brachte." (44f.) Davon aber erfährt der Leser im Verlaufe der weiteren Ereignisse, bis zum Ende des dritten Bandes *Old Surehand* oder auch sonst, kein Wort. Jos Hawley geht in der Oase des Bloody-Fox verloren und nimmt niemals Bezug zum Geschick des wortkargen Titelhelden.

Statt dessen häufen sich die Fehler und Unzulänglichkeiten:

– Laut XIV 81 u. 83 benötigen Old Shatterhand und seine Begleiter auf ihren tadellosen Pferden eine Reitstunde, um eine Strecke von zwei englischen Meilen, also 3,2 km, zurückzulegen. Nicht etwa bergan – nein, zu ebener Erde. Schildkröten sind schneller.

– Vom Plan der Comantschen, Bloody-Fox in dessen Oase zu überfallen, weiß allein Old Shatterhand; seinen Gefährten Old Surehand, Old Wabble, Parker, Hawley teilt er nichts davon mit. Dennoch unterstellt der Autor plötzlich nach einer Begegnung des Trupps mit Comantschen, daß alle Weißen Bescheid wissen: er läßt Parker sagen, „weil wir ihren Kriegsplan kennen" (177). Der Leser unterliegt einem Trugschluß, wenn er impliziert, Old Shatterhand habe die anderen eingeweiht.

– In einer Aufzählung von Reitervölkern (293) sind die ‚Tuaregs' und die ‚Imoscharh' zwei verschiedene Stämme, wiewohl die längst veröffentlichte Erzählung *Die Gum* (in *Orangen und Datteln*, X 24) sie als identisch bezeichnet hatte.

– Um Bloody-Fox' Geheimnis zu wahren, läßt Old Shatterhand die ihn mittlerweile begleitenden Apatschen betont vor der Oase zurück (319). Erst beträchtlich später macht der Autor sich klar, daß weder die Indianer noch deren Pferde ohne Wasser bleiben können, und läßt sie nun doch zur Oase weiterziehen (338). Wieso war ihm das nicht von vornherein klar?

– Beim Wiedersehen mit Winnetou sagt Old Shatterhand: „Es sind viele Sonnen [d. i. Jahre] und Monde vergangen, seit mein Auge dich zum letztenmale erblickte." (321) Dabei hatten beide sich erst vier Monate zuvor am Couteau du Missouri getrennt! (2)

– Winnetou spricht von der Absicht des Comantschenhäuptlings Vupa Umugi, die den Reiseweg durch die Wüste markierenden Stangen umzustecken (334). Kurz darauf äußert Bloody-Fox: „Es wurde vorhin gesagt, daß wir sie [die Stangen] entfernen und in falscher Richtung wieder feststecken werden" (337). Von „wir", also Winnetou, Old Shatterhand, Bloody-Fox, kann keine Rede sein; doch niemand widerspricht.

– Nach eingehender Beratung beschließen Winnetou und Old Shatterhand, einen Trupp Comantschen in ein Kaktusfeld zu treiben (336), und reiten den Comantschen zu diesem Zweck entgegen. Alsbald aber wird, ohne jede Begründung, aus dem Kaktusfeld ein „Tal des Sandes" (346), welches den beiden Superhelden schon vorher sehr wohl bekannt war. Es besteht keine Notwendigkeit, nicht von vornherein das Tal des Sandes als Ort des Hinterhaltes zu bestimmen.

– Old Shatterhand behauptet (367), beim Belauschen des Comantschenhäuptlings Vupa Umugi am Blauen Wasser den genauen Kriegsplan gegen Bloody-Fox erfahren zu haben. Während der gesamten Lauschszene aber (107-118) wird nichts über die Pläne der Indianer gesagt!

– Karl May läßt seinen Menschenfreund und Heldenritter Old Shatterhand auf eine beiläufige Bemerkung Old Wabbles, „Ich sehe keinen Grund dazu" (371), nämlich zum Umstecken von Richtungspfählen durch Indianer, patzig antworten: „Das ist auch gar nicht nötig, Sir, wenn nur ich ihn kenne." (372) Damit macht er seinen Ich-Erzähler, also sich selbst, zum überheblichen Herrenmenschen. Überhaupt ist es das Verhalten gegenüber Sam Parker und Old Wabble, wodurch der Ich-Erzähler sich deutlich als „der etwas präzeptorale Mr. Shatterhand", wie Claus Roxin formulierte[15], erweist: Vor Parker paradiert er nur mit demonstrativer Überlegenheit, zumeist in schroffem Ton, und vor Old Wabble mit Herablassung, die sich kaum von jener Schroffheit unterscheidet. Daß Sam Parker für die Handlung ganz überflüssig ist, scheint dem Autor gar nicht bewußt geworden zu sein: er wird nicht einmal als ‚Watson' für Belehrungen benötigt, denn selbst diesen Part überträgt May auf Old Wabble.

– So wenig die Voraussage bezüglich Jos Hawley eingelöst wird, so wenig erfüllt sich des Autors Prophezeiung über Old Wabble. „Ich bin überzeugt", sagt Old Shatterhand dem Alten, „daß Euch dieser Fehler" (und zwar die Leichtfertigkeit und Unbedachtheit des einstigen ‚King of the Cowboys') „noch einmal ins Verderben führt!", und fährt als Autor Karl May fort: „Hätte er mir doch geglaubt! Die Worte, welche ich ihm gesagt hatte, waren eine Weissagung, welche leider später wörtlich in Erfüllung ging." (314) Das tatsächliche spätere furchtbare Schicksal Old Wabbles kann jedoch zu dieser ‚Weissagung' nicht in Beziehung gesetzt werden.

– Old Shatterhand heckt einen ebenso geschickten wie einleuchtenden Plan aus, um – nach dem Handstreich im Tal des Sandes – zwei anderen Comantschentrupps ohne große Kampfhandlungen und Blutvergießen die sichere Niederlage zu bereiten. Die Hilfe einer arglos zwischen den beiden Indianertrupps daherreitenden Schwadron Kavallerie wird dabei gar nicht benötigt. (Vielmehr wird Old Shatterhand den Soldaten wieder einmal beweisen, ein um wieviel besserer Schlachtenlenker und Taktiker er ist.) Auf dem Wege zur Ausführung des schönen Planes aber stutzt der Held, weil der Autor sich, reichlich spät, des Lochs in seiner Strategie bewußt geworden ist: „Ich wundere mich jetzt außerordentlich darüber, daß es keinem von uns eingefallen ist, welchen Fehler wir dadurch [durch die Praktizierung des Plans] begehen würden." (391) Und er gesteht seinen Begleitern: „Ihr habt dabei den Trost, daß auch ich erst vor einigen Minuten auf diesen Gedanken gekommen bin. Und er lag doch so nahe, daß jedes Kind ihn fassen konnte." (393)

Derlei darf einem Autor nicht passieren, dessen Ich-Held Vorbild für alle sein soll. Änderungen in den Plänen des Helden (oder natürlich auch des Schurken) sind ein legitimes Erzählelement, aber sie müssen in einer vom Autor geplanten Verwicklung und Entwicklung der Handlung begründet sein (z. B. dem Helden oder Schurken durch unvorhersehbare Umstände aufgezwungen). Bringt der Autor durch eigenes Planungs-Ungeschick seinen Helden in eine mißliche Lage, so blamiert er sich.

– Ähnliches widerfährt Old Shatterhand bei der Tilgung von Hufeindrücken im Sande: Im Plan des Helden war diese Notwendigkeit vergessen worden. Als der Autor, wiederum zu spät, das Versäumnis erkennt, läßt er flugs Wind aufkommen (den die Reiter aber keineswegs hatten einkalkulieren können) (519)! Anderenfalls wäre der ins Auge gefaßte Sieg vorzeitig in jenem Sande erstickt. Und dazu legt Karl May dem staunenden Old Surehand auch noch die an Old Shatterhand gerichteten Worte in den Mund: „Ihr denkt an alles" (526)!

– *In der Oase* – so die Überschrift des zweiten Kapitels von insgesamt 180 Seiten Umfang – verweilt Old Shatterhand nur ganze 10 Seiten; die Gewichtung stimmt also nicht. Und *In der Kaktusfalle*, so Kapitel Drei von Seite 329 bis Seite 493, die den feindlichen Comantschen gilt, sind keine Comantschen eingeschlossen; die Falle schnappt erst im vierten Kapitel (*Der General*) auf Seite 532 zu. Wo waren Karl Mays Gedanken, als er so Seltsames unkorrigiert ließ?

– Aufgrund der einseitig-naiven Betrachtungsweise, ein Schurke müsse sich nur ja auffällig benehmen, damit er zweifelsfrei von anderen (und vom Leser) alsbald als Schurke erkannt werde (obwohl die vom Autor behauptete Durchtriebenheit des Halunken das nicht zuläßt und dieser Halunke im Interesse seiner Sicherheit möglichst unauffällig erscheinen muß!), verkommt bereits das Auftreten des Bösewichts Burton in Helmers' Home in *Der Geist des Llano estacado* zur Farce, und genauso vernunftwidrig verfährt Karl May in *Old Surehand* mit dem ‚General‘, der nur unnötig die Aufmerksamkeit auf sich lenkt (602ff.). Kein Mörder in Dan Etters' Lage hätte sich so unlogisch und gefahrbergend verhalten wie der ‚General‘ bei Karl May. Eher hätte der Autor diesen Schurken zu Old Surehand sagen lassen müssen, er, der ‚General‘, wolle einen gewissen Dan Etters da-und-da treffen, um auf diese Weise Old Surehand mit sich zu locken und ihn an verschwiegenem Ort zu beseitigen. (Old Shatterhand hätte den Mord dann in letzter Minute verhindert und dadurch Old Surehand zu seinem Schuldner gemacht. Das hätte Spannung bedeutet.) Auch daß Etters/Douglas einen verräterischen Ring am Finger trägt (644), den er längst hätte verschwinden lassen müssen, leuchtet nicht ein. Und wieso konnte der Ring abgestreift werden, als Etters gefesselt am Baum lehnte? Die Fesselung ließ die Finger eher anschwellen als schrumpfen, und ein Abstreifen des Rings ist mehr als unwahrscheinlich.

– Angesichts der offenen Gier des von Winnetou und Old Shatterhand als Schuft betrachteten ‚Generals‘ nach den drei berühmten Gewehren der Helden (611f.) ist es sträflicher Leichtsinn dieser Helden, die kostbaren Waffen anschließend ungesichert dem Zugriff des Verbrechers preiszugeben (613). Damit desavouiert der Autor Supermann Winnetou und Supermann Old Shatterhand ein weiteres Mal. Im übrigen erscheint der Diebstahl der Gewehre als ein künstlich aufgesetztes Handlungsmoment, um die hastige Trennung Old Shatterhands von Old Surehand zu begründen (ohne daß ein Wiedersehen verabredet werden kann); der kritische Leser sieht in der Kombination Diebstahl-und-Trennung die Flucht des Autors vor der selbstgestellten Aufgabe.

*

Bei alledem aber, was sich gegen den ersten Band der *Surehand*-Trilogie einwenden läßt, stehen wir bei Seite 644 verblüfft vor der Erkenntnis, daß uns, wie wahrscheinlich jeden Leser, ungeheure Spannung erfüllt hat. Der Leser hat unentschuldbaren Unfug einfach übersehen, hat Patzer nicht bemerkt, hat Old Shatterhands Tugenden statt seiner Grobheiten im Kopf. Plausibilität spielt keine Rolle. *Nicht bei Karl May.* Der Band *Old Surehand I* ist statt eines mißlungenen Machwerks eine glanzvolle Leistung; man liest ihn begeistert immer wieder von neuem – und wundert sich, wenn man Beiträge schreibt wie diesen, warum man eigentlich so viel an dem Buch auszusetzen hat...

*

Der zweite Band ist, wie Hans Wollschläger konstatierte, „allergröbste Pfuscherei".[16] Die anrührende Bewertung durch Eckehard Koch[17] und die enthusiastische Verherrlichung durch Harald Fricke[18] ändern daran nichts. Mag man Karl May zubilligen, er habe, um ausgetretene Pfade zu verlassen, einmal eine Art Sealsfieldsches *Cajütenbuch* vorlegen oder Wilhelm Hauffs *Wirtshaus im Spessart* nach Missouri verlegen wollen, so ist ihm dieses Experiment gründlich mißglückt.

Old Shatterhand sitzt im Wirtshaus *Bei Mutter Thick* in Jefferson City, Missouri (wo er sich nach dem Aufenthalt von Old Surehand erkundigen will), und hört einer Reihe von abenteuerlichen Geschichten zu, die von verschiedenen Gästen zur Unterhaltung der übrigen Anwesenden erzählt werden. Das ginge noch an – aber erstens hat jede der zu Wort kommenden Personen das Erzähltalent eines professionellen Schriftstellers und gerät weder jemals ins Stocken noch durcheinander; zweitens gibt es, ungeachtet der Qualitätsunterschiede in Inhalt und Struktur der einzelnen Erzählungen, keine Unterschiede in der Art der Darbietung: jeder Erzähler spricht gerade so wie sein Vorgänger (also wie Karl May auf dem Papier); drittens werden alle diese Erzählungen, die etwa 600 Druckseiten einnehmen, hineingezwängt in eine Vortragszeit von nur wenigen aufeinanderfolgenden Stunden desselben Tages: Realitätsferner geht es kaum.

Sodann wird der sympathische Erzähler der Geschichte vom Kanada-Bill ganz unnötig und unmotiviert verdächtigt, nicht der echte ‚Colorado-Mann' zu sein, der die Abenteuer erlebt hat, sondern ein gemeiner Schwindler (XV 75ff., 584ff.). Die Verdächtigung bleibt in der Luft hängen und hat keinerlei Bedeutung für das Geschehen! Das widerspricht der Vernunft.

In einer der anderen Erzählungen tritt Winnetou als wahrhaftiger ‚Wilder' auf – so, wie Karl May ihn 1877 konzipiert hatte, skalpgierig, kampflüstern, mit Freuden aufs Blutvergießen bedacht. Dabei hatte May sich hiervon längst gelöst, und Winnetou bot seit 1887 – in *Der Sohn des Bärenjägers* und allen folgenden Amerika-Erzählungen – durchgehend die Inkarnation des Edelsinns, der Milde und Humanität. So auch in *Old Surehand I*! Der

Rückgriff auf einen bedenkenlos tötenden Winnetou versetzt Karl Mays Glaubwürdigkeit einen Stoß.

Bedrückend grausam – und daher im Gesamtkonzept unpassend – geht es auch zu in *Der Königsschatz*, einem Ausschnitt aus Karl Mays Roman *Das Waldröschen oder Die Rächerjagd rund um die Erde*, dessen weißer Held Anton Helmers alias ‚Donnerpfeil' hastig zu einem Freund und Schüler Winnetous und Old Shatterhands gemacht wird[19], und der sich auf diese Freundschaft ausdrücklich beruft, so daß es gegenüber dem Schuft in der Geschichte mild und sehr menschlich zugeht. Karl May übersieht dabei, daß dies absolut nicht im Einklang steht mit dem heraufbeschworenen Image des mit Messer und Büchse im Kampfgetümmel schreiend wütenden Winnetou.

Die Einverleibung des *Königsschatz*-Abenteuers in *Old Surehand II* wird durch die Erwähnung der beiden Superhelden aber weder besser noch gerechtfertigt: Welchen *Vorteil* konnte oder sollte es Karl May bringen, ein grob zurechtgestutztes *Waldröschen*-Kapitel in einen Fehsenfeld-Band zu pressen? Wenn *Waldröschen*-Kenner *Old Surehand II* lasen, was nicht auszuschließen war, mußte das Auftauchen der Mixteca-Höhle und deren Verquickung mit Winnetou und Old Shatterhand sie verwundern, und wie bei *Der erste Elk* und *Im Mistake-Cannon* lag der Verdacht des Plagiierens nahe. Eine für die Vernunft akzeptable Erklärung des Mayschen Vorgehens ist nicht erkennbar. Der Erklärungsversuch, Karl May habe ‚hintenherum' auf seine Urheberrechte an den Münchmeyer-Romanen verweisen wollen, hilft m. E. nicht weiter, eben weil May seine Autorschaft ängstlich hinter einem Pseudonym verborgen hatte und ein jetzt, so spät, vorgenommenes indirektes Eingeständnis mit öffentlichem Aufdecken des Pseudonyms erklärlich nicht in seinem Interesse lag. Sollte er wirklich ernsthaft oder auch nur vage geplant haben, Teile der Münchmeyer-Romane im Verlaufe der Jahre zum Füllen von Fehsenfeld-Bänden zu nutzen[20], müßte man ihm eine zumindest milde Form von Schizophrenie bescheinigen. Einzig den Roman *Die Liebe des Ulanen* hätte er legitim ‚ausschlachten' können, da er ihn unter seinem Namen Karl May hatte erscheinen lassen. Ebensowenig aber wie *Der Königsschatz* innerhalb von *Old Surehand II* eine Wohltat für die Leser war, hätten mühsame weitere Umarbeitungen von Episoden aus den Münchmeyer-Romanen die ‚grünen Bände' zu Mays Lebzeiten entscheidend bereichert.[21]

Vor allem aber berühren die bei Mutter Thick vorgetragenen Geschichten das Geschehen rund um Old Surehand in keiner Weise! Wären durch Änderungen in der Handlungsführung der jeweiligen ursprünglichen Erzählung – und in der Personenkonstellation – Beziehungen hergestellt worden zu Old Surehands Kindheit und Jugend, zu seiner Suche nach dem Urheber seines Unglücks u. dgl., hätte das prickelnden Reiz ergeben können. Eine Erwähnung des in Jefferson City ja nicht unbekannten Namens Old Surehand in der Gästerunde konnte z. B. bei einigen der Anwesenden ein Echo hervorrufen und Berichte zutagefördern über Begebenheiten, die für den geheimnisumwitterten Mann – und damit für die Kenntnis Old Shatterhands – von Belang waren. Eine solche Konstruktion hätte dem Autor Karl May Beifall eintragen müssen. Aber nahezu einen ganzen dicken Band *Old Surehand* mit weitschweifigen Fremdkörpern auszufüllen, verdient keine Anerkennung.

*

Um so bezeichnender ist es daher, daß der auf das Gütezeichen KARL MAY fixierte Leser den Band genießt, als sei er wirklich ein integraler Bestandteil der Lebensgeschichte des Westmannes, um den sich angeblich die gesamte Trilogie drehen soll. Den kritischen Einwänden und den peinlichen Niveauschwankungen zum Trotz, taucht man schlicht ein in die von Karl May vermittelte Spannung und vergißt völlig den Anlaß, warum man eigentlich *Old Surehand II* in die Hand genommen hat. Und wenn man endlich doch schwach protestieren will über so viel ‚extraneous matter', also außerhalb des eigentlichen Sachbezugs liegendes Erzählmaterial, holt der Autor prompt aus zum Clou, der den Protest verstummen läßt: Old Shatterhand gerät mit dem Gauner Toby Spencer aneinander – der Schatten des ‚Generals' schiebt sich unversehens in die Gaststube – plötzlich steht Winnetou vor uns – und dann verübt der so übel heruntergekommene Old Wabble einen Mordanschlag auf Old Shatterhand ... Damit ist alles Vorausgegangene überlagert, ist der Leser mittendrin im Jagdgeschehen und fiebert vor Erwartung: Da ist der alte Magier der Erzählkunst wieder voll am Werk und läßt keinen Zweifel daran, daß dem Leser bei dem nun bevorstehenden weiteren ‚hochinteressanten Ritt' unaufhörlich neue Abenteuer begegnen werden, die zu versäumen eine Schande wäre.

Vielleicht ist es der Nachhall der unausbleiblichen Begeisterung über den Schluß des zweiten Bandes, daß wir gewillt sind, die davorliegenden rund 600 Seiten im milden Glanz der Versöhnung zu betrachten. Vielleicht aber liegt das Geheimnis der freundlichen Aufnahme dieser „allergröbsten Pfuscherei" beim Leser darin begründet, daß daraus ganz und gar der in sich zerrissene Autor, der mit Widersprüchen, Inkonsequenzen und Traumata prall angefüllte Karl May sichtbar wird, der mit dem Leben und der Vergangenheit und der konfliktbehäuften Schreibgegenwart und dem Ruhm nicht fertig wird: ein vielgesichtiger Mensch, über den wir eigentlich erschrecken müßten – und den wir doch, bewußt oder unbewußt, gerade deswegen lieben, weil er alles andere als der perfekte Übermensch ist!? Einzig Karl May vergeben wir all die schriftstellerischen Sünden, die wir anderen niemals verzeihen.

*

Die durch Old Shatterhands Besuch beim Bankier Wallace in Jefferson City notdürftig wieder in Gang gesetzte *Surehand*-Handlung (XV 597) wird allerdings, bevor sie in Schwung gerät, ungebührlich verzögert durch die umständliche Einbeziehung der ‚verkehrten Toasts' (Dick Hammerdull und Pitt Holbers) in die Ereignisse bei Mutter Thick sowie durch die Zuweisung der Rolle eines Mitspielers an den Detektiv Treskow (einen der Erzähler vom Vortag). Das eigentlich zu Erzählende schiebt Karl May immer wieder hinaus; seine Zeit widmet er Entbehrlichem und Albernem:

Dick Hammerdull, Pitt Holbers und Treskow hätten schadlos entfallen können; sie sind Randfiguren ohne jede begründete Funktion. Treskows Jagd auf den ‚General' ist nicht plausibel (ganz anders als die nach dem Schurken Sanders, von der Treskow erzählt hatte und nach deren Beendigung er heimkehrte nach Deutschland) – und im Fortgang des Erzählgeschehens zeigt dieser starrsinnige Mann, der kaum reiten kann und zum Widersprechen neigt und im Westen fehl am Platze ist, sich reinweg als Belastung für Old Shatterhand: Mit dem pfiffigen Detektiv, der Sanders verfolgte, hat derselbe Treskow nichts gemeinsam (analog zu Sam Parker in *Der erste Elk* und Sam Parker in *Old Surehand I*). Der Leser rätselt vergebens, warum Karl May Treskow mitreiten läßt. Und die ‚verkehrten Toasts', die ihre Dummheit offen zugegeben haben (606) und sich damit nicht als Reisegefährten des großen Helden empfehlen, tragen ihren Unverstand dann auch pausenlos zu Markte, indem sie sowohl lauthals von ihren Reichtümern plappern als auch sonst Gefahren herbeiziehen statt sie abzuwenden; sie stehen, wie *Old Surehand III* viele Male belegt, als Muster ohne Wert ihrem geschätzten Bekannten Old Surehand in nichts nach. Karl May bedient sich derartiger nutzloser

,Watson'-Figuren immer wieder, um an ihrem Fehlverhalten den Abstand zur Überlegenheit Old Shatterhands zu demonstrieren, läßt dabei aber außer acht, daß Helden vom Zuschnitt eines Winnetou oder Old Shatterhand sich mit Blick auf ihre Sicherheit und das Gelingen ihrer Pläne niemals ohne wirkliche Not mit solchen unnützen Gefährten belasten würden. Der Einsatz des ‚Watson'-Stilmittels stellt hohe Anforderungen an einen Schriftsteller.

*

Daß Old Shatterhand von Jefferson City aus den Spuren Old Surehands und des ‚Generals' folgt, ist selbstverständlich. Nicht so aber, daß der als hervorragender Westmann geschilderte Old Surehand allein aufgrund eines anonymen und ihn außerdem zum Schweigen verpflichtenden Briefes, der ihn in Jefferson City erreichte (XIX 563), in die Rocky Mountains hinaufreitet, um am 26. September den Devils-head, Kulminationspunkt der Verbrechen seiner Gegner, zu erreichen: Der Titelheld wird vom Autor ganz gelassen als leichtgläubiger Einfaltspinsel hingestellt, so daß man annehmen muß, ihm sei im Grunde an diesem Surehand herzlich wenig gelegen gewesen. Das Tun des Schurken Etters alias Douglas alias ‚Der General' ist aber nicht weniger irreal: Da Etters weiß, daß Old Surehand nach Jefferson City kommt, so konnte er ihm doch dort bequem auflauern und unerkannt den geplanten Mord begehen! Karl May bedenkt offenbar nicht, daß unter solchen Verhältnissen, wie er sie dem Geschehen und den Personen unterstellt, das Lockmittel Brief immerhin leicht versagen konnte, daß die beim weiten Ritt zum Devils-head nicht absehbaren Risiken Etters' Vorhaben -zigmal vereiteln konnten – oder daß zum Beispiel Etters unversehens auf Tehua treffen und von ihr überrumpelt werden konnte, bevor es ihm gelang, sie zu beseitigen. Ein Schuft vom Schlage des ‚Generals' – so wie May ihn schildert – hätte sich auf all solche Unsicherheiten nicht eingelassen, sondern in der Stadt aus dem Hinterhalt heraus gemeuchelt. Das Gefüge der Handlung steht auf sehr wackligen Füßen. Old Surehand zuliebe hätte Karl May ihn und Old Shatterhand in Jefferson City zusammentreffen lassen und gemeinsam einen von Etters verübten Anschlag überleben lassen müssen; bei der anschließenden Verfolgung des Mörders konnten sie zeitweilig – geplant oder durch Umstände bedingt – noch einmal voneinander getrennt werden; während Old Shatterhand im weiteren Handlungsverlauf auf Tokbela stieß und sie zum Reden zu bringen vermochte, vereitelte Old Surehand in der

Nähe des Devils-head die Ermordung Tehuas – und setzte dem ‚General'
erneut nach; er und Tehua erkannten ihre Mutter-Sohn-Beziehung, die auch
Old Shatterhand inzwischen erraten hatte. Old Surehand besiegte Etters im
Kampf – und Etters stürzte ab. So hätte der Titelheld endlich heldisch, aktiv,
initiativ geleuchtet, recht als ein Westmann, der planvoll und zielbewußt
agiert, anstatt nur Zuhörer oder bestenfalls Stichwortgeber für den Helden
oder gar Genasführter zu sein. Karl May jedoch gibt ihm außer dem Zweikampf mit Apanatschka im ersten Band nichts zu tun; er läßt ihn erst im
letzten Drittel des dritten Bandes wieder auftauchen und als Gefangenen von
Indianern Bären jagen – und selbst das nehmen Winnetou und Old Shatterhand ihm ab. Und als sich schließlich für ihn die Gelegenheit zu einer
westmännischen Leistung bietet, nämlich als Kundschafter zu brillieren,
wird er prompt von Old Shatterhand daran gehindert, weil dieser trotz Verwundung selbst mit Winnetou auf Kundschaft geht und Old Surehand zurückbleiben muß (XIX 474).

Vollends jeder Plausibilität entbehrt der ebenfalls zum Devils-head führende beschwerliche Ritt des falschen Medizinmannes Thibaut, und für diesen Mangel an Begründung gibt es keine Entschuldigung. Zudem ist es von
der Handlungslogik her unfaßbar, daß Thibaut seine ihm nichts nützende,
vielmehr lästige und gefährliche Squaw Tokbela nicht schon längst beseitigt
hat, sondern sie seit nahezu zwanzig Jahren immer mit sich schleppt. Es
gehört nun einmal zum Handwerk des Schriftstellers, das den handelnden
Personen unterstellte Verhalten begreiflich und begründet erscheinen zu
lassen. Der Leser erfährt nie, *warum* Tokbela noch lebt. (Dies ist kein Plädoyer für ihre Ermordung, sondern nur ein nochmaliger Hinweis auf Karl
Mays eingleisiges Denken.)

Bei Tokbela gibt es ohnehin mehrere Widersprüche. Beim ersten Zusammentreffen mit ihr konstatiert Old Shatterhand „kaukasische Züge" (XIV
252), und das deckt sich mit Mays Bemerkung gegenüber Fehsenfeld, Old
Surehand (d. i. Tokbelas Neffe) sei ein Weißer.[22] Später jedoch macht May
aus Tokbela und ihrer Schwester Tehua reinblütige Moqui-Indianerinnen
(wenn auch christlichen Glaubens, XIX 129f.), und so werden Old Surehand
und sein Bruder Apanatschka zu Mischlingen.[23] Zu Tokbelas geistiger Verwirrung heißt es zunächst, „Sie wäre viel, viel eher aus der Nacht des Wahnsinns errettet worden!", wenn nämlich Old Shatterhand gegenüber Old Surehand dessen Ähnlichkeit mit der Frau des Medizinmannes erwähnt hätte
(XIV 258f.); doch dieses Wissen seines Ich-Helden nimmt Karl May später

wieder zurück, indem er kommentiert, er empfinde „tiefes Mitleid mit der Unglücklichen, deren Wahnsinn jedenfalls unheilbar war" (XIX 305). Zum Schluß freilich verkündet der Autor: „Ihr Geist ist wieder bei ihr." (566) Das beruhigt den Leser – hindert aber nicht an der Bemerkung, daß auktoriale Aussagen über Entwicklungen, Schicksale, Ereignisse, Sachverhalte verbindlich und nicht modifizierbar sind; anderenfalls entbehrt der Autor der Glaubwürdigkeit.

Der dritte *Surehand*-Band bietet aber noch weitere Absonderlichkeiten:
– Unglückliche Formulierungen wie: „daß ich Apanatschka da unten im Llano liebgewonnen hatte" und „daß mein Verhältnis zu ihm noch eine andere Gestalt anzunehmen habe" (56f.), samt dem Ergebnis: „Er hielt mich fest, und so ritten wir Hand in Hand eng nebeneinander" (63), konnten im wilhelminischen Deutschland (und erst recht dann ab 1933) allzuleicht mißdeutet werden. Sie entsprangen zwar keinen tatsächlichen oder vermeintlichen homosexuellen Neigungen Karl Mays[24], sondern anderweitig bedrückenden Seelenbildern[25], hätten vorsorglich aber doch von der Verstandeszensur verändert werden sollen.

– Englische Meilen im Zusammenhang mit Zeitangaben machen Karl May abermals zu schaffen, obwohl er sich Mühe gibt, seine eigene Fehlassoziation zu unterlaufen: Diesmal benötigen die Pferde eine *halbe* Stunde für 3,2 Kilometer (statt einer Stunde wie im ersten Band); sie waren aber auch hier kaum schneller als ein Fußgänger und können die ihnen nachgesagten rühmlichen Eigenschaften nicht besessen haben.[26] Karl May schreibt „englische Meilen", hat aber offenbar deutsche geographische Meilen von 7,5 Kilometer im Sinn. Ein guter Renner schaffte und schafft 15 Kilometer in der Stunde mühelos.

– Tölpelhaft erzählt Dick Hammerdull dem verbrecherischen Tramp Hosea alles über seinen und Pitt Holbers' Reichtum – und baut darauf, Hosea (samt Bruder Joel) werde die Erzählung für Lug und blanken Hohn halten, der keiner Beachtung wert sei (230ff.). Old Shatterhand bestärkt Hammerdull sogar noch durch die Meinung, Hosea sei „nicht pfiffig genug", um „mißtrauisch zu werden" (238). Wer aber hindert denn Hosea oder Joel daran, ihre Anführer Cox und Old Wabble zu informieren, die auf jeden Fall pfiffig genug zum Mißtrauen sind!? Karl May hat wieder einmal ‚zu kurz gedacht'.

– Welchen Streich Karl Mays etwas dubiose Englisch-Kenntnisse ihm spielten, als er den Verbrecher Cox vor Verwunderung „Chimney corner!"

rufen ließ (219), bleibt ungeklärt. Als Slang für ‚Head' (Kopf) gibt ‚Chimney' hier keinen Sinn. Es könnte ‚Jiminey!'/‚Jiminy!' darinstecken, was dem deutschen ‚Jemine(h)!' entspricht, doch ‚corner' (Ecke) trotzt dem Verständnis auch dann. Und selbst eine gerade noch mögliche dialektale Verballhornung wie ‚Jiminey-(dog)-go(r)n-all!', also etwa ‚Himmikruzitürknverflixtnoamol!', erscheint weit hergeholt und setzt bei May eine nur schwerlich anzunehmende ‚Hör'-Bekanntschaft mit amerikanischen Sprachbrocken niederen Niveaus voraus.[27]

– Dick Hammerdulls Provokation des alten Wabble, die diesen die Hälfte seiner weißen Haarmähne kostet (207), ist eine Einladung zum Totschlag: Hammerdull mußte damit rechnen, von Old Wabble unverzüglich erschossen zu werden. Mit dem Dazwischentreten des Anführers Cox war nicht zu rechnen. Noch schlimmer jedoch ist die Provokation des Alten durch Old Shatterhand, der Old Wabble schmäht und spöttisch durchblicken läßt, er (Shatterhand) werde bald wieder frei sein, und sich dann noch mit Winnetou über Old Wabbles „Dummheit" amüsiert (279). Es widerspricht jeder Plausibilität, daß Old Shatterhands Arroganz ihm keinen Schaden einträgt, und es bringt den Helden in Mißkredit, der den Gefährten Vorsicht auferlegte und nun selbst alles aufs Spiel setzt.

– Soll der Leser ernsthaft glauben, der gefangene Old Shatterhand *dürfe, ja müsse* seine kostbaren Gewehre selber tragen (268)!? Findet Old Wabble – der in Diebesgier diese Gewehre ja schon einmal an sich brachte – keine Mittel und Wege, die begehrten Waffen für sich zu reklamieren – und sie zu Pferde zu transportieren!?

– Auf den Seiten 233, 236, 239, 250 in Band XIX ‚duzen' sich die Personen. Wie sie das aber anstellen, da sie ja Englisch sprechen, verschweigt der Autor.[28] Auf Seite 364 hingegen redet Apanatschka seinen Freund Old Shatterhand nicht mehr mit ‚Du', sondern mit ‚Ihr' und ‚Mr. Shatterhand' an.

– Cox' Frage: „Wollt Ihr uns nach Sing-Sing schleppen?" (306), zeigt den Autor ungenügend informiert: Die als Sing-Sing bekannt gewordene Strafanstalt war schon damals (und ist noch heute) das Staatsgefängnis des Staates New York und wäre für Cox und dessen Kumpane nicht in Betracht gekommen.

– Laut Karl Mays Beschreibung des Knieschusses (327) wird fröhlich mit dem *rechten Arm* gestikuliert, während die *rechte Hand* bereits am Gewehrschloß liegt!

– Wie kann Toby Spencer mit der von Old Shatterhand zerschossenen rechten Hand (XV 594, XIX 347) in dem ihm aufgedrängten Duell einen Schmiedehammer halten und damit zuschlagen (XIX 360)!? (Mit der Linken greift er nach der Kehle des Gegners.)

– Für Old Shatterhand und seine Gefährten ist es nicht ratsam, im Bärental zu übernachten; die Gründe werden einleuchtend dargelegt (373). Kurz darauf aber zeigen sich ebenso überzeugende Gründe *für* das Übernachten im Bärental (394 u. 397). Damit allerdings sind die vorher entgegenstehenden Gründe nicht ausgeräumt. Um sie (und sich selbst) nicht zu entwerten, hätte der Autor zumindest unter Hinweis auf die nach reiflicher Überlegung maßgebende Motivation Old Shatterhands und seiner Gefährten betonen müssen, sie seien unter diesem Leitgedanken bereit, die früheren Bedenken zurückzustellen und die damit verbundenen Risiken in Kauf zu nehmen.

– Dick Hammerdull wird im Bärental arg zugerichtet (403), aber wenig später betont der Autor, niemand sei verletzt worden (436)!

In diesem Bärental erscheint dann auch Old Surehand unversehens wieder auf der Bildfläche der Handlung – aber kein bißchen heldenmütiger oder inspirierender als früher. Und der Leser gerät allmählich in die Mühle des Zweifels hinein, ob dieser Karl May nicht im Begriff ist, ein Eigentor nach dem anderen zu schießen und den Leser und sich selbst in eine ausweglose Sackgasse zu führen.

*

Wir sind Old Shatterhand durch die Schrecken und die Enthüllungen auf Harbours Farm, durch die Gefangenschaft bei Cox und Old Wabble samt Befreiung durch Kolma Puschi gefolgt – und wissen nicht, was nun aus alledem werden soll. Interessant war es gewiß, trotz aller von uns erhobenen Einwände – stellenweise vergaßen wir über der typischen Karl-May-Spannung Zeit und Raum –, aber warum wir dem Autor bei dieser brüchigen Geschichte genau so willig folgen wie bei den geradlinigen phänomenalen Geschichten zwischen Mekka und dem Schar Dagh, den fesselnden Abenteuern *Im Lande des Mahdi* oder bei der nervenkitzelnden Jagd auf *Satan und Ischariot*, erscheint uns nicht ersichtlich. Bis alles in einem einzigen großen Brennpunkt zusammenläuft und wir drei umfangreiche Bände *Old Surehand* wie aus der Vogelperspektive in eine Gesamtschau fassen können: Die letzten 120 Seiten des dritten Bandes machen alles wett, was uns vordem kritikbedürftig erschien. Da prasselt in Schilderungen, in Worten, Sätzen und Szenen eine Kombination aus Dantes *Inferno* und einem Stück *Offenbarung* des Johannes mit Teilen der aus allen Weltreligionen bekannten Erlösungsmythen über uns herein. Und wir erkennen: der so erratische dritte Band *Old Surehand*, zusammen mit den übrigen Handlungsteilen, ist das Bild des Menschen und des Himmels und der Erden: unendlich klein – und doch unendlich gültig.

*

Das liegt allerdings nicht an dem bierernsten und hölzernen Old Surehand; den stellen wir sanft an die Seite, wie Karl May es getan hat. Es liegt an der so aufdringlich erscheinenden und in Wirklichkeit so anziehenden Verschmelzung christlicher Elemente mit indianischen Anschauungen und mit dem lebendigen Wort Gottes in der rauhen Natur unter rauhen Menschen, die Gott verlachen. Und es liegt an jener einen blutvollen, lebensvollen, achtenswerten, hassenswerten und insgeheim doch nie gehaßten Figur des Old Wabble[29], durch die der Typengestalter Karl May endgültig zum Menschengestalter reifte.[30] Die uns unmotiviert erscheinende Wandlung des Alten vom lediglich kuriosen Kauz und Bruder Leichtfuß – der seine Schwimmkünste überschätzt – zum elenden Schuft ist Karl Mays angstvolle Entblößung der eigenen Seele: Der auf andere Menschen so sympathisch wirkende Karl May, der pfiffig und herrisch zugleich auftrat in den Zeiten seiner vielen Betrugsdelikte, hatte den Blick von Gott abgewandt und trudelte am Rande des Abgrunds. Was aus ihm hätte werden können, verfolgte den zum Ruhm Gelangten – ja, gerade ihn, dessen Fundament so ‚wobbly' war – noch Mitte der neunziger Jahre als Vision des Horrors: War er nicht gerade neuerdings ein alles andere als gottgefälliger Büßer, vielmehr ein Betrüger, der einem Millionenpublikum vorschwindelte, in Amerika und im Orient Heldentat über Heldentat auf sich gehäuft zu haben!? Mußte dem nicht Gottes furchtbares Strafgericht folgen? Karl May schildert die Übersteigerung seiner Ängste in Old Wabble – und stellt ihm seinen betont ruppigen, weil im Inneren gar nicht so selbstsicheren, Old Shatterhand entgegen – und erschreibt sich die Erlösung, die er benötigt. Das geraffte Lebensbild des alten ‚King of the Cowboys' läßt die Brüche und Fehler in der Gesamterzählung vergessen und gehört zu den beachtlichsten, fesselndsten Darstellungen in der deutschsprachigen Literatur überhaupt.[31] Als Old Wabbles Begleiter unternehmen wir im nächtlichen Wasser den kühnen Versuch zur Befreiung Old Surehands und erschauen wie im Film die Sandwüste des Llano estacado, und als sein Verfolger bewegen wir uns wie Winnetou sicheren Fußes durch die Rocky Mountains, deren atemberaubende wilde Schönheit wir mehr und mehr in uns aufsaugen. Und wir warten auf Old Wabbles nächste Teufelei.

Spukhaft lebendig sind die durch die Buchseiten dahingleitenden Gestalten – die zerstörungswilligen Comantschenhäuptlinge, Josua Hawley, Tokbela mit ihrem ‚myrtle-wreath' und Kolma Puschi, die an Winnetou erinnert, und der redefreudige Farmer Harbour, der schurkische Medizinmann Tibotaka wie der für den Gang der Handlung unbedeutende Toby Spencer; keine und keinen von ihnen verlieren wir rasch aus dem Gedächtnis. Doch es ist der vom Rang der Respektsperson zum widerwärtigen Lump verkommene schreckliche Alte, der die ganze Erzählung zusammenhält, und er ist uns wichtiger noch als die auf wenigen Seiten vom Autor hastig dahingesprudelte verworrene Familiengeschichte der Benders (die wir, um sie voll zu verstehen, mehrmals lesen müssen). Erst in zweiter Linie – dem Schicksal Old Wabbles nachgeordnet – sind wir und bleiben wir angerührt vom Geschick der Indianerin Tokbela und fühlen mit der agilen und tapferen Tehua, die verlorenes Glück betrauert und neu erworbenes Glück nicht ohne Sorgen ins Auge faßt. Und jetzt wird der eine bisher unbeachtet gebliebene Kunstgriff des Autors sichtbar: Die im Grunde unabhängig voneinander verlaufenden Handlungsstränge um Old Wabble einerseits und Old Surehand andererseits sind merkwürdigerweise von Anfang an ineinander verwoben – denn der alte und der junge Westmann waren Reise- und Jagdgefährten, ehe die Handlung mit Old Shatterhands Warten auf Winnetou einsetzt. Die Verbindung beider Handlungsstränge erhält ihre schicksalhafte Note durch das Eingreifen Old Shatterhands, des in Ich-Form erzählenden Autors Karl May, und gewinnt dadurch jählings eine ungeheure psychologische Brisanz, die uns still-bohrend während der gesamten Lektüre begleitet und an die Erzählung gebunden hat, derer wir aber erst gegen Schluß in vollem Ausmaß gewahr werden: Wir erfahren, daß der Sünder Old Wabble sein Leben lang insgeheim die mütterliche Liebe entbehrt und gesucht hat, und entdecken in Kolma Puschi eine ihr wahres Ich vor der Außenwelt verbergende Mutter, die ihre Liebe an verlorene Söhne verströmen möchte. Unwillkürlich halten wir unser jeweiliges persönliches Mutterbild dagegen – ob positiv oder negativ – und wissen in unserem Innersten, daß Karl May in seiner eigenartigen

Erzählung und eigenartigen Erzählweise tief vorgestoßen ist zu einem der Kardinalprobleme des Menschen: zur Quelle allen Glücks und aller Sehnsucht ebenso wie allen seelischen Dunkels. Und wir, die wir um des Autors zwiespältige Beziehung zu seiner willensstarken, lebenstüchtigen, dabei gefühlsspröden und im Lebenskampf fast aufgeriebenen, um vieles Urpersönliche beraubten Mutter wissen, erahnen das ständige Trauma des verlorenen Sohnes Karl May, der im seelischen Dunkel von der Sehnsucht nach Glück lebte und stets nur trügerischen Ersatz fand.

Karl May – wir bestaunen es – schrieb scheinbar eine beinahe völlig danebengeratene Geschichte: aber er war nun einmal auf seine Weise ein begnadeter Erzähler, und darum werden bei ihm aus unzulänglichen Bruchstücken dauerhafte Wunderwerke.

*

Wunderwerke – nicht Kunstwerke. Nicht das, was der Literaturkritiker bei formal-ästhetischer Betrachtung als Kunstwerk einstuft. Wäre die Erzählung ein literarisches Kunstwerk, so hätten daran schon zeitgenössische Kritiker Karl Mays nicht vorübergehen können; sie hätten vielmehr *Old Surehand* entsprechend herausgestellt, und für den Autor – auf der Höhe seines Ruhmes, von Millionen umjubelt und der leibhaftige Old Shatterhand zum Anfassen – wäre das die unfehlbare Waffe gegen alle Neider gewesen. Karl May aber war sich über den ‚Nicht-Kunstwert-Charakter' seiner Werke ganz im klaren; noch in seiner Selbstbiographie schrieb er gelassen: „Ich kann und will und darf kein kunstvollendeter Paul Heyse sein, sondern meine Aufgabe ist, aus hochgelegenen Marmor- und Alabasterbrüchen die Blöcke für spätere Kunstwerke zu brechen, deren Form ich höchstens andeuten kann, weil mir die Zeit zur Ausführung nicht zur Verfügung steht. [...] Die künstlerische Kritik braucht sich also mit meinen Reiseerzählungen nicht zu befassen, weil es gar nicht meine Absicht ist, ihnen eine künstlerische Form oder gar Vollendung zu geben."[32]

Die Zeitgenossen Karl Mays stuften die Erzählungen in der Tat nicht als Kunstwerke ein; sie übersahen aber auch – wie merkwürdig und bemerkenswert! – alle erzähltechnischen Mängel in den zahlreichen Büchern, und nach Karl Mays Ableben setzte sich das fort: Die meisten der im vorliegenden Beitrag aufgelisteten Denkfehler des Autors, Vernunftwidrigkeiten usw. sind von den Bearbeitern in die zweibändige Radebeuler Ausgabe der *Surehand*-Erzählung übernommen worden und haben auch noch in die Bamberger Ausgabe Aufnahme gefunden! Das war die hypnotische Wirkung eines einzigartigen Schriftstellers. Der Pädagoge Ludwig Gurlitt stieß zum Wesentlichen vor, als er über Karl May schrieb: „Sein Verdienst liegt weniger im Künstlerischen als im Moralischen."[33]

*

Mit Blick auf die Werk-Komposition gerade der drei Bände *Old Surehand* stellen wir im Ergebnis fest, daß Nachlässigkeit und willkürlicher Umgang mit dem Stoff die Disziplin der Gedankenführung unterlaufen; und das müßte zur Ablehnung und Zurückweisung des Werks durch den Leser führen. Mit Blick aber auf die Wirkung konstatieren wir das Gegenteil: Die dem Werk innewohnende Inspiration ist Siegerin über die ästhetischen Brüche; das Hervordrängen der in der Seele des Autors lagernden Schreckensbilder ist stärker als die Einwände gegen Logik und Vernunft. Karl May mißachtet die an den Intellekt zu stellenden Forderungen, setzt aber sein eigentliches Wollen bravourös durch: Das Visionäre überstrahlt die Zuchtlosigkeit im Denkprozeß.

Die *Surehand*-Erzählung lebt von der im Positiven wie im Negativen faszinierenden Figur Old Wabble und von der eben nur Karl May eigenen Art, das ihn zeitlebens bewegende Problem der Suche nach Gott zu thematisieren – und es zu vereinen mit dem ihm in der Tat unlösbar verbundenen Problem der Suche nach der mütterlichen Liebe. In *Old Surehand* handhabt Karl May beides menschlich packend, für irrende Irdische erschütternd; er greift hinein in jedermanns Gewissen. Was wirklich ins Bewußtsein des Lesers tritt und dort nachhallt, sind nicht die Patzer und die handwerklichen Schwächen oder Old Shatterhands Ruppigkeit[34], sondern die Botschaft vom Menschlichen, vom Verzeihen, von der Unerläßlichkeit des Willens einer höheren Macht – und von der Würde. Wen schüttelt es nicht, wenn er über Prügelstrafen liest (XIX 307) oder wenn er auf den nicht in unseren Tagen, sondern 1896 niedergeschriebenen Satz trifft: „Ich bin überhaupt der Ansicht, daß wenigstens fünfzig Prozent der Bestraften nicht Verbrecher, sondern entweder kranke Menschen oder Opfer unglücklicher Verhältnisse sind." (XIX 505)

Seiner Zeit weit voraus war Karl May – und wir wundern uns nicht, daß seine Werke zu den unvergänglichen gehören. „Das sittliche Ideal bei Karl May" sei das Herausragende, befand der Jurist, Geheimrat und weiland

Landgerichtspräsident Lorenz Krapp, und gerade anhand der *Surehand*-Erzählung pries er May als Ethiker und als Verkünder der höchsten Werte.[35] Seine Erkenntnisse bekräftigen Karl Mays sieghaftes Wollen, hinter dem und unter dem das Stümperhafte verblaßt. Daher verträgt Karl Mays Werk – Ausnahmeerscheinung in der Literatur – jeden Nachweis der Brüchigkeit und Unlogik, ohne dabei Schaden zu nehmen und an Faszination einzubüßen.

*

Karl May beendete die Niederschrift der Gesamterzählung *Old Surehand* mit den Worten: „Endlich – Endlich – Endlich / Schluss / des III^{ten} Bandes / Hamdullilah!"[36] Die Handschrift dieser Worte zeigt mehr lateinische als deutsche Buchstaben-Schreibung, was bei Karl May selten vorkommt und mit innerer Verstörung in Verbindung gebracht wird. Der ungewöhnliche ‚Stoßseufzer' am Ende des Manuskripts deutet darauf hin, daß Karl May die Erzählung unter starken Belastungen zu Papier gebracht hat und sich ihrer nicht recht freuen mochte. Zweifellos liegen der Art und Weise, wie er hier eine frei erfundene Abenteuerhandlung über einen Zeitraum von zweieinhalb Jahren endgültig verarbeitete, persönliche ‚Erlebnisse' zugrunde (ähnlich wie bei allen voraufgegangenen Reiseerzählungen) – wobei nicht unbedingt reale Aktionen und Reaktionen das Vorbild abgaben, sondern ‚Geschehnisse', die Karl May, bezogen auf seine Ego-Welt, gedanklich und seelisch wahrhaft durchlebte. Er reiste ständig durch die Wüsten der Seele wie durch die fruchtbaren Landschaften der Seele und bewegte sich dabei unaufhörlich zwischen Vernichtung und Befreiung, zwischen ‚Ardistan' und ‚Dschinnistan'. Hinsichtlich einer Entschlüsselung und Durchdringung solcher Seelenerlebnisse gibt *Old Surehand* mehr Rätsel auf als andere Erzählungen. Die aus Karl Mays Biographie m. E. legitim herleitbaren Indizien lassen sich verschiedenartig deuten. An anderer Stelle[37] habe ich einen Erklärungsversuch in sehr gedrängter Form geliefert – natürlich ohne jeden Anspruch auf Richtigkeit. Eine darüber hinaus gehende Darstellung erfordert das Einbeziehen der Trilogie *Satan und Ischariot*, des Bandes *Winnetou I* und des Kapitels *Das Testament des Apatschen* im Bande *Winnetou III* sowie ausführliche Erläuterungen zur inneren Problematik der Winnetou-Figur. All dies würde notwendig den Rahmen des vorliegenden Studienbandes sprengen und soll bei passender Gelegenheit gesonderten Lesestoff für

Interessierte bieten. Darin und darüber liegt – soviel sei angedeutet – in etwa das gleiche, was Claus Roxin so treffend der *Surehand*-Erzählung (als dem Primär-Material) attestiert hat: „eine bezwingende Stimmung düsterer Beklommenheit."[38]

Anmerkungen

1 Vgl. dazu: *Karl Mays Orientzyklus*. Hg. v. Dieter Sudhoff u. Hartmut Vollmer. Paderborn 1991.

2 Von Herbst 1882 bis Sommer 1887 verfaßte Karl May die in wöchentlichen Fortsetzungsheften erscheinenden umfangreichen Abenteuer- und Familienromane *Das Waldröschen oder Die Rächerjagd* [in späteren Auflagen: *Verfolgung*] *rund um die Erde*; *Die Liebe des Ulanen*; *Der verlorne Sohn oder Der Fürst des Elends*; *Deutsche Herzen, deutsche Helden*; *Der Weg zum Glück. Ein Roman aus dem Leben Ludwigs II.*, die sämtlich als Reprints der jeweiligen ersten Druckfassung wieder vorliegen.

3 Vgl. Fritz Maschke: *Karl May und Emma Pollmer. Die Geschichte einer Ehe*. Bamberg 1973, S. 41ff.

4 Vgl. hierzu auch Claus Roxin: *Old Surehand I-III*. In: *Karl-May-Handbuch*. Hg. v. Gert Ueding. Stuttgart 1987, S. 238-252, sowie Karl Serden: *Old Surehand – Roman der Erfüllung?* In: MKMG 66 (1985), S. 41-43.

5 Karl May: *Mein Leben und Streben*. Freiburg i. Br. 1910; Reprint, hg. v. Hainer Plaul. Hildesheim, New York 1975, S. 8.

6 In den Buchausgaben, seit 1890, ist die *Geist*-Erzählung gekoppelt mit Karl Mays erster Jugenderzählung *Der Sohn des Bärenjägers* (1887). Eine Separatausgabe, hg. v. Bernhard Kosciuszko, erschien 1984 im Stuttgarter Reclam Verlag.

7 Vgl. Roland Schmid: *Nachwort zur Reprint-Ausgabe* v. Karl May: *Old Surehand I*. Bamberg 1983, S. N2ff.

8 Vgl. Roland Schmid: *Die Entstehungszeiten der Reiseerzählungen*. In: *Anhang zur Reprint-Ausgabe* v. Karl May: *Auf fremden Pfaden*. Bamberg 1984, S. A19-42 (A38).

9 Vgl. Bernhard Kosciuszko: *Nachwort* zu Karl May: *Der Geist des Llano estakado* [Anm. 6], S. 326-346 (336ff.); Helmut Schmiedt: *Helmers Home und zurück. Das Spiel mit Räumen in Karl Mays Erzählung „Der Geist des Llano estacado'*. In: JbKMG 1982, S. 60-76; Werner Kittstein: *Karl Mays Erzählkunst. Eine Studie zum Roman „Der Geist des Llano estacado"*. Ubstadt 1992.

10 Einige Beispiele (Seitenangaben nach der von Hermann Wiedenroth und Hans Wollschläger herausgegebenen ‚Züricher Ausgabe' (1992), Bd. I: *Der Sohn des Bärenjägers*. Die *Geist*-Erzählung umfaßt darin die Seiten 389-678. Die ‚Züricher Ausgabe' ist textidentisch mit der von Hermann Wiedenroth und Hans Wollschläger herausgegebenen ‚Historischkritischen Ausgabe der Werke Karl Mays' (Bargfeld 1993ff.), hier Abt. III, 1:
– S. 458: „Der Westen hat eine starke, austrocknende Luft, welche kein überflüssiges Fleisch auf den Knochen duldet". Wieso ist dann der in dieser Erzählung mitspielende Jakob Pfefferkorn mit vollem Recht als ‚der dicke Jemmy' bekannt?
– S. 479: „Er habe die Fortsetzung des Rittes unmöglich lange ausgehalten haben, zumal er zu zweien auf einem Pferde sitzen mußte!" Was für ein schauriges Deutsch!
– S. 628 und passim: „Murding-Bowl" ist ein unsinniges Wort. ‚Mord' heißt im Englischen ‚Murder'.
– S. 648: Woher weiß Bloody-Fox, daß „kühne und starke Jäger von Norden" ihm zu Hilfe kommen? Er hat es bisher weder gehört noch gesehen. Ebd.: Das weiße Büffelfell des

,Geistes' hängt in Fox' Häuschen an der Wand, obwohl Fox es während des Rittes, von dem er soeben zurückkehrt, getragen hat!
– S. 660: Woher weiß Fox, daß Old Shatterhand kommt?
– S. 662: Old Shatterhand identifiziert Bloody-Fox sofort, obwohl er ihn nie gesehen hat.
– S. 665f.: Old Shatterhand identifiziert außerdem Burton, obwohl er auch ihn nie gesehen hat!
– S. 674: Die Zugtiere der Auswanderer sind plötzlich „Stiere", nachdem bis dahin nur von „Ochsen" die Rede war.

11 Einziger voraufgegangener Abdruck, ohne Verfasserangabe, in: *Ueber Land und Meer*, Jg. 9 (1892/93), H. 11 (zweite Maiwoche 1893). Vgl. Hainer Plaul: *Illustrierte Karl-May-Bibliographie*. Leipzig 1988, München 1989, S. 166, lfd. Nr. 241.

12 Einziger voraufgegangener Abdruck, ohne Verfasserangabe, in: *Illustrirte Welt*, Jg. 38 (1890), H. 6 (erste Oktoberwoche 1889). Vgl. Hainer Plaul [Anm. 11], S. 133, lfd. Nr. 205.

13 Abgesehen davon, daß Parkers Beschreibung des von ihm gesichteten Tieres (XIV 27) eher auf ein ‚Moose' (nordamerikanischer/kanadischer Elch, der an Größe und bedrohlichem Aussehen sowie an Angriffslust den nordeuropäischen/nordasiatischen Elch übertrifft) schließen läßt als auf einen ‚Elk' (Wapiti-Hirsch), der Autor also zwei Tierarten verwechselt haben dürfte.

14 Vgl. hierzu Heinrich Hefftrich: *Das Amerikabild Karl Mays*. Masch. Examensarbeit. Mainz 1971.

15 Claus Roxin: *Vorläufige Bemerkungen über den Straftäter Karl May*. In: JbKMG 1971, S. 74-109 (94).

16 Hans Wollschläger: *Karl May in Selbstzeugnissen und Bilddokumenten*. Reinbek b. Hamburg 1965, S. 61; Neufassung: *Karl May. Grundriß eines gebrochenen Lebens*. Zürich 1976, S. 79.

17 Ekkehard Koch: *Der Kanada-Bill. Variationen eines Motivs bei Karl May*. In: JbKMG 1976, S. 19-46 (Obwohl ich mir Kochs Argumentation hinsichtlich *Old Surehand II* nicht zu eigen mache, gestehe ich gern, daß sie mich beeindruckt.).

18 Harald Fricke: *Karl May und die literarische Romantik*. In: JbKMG 1981, S. 11-35.

19 Karl May schrieb 1905: „Damals, als ich einige Abschnitte aus dem ‚Waldröschen' nahm, um sie für ‚Old Surehand' in Druck zu geben, fiel es mir auf, daß ich so viel herauszustreichen oder zu ändern hatte." (Karl May: *Ein Schundverlag. Ein Schundverlag und seine Helfershelfer*. Prozeßschriften Bd. 2. Hg. v. Roland Schmid. Bamberg 1982, S. 376) Streichungen und Änderungen ergaben sich zwangsläufig aus der Eliminierung all der Textstellen, die zur ursprünglichen *Waldröschen*-Handlung gehörten, in die das *Königsschatz*-Intermezzo voll integriert war, das nun eine in sich abgeschlossene Erzählung bilden sollte. Ob Mays durchscheinende Behauptung, er habe von Münchmeyer vorgenommene schädigende Eingriffe in den Text ausmerzen müssen, den Tatsachen entsprach, ist bisher nicht erwiesen. – An anderer Stelle der Gesamterzählung griff Karl May ebenso bedenkenlos auf ein weiteres früheres Eigenwerk zurück: In *Old Surehand III* (157) bekennt er sich als Verfasser des dort abgedruckten dreistrophigen Gedichtes, das er (mit einigen unwesentlichen Änderungen) ohne Hinweis auf seine Verfasserschaft bereits in *Durch Wüste und Harem* aufgenommen hatte (I 172); dort gemahnte es ihn, nach eigenen Worten, „an die Wahrheit des Dichterwortes". In Karl Mays für Münchmeyer geschriebenem Kolportageroman *Der Weg zum Glück* (1887) trägt der Schullehrer Max Walther dieses Gedicht als *seine* literarische Schöpfung vor!

20 Roland Schmid: *Anhang zur Reprint-Ausgabe* v. Karl May: *Old Surehand II*. Bamberg 1983, S. A7.

21 Vgl. hierzu Hermann Wohlgschaft: *Große Karl May Biographie. Leben und Werk*. Paderborn 1994, S. 183-197, sowie, im Blick auf *Old Surehand*, S. 260-264 u. S. 285-290.

22 Vgl. Mays Brief an Fehsenfeld v. 27.7.1894; abgedruckt bei Schmid: *Old Surehand I* [Anm. 7], S. N7.

23 Karl Mays freiwilliges Abrücken vom propagierten „Rassenideal" (vgl. seinen Brief an Fehsenfeld, Anm. 22) mag in aufgelebtem Toleranzdenken begründet gewesen sein, das seiner Natur weit eher entsprach als das Verharren in Vorurteilen. Er mag auch, angesichts seiner persönlichen psychologischen Situation zur Zeit der Entstehung der *Surehand*-Erzählung, in sich selbst eine Art ‚Mischling' als Resultat verschiedener paralleler Innenströmungen gesehen haben. Gleichwohl vollzog er in der noch vor *Old Surehand III* entstandenen Erzählung *Der schwarze Mustang*, die im 11. Jg. (1896/97) der Knabenzeitschrift *Der Gute Kamerad*, Stuttgart, erschien, einen bemerkenswerten Schwenk: Der Schurke in dieser Erzählung, Ik Senanda, wird eingeführt mit den Worten: „Er war jedenfalls ein Mestize, einer jener Mischlinge, welche zwar die körperlichen Vorzüge, aber dazu leider auch die moralischen Fehler ihrer verschiedenfarbigen Eltern erben." (Zitiert nach *Der schwarze Mustang*, Reprint der KMG 1991, S. 18, rechte Spalte. Der Text findet sich gleichlautend in der ersten Buchausgabe der Erzählung, erschienen 1899 als Bd. I der Reihe *Kamerad-Bibliothek*, Stuttgart.) Ganz offenbar stützte Karl May sich hierbei, losgelöst von der *Surehand*-Handlung, auf zwei in seiner Bücherei befindliche und von ihm viel benutzte populäre Nachschlagewerke der Zeit: *Brockhaus' Conversations-Lexikon*, 13. Aufl. (1883-1887), 16 Bde. u. 1 Ergänzungsband, verweist in Bd. 11, 1885, S. 762, unter „Mischlinge" auf den Eintrag „Farbige". Dieser Eintrag findet sich in Bd. 6, 1883, S. 578, wo es u. a. heißt: „Meist haben die farbigen Rassen in Amerika nur die Fehler, selten eine vorteilhafte Seite des Charakters ihrer farbigen Eltern geerbt." – *Meyers Konversations-Lexikon*, 5. Aufl. (1895-1897), 17 Bde., verweist in Bd. 12, 1897, S. 372, unter „Mischlinge" ebenfalls auf den Eintrag „Farbige". Dieser Eintrag findet sich in Bd. 6, 1895, S. 195, wo es u. a. heißt: „Die Farbigen genießen im allgemeinen geringe Achtung, da sie meist nur die Fehler ihrer farbigen Eltern geerbt haben." Vgl. hierzu Eckehard Koch: *„...die Farbe der Haut macht keinen Unterschied". Betrachtungen zum angeblichen Rassisten Karl May.* In: *Exemplarisches zu Karl May.* Hg. v. Walther Ilmer u. Christoph F. Lorenz. Frankfurt/M., Bern 1993, S. 99-120.

24 Vgl. Arno Schmidt: *Sitara und der Weg dorthin. Eine Studie über Wesen, Werk & Wirkung Karl May's.* Karlsruhe 1963, dessen abwegige Thesen längst durch seriöse Karl-May-Forschungen widerlegt sind (vgl. u. a. Heinz Stolte/Gerhard Klußmeier: *Arno Schmidt & Karl May. Eine notwendige Klarstellung.* Hamburg 1974).

25 Apanatschka führt den bürgerlichen Vornamen Fred (= Friedrich), also Mays zweiten Vornamen; er ist das Abbild des dank sensationeller beruflicher Erfolge wie menschlich bewegender Kontakte in seinem Seelenleben verjüngten Karl May, eine Teil-Abspaltung Old Shatterhands, quasi ein Gegenpol zum Horrorbild Old Wabble, dem May ebenfalls den Vornamen Fred gab.

26 Ähnliche Irrtümer finden sich in *Durchs wilde Kurdistan* (Niederschrift 1881), Buchausgabe Freiburg 1892, S. 371f., und *Der Schatz im Silbersee* (Niederschrift 1889), erste Buchausgabe Stuttgart 1894, S. 81.

27 Dagegen verbirgt sich in der verblüffenden Formulierung: „der Arzt, dem das Leben oder der Tod seiner Patienten aus der Feder fließt" (XIX 151), sicherlich das Bild vom treffend oder falsch diagnostizierenden Arzt, dessen Rezept somit Heilung oder Ende bedeutet. Mays Eigenerlebnis, als ‚Dr. med. Heilig' in Penig, 1864, einem Augenkranken wirksame Medizin verschrieben zu haben, war dabei wohl lebendig.

28 In den von ihm selbst redigierten Text des Bandes *Winnetou III* – für die illustrierte Ausgabe, die 1909 bei Fehsenfeld in Freiburg erschien – schob May die Eigenschöpfung „das ‚Du' der Westläufersprache" hinein, ohne dies tunlichst zu erläutern! Vgl. Annelotte Pielenz: *Karl Mays Illustrierte Reiseerzählungen Band I–IX – „Ausgaben letzter Hand"? Ergebnis einer Vergleichslesung.* SoKMG 9 (1977, ²1992), S. 40 (rechts).

29 Menschen von Fleisch und Blut und mehr als Typen bei Karl May, vor Old Wabble, sind Hadschi Halef Omar, Hobble-Frank und der Wurzelsepp (in *Der Weg zum Glück*) sowie die zwielichtigen Charaktere Geronimo Sabuco (der Sendador) und der Reïs Effendina.

30 Die Schreibweise ‚(to) wabble' gilt im Englischen/Amerikanischen nur als zweite Wahl gegenüber der fast ausschließlich gebrauchten Schreibung ‚(to) wobble', wobei beides ‚wobbel' (mit offenem o) gesprochen wird. Möglicherweise assoziierte May mit Blick auf den Vater-Teilaspekt der Figur ‚Wabble' mit ‚Weber' (dem Beruf des Vaters).
31 Vgl. hierzu ergiebig Hartmut Vollmer: *Die Schrecken des ‚Alten': Old Wabble. Betrachtung einer literarischen Figur Karl Mays.* In: JbKMG 1986, S. 155-184.
32 May: *Mein Leben und Streben* [Anm. 5] S. 151.
33 Ludwig Gurlitt: *Das gelöste Karl-May-Problem.* In: KMJb 1930, S. 127-135 (134).
34 Hierin wie überhaupt in der erzählerischen Wucht und suggestiven Eindringlichkeit unterscheidet *Old Surehand* sich beträchtlich von *Der Geist des Llano estacado*.
35 Lorenz Krapp: *Das sittliche Ideal bei Karl May.* In: KMJb 1933, S. 361-392.
36 Faksimilierte Wiedergabe bei Schmid: *Old Surehand I* [Anm. 7], S. N11.
37 Walther Ilmer: *Karl May – Mensch und Schriftsteller. Tragik und Triumph.* Husum 1992, S. 125-133.
38 Claus Roxin: *„Dr. Karl May, genannt Old Shatterhand". Zum Bild Karl Mays in der Epoche seiner späten Reiseerzählungen.* In: JbKMG 1974, S. 15-74 (62).

Harald Fricke

Karl May und die literarische Romantik

> Erhebt sich als nächstes die Frage : handelt es sich hier um 1 episodisches, im Werk isoliert stehendes Fänomen? Oder trifft man dergleichen öfters an? Oder handelt es sich etwa gar um die Central-Heizung des Ganzen?
>
> Arno Schmidt: *Sitara*

Die akademische Literaturwissenschaft steht in Sachen May bislang sehr in der Schuld der Karl-May-Gesellschaft: fast alle Forschungsansätze und -ergebnisse, auf die man sich etwa in germanistischen Seminaren über Karl May stützen konnte, sind bisher aus den Reihen der KMG in die Universitäten gelangt. Ich denke, es wird Zeit, daß sich die akademische Philologie wenigstens ein bißchen revanchiert.

Gelegenheit zu einem Schritt in dieser Richtung bot sich mir nun kürzlich in Gestalt der Aufforderung, für einen Sammelband über *Erzählgattungen der Trivialliteratur* einen Beitrag zur Gattung ‚Abenteuerroman' am Beispiel Karl Mays zu schreiben. Das habe ich dann zwar auch getan – aber ausdrücklich mit dem Ziel, meine *Zweifel* an einer so eindeutigen Zuordnung Mays zum Abenteuerroman zu äußern.[1] Und diese Zweifel möchte ich auch in meinen folgenden Ausführungen vorbringen.

Daß Karl May Abenteuerromane geschrieben hat, scheint freilich ganz selbstverständlich zu sein; und es wird auch nicht ernsthaft in Zweifel gezogen in den drei Büchern von Volker Klotz, Helmut Schmiedt und Friedhelm Munzel, die in jüngster Zeit zum Thema erschienen sind. Der kritische Punkt ist hier natürlich terminologischer Art: was genau ist eigentlich unter einem ‚Abenteuerroman' zu verstehen? Munzel begnügt sich in seiner Begriffserläuterung mit verschwommenen Gemeinplätzen wie ‚unerwartetes Ereignis, gewagte Unternehmung'; ‚Ungewöhnliches, Faszinierendes, Ungewisses, ja Gefährliches', „menschliche Erlebenshöhepunkte und Seinsqualitäten, d. h. [?] spannungsreiches Geschehen und heldische Attribute" sowie „dynamische Handlung [...] durch dialektische Vorgänge".[2] Das mag ja alles auf Abenteuerromane zutreffen, aber es trifft eben auch auf eine Menge andersartiger Literatur zu. Schmiedts Studie, deren Vorzüge und deren grundlegende Bedeutung für die May-Forschung mir gerade in ihrer unerschütterlichen Solidität, in ihrem allerorten bewiesenen Augenmaß zu liegen scheinen, zieht sich in dieser Frage zwar korrekt, aber allzu einfach aus der Affäre: Schmiedt legt nur fest, *welche* von Mays Werken er als Abenteuerromane bezeichnen will, aber nicht, in welchem *Sinne* er dies tut.[3] Hier wird also, logisch gesprochen, der Begriff ‚Abenteuerroman' nur extensional und nicht intensional definiert.

Zum intensionalen Gehalt des Begriffs gibt hingegen Klotz in seinem explizit *Abenteuer-Romane* titulierten Buch vielfältige und wichtige Hinweise: Charisma des Helden, Unabsehbarkeit lebensgefährlicher Ereignisse, Polarität von Heimat und Fremde, Typisierung von Widersachern und Anhängern, sinnfällige Handgreiflichkeit allen Geschehens.[4] Etwas fachinterne Nörgelei kann ich freilich auch einem so großartigen Buch nicht ganz ersparen: als Abgrenzungskriterium sind mir die Ausführungen von Klotz noch nicht genau genug. Mit Hilfe einer wirklich trennscharfen Definition müßte man zeigen können, wieso z. B. die *Odyssee* ein Abenteuerroman ist (versteht sich: in epischen Hexametern) und die *Ilias* nicht – oder inwiefern nicht *Tom Sawyer*, sondern nur *Huckleberry Finn* das Schema des Abenteuerromans spielerisch aufnimmt (während Mark Twain mit *Tom Sawyer* andere Gattungen wie Entwicklungsroman und ‚gothic novel' parodiert). Für den Zweck dieser Abgrenzung bedarf es aber neben den von Klotz vornehmlich angeführten *thematischen* Merkmalen (was für Ereignisse werden erzählt?) auch bestimmter *struktureller* Merkmale (wie werden diese Ereignisse dem Leser vermittelt?).

Für das wichtigste solcher Merkmale der ästhetischen Organisation beim Abenteuerroman halte ich nun die *Kettenstruktur* des dargestellten Geschehens. Hauptcharakteristikum der Gattung ist jene das ganze Werk durchziehende *Aneinanderreihung* gefahrvoller Ereignisse, die ich in Anlehnung an den mittelalterlichen Ausdruck als ‚Aventiure-Kette' bezeichnen will. Von der *Odyssee* über die meisten Artus-Epen und die Amadis-Romane bis zu Burroughs Tarzan-Bänden bleibt das Grundschema immer gleich: ein einzelner, gelegentlich von (ihm freilich kaum gleichrangigen) Gefährten begleiteter Held gerät in immer neue bedrohliche Situationen, von denen die Gattungsregel verlangt, daß sie wenigstens teilweise lebensgefährlich sein müssen und dabei doch jedenfalls von der Hauptperson glücklich überstanden werden.

Daß die einzelnen Glieder einer Aventiure-Kette tatsächlich nur lose *gereiht* und nicht tektonisch *verfugt* sind, läßt sich mit bestimmten Verschiebetests und Ersatzproben ziemlich einfach ermitteln: man kann nämlich ohne Schaden für die Gesamtstruktur jedes einzelne Abenteuer auch weglassen (z. B. überlesen), man kann es probeweise durch ein anderes ersetzen, und man kann vor allem die *Reihenfolge* der Aventiuren innerhalb einer Kette nahezu beliebig vertauschen. Um die Probe aufs Exempel zu machen, braucht man sich nur kurz einmal zu überlegen, ob man ohne Nachschlagen in der Lage ist, z. B. die Reihenfolge der einzelnen Irrfahrten des Odysseus oder der zwölf heroischen Arbeiten des Herakles anzugeben.

Im Gegensatz zur eher novellistischen, auf *einen* eng begrenzten Ereigniszusammenhang fixierten Struktur von Western-Heften ist also der Abenteuerroman durch eine mehrgliedrige Aventiure-Kette im genannten Sinne charakterisiert. Um dabei möglichst zahlreiche und verschiedenartige der stets von außen andringenden Abenteuer zu ermöglichen, findet das ganze in der Regel auf einer (freiwilligen oder erzwungenen) *Reise* statt: zu Fuß vom Peloponnes nach Athen (wie Theseus), auf gepanzertem Pferd durchs gefahrenträchtige Artusland (wie die Ritter der Tafelrunde), mit dem Flugzeug über Berge und Wüsten (wie die Helden Saint-Exupérys) oder mit den verschiedensten Fahrzeugen in 80 Tagen um die Erde (wie Phileas Fogg). Dominierend als abenteuerförderndes Fortbewegungsmittel ist aber von den Argonauten und Sindbad dem Seefahrer bis zu Herman Melville und Joseph Conrad das *Schiff*; das hängt mit der naheliegenden und historisch dauerhaften Affinität von exotischem Roman und Abenteuerroman zusammen, die sich in Herzog Ernsts orientalischen Erlebnissen vor Kreuzzugshintergrund ebenso verwirklicht wie in den Indianerromanen von Cooper, Ferry, Sealsfield, Gerstäcker und Möllhausen und wie noch in der Science Fiction der Gegenwart, die angesichts einer geographisch restlos erfaßten und für Abenteuer alter Schule kaum noch ergiebigen Erde ihre Abenteuer in ‚extraterrestrischer' Exotik stattfinden läßt.

Jedes einzelne Glied einer Aventiure-Kette hat dabei dieselbe typische Struktur: plötzliches Auftauchen einer Gefahr (Spannungsaufbau) – aktives Bekämpfen der Gefahr (Spannungshöhepunkt) – Überwinden der Gefahr (Entspannung). Die Quellen der tödlichen Gefahren lassen sich fast durchweg auf drei Grundmotive reduzieren: Naturgewalten, wilde Tiere und böse Feinde. Diese *Feinde* erscheinen zur Erhöhung des Wagnisses zumeist als äußerlich überlegen: durch Überzahl (dies ist die Standardsituation in der germanischen Heldenepik), durch Körpergröße und rohe Kraft (der Kyklop Polyphem ist nur der erste in einer langen Reihe gattungsspezifischer Riesen, und auch einäugige Bösewichte folgen ihm noch in erklecklicher Zahl), weiter durch körperliche Ausstattung (die mädchenräubernden Kranichmänner im *Herzog Ernst* etwa setzen außer ihren Waffen auch noch ihre tödlich zustoßenden Schnäbel ein), durch magische Kräfte (z. B. des Zauberers Arcalaus im *Amadis*) oder einfach durch überlegene Bewaffnung (etwa Parzival mit Spieß und Narrenkleid vor dem hochgerüsteten Ither – vielleicht die klarste all dieser Konstellationen von David und Goliath).

Mythische Übermacht ist auch beim Kampf mit wilden *Tieren* häufig im Spiel, von der neunköpfigen Hydra und den eisengefiederten Harpyen der Antike bis zu den mutierten Rieseninsekten, Monstern und Marsbewohnern in der Horror-Abteilung des Science-Fiction-Romans; und selbst in der Kategorie ‚realistischer' Abenteuergeschichten begegnet uns neben Coopers Bären, Kiplings Tigern und Jack Londons Wölfen ein geheimnisvoller weißer Wal, dessen anthropomorphe Individualisierung sich schon in dem sehr menschlichen Namen ‚Moby Dick' andeutet.

Dagegen ist in der literarhistorischen Entwicklung bedrohlicher *Naturgewalten* die Entmythologisierung der Abenteuerwelt deutlich abzulesen: hat Odysseus noch mit den widrigen Stürmen des Windgottes Aiolos persönlich und mit dem von Poseidon selbst vor Zorn aufgewühlten Meer zu kämpfen, und haben auch die Argonauten mit den zusammenschellenden Symplegaden und Herzog Ernst (wie schon Sindbad) mit dem Magnetberg *übernatürliche* Hindernisse zu überwinden, so reduziert sich das in der Neuzeit auf eine Unzahl ganz natürlicher Schiffbrüche (mit unvermeidlich folgender Robinsonade) sowie auf Erdbeben, Vulkanausbrüche, Wüstensand und Packeis (im 20. Jahrhundert besonders bei Hammond Innes). Im Science-Fiction-Roman schließlich werden diese Ereignisse dann vollends von den nach Art einer Naturkatastrophe eintretenden technischen Defekten abgelöst.

Aus dieser etwas anders akzentuierten Begriffsbestimmung des ‚Abenteuerromans' ergibt sich für mich nun eine gegenüber dem Buch von Klotz geradezu gegenläufige Zielsetzung: während Klotz zu zeigen versucht, daß bei aller aufschlußreichen Modifikation doch sogar Mays Kolportageromane wie *Der verlorene Sohn* noch Abenteuerromane sind, möchte ich Argumente dafür vorbringen, daß nicht einmal Mays *eigentliche* ‚Abenteuerromane' im Sinne Schmiedts, also die ‚Reiseerzählungen', noch zum klassischen Abenteuerroman gerechnet werden können, sondern eher bestimmten Traditionen der *romantischen* Literatur zuzuordnen sind. Als Beispiel wähle ich bewußt einen der scheinbar allbekanntesten Texte, nämlich den *Old Surehand*.

Es fällt nun zunächst nicht schwer, die charakterisierten Grundelemente des Abenteuerromans in der Fabel des *Surehand* wiederzufinden. Der *Held* ist ebenso da wie die vielgliedrige *Aventiure-Kette*: Old Shatterhand reist mit wechselnden Gefährten durch Wüsten und Berge Nordamerikas, kämpft gegen verschiedene Indianerstämme und weiße Schurken, besiegt zahlenmäßig weit überlegene Feinde durch List und bewaffnete Gegner allein durch seinen betäubenden Fausthieb. Dabei muß er nicht nur seine Gefährten zu wiederholten Malen aus der Gefangenschaft befreien, sondern wird auch selbst mit dem Gewehrkolben niedergeschlagen, gefangengenommen und mit dem Tode bedroht; akuter noch wird die Lebensgefahr durch drei Gewehr-Attentate auf den Helden, von denen er zweimal um Haaresbreite verschont bleibt und das dritte Mal nur am Bein verwundet wird. Auch an *Tierabenteuern* fehlt es nicht: Old Shatterhand zähmt wilde Indianerpferde und erlegt mit seiner Jagdgesellschaft vier Grizzlybären, darunter nur mit dem Messer einen uralten und riesigen „Koloß", den „König der grauen Bären", der sich als unglaublich zählebig erweist und dessen beinahe mythisches Wesen durch Namen wie „Vater Ephraim" und „sohlengängerischer Adonis" noch hervorgehoben wird (XIX 418f.). Dagegen sind die lebensbedrohenden *Naturgewalten* im Gegensatz zu anderen Werken Mays im *Surehand* relativ schwach vertreten; sie beschränken sich auf einen zu durchschwimmenden See und eine mörderische Wüste (den unvermeidlichen ‚Llano estacado'), auf einen Wirbelsturm in einer Binnenerzählung und auf tödlich herabstürzende Felsen am Schluß (in den beiden letzten Fällen allerdings handelt es sich, in jüdisch-christlicher Füllung des antiken Musters, nicht um blinde Naturkatastrophen, sondern um Werkzeuge Gottes, der dabei unverkennbar seine Hand im Spiele hat).

Die bösen *Feinde* hingegen sind hier besonders schlimme Exemplare; vor allem der ‚General' Dan Etters (dem zwar kein Auge fehlt, dafür aber zwei Zähne) scheint so ziemlich alle Paragraphen des Strafgesetzbuches übertreten zu haben, und sein Komplize Thibaut ist zwar kein *richtiger* Zauberer mehr, wird aber doch für einen „großen Zauberer gehalten" (XIX 103 sowie XIV 595), weil er als „Taschenspieler", „Juggler" und „Escamoteur" angeblich „nicht nur unvergleichlich, sondern geradezu unerreichbar" ist, dadurch bei den Weißen den Ehrentitel ‚the king of the conjurers' erhält und später zum seiner magischen Kräfte wegen gefürchteten Medizinmann der Comanchen wird (XIX 102-105). Dafür finden die Bösen dann aber auch ausnahmslos ihre gerechte Strafe: der ‚General' und der zu Old Shatterhands

Todfeinden übergelaufene Old Wabble durch eine Art unmittelbaren Gottesgerichts, Thibaut und der brutale Rowdy Toby Spencer durch förmliches Gottesurteil in einer Art von ‚Tjost', nämlich im rituellen Zweikampf mit Schmiedehämmern bzw. Gewehren.

Es kann also kein Zweifel bestehen, daß May die Gattungstradition des Abenteuerromans bis in Einzelheiten hinein aufgegriffen hat. Fraglich bleibt hingegen, ob dabei wirklich ein Abenteuerroman im klassischen Sinne herausgekommen ist. Erste Unterschiede zeigen sich schon, wenn man näher untersucht, wie und wodurch die einzelnen Abenteuer miteinander *verbunden* sind. Was im Abenteuerroman die Glieder zur Aventiure-Kette zusammenschließt, ist in der Regel das *Ziel* der Reise bzw. der Kampfserie: Odysseus will (wie später Robinson) in seine alte Heimat zurück, Äneas sucht eine neue Heimat; Jason muß das Goldene Vlies aus Kolchis holen, um sein königliches Erbe antreten zu können; der Artusritter will seine ritterliche Ehre (oder die der Tafelrunde) wiederherstellen und Phileas Fogg seine riskante Wette gewinnen; Michael Strogoff muß durch seine Nachricht nach Irkutsk das Zarenreich vor dem Untergang retten und die Zukunftshelden um Batman, Superman und Barbarella meist gleich die ganze Erde.

Fast immer ist dabei *Liebe* im Spiel, die als treibendes Moment die Fabel in Gang hält und für ihren Zusammenhalt sorgt: die trotz mancher erotischen Anfechtung treue eheliche Liebe des Odysseus zu Penelope; die erst glücklich geschlossene, bald aber kriselnde und schließlich durch Aventiuren wieder gefestigte Ehe von Erec und Enite wie von Iwein und Laudine; die unproblematische, doch abenteuerzeugende Liebe zwischen Amadis und Oriane oder zwischen Chingachgook und Wah-ta-Wah; die unglückliche Liebe der Dido zu Äneas und die zunächst glückliche Liebe Medeas zu Jason mit ihrem um so schrecklicheren Ende.

Bei Karl May liegen die Dinge anders. Zunächst einmal gibt es hier *keine* Liebesgeschichte (die Frage nach möglichen Gründen hierfür in der Person des Autors muß ich in diesem Zusammenhang beiseite lassen). Es gibt aber auch kein übergreifendes *Ziel*, das von vornherein feststünde und so die abenteuerliche Reiseroute bestimmte. An die Stelle von Liebe und Endziel tritt im *Old Surehand* (und fast immer bei Karl May) ein einheitstiftendes Moment anderer Art: ein dunkles *Rätsel* und seine allmähliche Lösung.

Denn jedes neue Abenteuer macht den Helden mit geheimnisumwitterten Personen oder Ereignissen bekannt, die auf irgendeine düstere Vergangenheit hindeuten und, so wird bald erkennbar, alle irgendwie miteinander in

Zusammenhang zu stehen scheinen. Zunächst lernt Old Shatterhand als Gefangenen der Comanchen den verschlossenen Westmann Old Surehand kennen, der auf der Suche nach irgendetwas Unbekanntem einsam durch den Wilden Westen streift. Bei der Befreiung seines alten Negerfreundes ‚Massa Bob' begegnet dem Helden die wahnsinnige Indianerin Tibo-wete-elen mit ihren mysteriösen Fragen nach ihrem ‚Wawa Derrick' und einem ‚myrtle-wreath'. Ihr Sohn, der edle Comanchenhäuptling Apanatschka, begegnet Shatterhand dann im Llano estacado und sieht seinem Zweikampfgegner Old Surehand merkwürdig ähnlich. Sein Vater Tibo-taka, Medizinmann der Comanchen und ein verdächtig auskunftscheuer, dunkler Ehrenmann, gehört zu den Indianern, die den Oasensiedler Bloody-Fox überfallen wollen und dabei von dessen Freunden Winnetou und Old Shatterhand gefangengenommen werden. Deren unersetzliche Gewehre werden bald darauf von einem angeblichen ‚General' gestohlen, der ein zwielichtiges Interesse an Old Surehand hat und den von diesem lange gesuchten Dan Etters zu kennen scheint. Bei den fünfzig Hieben, die er als Strafe für den Gewehrdiebstahl erhält, gleitet dem ‚General' ein Ring mit mysteriöser Inschrift vom Finger. Der Bankier Wallace, bei dem der ‚General' einen gestohlenen Scheck einlöst, scheint in Old Surehands Geheimnis eingeweiht oder sogar verstrickt zu sein, gibt es aber nicht preis. Der Osagenhäuptling Schahko Matto, als Verbündeter des abtrünnigen Old Wabble gefangengenommen, hat eine alte Rechnung mit Tibo-taka und einem weißen Offizier, der teils dem unbekannten Dan Etters und teils dem vermeintlichen ‚General' ähnelt. Der Farmer Harbour, in dessen Haus Old Shatterhand beinahe erschossen wird, berichtet vom Verschwinden des christlichen Indianerpriesters Padre Diterico und seiner beiden Schwestern; in den Bergen hat er später das Felsengrab des Padre gefunden, auf dem die aus dem Ring des ‚Generals' bekannten Initialen ‚E. B.' wiederkehren und auf dem Harbour durch einen unsichtbaren Helfer vom Hungertode errettet wurde. In eben diesen Bergen begegnet den Abenteurern schließlich der geisterhafte, zwischen Mann und Frau, Alt und Jung, Rot und Weiß, zwischen Leben und Tod stehende Indianer Kolma Puschi, das letzte und größte unter allen diesen Rätseln.

Obwohl Old Shatterhand durch seine Kombinationsgabe allmählich immer mehr Licht ins Dunkel bringt, werden die mindestens dreizehn einzelnen Geheimnisse erst auf der 1857. von 1859 Seiten, mit den falschen Zähnen des beim letzten Abenteuer tödlich abgestürzten ‚Generals', endgültig und zusammenhängend aufgeklärt: der ‚General' selbst ist Dan Etters, der zusammen mit Thibaut (= Tibo-taka) Schahko Mattos Stamm beraubt, den Padre Diterico (= Wawa Derrick) ermordet und dessen Schwestern (Kolma Puschi und Tibo-wete-elen) unschuldig in Zuchthaus oder Wahnsinn gestürzt hat. Kolma Puschi (= Tehua = Emily Bender), der der Ring mit den Initialen ‚E. B.' gehört, die das Grab ihres Bruders angelegt und unsichtbar ihrem alten Freund Harbour das Leben gerettet hat, ist die Mutter der beiden unerkannt befreundeten Mestizenbrüder: Apanatschkas, der bei seiner Tante Tokbela (= Tibo-wete-elen = Ellen Thibaut) als Indianer aufwuchs, und Old Surehands, der von seinem Pflegevater Wallace, dem einstigen Gefängniswärter und Fluchthelfer seiner Mutter, als Weißer erzogen und zur Suche nach den Mördern seiner Angehörigen angehalten wurde.

So wird die vorwärtsgerichtete Abenteuerhandlung des Romans von der rückwärtsgewandten *Aufklärungshandlung* überlagert – und dadurch zugleich grundlegend verändert. Denn in der klassischen Aventiure-Kette steht jedes einzelne Abenteuer völlig für sich und hat seine „Motivation von hinten"[5], ist also isoliert auf das Ziel der Gesamthandlung und nicht auch auf die *anderen* Abenteuer bezogen. Bei Karl May dagegen hat jedes Abenteuer zugleich seinen genau fixierten (und deshalb nicht austauschbaren) zeitlichen und funktionalen Wert für die fortschreitende Aufklärung des Rätselkomplexes: jedes Abenteuer bringt neue Geheimnisse hervor und damit neue Schlüssel zur Lösung – und jedes dieser Indizien wiederum beeinflußt über kurz oder lang den weiteren Verlauf der Aventiure-Kette.

Die lineare Handlungsstruktur des reinen Abenteuerromans wird also in eine stufenartig aufsteigende umgeformt – und mehr noch: das der Aufklärungshandlung zugrundeliegende Prinzip von Rätsel und Lösung erfaßt bei Karl May sogar die Abenteuerhandlung selbst und wandelt sie durchgreifend um. Denn das eigentliche Ziel aller Abenteuerliteratur, die ausführliche und mitreißende Schilderung gefährlicher Situationen und spannender Kampfhandlungen (im Sinne filmischer ‚action'), kommt im *Surehand* kaum noch vor. Muß Old Shatterhand wider Willen doch einmal Gewalt anwenden, so tut er dies in der Regel äußerst human mit Hilfe seines schmerzlos betäubenden Jagdhiebes. Meist aber kommt es gar nicht dazu: die Methode des rationalen Kombinierens beherrscht nämlich nicht nur die Ebene der Geheimnisaufdeckung durch nachträgliche *Rekonstruktion* des vor langer Zeit Geschehenen, sondern auch die Ebene des Abenteuers durch *Voraussicht* der kommenden Ereignisse: die Feinde werden nicht durch überlegene Kampfkraft niedergerungen, sondern immer wieder belauscht, in eine Falle gelockt, umzingelt, argumentativ zur Kapitulation gebracht und gefangengenommen – kurz: sie werden mit *geistigen* Mitteln besiegt, nämlich durch richtige Hypothesen über die erwartbaren Handlungen des Gegners aufgrund sorgfältig gesammelter und durchdachter Indizien. Deshalb dienen die zahllosen Fälle von Spurenlesen, von Anschleichen und Belauschen auch nicht einer vermeintlichen Handlungsspannung, sondern der vom Autor wohldosierten Informationsvermittlung für den am intellektuellen Spiel beteiligten Leser.

Daß das genannte Prinzip von Rätsel und Lösung Karl Mays Erzählweise vom Gesamtverlauf bis in die narrativen Mikrostrukturen hinein bestimmt, läßt sich schon an den ersten fünf Textseiten des *Surehand* demonstrieren. Old Shatterhand will sich mit Winnetou treffen, aber am verabredeten Ort „war weder Winnetou noch eine Spur von ihm zu sehen" (XIV 2). Dieser Umstand, bei dem pedantischen Apachen zunächst ein Rätsel, löst Überlegungen aus, die in der Vermutung enden: gewiß war Winnetou schon da und hat ein Zeichen hinterlassen – „und richtig!" (3) Winnetous Nachricht steckt im Baum und ruft Shatterhand zu Bloody-Fox. Auf dem Ritt dorthin entdeckt er Pferdespuren – und zu seiner „Verwunderung, daß die Pferde beschlagen gewesen waren; die Reiter hatten also nicht der roten Rasse angehört. Wer waren sie, und was wollten sie hier?" (5) Die Auflösung dieses Rätsels läßt nur zwei Zeilen auf sich warten: „Ich betrachtete die Stelle genau und erkannte zur linken Seite seiner Fußspuren mehrere kurze, messerrückenschmale Einritzungen. Wovon? Hatte dieser Reiter einen Säbel getragen? Dann hatte ich Soldaten, Kavalleristen, vor mir. War etwa Militär gegen die Comantschen ausgerückt, um sie für die erwähnten Raubzüge zu züchtigen? Auf die Beantwortung dieser Frage höchst gespannt" (5f.) – nun, wirklich gespannt ist wohl nur noch Old Shatterhand; der *Leser* hingegen weiß ja schon von den fünf vorigen Buchseiten her, daß er sich auf die genialische Kombinationsgabe des Erzähler-Helden verlassen kann.

Dieses Modell des syntaktischen Schemas von Frage und Antwort und des semantischen Schemas von Rätsel und Lösung bestimmt dann beinahe Seite für Seite den gesamten Roman – und zwar nicht nur in den (meist als erinnerter innerer Monolog vorgetragenen) Erzählermitteilungen, sondern ebenso in den quantitativ weit überwiegenden (und meist als Frage-und-Antwort-Spiel ablaufenden) Dialogen. So wird aus dem *äußerlich* handelnden Abenteuer der *innere* Vorgang der Erkenntnis von Verborgenem. Selbst wilde Tiere und Naturgewalten, die physisch elementarsten Gefahrenquellen des Abenteuerromans, werden bei Karl May eher zu Denksportaufgaben:

indianische Mustangs überlistet Old Shatterhand durch Verkleidung und Kräuterduft, Bären lockt er unter raffiniert abgezirkelten Maßnahmen in den tödlichen Hinterhalt, und die Schrecken der Wüste nutzt er durch genaue Ortskenntnis im Kampf gegen menschliche Feinde sogar noch zu seinen Gunsten aus. Die Botschaft dieser Erzählweise kann bei einem Kind des frühpositivistischen Zeitalters nicht überraschen: die Welt ist erkennbar, und Wissen ist Macht.

Die These liegt nahe, May habe hier statt eines Abenteuerromans einen *Detektivroman* geschrieben. Und in der Tat ist es frappierend zu sehen, wie sehr auf den *Surehand* paßt, was Zdenko Škreb als das Grundschema des Detektivromans ermittelt hat: „Ein rätselhaftes Ereignis, das teils tiefe Besorgnis, teils würgende Angst, zumeist aber lähmendes Grauen auslöst, wird durch die den Durchschnitt weit überragende Denktätigkeit eines häufig als Sonderling geschilderten Menschen, der zumeist Detektiv ist, völlig aufgeklärt, worauf die Betroffenen von Besorgnis, Angst, Grauen erlöst und befreit werden."[6] Über den unverkennbaren Analogien darf man freilich die Unterschiede nicht übersehen: die Aufdeckungsleistung des Kriminalromans ist rein technisch, nicht moralisch; der Detektiv sucht den Verbrecher, nicht die Schuld. Die Rätsel des *Surehand* sind dagegen von anderer Art: die Täter nämlich sind zumindest den Betroffenen längst bekannt – aber erst Old Shatterhand entdeckt verborgene Identitäten, enthüllt geheime Schuld wie Unschuld und ermöglicht so die Restitution der familiären wie der rechtlichen Ordnung.

Karl May wird hier also nicht zum Mitbegründer des etwa gleichzeitig entstehenden Detektivromans, sondern zum Erben älterer Traditionen: zum einen des *analytischen Dramas* vom *König Ödipus* über den für May so bedeutsamen *Nathan den Weisen*[7] bis zum *Käthchen von Heilbronn*, zum andern des ‚gothic novel' der englischen und des Geheimnisromans der deutschen Romantik – Goethes (von den Romantikern in Haßliebe der eigenen Richtung zugerechneter) *Wilhelm Meister*, Brentanos *Godwi*, Jean Pauls *Titan*, Novalis' *Ofterdingen*, viele Erzählwerke Eichendorffs und E.T.A. Hoffmanns samt ihren ungezählten Nachfolgern im trivialen Schauerroman. Denn etwas unscharf sind der *König Ödipus* durch Ernst Bloch[8] und *Das Fräulein von Scuderi* durch Richard Alewyn[9] zu direkten Vorläufern des modernen Detektivromans erklärt worden: besser sollte man mit Dietrich Weber[10] von einem allgemeinen Typus der „analytischen Erzählung" sprechen, für den der Detektivroman *ein* Spezialfall ist, ein anderer Spezialfall aber der Schauerroman mit der ähnlich auch bei Karl May ermittelten Art der Geheimnisenthüllung. Zu beachten ist dabei, daß es sich bei dieser analytischen Struktur um ein Merkmal der erzählerischen Darbietung und nicht der erzählten Handlung handelt; auch Ferrys *Waldläufer* z. B. enthält ähnliche Geheimnisse, aber hier wird nicht analytisch, sondern im wesentlichen chronologisch erzählt und die Identität der Personen bereits im ersten Viertel des Romans aufgedeckt.

So wäre der *Old Surehand* also das Resultat einer Gattungsmischung von Abenteuerroman und analytischer Erzählung? Nicht nur dies: es handelt sich um ein Konglomerat aus einer ganzen *Reihe* tradierter literarischer Gattungen. Neben Abenteuerroman und analytischer Erzählung (oder meinetwegen Detektivroman) wären hier wenigstens noch zu nennen: Bekehrungsgeschichte, ‚Geographische Predigt' (s. u.), allegorische Erzählung und Humoreske. Die auffälligste dieser synkretistisch verbundenen Gattungsebenen ist sicherlich die der Bekehrungsgeschichte. Religiöse Streitgespräche durchziehen den gesamten Roman und bereiten so die am Ende stehenden Bekehrungen des zynischen Gotteslästerers Old Wabble und des Gottsuchers Old Surehand vor. Über den religiösen Inhalt dieses Handlungselements hat der Literaturwissenschaftler nicht zu urteilen; ihm obliegt allein die Feststellung, daß May hier nicht nur das für sein Leben und Schaffen so zentrale Motiv des ‚Verlorenen Sohns' ausdrücklich[11] wie in der Gesamtstruktur aufnimmt, sondern daß die an Old Wabble vollzogene Läuterung gerade eines besonders hartnäckigen Sünders und Christenfeindes – mit einem pietistischen Buchtitel zu reden: die *Wunderbare Umwandlung eines Greises durch plötzliche Bekehrung*[12] – genau dem Gattungsschema folgt, das nach dem Vorbild der sprichwörtlichen Wandlung des Saulus zu Paulus und der Legenden um Kaiser Konstantin oder Gregorius zahllose pietistische Traktate und Beispielerzählungen bestimmte und mit dem Karl May nachweislich aus seiner Jugendzeit bestens vertraut war.[13]

Nicht nur, aber doch *auch* von dieser zeitgenössischen Traktätchen-Literatur beeinflußt ist ein anderes Element der Mayschen Gattungsmischung, das ich mit seinem eigenen Ausdruck als *Geographische Predigt* bezeichnen will. Unter diesem Titel hatte der junge Redakteur May 1875/76 eine Reihe erbaulicher, aus Faktenwissen, Literatur und Christentum zusammengesetzter Aufsätze veröffentlicht: *Himmel und Erde, Land und Wasser, Berg und Thal, Wald und Feld, Mensch und Thier, Strom und Straße, Stadt und Land, Haus und Hof*.[14] Die Tradition solcher frei assoziierenden

Betrachtungen von Kosmos, Landschaft, Pflanzen- und Tierwelt als Spiegelungen menschlicher Lebensverhältnisse ist natürlich viel älter und hat von den *Bucolica* und *Georgien* Vergils über die großen lehrhaften Naturgedichte des englischen 18. Jahrhunderts bis zu den ausladenden Landschaftsmetaphern Celans ihren Platz vor allem in der *lyrischen* Dichtung gehabt. May fügt nun auch in den *Surehand* wiederholt derartige ‚Geographische Predigten' ein, für die sich häufig Titel ganz nach seinem eigenen Muster anbieten: ‚Wüste und Straße' (XIV 149), ‚Wüste und Weltall' (396-398), ‚Meer und Prärie' (XV 115-118), ‚Weiße und Wilde' (XIX 1-4), ‚Himmel und Erde' (44f.), ‚Berg und Tal' (339-341), ‚Engel und Mensch' (150-157), ‚Mensch und Tier' (427f.).

Nach dem Modell seiner eigenen Frühschriften dieses Typs führt May dabei einen der Homilie zugrundeliegenden biblischen Text entweder wörtlich an (in der ‚Berg-und-Tal'-Predigt übernimmt er in XIX 341 sogar haargenau das Motto seines frühen Aufsatzes mit diesem Titel: Psalm 121,1[15]), oder die entsprechende Bibelstelle läßt sich leicht erschließen: wenn etwa in der ‚Mensch-und-Tier'-Predigt die „Büffelleichenfelder" und die „halb vermoderten Schädel" verstorbener Westmänner als Mahnmale irdischer Vergänglichkeit zusammengestellt werden (XIX 427f.), dann ist dies unverkennbar angelehnt an *Prediger Salomo* 3,19: „Denn es gehet dem Menschen wie dem Vieh: wie dies stirbt, so stirbt er auch." May hat diesen erzählerischen Rückgriff auf die frühen *Geographischen Predigten* später sogar programmatisch erklärt: „Schon der Titel besagt, was ich damals wollte und auch heute noch will: Geographie und Predigten! Kenntnis der Erde und ihrer Bewohner und Aufschau nach einer lichteren Welt! Dieser Anfang meiner literarischen Laufbahn bildet die Grundlage für meinen späteren Werdegang; die ‚Geographischen Predigten' enthalten die Leitgedanken zu meinen sämtlichen Werken, die ich in der Folge treulich beibehalten habe."[16]

In dieser Äußerung Mays ist zugleich schon die Möglichkeit angedeutet, Werke wie den *Old Surehand* auch *im ganzen* gleichsam als eine große ‚Geographische Predigt', nämlich als eine epische Allegorie aufzufassen. Gegen Ende seines Lebens hat May diese Selbstinterpretation mit Nachdruck vertreten: „Also alle meine Reiseerzählungen, die ich zu schreiben beabsichtigte, sollten bildlich, sollten symbolisch sein. Sie sollten Etwas sagen, was nicht auf der Oberfläche lag", nämlich: „Aus der Tiefe zur Höhe, aus Ardistan nach Dschinnistan, vom niedern Sinnenmenschen zum Edelmenschen empor. Wie das geschehen müsse, wollte ich an zwei Beispielen zeigen, an einem orientalischen und an einem amerikanischen." [17]

Natürlich ist dies eine mit Vorsicht zu betrachtende nachträgliche Selbststilisierung, die May aus dem Blickwinkel seiner eindeutig allegorischen Spätwerke vornimmt. Aber während etwa Volker Klotz Mays ethisches Programm bis ins Alterswerk hinein „mehr als dramaturgische Funktion, denn als ‚Botschaft'" interpretiert[18], muß man bei genauer Betrachtung des *Old Surehand* doch immerhin soviel konzedieren, daß die wesentlichen Handlungsstrukturen und Personenbeziehungen eine allegorische Deutung in Mays Sinne überraschend gut aushalten: wie viele andere und besonders die letzten Romane zeichnet auch der in der *Wüste* beginnende und auf *Berggipfeln* endende *Surehand* den Weg vom Tiefland ins Hochland, aus rätselvoller Verwirrung zur Klarheit, vom atheistischen Dunkel ins Licht des Christentums.

Aufgrund der bisherigen Darlegungen müßte jemand, der Karl May nicht aufgrund eigener Lektüre kennt, unvermeidlich annehmen, es handle sich da um eine durchweg todernste Angelegenheit. Jeder May-Leser aber weiß, daß davon keine Rede sein kann: gerade Mays Reiseerzählungen sind über weite Strecken durch komische Elemente, durch Gattungsmerkmale der *Humoreske* bestimmt. Das Spektrum des Komischen reicht dabei von sächsischer Typenklamotte à la Hobble-Frank und Tante Droll über solche zwar derben, aber in ihrer Skurrilität entwaffnend gelungenen Karikaturen eines Sir David Lindsay oder eines Doktor Morgenstern (mit seinem unbezahlbar trockenen, proletarischen Sancho-Pansa-Ersatz Fritze Kiesewetter) bis hin zur gelegentlich nachgerade subtilen rhetorischen Komik der Religionsgespräche zwischen Kara Ben Nemsi und Hadschi Halef Omar. Im allgemeinen gilt dabei übrigens die alte literarische Ständeklausel: während auf der heroischen Ebene fast nur Häuptlinge, Scheiks und Stammesfürsten vorkommen (und selbst die Schurken noch als ‚General' oder als ‚king of the conjurers' firmieren), gehört das komische Personal in der Regel den niederen Rängen an (etwa als Diener oder als hierarchisch untergeordneter Reisegefährte). Die große Ausnahme ist hier der Hauptheld selbst: Old Shatterhand bewegt sich souverän auf beiden Ebenen. Im *Surehand* etwa ist er Blutsbruder Winnetous und Seelengefährte Old Surehands ebenso wie kräftig mitwitzelnder Freund der humoristischen Figuren Dick Hammerdull, Pitt Holbers und Massa Bob – wie er ja auch selbst seine gefährlichsten Abenteuer immer wieder durch komische Verstellungen nach Art des Schelmenromans besteht. In Old Shatterhand haben also nicht nur die heroischen, sondern auch die picaresken Abenteuerhelden einen Nachfolger gefunden.

In all den genannten literarischen Gattungen hat sich Karl May auch einzeln erprobt, vor allem in seinen frühen Texten.[19] Wie gelingt es ihm nun, im *Surehand* so viele und vor allem so verschiedenartige Genres wie Abenteuerroman und Geographische Predigt, Bekehrungsgeschichte und analytische Erzählung sowie Humoreske und Allegorie zu integrieren? Die erste Antwort muß lauten: durch Einbeziehung einer weiteren Gattung, nämlich der Autobiographie. Er gibt dies alles ganz unverfroren als reine Tatsachen aus dem Leben des Radebeuler Schriftstellers Karl Friedrich May aus; und die Autorität dieses erzählerisch raffiniert gestützten Wahrheitsanspruchs vermag selbst heterogenste Elemente zusammenzuhalten. Wenn irgendwo, dann liegt hier auch die eigentliche literarische Innovation Mays: aus so vielen traditionsreichen Einzelquellen sein heldischer Ich-Erzähler auch geschöpft sein mag – in dieser umfassenden Vereinigung von Autobiographischem und Phantastischem, Heroischem, Burleskem, von Rationalität und pietistischem Sentiment hat er eigentlich weder Vorgänger noch Nachfolger.

Hinzu kommt dabei ein zweites Integrationsmoment, das man zugleich wohl als das fundamentale Strukturprinzip des *Old Surehand* (und von Mays Werk überhaupt) ansehen kann: die Wiederholung und Spiegelung von Handlungselementen. Wenn trotz der radikalen Heterogenität der Bestandteile dennoch kein Element isoliert oder dysfunktional wirkt, so deswegen, weil jedes Element in vielfacher Abwandlung wiederholt und auf den verschiedenen Ebenen gespiegelt wird. Am deutlichsten wird das natürlich bei den immer wiederkehrenden Grundmotiven Mays: dem Anschleichen, Belauschen, Gefangennehmen und Befreien, der Erfüllung von Vorahnungen und dem Aufdecken von Fälschungen. Das Motiv der Fälschung etwa beherrscht nicht nur die Geheimnis-Ebene des Romans (Falschmünzerei, falsche Zähne, falscher Zauber, gefälschte Schuldbeweise, falsche Namen; schließlich Kolma Puschi als falscher Mann), sondern das Motiv kehrt auch auf der Abenteuer-Ebene wieder (als taktische Verstellung Shatterhands und als Hinterlist der Comanchen), und es wird auf der Ebene der Humoreske komisch imitiert (Old Shatterhand gibt sich aus purer Schalkhaftigkeit als Gräbersucher oder als taubstummer Schauspieler aus; Pitt und Dick parodieren mit ihrem vorgetäuschten Schatz, an dessen Stelle sie ein Spottgedicht vergraben, die lebensrettende Gold-List Winnetous). Wie die Fälschungen dürften auch die manisch wiederholten Gefangennahmen und

Befreiungen bei einem einst wegen Betrugsdelikten arrestierten Autor unter anderem[20] biographisch motiviert sein: wenn ich nichts übersehen habe, wird in den drei Bänden *Surehand* 32mal jemand gefangengenommen und 14mal durch List oder Gewalt wieder befreit (in den übrigen Fällen aus Milde freigelassen). Beinahe schon jenseits des Zählbaren bewegen sich das Anschleichen und das Belauschen, dessen Wiederholungsstruktur einmal sogar noch durch eine punktuelle Verdoppelung akzentuiert wird: zwei Parteien belauschen sich abwechselnd gegenseitig (XV 180).

Bei der mysteriösen Ähnlichkeit der Ereignisse auf Fenners und dann auf Harbours Farm wird der Wiederholungscharakter sogar ausdrücklich hervorgehoben: in beiden Fällen wird Old Shatterhand durchs Fenster beschossen und verfehlt, worauf dann noch ein Indianerüberfall folgt – genau wie dies angesichts der äußeren Ähnlichkeit der Farmen vom Helden befürchtet worden war (dessen warnendes Daimonion dem des Sokrates auffallend ähnlich ist). Dies hängt mit einem weiteren Grundzug des Romans zusammen, mit dem Eintreffen von Flüchen, Ahnungen und Prophezeiungen – einer festen Struktureigenschaft dieser fiktiven Welt, die sich in derselben Häufigkeit wie bei May höchstens noch im romantischen Schauerroman und in der italienischen Oper des 19. Jahrhunderts wiederfindet. Am markantesten zeigt sie sich im Geschick Old Wabbles, dessen Tod ihm nicht nur von seinem späteren Mörder, dem ‚General‘, zugeschworen (XIV 643), sondern auch von Shatterhand gleich dreimal in allen Einzelheiten prophezeit wird (XIV 404, XV 646f., XIX 193); und daß Winnetou zu Recht in Old Wabble schon früh einen „Sterbenden" ahnt (XIX 43), erweist sich bald in einer eindrucksvollen Reihe vorbotenhafter Leidensstationen: Old Wabble verliert im Feuer – gleichsam im Fegefeuer – sein langes weißes Haar (XIX 207), er bricht sich stürzend den Arm zwischen den gestohlenen Gewehren Old Shatterhands und bleibt zuerst scheintot liegen (259f.), sieht durch das Wundfieber bald darauf wie ein „Gerippe" samt „Totenkopf" aus (475), bevor er dann wirklich einen qualvollen, aber: seelenrettenden Tod stirbt (488-500).

Doch auch kleinere Motive werden häufig wiederholt – etwa das der auffallenden Ähnlichkeit (noch über später aufgeklärte Familienbande hinaus): Tibo-wete-elen ähnelt Old Surehand (XIV 258), der wiederum Apanatschka (573); dieser sieht Winnetou ähnlich (539), der später von Old Shatterhand beinahe mit Kolma Puschi verwechselt wird (XIX 180), welche(r) wiederum ihn für seinen Vater Intschu tschuna hält (183); und sie alle haben mit ihrer schwarzen Mähne ihr Gegenbild in Old Wabble mit seinen ebenso langen, aber weißen Haaren, die einmal ausdrücklich mit Winnetou und Old Surehand verglichen werden (XIV 205).

Und durch dieses Prinzip der Wiederholung sind nun auch die zahlreichen *Binnenerzählungen* in den Roman integriert, die ich hier bisher noch ausgeklammert hatte. In den nach 1913 erschienenen zweibändigen Ausgaben des *Old Surehand* kommen freilich die 6 längsten dieser 14 Binnenerzählungen gar nicht mehr vor – nämlich all die Geschichten, die im originalen zweiten Band in Mutter Thicks Gasthaus erzählt werden. Da Karl May hier (wie auch sonst) einige seiner frühen Erzählungen in nur oberflächlich überarbeiteter Fassung noch einmal verwertet, könnte sich in diesem Fall die Verstümmelungsentscheidung des Karl-May-Verlages sogar einmal auf das Urteil Arno Schmidts und prominenter Autoren der Karl-May-Gesellschaft berufen.[21] Mit dem Hinweis auf die ökonomisch motivierte Wiederverwertung hat man sich offenbar der Prüfung enthoben gefühlt, *welche* der vielen in Frage kommenden Erzählungen May denn für den Kontext des *Surehand* ausgewählt und in welcher *Weise* er sie in die Handlung eingefügt hat.

Mays scheinbar ganz simples Vorgehen ist hier nämlich von großer Raffinesse: er legt seine alten Erzählungen verschiedenen Gästen bei Mutter Thick in den Mund und läßt sie dann inhaltlich, literarisch und vor allem ihrem Wahrheitsgehalt nach *kritisieren* – teils wechselseitig durch die Sprecher und Zuhörer, teils durch den inkognito lauschenden Old Shatterhand und teils durch Kommentare des Ich-Erzählers. Durch diese explizite Kritik schiebt May aber die Verantwortung für die Blutrünstigkeit der Geschehnisse, für manche literarische Schlampigkeit und für besonders grobe Unwahrscheinlichkeiten von sich weg – und läßt so zugleich die von ihm selbst erzählte Haupthandlung durch Kontrastwirkung im hellstmöglichen Licht erscheinen. Denn wer in der Lage ist, *andere* Wildwestgeschichten als bloße Aufschneiderei zu entlarven, gelegentlich auch gönnerhaft als der Wahrheit *ähnlich* zu bestätigen (z. B. XV 184) oder aber aufgrund besseren Wissens im Detail zu korrigieren, der bringt damit unmißverständlich einen nichtfiktionalen *Wahrheitsanspruch* ins Spiel und etabliert zugleich sich selbst als höchste Instanz der Tatsachenfeststellung. So wird selbst aus den Binnenerzählungen ein wichtiger Zug in Mays Strategie der Beglaubigung des Erzählten als autobiographischer Wahrheit.

Darüber hinaus hat May die Binnenerzählungen aber auch so ausgewählt, daß sie durch eine Vielzahl von Wiederholungen, von Spiegelungen und

Äquivalenzen mit der Haupthandlung verknüpft sind. Dieses Verfahren stammt nun nicht etwa, wie der *Große Karl May Bildband* argwöhnt, aus Sealsfields *Kajütenbuch*[12], sondern die Spiegelung einer Erzählung in ihren eigenen Binnenerzählungen ist ein epischer Kunstgriff besonders der deutschen Romantiker gewesen (etwa bei Tieck, Novalis, Jean Paul und E. T. A. Hoffmann).

Wegen der Vielzahl der Fabeln im zweiten *Surehand*-Band kann ich hier nur kurz die wichtigsten Übereinstimmungen mit den Personen, Motiven und Strukturen der Haupthandlung andeuten. Zunächst kommen in den Binnenerzählungen immer wieder auch die Helden der eigentlichen Romanhandlung vor: Shatterhand und Winnetou spielen überall eine Rolle, Old Surehand sowie Pitt und Dick jedenfalls gelegentlich; der Detektiv Treskow, mitbeteiligter Erzähler der Geschichte vom Schwarzen Kapitän und der Miss Admiral, ist auf dienstlicher Suche nach den Hauptschurken Etters und Thibaut, die in den Binnenerzählungen zwar nicht selbst vorkommen, aber dort eindeutige Stellvertreter besitzen. Denn dem mörderischen Taschenspieler und falschen Medizinmann Thibaut entspricht genau der Serienmörder Kanada-Bill, ein betrügerischer Arzt und Kartenkünstler; der von seiner dunklen Vergangenheit bedrohte Rollins hat genau wie Etters (alias Raller!) einst seinen Schwager aus Goldgier ermordet und findet schließlich wie jener am Ort der Tat seine tödliche Bestrafung durch Naturgewalten (gelenkt einmal von Gott, XIX 565, einmal vom ‚gerechten Manitou', XV 244) – von einem Baum zerquetscht wie Old Wabble, mit dem er auch die letzte Beichte und den gnädigen Tod teilt.

Hierher gehören auch zwei weitere eingeschobene Bekehrungsgeschichten: die in der Schutzengel-Predigt als Beispielerzählung angeführte Sinneswandlung eines agnostischen deutschen Gelehrten durch wunderbare Errettung beim Bergabsturz (XIX 152-155) und die sehr ad hoc eingefügte Episode mit dem Comanchen-Jüngling Schiba-bigk, den Shatterhand erfolgreich zu christlichem Denken erzieht. Der als Mann auftretenden und Männer niederschlagenden Miss Admiral entspricht in der Haupthandlung die androgyne Kolma Puschi, die den um ihre Gunst werbenden Häuptling Tusahga Saritsch wie Brunhild im *Nibelungenlied* beim Zweikampf besiegt (XIX 530f.) – und auf der komischen Ebene korrespondiert dem die Erörterung einer möglichen Geschlechtsumwandlung Pitts und seiner Heirat mit Dick. Ein ähnliches Satyrspiel erfährt auch das in Haupthandlung und Binnenerzählung mehrfach wiederholte Motiv familiärer Anagnorisis, wenn Pitt endlich seine langgesuchten Ziehbrüder Joel und Hosea Holbers wiederfindet – leider als moralisch verkommene Tramps, so daß er auch bei ihnen seinen lästigen Reichtum wieder nicht loswerden kann.

Vor allem aber wiederholen sich in den Binnenerzählungen die *Grundstrukturen* des ganzen Romans: alle Rätsel werden schließlich gelöst, Fälschungen werden entlarvt und verborgene Identitäten erwiesen, alte Schuld wird aufgedeckt und gesühnt; beim Zusammentreffen von Rot und Weiß erweisen sich nicht die feindlichen Indianer, sondern stets Weiße als die eigentlichen Schurken – wie in der Haupthandlung, so als explizites ‚fabula docet' aller Gasthauserzählungen: XV 116, 248, 250, 425; ähnlich dann XIX 3, 20, 109, 289 – und für die Helden der verschiedenen Erzählungen gehen selbst die gefährlichsten Abenteuer schließlich gut aus. Durch diese vorwegnehmende Spiegelung der Gesamtkonstruktion werden die Binnenerzählungen zu strukturellen Vorausdeutungen: sie halten die vorwärtsdrängende Haupthandlung als spannungs-stauende Elemente auf und geben zugleich doch dem Leser kleine Winke, wie es mit ihr weitergehen wird. Besonders deutlich wird dieses Moment an den drei Binnenerzählungen auf den ersten 45 Seiten des Romans, die entgegen Schmiedts Ansicht keineswegs „nur in sich spannend" sind[23], sondern die der kaum noch angelaufenen Haupthandlung als mikrokosmische Antizipation vorangestellt werden: das alte Rätsel des geheimnisvollen ‚Mistake Cañon' wird gelöst; das Schuldgefühl des von seiner dunklen Vergangenheit gequälten Josua Hawley, der dort einst irrtümlich einen Freund erschossen hatte, besänftigt Shatterhand als erfolgreicher Seelsorger durch seine Erzählung vom ähnlich schuldlosen Unglück eines alten Schieferdeckers, der seinen vom Schwindel gepackten Sohn vom Turm stürzen mußte, um der Familie wenigstens einen Ernährer zu retten; und diese beiden Aufdeckungsgeschichten erhalten sogleich ihre humoreske Kontrafaktur in Sam Parkers komischem Eingeständnis einer lange geheimgehaltenen Fälschung, seines (in Wahrheit nicht erjagten, sondern geschenkten) ersten Elks.

Es besteht also wenig Anlaß, die Binnenerzählungen aus dem Text des *Old Surehand* zu streichen; sie sind keine überflüssigen Einschiebsel oder ‚bloße' Wiederholungen, sondern tragendes Element der Gesamtkonstruktion. Denn erst durch vielfältige Spiegelung zwischen Rahmen- und Binnenhandlungen werden aus zufälligen Einzelereignissen *allgemeine* Wesenszüge einer fiktiven Wirklichkeit, die so erst ihren exemplarischen Charakter erhält und auf mehreren Gattungsebenen gleichzeitig zu verstehen ist.

Hier nun liegt für mich auch der entscheidende Grund, Karl May mit der literarischen Romantik in Verbindung zu bringen. An mehreren Stellen schon hatte ich ja angedeutet, wie May bestimmte Motive und Strukturen aus der romantischen Literatur übernimmt; vielleicht ist daraus bereits deutlich geworden, wie die Tradition des klassischen, auf äußere Aktion gegründeten Abenteuerromans bei Karl May nicht bloß *überlagert*, sondern geradezu *verdrängt* wird von der romantischen Tradition der Spiegelung von Innerem und Äußerem, der dunklen persönlichen Geheimnisse, der zentralen Frage nach der problematisch gewordenen Identität. „Nach Innen geht der geheimnißvolle Weg" – dieser fundamentale und vielzitierte Satz des Novalis[24] gilt nicht zum wenigsten für Karl May. Leicht ließen sich weitere Lieblingsmotive der Romantiker anführen, die May aufgegriffen hat: die vielen zärtlich-sentimentalen Jünglingsfreundschaften etwa, das Motiv des Verlorenen Sohns, des hellsichtigen Wahnsinns oder das von Jean Paul über E. T. A. Hoffmann bis Heine nahezu unvermeidliche Motiv des Doppelgängers.

Aber das sind Einzelheiten; viel wichtiger ist das gemeinsame Bauprinzip der Romane Mays und romantischer Dichtung, nämlich der strukturelle Grundzug der Mischung vielfältiger Gattungselemente und ihrer epischen Integration durch gegenseitige Spiegelung der verschiedenen Ebenen. Die Romantik nämlich bedeutete literarhistorisch das Ende der klaren dichterischen Formen, der unvermischten Gattungen. Leider muß ich in diesem begrenzten Rahmen darauf verzichten, an Beispielen vorzuführen, wie etwa in der romantischen Erzählkunst Episches und Lyrisches, Abhandlung und Aphorismus, Manierismus und Volkspoesie, ästhetische Theorie und Religion, Identitätsgrübelei und Ironie, Witz und Mysterium in artistischer Weise miteinander verquickt werden. Ich möchte es aber wenigstens ersatzweise plausibel machen mit Hilfe jenes Textes, der zu Recht als gedrängtes Manifest der poetologischen Theorie wie auch der literarischen Praxis der Romantiker berühmt geworden ist: Friedrich Schlegels *Athenäums*-Fragment 116 über die romantische Poesie. Ich bitte darum, bei dem im folgenden nahezu ungekürzt wiedergegebenen Text gleich darauf zu achten, wie sehr sich das hier Gesagte auf Karl Mays Reiseerzählungen beziehen läßt:

<small>Die romantische Poesie ist eine progressive Universalpoesie. Ihre Bestimmung ist nicht bloß, alle getrennte Gattungen der Poesie wieder zu vereinigen, und die Poesie mit der Philosophie und Rhetorik in Berührung zu setzen. Sie will, und soll auch Poesie und Prosa, Genialität und Kritik, Kunstpoesie und Naturpoesie bald mischen, bald verschmelzen, die Poesie lebendig und gesellig, und das Leben und die Gesellschaft poetisch machen, den Witz poetisieren, und die</small>

Formen der Kunst mit gediegnem Bildungsstoff jeder Art anfüllen und sättigen, und durch die Schwingungen des Humors beseelen. [...] Sie kann sich so in das Dargestellte verlieren, daß man glauben möchte, poetische Individuen jeder Art zu charakterisieren, sei ihr Eins und Alles; und doch gibt es noch keine Form, die so dazu gemacht wäre, den Geist des Autors vollständig auszudrücken: so daß manche Künstler, die nur auch einen Roman schreiben wollten, von ungefähr sich selbst dargestellt haben. Nur sie kann gleich dem Epos ein Spiegel der ganzen umgebenden Welt, ein Bild des Zeitalters werden. Und doch kann auch sie am meisten zwischen dem Dargestellten und dem Darstellenden, frei von allem realen und idealen Interesse auf den Flügeln der poetischen Reflexion in der Mitte schweben, diese Reflexion immer wieder potenzieren und wie in einer endlosen Reihe von Spiegeln vervielfachen. Sie ist der höchsten und der allseitigsten Bildung fähig; nicht bloß von innen heraus, sondern auch von außen hinein; indem sie jedem, was ein Ganzes in ihren Produkten sein soll, alle Teile ähnlich organisiert [...]. Sie allein ist unendlich, wie sie allein frei ist, und das als ihr erstes Gesetz anerkennt, daß die Willkür des Dichters kein Gesetz über sich leide.[25]

Es ist wohl offensichtlich, in welchem Maße sich diese Äußerungen Schlegels geradezu als Zusammenfassung meiner Strukturanalyse von Mays Reiseerzählungen anbieten. Hier *ist* der Roman, der die ‚getrennten Gattungen der Poesie wieder vereinigt' und sie (nämlich in den ‚Geographischen Predigten') ‚mit Philosophie und Rhetorik in Berührung setzt'; der voll von ‚gediegnem Bildungsstoff' einen ‚Spiegel der ganzen Welt und ein Bild des Zeitalters' mit ‚den Schwingungen des Humors beseelt'; der dabei ‚alle Teile ähnlich organisiert wie das Ganze', ständig ‚zwischen dem Dargestellten und dem Darstellenden schwebt' und dieses Prinzip ‚wie in einer endlosen Reihe von Spiegeln vervielfacht'. Und von welchem anderen Autor könnte man wohl mit solchem Recht sagen, daß er, obwohl ‚Individuen jeder Art charakterisierend', dabei doch in aller Weltbuntheit letztlich immer ‚nur sich selbst dargestellt hat'? Kurz: auch Mays Werk steht nicht weniger als irgendeine andere Dichtung unter dem ‚ersten Gesetz, daß die Willkür des Dichters kein Gesetz über sich leide'.

Bemerkenswert an diesem Befund ist nun vor allem dies: in der germanistischen Forschung besteht ein breiter Konsens darüber, daß den Romantikern selbst der großrahmige Roman, der ihre theoretischen Forderungen erfüllte, in der Praxis nie gelungen ist. Sie konnten ihn nur *beschreiben*, aber nicht *schreiben*; geschrieben hat ihn erst Karl May. Das spricht wohl dafür, daß es auch für Literaturwissenschaftler am Fall May noch einiges Grundsätzliche zu lernen gibt – und sei es nur dies: daß die idealisierten, scheinbar unerfüllbaren Postulate einer Dichtungstheorie zuweilen beinahe buchstäblich erfüllt werden können ausgerechnet in einem Genre, das häufig als ‚Trivialliteratur' bezeichnet wird.

Wenn es nicht die Wahrheit wäre, würde man dies wohl für einen Treppenwitz der Literaturgeschichte halten.

Anmerkungen

1 Abgedruckt unter dem Titel: *Wie trivial sind Wiederholungen? Probleme der Gattungszuordnung von Karl Mays Reiseerzählungen.* In: *Erzählgattungen der Trivialliteratur.* Hg. v. Zdenko Škreb u. Uwe Baur. Innsbruck 1984, S. 125-148. Die Ausführungen zur gattungstheoretischen Zuordnung Mays im folgenden Text meines Vortrags auf der Jahrestagung der Karl-May-Gesellschaft vom 26.10.1979 in Hannover übernehme ich in gekürzter und leicht modifizierter Fassung aus diesem Aufsatz.
2 Friedhelm Munzel: *Karl Mays Erfolgsroman „Das Waldröschen". Eine didaktische Untersuchung als Beitrag zur Trivialliteratur der Wilhelminischen Zeit und der Gegenwart.* Hildesheim, New York 1979, S. 247.
3 Helmut Schmiedt: *Karl May. Studien zu Leben, Werk und Wirkung eines Erfolgsschriftstellers.* Königstein/Ts. 1979, S. 5f.
4 Volker Klotz: *Abenteuer-Romane. Sue–Dumas–Ferry–Retcliffe–May–Verne.* München 1979, S. 14-18.
5 Zu diesem Terminus vgl. Clemens Lugowski: *Die Form der Individualität im Roman.* Neu hg. u. eingel. v. Heinz Schlaffer. Frankfurt/M. 1976, bes. S. 66-81.
6 Zdenko Škreb: *Die neue Gattung. Zur Geschichte und Poetik des Detektivromans.* In: *Der wohltemperierte Mord. Zur Theorie und Geschichte des Detektivromans.* Hg. v. Viktor Žmegač. Frankfurt/M. 1971, S. 35-95, hier S. 81.
7 Vgl. dazu Heinz Stolte: *Auf den Spuren Nathans des Weisen. Zur Rezeption der Toleranzidee Lessings bei Karl May.* In: JbKMG 1977, S. 17-57. Auffallend ähnlich bei May vor allem die Art der Anagnorisis und ihre Vorbereitung durch Namensentschlüsselungen, im Fall Lessing detailliert untersucht von Hendrik Birus: *Poetische Namengebung. Zur Bedeutung der Namen in Lessings „Nathan der Weise".* Göttingen 1978. Eine ähnlich gründliche Studie zur Namengebung Mays (besonders im Spätwerk) wäre sehr zu wünschen, freilich auch kaum weniger schwierig, weil hier neben den orientalischen Wörterbüchern (wie bei Lessing) auch noch die indianischen durchforscht werden müßten.
8 Ernst Bloch: *Philosophische Ansicht des Detektivromans.* In: *Der wohltemperierte Mord* [Anm. 6], S. 111-131.
9 Richard Alewyn: *Die Anfänge des Detektivromans.* In: *Der wohltemperierte Mord* [Anm. 6], S. 185-202.
10 Dietrich Weber: *Theorie der analytischen Erzählung.* München 1975.
11 „Ein verlorener Sohn kehrt jetzt zurück ins Vaterhaus", sagt Shatterhand in Anwesenheit der buchstäblich ‚verlorenen Söhne' Apanatschka und Old Surehand über Old Wabbles reuiges Sterben (XIX 498). Vgl. dazu allgemein Volker Klotz: *Woher, woran und wodurch rührt ‚Der verlorene Sohn'? Zur Konstruktion und Anziehungskraft von Karl Mays Elends-Roman.* In: JbKMG 1978, S. 87-110 (ähnlich jetzt auch in: *Abenteuer-Romane* [Anm. 4], S. 152-181).
12 Titel eines der Traktate aus der Beispielsammlung bei Rudolf Schenda: *Volk ohne Buch. Studien zur Sozialgeschichte der populären Lesestoffe 1770–1910.* Frankfurt/M. 1970, S. 319.
13 „Zu derselben Zeit öffnete mir auch der Herr Pastor seine Bibliothek [...], der mir zunächst alle seine Traktätchen zu lesen gab und hierzu dann allerlei Erweckungs-, Erbauungs- und Jugendschriften von Redenbacher und andern guten Menschen fügte." (Karl May: *Mein Leben und Streben.* Freiburg i. Br. 1910; Reprint, hg. v. Hainer Plaul. Hildes-

	heim, New York 1975, S. 70. Bei dem genannten Autor handelt es sich um den bayrischen Theologen und Volksschriftsteller Wilhelm Redenbacher [1800–1876]).
14	Karl May: *Geographische Predigten*. In: *Schacht und Hütte. Blätter zur Unterhaltung und Belehrung für Berg-, Hütten- und Maschinenarbeiter*. Hg. v. Karl May; Reprint Hildesheim, New York 1979.
15	„Ich hebe meine Augen auf zu den Bergen, von welchen mir Hülfe kommt." (In: ebd., S. 149).
16	Karl May: *„Ich"* (*Gesammelte Werke*, Bd. 34). Bamberg ²⁷1968, S. 201 (der zitierte Abschnitt ist laut Angabe des Karl-May-Verlags vom Herausgeber aus einem anderen Text Mays in die Bamberger Fassung der Autobiographie eingefügt worden).
17	May: *Mein Leben und Streben* [Anm. 13], S. 141 bzw. 143.
18	Volker Klotz: *Durch die Wüste und so weiter. Über Karl May*. In: *Akzente* 9 (1962), S. 356-383, hier S. 382. Freilich macht sich hier bemerkbar, daß selbst diese glänzende und auch für meine eigenen Analysen sehr fruchtbare Studie zu Mays Erzähltechnik stark beeinträchtigt wird durch die Berücksichtigung allein der vom Karl-May-Verlag bearbeiteten Textfassungen (zweibändiger *Old Surehand*, *Das Buschgespenst* als Potpourri aus dem sechsbändigen *Verlorenen Sohn* usw.). In den Originaltexten verlagern sich die Gewichte bei weitem nicht so eindeutig zum Abenteuerlichen hin.
19	So ist der *Old Firehand* von 1875 ein reiner Abenteuerroman, hier auch noch (im Gegensatz zur Umarbeitung des Textes für *Winnetou II*) mit der gattungsspezifisch obligaten Liebesgeschichte als Klammer der Aventiure-Kette. Als analytische Erzählungen wären etwa *Saiwa tjalem* (*Der Talisman* in *Auf fremden Pfaden*, XXIII) und, als detektivische Variante, *Aqua benedetta* zu nennen (in Bd. 71 der Bamberger Ausgabe). *Maria oder Fatima* und *Der Flucher* (= *Old Cursing-Dry*, als nach lebenslangem Fluchen betend sterbender Alter eine deutliche Parallelfigur zu Old Wabble) sind typische Bekehrungsgeschichten, wiewohl schon vor exotischer Kulisse (beide zuerst in ‚Marienkalendern', dann in *Auf fremden Pfaden*). Für den reinen Typus der allegorischen Erzählung wäre unter vielen Spätwerken etwa auf *Merhameh* zu verweisen; Humoresken hat May explizit unter dieser Gattungsbezeichnung eine ganze Reihe geschrieben, zu deren frühesten wohl *Die Fastnachtsnarren* gehören. Auf die zuerst gesondert erschienenen *Geographischen Predigten* habe ich bereits hingewiesen.
20	Daß das Motiv der Gefangenenbefreiung weit mehr ist als nur der individuelle Wunschtraum eines Zuchthäuslers, führt Gert Ueding literarhistorisch aus in: *Der Traum des Gefangenen. Geschichte und Geschichten im Werk Karl Mays*. In: JbKMG 1978, S. 60-86 (vgl. schon ders.: *Glanzvolles Elend. Versuch über Kitsch und Kolportage*. Frankfurt/M. 1973, S. 132ff.). Dies hat May auch selbst genau gesehen: „Da dämmerte in mir eine Erkenntnis auf. Sind nur die Bewohner der Strafanstalten detiniert? Ist nicht eigentlich jeder Mensch ein Gefangener? Stecken nicht Millionen von Menschen hinter Mauern, die man zwar nicht mit den Augen sieht, die aber doch nur allzu fühlbar vorhanden sind?" (May: *Mein Leben und Streben* [Anm. 13], S. 134).
21	Arno Schmidt: *Sitara und der Weg dorthin. Eine Studie über Wesen, Werk & Wirkung Karl Mays*. Neuausgabe Frankfurt/M. 1969, S. 123: „Bd. II stellt [...] eine einwandfreie, ziemlich freche ‚Notlösung' dar; [...] die ‚Notlösung' besteht darin daß die [Binnenerzählungen] sämtlich nichts mit SUREHAND oder auch nur miteinander zu tun haben, sondern einfach aus früheren Büchern herausgebrochen sind". So voreilig und ungenau dieses Verdikt auch ist, es wird doch nachgeplappert, und von überraschender Seite zumal: „Die offensichtliche Notlösung, für den zweiten Band ältere Erzählungen [...] mit einer Rahmenerzählung zu verbinden, mißlingt", heißt es in dem von der Karl-May-Gesellschaft initiierten (und im ganzen vorzüglich gemachten) *Großen Karl May Bildband* (*Karl May. Biographie in Dokumenten und Bildern*. Hg. v. Gerhard Klußmeier u. Hainer Plaul. Hildesheim, New York 1978, S. 139). Es ist aufschlußreich, daß Klußmeier (S. 279 als Verfasser der Stelle ausgewiesen), der doch Arno Schmidts *Sitara* in einer Publikation der

Karl-May-Gesellschaft als wissenschaftlich nicht ernst zu nehmen attackiert hat, nichtsdestoweniger aus diesem Buch als einer ungeprüften Autorität abschreibt (vgl. Heinz Stolte/Gerhard Klußmeier: *Arno Schmidt & Karl May. Eine notwendige Klarstellung.* Hamburg 1973). Auch Helmut Schmiedt erklärt die radikalen Eingriffe des Verlages in den *Surehand*-Text für „nicht so bedeutend" und gibt sich mit der wissenschaftlich unbrauchbaren zweibändigen Radebeuler Ausgabe zufrieden (Schmiedt: *Karl May* [Anm. 3], S. 4). Walther Ilmer gar gehen die Bamberger Textverstümmelungen im *Surehand* noch immer nicht weit genug, obwohl er sonst „die Meriten der May-Bearbeitungen stets anerkannt habe" (vgl. Walther Ilmer: *Sichere Hand auf wackligen Füßen: Old Surehand.* In: MKMG 29 [1976], S. 4-19, hier S. 4 sowie S. 12). Hier liegt wohl das Verdienst des Verlags allein im Verdienen.

22 Klußmeier/Plaul: *Karl May* [Anm. 21], S. 139.
23 Schmiedt: *Karl May* [Anm. 3], S. 196.
24 Novalis: *Schriften*, Bd. II: *Das philosophische Werk* I. Hg. v. Richard Samuel, Hans Joachim Mahl u. Gerhard Schulz. Stuttgart 1965, S. 418.
25 Kritische Friedrich-Schlegel-Ausgabe, Bd. II, 1. Abteilung. Hg. v. Hans Eichner. München 1967, S. 182f.

Jürgen Hahn

„an den sorgfältig ausgesuchten Orten"

‚Andeutungen über Landschaftsgärtnerei'
in Karl Mays Romantrilogie ‚Old Surehand'

*Ein Versuch über das allegorische Wesen
hortologischer „Raumbilder"*

I.

*‚Insel'- oder „die große Kunst, wenige Dinge so zu benutzen, daß sie viele
und ganz verschiedene **Bilder** geben."*[1]

> „Wir haben jetzt nur an das zu denken, was den Ort angeht, an welchem wir uns befinden" (XIV 330).

An welchem Ort befinden wir uns? Es ist „eine schöne Klaparya-Siyardestar", eine „grüne Insel", erläutert der Autor in der Fußnote, der klassische Topos des locus amoenus, „mit vielem, hellem Wasser, an welchem die herrlichsten Bäume, Sträucher und Blumen stehen", eine Insel „in der großen Wüste, welche von den Bleichgesichtern der Llano estacado genannt wird" (XIV 233). Dieses urromantische Inselmuster, eine prestigeträchtige Formel schon seit der Antike im Vokabular der Landschaftsallegorie, liefert die Keimzelle, aus der gleichsam durch Iteration die raumgreifende, abwechslungsreiche Topographie des *Surehand*-Romanes erwächst, in der – den nordamerikanischen Halbkontinent pars pro toto genommen – gleichfalls eine Verfolgung ‚rund um die Erde' mit dem Ziel einer Familienrekonstruktion abläuft. (Nicht von ungefähr spielt May im Novellen-Kranz des zweiten *Surehand*-Bandes mit Versatzstücken aus seinem ersten großen Kolportageroman.) ‚Iteration' zielt, hinsichtlich der Anlage von Schauplätzen dieses Romans, der Gestaltung ‚gärtnerischer Kabinette', auf des Autors „große Kunst [...], verhältnismäßig wenige Dinge so zu benutzen, daß sie viele und ganz verschiedene Bilder geben, welche nicht als dieselben Gegenstände wiedererkannt werden oder wenigstens einen ganz neuen, bisher nicht geahnten Effekt entfalten" (Pückler 72); „Effekt" der Raumsimulati-

127

on und -tarnung, dessen Wirkungsweise zu ‚entzaubern' Gegenstand der folgenden Betrachtung sein soll, die damit gerade jene ‚Bilder', die tarnend ‚anderes sagen', die Allegorien, besonders berücksichtigen muß.

Und das ist das Inventar, aus dem sich diese ‚Bilder', in der Terminologie Ernst Blochs „Raumbilder" (107), generieren: Wasser, Wüste, Prärie, Berge als Elemente des Raumes, den Bäume in verschiedenster Kombination strukturieren: vom Solitär der ‚Lebenseiche' zu Beginn, über das Ensemble der ‚hundert Bäume', die den vielen vom ‚Geist der Erzählung' für die Sicherung des ‚rechten Weges' rekrutierten Expeditionscorps bei ihrem Wüstenmarsch die (des)orientierenden Pfähle (quasi Hermaia) liefern, bis zum ‚Wald des Herzens', jenseits dessen am Ende die Restitution der verletzten Familien-, Staats-, Weltordnung gelingt: umgesetzt in eine Allegorie, die dafür den Topos Bethlehem aufbietet. Denn: „Euer Bethlehem liegt gar nicht weit von heut und hier; ich ahne es!" (XIV 410) wird dem Old Surehand von Old Shatterhand prophezeit, für den die ‚Insel' Bethlehem fraglos familiär konnotiert ist und wo im Park von San Louis – freilich patre absente – das Bild der heiligen Familie nachgestellt wird: „er sank mit ihr in die Knie nieder, hielt sie fest umschlungen und drückte seinen Kopf an ihre Wange" (XIX 521). So finden sich Mutter und Sohn wieder. Es kann dabei nicht entgehen, daß alle diese ‚Inseln' Initiationswege verbinden, sich die ganze Landschaft nach dem Muster eines Pücklerschen Parks erfindet: „Der Park soll nur den Charakter der freien Natur und der Landschaft haben, die Hand des Menschen also wenig darin sichtbar sein, und sich nur durch wohlunterhaltene Wege und zweckmäßig verteilte Gebäude bemerkbar machen" (Pückler 46f.). Was die Hand des Autors dann durchaus tut – man denke nur an die kalkulierte Verteilung von Homes und Farmen: Helmers' Home, Fenners und Harbours Farm, die von den Tramps heimgesuchte Schmiede und wie die Checkpoints der diversen Grenzübertritte alle heißen, die auch lieux de mémoire sind, an denen die Vergangenheit ausführlich erinnert und die damnatio memoriae schrittweise gelichtet wird, die über dem Schicksal des Old Surehand liegt („Fenner trieb uns von einer Erzählung zu der andern", XV 642, oder: „Es wurden Erlebnisse und Episoden erzählt, welche der geistreichste Schriftsteller sich nicht ersinnen könnte, denn das Leben ist und bleibt der phantasiereichste Litterat", XIX 125f. – wie überhaupt novellistische Addition in virtuoser Repetition und Reflexion das erzählerische Strukturprinzip dieser Trilogie bildet; doch das zu verfolgen muß einer anderen Untersuchung aufgespart bleiben).

Die Wege freilich dieses Parks, dem erzählenden Ich bestens vertraut, dienen weniger den Ausblicken in ‚Ahas' und ‚pleasure-grounds', die dem Fürsten Pückler vorgeschwebt haben mögen, als dem Vollzug von mysteriösen Passageriten. Die Insel im ‚blauen Wasser' exponiert mit dem Auftritt des Old Surehand dessen Geheimnis, auf der ‚Wasser'insel im Llano estacado werden wesentliche Weichen zu seiner Lösung gestellt, die in den ‚Wald'inseln des Parks von San Louis erfolgt. Der Baum fungiert dabei als Semaphor, als Orientierungshilfe, als ‚Leuchtturm' der ‚Inseln', die es anzusteuern gilt. Seine metonymische Funktion als Insel und die damit verbundene Hypothek der Konnotationen ist unübersehbar. Er staffiert die Erzählräume des Romans zu Parkszenerien, parzelliert die Landschaft zu clandestinen Séparées in einer symbolischen Intensität, deren Untersuchung einen Lehrgang in allegorischer ‚Hortologie' zu nennen, nicht nur eine Frage der Pointe bleibt. Dabei ist grundsätzlich die ganze Landschaft in dieser Erzählung Mays emblematisiert, d. h. figural konnotiert. Und diese Allegorien etablieren ein Zeichensystem: die Welt wird hier im Zeichen des Gartens und Parks gesehen als oft nur scheinbar labyrinthisches Arrangement von Piktogrammen, deren angemessene Lektüre und Deutung überlebenswichtig ist, um Sicherheit zu gewinnen in der Ausmarchung des Spielraumes zwischen den vertrauten und doch nicht verläßlichen Zeichen und der von ihnen bezeichneten ‚Wirklichkeit'. Das gilt etwa von der Zeichen setzenden (ideographischen) Funktion der schon erwähnten solitären Bäume, Orientierungspunkte dem Reisenden, der sie zu deuten weiß; so beim Eintritt in den ‚Garten' der Erzählung die „hervorstehende Eiche", die „die Ebene auszeichne[t] und [...] beschatte[t]" (Walpole 48), Trägerin des „Zeichens", das Winnetou Old Shatterhand „ganz gewiß [...] hinterlassen [hatte]" (XIV 2f.), so zu Beginn des Rittes in die Berge, wo „am Rande des Wäldchens ein Baum, welcher einen seiner Aeste weit vorstreckte", eine Lanze als „Zeichen" hat (XIX 9f.). Zweimal sind an entscheidender Stelle Bäume Träger von Semaphoren, deren Tarnung als Bestandteile dieser Bäume nur dem nicht entgeht, der es gelernt hat, dem Wirklichkeitsgehalt aller Zeichen grundsätzlich zu mißtrauen. – „ überhaupt ein staunenswertes Wunder, daß es Augen giebt, die auf eine Meile hin diese Lanze als Spieß erkennen können." – Sie lenken die Handlung entscheidend, und betreffs ihrer „versteht es sich ganz von selbst, daß wir die Bedeutung diese[r] Zeichen kennen lernen müssen" (XIX 10). So ist der *Surehand* eine Expedition ins Reich der Zeichen, kompatibel mit dem Reich des Traums, an den wir nicht nur glauben, als sei er eine zweite Realität, der vielmehr durch die Eigenschaft, uns „eine zweite reale Welt" hinter der Realität vorzuspiegeln, sich auch – wie Nietzsche meint – als „Ursprung aller Metaphysik" (27) erweist. In ihrem Bereich sind diese Gärten angesiedelt „als Allegorien auf die semiotische Kodifizierung und Textualisierung des ‚Anderen'„ (Milich 185). Der Autor tritt auf als Psychopompos und interpres einer metatextuellen Hortologie, in der – nach einem Wort Aby Warburgs – „der liebe Gott im Detail [steckt]". Das alles, die der Erzählung immanente Allegorisierung, erscheint streng ritualisiert – alles andere als eine abenteuerliche Performance. Denn natürlich weiß dieser Autor zu Beginn seiner Romane stets, was dabei herauskommt: Weltgeschichte im Format eines gnostischen ‚Disneyland' nach der Formel von Joyce: „Put allspace in a no(u)t-she(a)ll" – oder auch in die Blochsche ‚Eierschale'. Es ist ein Drama, das nach der Uraufführung keine Fragen mehr offen läßt: teleologisch überhöht/-dreht; so liest sich das ganze Werk, in dem eine ausgeklügelte onomastische Markierungstechnik, wie sie in ‚Hasental', ‚blaues Wasser', ‚Alte Frau', ‚Wald des Herzens' etc. den Raum in Piktogrammen erfaßt, den notorisch investigativen Bedürfnissen von Autor und Leser nachkommt, „die verborgene Menschenfährte zu entdecken" (XIV 610). Ein assoziativer Durchgang durch diese Figurationen wird im folgenden auch Methode der allegorischen Betrachtung sein.

Um gleich medias in res zu gehen, so sind zunächst die maritimen Begriffe auffallend, mit denen die Beschreibung der Landschaft und der ihr eingezeichneten Itinerare arbeitet, die den Schauplatz für unentwegte Passageriten[2], Szenen des Erwachsenwerdens, markieren. Sie bemächtigen sich metathetisch der silvanen wie ariden Topoi. Beide, (Kaktus-)Wald und (Sand-)Meer, liefern Szenarien der Gefährdung, gleichsam Geheimtüren in den panoramischen Tapeten, mit denen die Erzählräume ausgeschlagen sind. Sie drohen ebenso zu verschlingen, z. B. die unseligen Comanchen im Llano, wie aus ihnen heraus, aus der Tiefe eines supponierten, virtuellen Raumes, Spukgestalten unvermittelt auftreten: etwa die durchaus phantastische, mephistophelisch drapierte des ‚Generals'. Die maritime Metaphorik ist omnipräsent: Die Reisenden kreuzen „im grenzenlosen Grasmeere" der Prärien wie „Ahasver" (XIX 340) auf der Suche nach ihrem „Bethlehem" (XIV 410) – oder eindeutiger „Kanaan" (XIX 340) – gegen die Einsamkeit auf, treffen auf „eine sandige Bucht, die sich tief in den Kaktuswald hinein[zieht]" (XIV 550), können die Dragoner, die sie bei den ‚hundert Bäumen' warnen wollen, nicht sehen, weil sie „im Innern der Einbuchtung" lagern (440), reiten in die „Rolling-Prairie", die „einen Anblick [bietet], als ob ein ‚rollendes' Meer plötzlich mitten in der Bewegung erstarrt sei" (XV 638), und wohinein die grenzüberschreitende Schiffahrt auf dem Missouri mündet, die die zweite Partie des *Surehand*-Abenteuers eröffnet, welches durch „Ebenen" führt, „die oft so langweilig sind und doch den erhabenen Eindruck des Oceans machen" (XIX 339) –oder haben „in der Thalmulde rechts" in „eine[r] kleine[n], von Baumwipfeln überschattete[n] Bucht" (538) eine entscheidende Begegnung; „die Grenze zwischen dem Llano und der westlich von ihm liegenden grünen Ebene [...] bildete Aus- und Einbuchtungen [...]. Mit einer solchen kleinen Bucht hatte man es in Beziehung auf die ‚hundert Bäume' zu thun", deren „Gestalt eines Hufeisens" (XIV 415), Tribut an den Aberglauben, eine glückliche Fahrt durch das Sandmeer signalisieren soll (vgl. Becker 133). Reisen bedeutet hier offenbar ‚zur See fahren', die Prärie wird zum Meer, und dieses topographische Substitutionsverfahren läßt die zentrale Geschichte vom *Korsar* aus dem zweiten *Surehand*-Band, in der Westmänner zur See fahren und Seeleute es mit den Sioux-Ogellallah zu tun bekommen und in den Jagdgründen der Trapper „einen so miserablen Schiffbruch erlitten haben" (XV 488), im Lichte der allegorischen Interferenz subtiler Jagden schillern, die, einander reflektierend, ahnen lassen, „daß dieser gewaltige Jäger [Old Surehand] auch in seinem Innern jage – – nach der Wahrheit" (XIV 408). Navigare necesse est: und an entscheidender Stelle im Wüstengespräch mit Old Surehand, dieser großen Konfession des Autors, nutzt May den Ausspruch ganz im Sinne des Plutarch, der ihn dem Pompejus in den Mund legt, als allegorische Anweisung (*Pomp.* 50): „Mein inneres Leben ist fast nicht weniger ereignisvoll gewesen wie mein äußeres. Der Strom auch des Seelenlebens fließt nicht immer gleichmäßig zwischen seinen Ufern; er hat seine Wellen und Wogen, seine Klippen und Versandungen, seine Wassermängel und Ueberschwemmungen" (406). Er treibt mit der Landschaft sein Spiel, und der kluge Gärtner wird ihm dazu die Freiheit des Raumes belassen, der er zu seiner Entfaltung bedarf.

Als Station auf solcher Initiations- oder, wenn man will, Lebensreise gelangt folgerichtig der Topos der Insel zur prominenten Bedeutung, und der Roman in seinen dem Baedeker verpflichteten Sektoren bedient sich des Inselmusters in konkreter und übertragener Form, führt die Handlung von Eiland zu Eiland, vom Sas-kuan-kui zum Altschese-tschi und über die „grüne Wieseninsel" (601) im Llano estacado hinaus in den Archipel des Parks von San Louis, wo er sie im mythologischen Glanze jener elysäischen Inseln als Huldigung an die Mütter enden läßt, zu denen die verlorenen Söhne zurückfinden. Die Familienwiedervereinigung ist vaterlos. Über der Schlußszene des *Old Surehand* leuchtet das ‚Urlicht' des Matriarchats. Was die dramatis personae betrifft, so ist hier jedermann eine ‚Insel': angefangen mit Bloody-Fox, dem ‚Geist des Llano estacado', bis zu Kolma Puschi, dessen Aufgabe ihm gebietet, „allein zu sein" (XIX 518). Zuvorderst aber die Titelfigur, die glaubt, nie anderer „Hilfe nötig zu haben" (503), und die, in ihr Schicksal isoliert – wie sie es die ganze Handlung hindurch bleiben wird –, in der Mandorla des Mysteriösen auf einer Insel im mythischen, „kreisrunden" ‚blauen Wasser' zum erstenmal in Erscheinung tritt. Der Ort ihrer ‚Epiphanie' steht emblematisch für ihre Existenz: „Die Insel [...] lag als dunkle Stelle, über der ein hellerer Schein schwebte, drüben auf dem Wasser" (XIV 101). Old Surehand, der auf weiten Wanderungen (Schiffahrten) das Rätsel seines Schicksals, den dunklen Standort seiner Existenz zu erhellen sucht, wird Erleuchtung zuteil werden ‚von oben', und der, der sie ihm vermittelt, der ihn – in einer Operation ‚heiliger Christophorus' (vgl. 140) – zunächst von dort rettet, der dieser isoliert insularen Existenz auch späterhin Brücken zum sozialen Festland bauen wird, Old Shatterhand, naht sich ihm maskiert als eine Schilfinsel über das ‚blaue Wasser'. Die Farbsymbolik entbehrt nicht der Banalität, weil Überdeutlichkeit, wenn sich hier – wie mehrfach etwa in Trakls Lyrik belegt – Blau mit der Reinheit verbindet, einem Attribut der Engel: der Boten des Jenseits und der Erscheinungen des Beseelten, deren heller Schein über der Dunkelheit schwebt. Auch Bloody-Fox, diese in durchaus virtuoser Kontrapunktik des Romanaufbaus dem Old Surehand als Kontrastschicksal zugeordnete Figur, ist eine ‚Insel' und hat sich für eine „Insel in der Wüste" (238) als Lebensraum entschieden. Jede Insel hat offenbar ihr spezifisches Phlogiston, das auch hier die antithetische Konjunktion von Insel im ‚blauen Wasser' und Wasserinsel im Wüstenmeer illustriert. Über der ‚Insel', die „als dunkle Stelle" Gefängnis auch im allegorischen Sinne des *Old Surehand* ist, schwebt „ein hellerer Schein". Über der Wasser‚insel', jenem Symbol der Autonomie, der konstruktiven Auseinandersetzung mit seinem Schicksal, die dem Bloody-Fox zur ‚Freiheit' verholfen hat, „[wirft] die Sonne leuchtende Brillantblitze" (325). Diese Beleuchtungsregie ist weniger zufällig, als daß sie ein genormtes allegorisches Koordinatensystem nutzt, entlang dessen der Autor seine Erzählung entwickelt. Ja, er bedient sich seiner schon zu Beginn in einer mondialen, fast möchte man sagen ‚ozeanischen Geste', die die ‚Welt' von Asien, Afrika bis Nordamerika als eine Insel imaginiert, auf der das erzählende Ich wie nach einem Raumflug zu einer Initiationsreise landet, um einen Park zu durchwandern, dessen Binnenstruktur, durch die Kontinente insular angelegt, die Weltfahrt der ‚Seele' in die Pfade eines hortologischen Abenteuers lenkt. An dessen Beginn steht als Bauminsel die Eiche, das Symbol der Unsterblichkeit (vgl. Becker 65): auffällig okuliert. Sie trägt einen Fichtenzweig, der dem, der ihn zu brechen weiß, durch seine Botschaft – mit einem Wort Hubert Fichtes – ‚Realität okuliert' (16).[3] Die übermittelte Anweisung ermöglicht erst die Handlung und schafft die ‚Realität' des Romanes als eines gefahrvollen Kosmos, durch den es zu navigieren gilt. Das allegorische Motiv, das May hier nutzt, ist uralt und findet sich im sechsten Gesang der *Aeneis* (V. 208-211), wo Aeneas die Eiche (!), die den goldenen Mistelzweig trägt, zu suchen und ihn zu brechen hat, wodurch erst sein Eintritt in die Unterwelt möglich wird.

talis erat species auri frondentis opaca ilice, sic leni crepitabat brattea vento. corripit Aeneas extemplo avidusque refringit cunctantem, et vatis portat sub tecta Sibyllae.	solcher Gestalt wuchs grünendes Gold hervor auf der dunklen Steineiche, knisterte zart im linden Winde das Goldblatt. Gleich aber packt Äneas und bricht begierig den zähen Zweig und trägt ihn fort zum Haus der weisen Sibylle.

Es würde zu weit führen, die überraschende Analogie beider ‚Eingangsszenen' hier zu untersuchen. Der Maysche Text soll als vorläufiger Nachweis genügen:

Ich untersuchte also den Stamm der Eiche, und richtig! es steckte in demselben in Manneshöhe ein kleiner, verdorrter Fichtenzweig. Da eine Eiche keine Fichtenzweige hat, so mußte er mit Absicht angebracht worden sein, und zwar schon vor längerer Zeit, weil er vollständig vertrocknet war. Ich zog ihn heraus und mit ihm ein Papier, welches um sein zugespitztes, unteres Ende festgewickelt war. Als ich es aufgerollt hatte, las ich die Worte [sequitur subscriptio allegoriae]: „Mein Bruder komme schnell zu Bloody-Fox, den die Comantchen überfallen wollen. Winnetou eilt, ihn noch rechtzeitig zu warnen." (XIV 3)

Am Ende dieser Rettungsaktion erscheint spiegelbildlich in Form der Depravation die Eiche wiederum zitiert als „Postoak", „Pfahl- oder Pfosteneiche" (642), als ‚Sühnebaum' und Pranger, Symbol der Prostitution und Schändung. An ihn gefesselt, empfängt der ‚General' in einer Fermate der Handlung im Tiefland der Wüste seine vorläufige Strafe, bevor sie ihn dann 1000 Seiten später im Hochlandtheatron der Felsengebirge endgültig ereilt.

Unter „dem Baume, an welchem der General [...] angebunden war" (644), findet sich allerdings auch der Ring, der zeichenhaft dazu beiträgt, den moralischen Verfall dieser Welt, wie er im Funktionswandel des Baumes zum Ausdruck kommt, wieder rückgängig zu machen. Und schon sind wir mitten drin in der allegorischen Konditionierung der Erzählung, ihrer Zeichenhaftigkeit, einem allegorischen Spurenlesen, das subtil genug nicht sein kann. Dennoch: überziehen wir nicht den Kredit, den uns das Bewußtsein des Autors wie die ‚rhetorische' Tradition einräumen? Vergewissern wir uns zunächst, was man unter dem Begriff ‚Allegorie' gemeinhin versteht. Die Allegorie, soweit sie narrativen Charakter bekundet, als ‚Erkenntnishandlung' findet sich schon durch Goethe schlüssig definiert: „Die Allegorie verwandelt die *Erscheinung* in einen *Begriff*, den Begriff in ein *Bild,* doch so, daß der Begriff im Bilde immer noch *begrenzt* und *vollständig* zu halten und zu haben und an demselben auszusprechen sei" (Goethe 142; Hervorhebung durch den Verfasser). Was die Begrenztheit des Bildes betrifft, so impliziert diese Definition zugleich die enge Beziehung der Allegorie zum Emblem, in dem sich eine weitgehende präzisierende Potenzierung allegorischer Denkbilder vollzieht, so daß man auch von einer „Archivierung eines allegorischen Details" (Kurz 53), seiner gerahmten Hervorhebung sprechen kann, wie sie weniger für die narrative – hier wäre immerhin das ‚récite encadré' seit Maupassant zu nennen – als die deskriptive Allegorie gilt, für die etwa die nach ‚Musterbüchern' entworfenen Landschaftsprospekte bei Karl May stehen, wo „bei jeder Wendung [...] ein andres, schönes Bild" (XIX 341) sich bietet; aber auch überhaupt in der Literatur seit Horaz[4] sind diese gerahmten, quasi pastoralen Szenerien anzutreffen.

II.

Allegorien oder wie „*bei jeder Wendung ein neuer Vorhang auf[geht] und ein andres, schönes Bild [bietet]* ".

„Aber die Vorstellung eines Autors, der über ganze Zyklen hinweg, ob bewußt oder unbewußt gesteuert, die konsequente Anstrengung unternommen hätte, 1000-seitige Handlungen im Sinne des ‚Anders-Sagen' (Allegorie) durchzukomponieren, scheint mir zu kühn. Ich will damit gar nicht einmal ausschließen, daß es so gewesen sein könnte".[5]

Der Autor Karl May freilich war nach eigenem Bekunden dem „sehr kühne[n] Vergleich" (XIV 317) dergestalt zugetan, daß er damit der literaturkritischen Buchführung einige Verlegenheit schuf, welcher literarischen Sphäre er denn nun zuzuordnen sei. Ungemein verkompliziert wird dieser Etikettierungsversuch durch die Unübersichtlichkeit der Mythenverwertung. Denn: ob hohe oder triviale Literatur – in einem Punkte ist die unbefriedigende Dichotomisierung beider, deren sich die traditionelle Poetik seit je bedient, aufgehoben: daß nämlich, die Welt abzubilden, die literarischen Genera – bewußt oder unbewußt – jene metaphorisch-allegorischen Halden nutzen, die über Jahrtausende der Mythos aufgeschüttet hat; daraus zimmern sie sich die Embleme, in die hinein sie die Wirklichkeit verzaubern, so daß diese emblematischen Montagen zu Spiegelbildern erwachsen[6], in denen – eingemengt – sich unsere Seelen wiederfinden. Was ist Literatur anderes als stellvertretendes Leben? Es bedarf ja nur einer geringen Zahl ‚aufgeschnappter Realitätspartikel', die inszenatorischen Installationen der Dichter zu verlebendigen. Die Wirklichkeit taugt ihnen allenfalls zur Vervollkommnung ihrer Täuschungen. Auch der Realismus ist ein ästhetischer Kniff. Er kalkuliert gezielt mit den Qualitäten des Graphems, die die Dinge außer ihren Dingqualitäten besitzen, mit den Instabilitäten im Verhältnis zwischen Präsentation und Repräsentation, in deren Setzung bereits die Aufhebung der daraus sich effektuierenden Dauer impliziert ist; und es scheint durchaus nicht „zu kühn", darauf abzustellen, daß jede Lektüre der Realisten des 19. Jahrhunderts – so sie überhaupt heute noch von allgemeinem Interesse sein soll – die Fähigkeit zur Allegorese beim Leser zu mobilisieren hat, d. h. zur Bestimmung der Relation von Zeichen und dem außerhalb liegenden materiellen Referenten oder mit den Worten Winnetous, „die That an die Stelle des Wortes [...], die Person an die Stelle der Erzählung [treten]" (XIV 323) zu lassen. So läßt sich wohl – aus Kenntnis der Biographie Mays und der Epoche, der sie überantwortet war – sagen, daß Mays Œuvre als Selbstallegorese zu lesen ist, als hermeneutische Methode, Schule einer Pfadfinderschaft, die der Autor zu sich selbst verfolgt: gleichsam entstanden aus dem Bedürfnis der Selbsterhaltung und Selbstverteidigung, d. h. zunächst gegen allen Anschein der Identifikation von Fiktion und Leben: die Texte rechtfertigen ihre Existenz, indem sie darlegen, daß es sich mit ihnen ganz anders verhält, als es den Anschein hat, daß zwar die Ereignisse den Tatsachen entsprechen, die Figuren, die sie in Gang setzen, aber nicht, in den Reiseromanen als allegorischen Formen zwar Zeitgeschichte in biographischer Metamorphose unbeirrt mahlt und stampft, indessen vor ihren pittoresken Prospekten anstelle der wahren Akteure eine Handvoll grell bemalter Figuren Pantomime macht. May selbst hat sich auf die Technik der Selbstallegorese berufen[7] – was man sich natürlich nicht als Transformationen eines spiegelbildlichen mickey-mousing vorstellen darf –, da es darum ging, sein Werk gegen den Vorwurf skandalöser Unglaubwürdigkeit und Absurditäten zu verteidigen, und er hat sich dieses Umsetzungsverfahrens bedient, wie die antiken Philologen es zur Glaubwürdigkeit der homerischen Epen taten, mit denen Mays Erzählungen strukturell so viel gemeinsam haben.[8] Sie tun das in Bildern, werden als Allegorese wiederum zu Allegorien – narrativer und deskriptiver Natur –, und als solche sind sie – ob's der Autor will oder nicht – auch stets Exempel für das Allgemeine, verweisen als Besonderes auf das Paradigmatische ihrer Zeit, sind Zeit-Indikatoren. Dabei ist zu berücksichtigen: Kunst steht im Dienste der Wunscherfüllung durch Metamorphose und hat von dorther selbst schon allegorische Qualität, welche sich dem „Terror" wie der „Freiheit" des phantasierenden Begehrens verdankt; daß sie nichtsdestoweniger „eines der alten, durch nichts zu ersetzenden Verfahren der Welterklärung" sein kann und der „Bestimmung dessen, was menschenwürdig ist" (Matt 9f.), liegt in dem merkwürdigen Faktum begründet, daß die ‚Welt' sich durch die Phantasie dem Menschen inkubiert, sich in ihm zu erklären, und er seinerseits durch die Allegorie ihrer mächtig wird. Das Schreiben Mays steht dabei immer wieder unter Verdacht der Umsetzung von Unbewußtem in Fiktion als eines unkontrollierten Outputs der Phantasie. Man wird sich das so kurzschlußartig gestaltet jedoch nicht denken dürfen; vielmehr deutet vieles daraufhin, daß May jener kreativen Aktivität gegenüber, die sich der Daten der Phantasie bemächtigt, dem, was Peter von Matt als „Opus-" oder „Metaphantasie" bezeichnet, die um die „Gestalt des fertigen Produktes" (Matt 49) kreist, weniger Abstinenz walten ließ, als das Vorurteil ihm unterstellt. Dazu gehören gerade die genau kalkulierend eingesetzten szenischen Elemente, deren Ausstattungsmehrwert den allegorischen Charakter impliziert. Sehr schön läßt sich das am *Old Surehand*, einer großangelegten narrativen Allegorie, zeigen, die das Motiv der Reise und der Jagd bündelnd verarbeitet und in die eingebettet eine Fülle von deskriptiven Allegorien verteilt sind: von denen uns die Landschaftsallegorien hier besonders interessieren sollen, schon kraft ihrer emblematischen Energie.

III.

‚Mikroereignisse'[9] als Welt-Fahrten oder wie man vermeidet, „durch den zu häufigen Anblick des Endes, der Phantasie ihr weites Feld abzukürzen".[10]

Die Reise beginnt im Zeichen des Gartens Eden: Clearbrook und Lebenseiche als in der Landschaft installierbare Orientierungen enthüllen den Initiationscharakter dieser Fahrt. Der Bach gibt das onomastische Motto, schafft ‚Klarheit'; denn der Roman schildert den Gang der Helden auf dem ‚rechten Wege' zur Klarheit, und in ihrer Vermittlung spielen Bäche, Wasser überhaupt, als acherontische Systeme, die zu einem steten Gang über Grenzen nötigen, eine große Rolle. Die investigatio veritatis entfaltet sich auffällig entlang den Wassern. Man hat die Suggestivität der Romananfänge Mays gerühmt, sie bestätigt sich auch hier in der Wirkung der Einstiegsdroge, die er verabreicht und die des Protagonisten seelische Großwetterlage zu einem gnostisch inspirierten allegorischen Tableau gerinnen läßt. Denn schon der Eingang des Romanes enthält alle Elemente einer narrativen Allegorie, ist allegorischer Prospekt, entrollt ein Weltenpanorama, vergleichbar den points de vue jener mit Landkarten tapezierten Kabinette – recht eigentlich kompatibel der extraterrestrischen ‚Söller'-Optik Sitaras im Spätwerk[11], derer sich das Ich bedient, um die Route seiner Mission im Auftrage der ‚Menschheitsseele' zur Erde hin zu justieren –, aus denen heraus der Autor zum Flug seiner Phantasie ansetzt, um in zeitraffender Fahrt über Kontinente hinweg den Ziel- und Ausgangspunkt der Reise zu avisieren: den ‚Clearbrook' und die ‚Lebenseiche'. Über jenen ‚reitet' der Held in die Erzählung (XIV 2), und „ein schmaler Bach, den wir erreichten, führte uns nach dem Hause"

(634), nach bestandenem Abenteuer zurück in die ‚Zivilisation', die die Reisenden auf einem „schwere[n], plumpe[n] Paketboot, welches von der keuchenden Maschine nur langsam fortgeschleppt werden konnte" (XV 638), auf einer Charonpassage den Missouri hinauf wieder verlassen; an einem „Bach, wo die Weißen mit ihrem Gefangenen lagerten" (XIX 513), erfolgt – spätere Kulissenverschiebung eingerechnet – die entscheidende Begegnung, die zur Lösung des Rätsels führt, zur Wiederherstellung der gestörten göttlichen (= familiären) Ordnung. Diese, die Lebenseiche, ist ja wohl eher ein metaphorischer als botanischer Begriff. Überhaupt: die Requisiten, die hier im Anfang die allegorische Situation staffieren, sind von ehrwürdiger Symbolik. Wasser und Baum eröffnen den Park- und Gartenprospekt, einen locus amoenus, der indirekt an dieser Stelle auch den Paradiesesgarten zitiert; allerdings von einiger Defizienz, denn die Lebenseiche verbindet mit der Weltenesche, die Asgard, den Götterraum, trägt (Grimm 664), daß ihr „Wipfel [...] verdorrt [ist]" (XIV 2). Es handelt sich dabei um ein ausgesprochenes Baumemblem; freilich begleitet den Baum nicht – wie für das Emblem charakteristisch – eine subscriptio, er enthält eine ‚inscriptio' – "es steckte in demselben in Manneshöhe ein kleiner, verdorrter Fichtenzweig" (3) –, eine Aufforderung, den Paradiesesgarten zu verlassen, um einen gefährdeten Garten, „ein Paradies hier mitten in der glühenden Wüste" (325), zu retten: die Oase des Bloody-Fox im Llano estacado, einen kakteenbewehrten Topos machtgeschützter Innerlichkeit, dessen Bezeichnung als „Paradies" an die gärtnerisch gestalteten, offenen Säulenhöfe mittelalterlicher Basiliken erinnert, die auch Asylrecht boten und in ihrer Benennung auf die Jagdparks der Perser verweisen (Gothein 180).

All dies, Asyl und Jagdpark, bringt die erzählerische Funktion der Llano-Oase zur Sprache. Dieser dem Lebensbaum anvertraute missionarische Appell aber ist nur der Anlaß zu einer Rettungsaktion viel größeren Ausmaßes, um am Ende im Park von San Louis, in den Höhen der Rocky Mountains, das verlorene Paradies wiederzugewinnen: die Einheit der Familie. Ort und Geschehen korrespondieren auch hier in sehr berechnender anthropomorphisierender Weise miteinander: Familienzusammenführung und locus amoenus. Der Natur wird menschliche Befindlichkeit ‚unterlegt'. Der *Old Surehand* ist ein Roman allegorischer Itinerare, die sich gleichermaßen als itineraria mentis beschreiben lassen: points de vue, pleasuregrounds; eine landschaftliche Inventarisierung wird hier vorgenommen, die des Autors und seiner Zeit geistige Bedürfnisse indiziert. Asien – Afrika – Prärien, Wälder,

Felsengebirge Nordamerikas, heller Bach und Lebenseiche, Aufbruch, Abstieg in das Tiefland der Wüste, den Llano estacado, zum fernen Ruhepunkt der Oase; vorher aber Prüfungswege durch (Mistake-)Cañons – dieser Topos, wie überhaupt die Landschaftsszenerie dieses Romans im allgemeinen, beansprucht eine universelle Bedeutung: „Aloën und Kakteen" (4) der Cañon-Landschaft weisen ebenso auf biblische Bezüge hin wie die „Blüten der weißen, rotfädigen Passionsblume" (325) auf den Passionsweg, den der zur Rettung des Bloody-Fox herausgeforderte Old Shatterhand zu begehen haben wird – wie alle Heroen in aller Einsamkeit: „Ich war zwar ganz allein und auf mich selbst angewiesen" (4). Bei all diesen Requisiten handelt es sich um Universalien eines gnostischen Kosmos, der in seiner emblematischen Struktur auf das Bild einer Theodizee hin entworfen ist, einer großen implikativen Allegorie, deren imperativischer ‚inscriptio' zu Beginn: „Mein Bruder komme schnell [...]. Bloody-Fox befindet sich in Gefahr; er muß errettet werden"![12] (3f.), am Ende nicht eigentlich – wie zu erwarten wäre – eine Affirmation göttlicher Existenz, sondern eigenartigerweise ein imperativisches Erzwingen, eine trotzige petitio principii gegenübersteht, deren verzweifeltes ‚obdura!' im Unterton nicht zu überhören ist: „Und der Mensch braucht einen Gott; ja er braucht einen!" (XIX 497f.) Der Gottesbeweis gleichsam als soteriologischer Syllogismus aus „Vertrauen" Winnetous und Old Shatterhands „Mut" (XIV 4). Auch in der realen Topographie des *Surehand* schimmert das Ardistan-Dschinnistan-Muster durch. Von dorther gewinnt er seine allegorische Qualität: als Roman der Paradiesesausblicke, der verlorenen und wiederzugewinnenden Paradiese. Die Landschaften erweisen sich nicht als statisch, vielmehr als operativ.

Zum Beispiel schon zu Beginn des Romanes die Beschreibung des ‚Mistake'-Cañons. Dieser ist ein transitorischer Topos; anders als die Oase des Bloody-Fox dazu angelegt, wie der Name sagt, auf dem itinerarium vitae, das der Roman zeichnet, dem ewig Fliehenden, dem im alttestamentarischen Ernst das jüdische ‚Sechor' (‚Erinnere dich') aufgetragen ist, Ort des ‚Irrtums' zu sein, den es zu durchschreiten gilt, zu überwinden, um, die Suche fortsetzend, die Aufgabe der Rettung bewältigen zu können. Dabei lohnt nun der Blick auf den landschaftlichen Hintergrund des Geschehens, der durch und durch anthropomorphisiert zum Spiegel der menschlichen Emotionen wird. Auch das kann programmatisch vom ganzen Roman gesagt werden. Mays Ätiologie für den Status der Welt, emblematisiert in der Landschaft, Bild und Metapher für Menschliches zu sein, ist Übertragung in Erzählung dessen, was in den *Wahlverwandtschaften* Eduard und der Hauptmann zu Charlotte sagen: „der Mensch ist ein wahrer Narziss; er bespiegelt sich überall gern selbst; er legt sich als Folie der ganzen Welt unter. [...] so behandelt er alles, was er außer sich findet[13]; seine Weisheit wie seine Torheit, seinen Willen wie seine Willkür leiht er den Tieren, den Pflanzen, den Elementen und den Göttern" (37). Die Schilderung des Mistake-Cañons bildet dafür ein eindrückliches Beispiel. Landschaft wird zum exegetischen Ornament, zum semiotischen System, dessen Ausleuchtung zur Autopsie seelischer Befindlichkeit von Protagonisten führt und den Helligkeitsgrad der poetischen und sozialen Räume mißt, in denen sie sich bewegen. Man beachte im folgenden die Dies-irae- und Vanitas-Instrumentation, die May dieser ‚Gemälpoesie' angedeihen läßt, einer der besonders eindrücklichen aus dem Musterbuch seiner Hades-Szenerien:

Wir hatten uns bis jetzt auf einer felsigen Hochebene befunden, die sich nun allmählich abwärts senkte. Dann hielten wir vor einem tiefen Schlunde, zu dem ein steiler Weg hinabführte. Wie ein von Gigantenfäusten in den Felsen gehauener Graben zog er sich von uns aus scheinbar endlos nach Osten, mit steilen Wänden, die mehrere hundert Fuß hoch waren. Unten rauschte ein Wasser, welches von oben aus wie schwarze Tinte erschien. Da wo wir hielten, standen vereinzelte Riesenkaktus am Felsenrande. Das war der Mistake-Cañon, dessen Anfang sich vor uns öffnete und in den wir hinabmußten. Wer das Auge hinab in den drohend empörgähnenden Schlund richtete, dem konnte allerdings ein Grausen, ein Gefühl überkommen, als ob da unten die Stätte eines unabwendbaren Unheiles sei. Ich hatte viele Canons gesehen und auch viele durchritten, war aber von keinem, um mich des Ausdruckes zu bedienen, so zurückgeworfen worden wie von diesem hier. (XIV 33)

Die Landschaftsbeschreibung ist hier Teil einer Ikonologie des Depressiven; sie zu erfassen dienen landschaftsgärtnerische Reizwörter – Embleme – einer irritierten Psyche, die „sich als Folie der ganzen Welt unter[legt]" und sich hier stygische Szenerien als Ikonen melancholischer Seelenverfassung entwirft. – „Tiefer Schlund, Gigantenfäuste, Graben, scheinbar endlos nach Osten, steile Wände, Wasser [...] wie schwarze Tinte, Riesenkaktus am Felsenrande": all das sind Bilder, im einzelnen als Embleme deutungsbedürftig, die aus Skizzenbüchern Dorés zu Dante-Illustrationen stammen könnten, deren landschaftliches Inventar ja gleichfalls streng organisierter Ikonologie verpflichtet ist. Die Bemerkung: „dessen Anfang sich vor uns öffnete und in den wir hinabmußten" – man assoziiert die Wolfsschluchtszene und den insistierenden Ausruf Max': „Hinab! Hinab! Ich muß!" –, ist als Regieanweisung zu lesen, als Eintritt in diese spezielle und sehr acherontische Weltverzauberung Mayscher Phantasie, der der *Surehand*-Roman entspringt. Mutatis mutandis liegt „da unten" der Schauplatz des Romanes und der kommenden Handlungen, „die Stätte eines unabwendbaren Unheiles". Ein Schlüsselwort für die Bewegung – auffällig in der Repetition – ist „hinab" (der kurze Text bringt es allein dreimal). Damit wird die Sicht der Vogelschau und des Fluges nach dem Prinzip der Motivverschachtelung wieder aufgenommen; sie bestimmt schon den Eingang des Geschehens, die Ankunft des Ich-Erzählers auf dem Schauplatz der Handlung, das Prozedere der Grenzüberschreitungen – schon einmal wird in der Begegnung mit den Soldaten ein Cañon-Prospekt zitiert – und umkreist nun dezidiert den Ort der Pforte zu initiatorischen Vorgängen, die den Fluß der Romanhandlung immer wieder stauen.

IV.

Gärten oder von den „Phäaken, [die glücklich waren], nicht weil sie von den Göttern stammten, sondern weil sie vor allem die Gärten schätzten".[14]

Deren Schauplätze sind ‚Garten' und ‚Park', zu denen auf seiner Weltreise im Zoom-Effekt das Ich einen ganzen Kontinent schrumpfen läßt – und es ist, sich modest in der ‚Anhänglichkeit' des Erzählers tarnend, gut gnostisch Eros, der dessen Seelen-Ich, der Übersicht des Aufklärers aus der Höhe entfremdend, die das erzählerische Terrain des *Surehand*-Romanes definiert, in die gefährlichen Kompartimente dieser Welt zitiert – in der Sehnsucht nach seiner idealen Verkörperung im Alter ego ‚Winnetou', die „mich immer und immer wieder, selbst aus dem fernen Afrika und Asien, zu ihm hinübergetrieben hat in die Prairien und Felsengebirge Nordamerikas" (XIV 1) – und vor welcher Kulisse sich auch das ahasverhafte Treiben des Old Surehand begibt:[15] in ‚Garten' und ‚Park'. Sie zeichnen sich im übrigen durch eine uns häufig ‚anmutig' anmutende Vertrautheit aus. Verwunderlich ist das freilich nicht. Denn „in gleichem Masse wie sich die formale Struktur des Romans durch die zunehmenden Möglichkeiten narrativer Freiheiten von der Poesis zur Mimesis hin bewegt, schwindet die Unfaßbarkeit, das uns Verborgene, Archaische, Fremde und Unvertraute dieses Kontinents und wird in die uns vertraute Welt überführt. Die Form des Romans wird zum sinnfälligen Exempel für ‚the shrinkage of an immense continent, the utopias, because they are familiar',"[16] (Milich 195). ‚Garten', so könnte man sagen, ist Zeichen für die Welt. Einbildung wird zur allegorischen Realität. Dabei hat die Anstrengung Mays, weitläufig alles, was ihm aus Handbüchern und Reisebescheibungen zur Verfügung steht, in sein Zeichensystem zu fügen, trotz allen Ernstes und großer Emphase etwas Provinzielles. Er hat ja wenig gesehen, den Orient gar erst post festum; und doch will er Fernstes in äußerste Nähe umsetzen und in Form gärtnerischer Einrichtung die Welt handlich und übersichtlich für die reisende ‚Weltenseele' Old Shatterhand machen, was nur „im fernen und doch so nahen Land des Menschen-Inneren" (XXXI 111) gelingen konnte. Der Kontinent schrumpft so zu Nachbars Garten hinter dem Haus, der dem reisenden Ich intim vertraut ist. Häufig genug wird das betont; wenn es etwa um die Lage des ‚blauen Wassers' geht und selbst ein so erfahrener Westmann wie Old Wabble gesteht, daß sie ihm unbekannt ist, er daher Old Shatterhand fragen muß: „Wißt Ihr vielleicht, wo es liegt, Sir?", so kommt die Antwort: „Ja. Ich bin zweimal dort gewesen" (XIV 80), in einer Promptheit, die symptomatisch ist und immer wieder begegnet, wenn das epische Problem, Räume zeitlich möglichst kalkuliert zu beeinflussen, sich stellt. „Aber ich kenne die Gegend" (244), heißt es im Zusammenhang mit dem Kaam-kulano. Da geht es um die Befreiung des Negers Bob. ‚Fabel'haft, wie der „Orientierungssinn", „jenes geheimnisvolle, innerliche Schauen" (XIX 46), Old Shatterhand parallel dazu in einer Nacht- und Regenaktion (44ff.), einer „ägyptischen Sonnen-, Mond- und Sternenfinsternis" (49), auf einem für die Orientierung vergleichsweise weit schwierigeren Terrain, als es etwa der Llano darstellt – jedoch: „Habt keine Sorge, lieber Dick! Ich kenne mich hier aus" –, über das „Regenwasser" (Wara-tu) hin zum „Loch", das „Alte Frau" (Kih-pe-ta-kih) genannt wird (41), aus der Handlung ‚steuert', um Apanatschka, dessen die Fabel dringend bedarf, in die Handlung zurückzumanövrieren. Das Subjekt hat sich die Welt erschaffen, die es erforschen will. So wird sich zu verirren unmöglich, der labyrinthische Zustand der Welt durch Etablierung eines Netzes von points de vue aufgehoben, die den Raum onomastisch kolonisieren und verfügbar halten und so einen Anspruch auf seinen souveränen und exklusiven Besitz legitimieren. Planung ist dadurch blitzschnell möglich.[17] Solche Ortskenntnis gibt dem Handlungsverlauf etwas ungemein Determiniertes, das nicht unbedingt der Berufung auf den „Ortsinstinkt" der „Wandertiere" (XIV 207f.) bedarf. Als dergestalt definierter Ort kann die Welt nur „Raumbild" manichäisch strukturierten Handelns sein. In dieser Interdependenz hat man Ort und Handlung bei May zu sehen, eines reflektiert sich im anderen. Der auf den Antagonismus von Gut und Böse angelegte Aktionismus der Reiseromane generiert sich sehr konsequent als Schauplatz den ‚Garten', den geschlossenen Raum. So wird der Garten zu einer ideologischen Allegorie. Der Erzähler in seiner ausgesprochenen Inklination zu theatralischen Mitteln, zu Kulisse und Prospekt, imaginiert das Szenario seiner ‚Handlungen' als ‚eng(e)lischen Garten', wo „Natur, der Kunst sich freuend, ihre Nachahmerin im Scherze nachzuahmen [scheint]" (Walpole 27), was nicht weit entfernt ist von der Simulation virtueller Welten: eine Form von Cyberspace avant-la-lettre. Eine Fülle von lieux de mémoire – topographisch und onomastisch in einer Art „Andenkenladenstil"[18] – erleichtert in diesem kontinentalen Landschaftsgarten die Orientierung, meist Orte, meeting points, die durch mythische Eigenschaften oder Geschehnisse konnotiert und hervorgehoben sind: die ‚Lebenseiche', der ‚Mistake-Cañon', das ‚blaue Wasser', das ‚Hasental': letzteres schon von der Anlage ganz als Garten gedacht: „Da, wo das Wasser aus dem Thale trat, stiegen die Seiten desselben allmählich und weit ausgebaucht rechts und links empor, und das Gebüsch folgte ihnen bis zur Höhe [...]. Das Gesträuch ging dann wie eine Kranzeinfassung oben rund um den Rand der Thalmulde herum" (XIV 249f.). Das sind die Auftrittsplätze, die May seinen Affekt-Figuren bereitet – hier etwa der in ihrer Gestik der Ophelia verpflichteten Irren Tibo-wete-elen – und es fällt auf, wie sie ihr quasi gestuelles Urbild in der von Walpole zitierten landschaftlichen Emblematik Miltons finden:

> – eingehegt vom ebnen Haupt
> Der steilsten Wildnis, deren haar'ge Seiten
> Mit Dickicht überkleidet, wild grotesk,
> Zugang versagten; oberhalb erwuchs
> Unübersteigene Höh von schatt'gen Wipfeln,
> Zeder, und Ficht', und Tann', und äst'ge Palme,
> Als Bühne steigen, waldiges Theater
> Von höchster Pracht – (26)

Das liest sich wie ein szenischer Entwurf jener waldigen Landschaft der Rocky Mountains, wo die *Surehand*-Handlung in einem Akt alttestamentarischer Jurisdiktion gipfelt, die in der Staffage ihres Verhandlungsortes biblische Vegetation als Requisite zitiert. Das gebirgige Arboretum Miltons vereinigt die „Cedern" und „Palmen" der Llano-Oase mit den „Balsamtannen" des Hochgebirges und macht damit gewissermaßen die Welt zum Forum des Prozesses, und auch Mays Gebirgsprospekt liiert zu Beginn des Schlußkapitels der Romantrilogie entsprechend dem Eingangskapitel – „Prairien [...] und Felsengebirge" – gleichsam aus extraterrestrischem Blickpunkt die Schauplätze von Hoch- und Tiefland zu einem mondialen Ganzen. „Das waren himmelhohe und meilenlange Granitmauern" – schon die Metaphorik suggeriert zyklopische Gartenwirtschaft – „mit wunderbar gestalteten Bastionen, über welche es kein Hinüberkommen zu geben schien. [...] rückwärts [...] lag im Osten die weite Prairie wie ein endloser, flimmernder See tief, tief zu unsern Füßen" (XIX 460). Die Welt gerät aus der Vogelflugperspektive auch hier wiederum zum Garten – märchenhaft überhöht –, der noch in der Metaphorik das für die Topographie der Erzählung so wichtige Motiv des Sees wiederholt und wiederum vorbereitet; denn am „Pah-sawehre", am „See des ‚grünen Wassers'„ (472), wird sich im folgenden Entscheidendes vollziehen; der biblische Abglanz, mit dem Milton diesen Garten illuminiert, erfährt allerdings durch den pyrotechnischen Trick allegorisierender Emblematik, jener „Geister des Gebirges", vor deren Tribunal die menschliche Gebrechlichkeit zitiert wird, eine epigonale Steigerung zu greller Künstlichkeit voller Jahrmarktsornamentik. „Märchenwelt" und „Zauberland" (460f.) – so von der Allegorie suggeriert – sind freilich befremdliche Landeplätze der Weltenseele, wo ihr in einer schmalbrüstigen Eschatologie der Atem auszugehen droht.

Im Grunde haben wir es – wie so oft bei May – auch im Roman *Old Surehand* mit einem kaum verkappten Theaterstück zu tun, das die Erzählung immer wieder als solches glossiert, indem sie die Frage „Also ein wenig Theater spielen?" (XIV 439) dahingehend beantwortet, daß „nun [...] der erste Akt des Schauspieles, welches wir beabsichtigen, [beginnt]" (467). Für dieses hat der Regisseur ein Einheitsbühnenbild entworfen: einen Park von kontinentalem Ausmaß, unterteilt in zahlreiche Kompartimente, die sich in unzähligen Variationen verschieben lassen, Durchgänge und Ausblicke schaffend, die landschaftliche Vielfalt suggerieren und ideologisch dynamisiert Mandorlen für Schutzengel bilden, deren „Stimme [...] mich bei unserer Ankunft hier gewarnt hatte" (XIX 150)[19], oder Dschungel für die ‚bêtes noires' wie den ‚General'. Es herrscht ein Reichtum an Landschaftsschilderungen, die oft panoramaartigen Charakter annehmen, ja das Panorama selbst zitieren: „Es war ein unvergleichliches Wandelpanorama, nur wandelten wir, und Gottes Berge standen" (341), heißt es vom Ritt am Fuß der Rocky Mountains. Der touristische Jargon, in dem sie geboten werden, kann nicht darüber hinwegtäuschen, daß die Landschaften selbst Qualitäten von Sprache haben: Landschaftssprache ist Zeichensprache, ist eine Art allegorisches Esperanto. Diese Landschaftsallegorien des *Old Surehand* fügen sich zu einem Zeichensystem, das allerdings – gerade auch wo es im

Gewand der ‚Geographischen Predigt' daherkommt (339ff.) – sehr destabilisiert wirkt, zu einer Schrift, deren äußere Harmlosigkeit innere Brüchigkeit nur mühsam tarnt. „Wie harmlos immer sie die Zeichen setzte, wie schön sie sie anordnete, immer wieder schien sich die Ankündigung des Unheils durchzudrängen. Alles schien ihr zweideutig, die schönen Zeichen selber wurden ihr fürchterlich" (Hofmannsthal 80). Was die Kaiserin beim Schreiben empfindet, gilt auch für die hortologische Kalligraphie, derer sich May im *Surehand* befleißigt. Schon Parklandschaft und Gartenlandschaft – als Muster konzentrieren wir uns wieder auf den Garten in der Oase des Bloody-Fox und den Park von San Louis – erinnern als Zeichen – metasprachlich – an gelebte Vergangenheit: kondensieren sie sozusagen, sind „Remnants": „Remnants of the old atrocity subsist, but they are converted into ingenious shifts in scenery, a sort of English Garden-effect, to give the required air of naturalness, pathos and hope."[20] Damit stehen sie ganz in der Tradition einer Park- und Gartenkultur, wie sie im 18. Jahrhundert Alexander Pope oder Joseph Addison inaugurierten und wie sie in Horace Walpole ihren Propagandisten fand, der in seinem Essay *History of the Modern Taste in Gardening* (1771) Natur, Poesie und Malerei vereinen wollte. Ein Blick auf Walpoles Intentionen mag zeigen, wie ganz in seinem Sinne May in seinen Landschaftsbeschreibungen eine landschaftsgärtnerische Planung unterlegt, die der Brite – unausgesprochen – in den Stand politischer Parabeln erhebt. Wie er es fordert, erscheinen in Mays Schilderungen die Landschaften ‚ausgeräumt'[21], Bäume in den Vordergrund gerückt.

Die lebendige Landschaft war geläutert und ausgebildet, nicht verwandelt. Den Formen der Bäume gab man ihre Freiheit, sie verbreiteten ihre Äste ohne Zwang, und wo irgendeine hervorstehende Eiche oder herrschende Buche der Verstümmelung entgangen war und den Wald überlebt hatte, da wurde das Gesträuch weggeräumt, und man stellte sie in ihrer vollen Ehre wieder her, um die Ebene auszuzeichnen und zu beschatten (48),

heißt es mit Spitze gegen den französischen Garten bei Walpole. Und genau diese Szenerie stellt das erste entscheidende Tableau des *Surehand* dar. Als Treffpunkt Winnetous und Old Shatterhands wird eine Eiche an einem Bach gewählt, natürlich freistehend, „um die Ebene auszuzeichnen und zu beschatten", denn ihre Schattenlänge bestimmt die Stunde der Begegnung beider. Aber auch anderweitig macht sich in den Landschaftsbeschreibungen die gärtnerisch ordnende Hand des Autors zu schaffen. Das Sas-kuan-kui, eine Art ‚Blautopf', ist „ein ziemlich kreisrunder See, den ich lieber einen Teich oder Weiher nennen möchte" (96). Hier treffen wir wiederum Eichen,

„hohe, schattenreiche [...] Pfosteneichen" (89); Bäume wie geschaffen zur Einzäunung von Gelände, zur Herstellung von geschlossenen Räumen, auf die es dem Autor offenbar ankommt. Der Weg zu diesem Seeareal führt alleeartig „unter den weiten Wipfeln der hier stehenden Trembling-poplars [Zitterpappeln] abwärts bis zur Mündung des Seeabflusses" (90). Die Wahl der in ihrer Zeichenhaftigkeit auffallend antithetisch gesetzten Bäume, der ‚Eiche' als Sinnbild der Unsterblichkeit, der ‚Zitterpappel' als das der Totenklage und Unterwelt (Becker 213), ist in offensichtlich symbolischer Absicht vorgenommen worden. Die semiotische Struktur der Llano-Szenerie wiederum, im Grunde eine hermeneutische Parabel, liegt offen zu Tage. ‚Pfähle' machen hier die Natur für den Menschen gangbar, stehen aber auch symbolisch als Wegweiser zu himmlischen Prospekten, die im Llano ja ausführlich zitiert werden (XIV 396ff.), als Zeichen für „die Verbindung zwischen Himmel und Erde, bzw. die Weltachse selbst" (Becker 216), weisen freilich – entfernt und „in falscher Richtung wieder [eingesteckt]" (153) – den Weg zur Hölle. In der Beschreibung des Llano estacado thematisiert May selbst die Emblematik seines Erzählens in einer Form, die über den trivialisierenden Blick des Touristischen hinausgeht und semiotische Relevanz gewinnt. „Menschengerippe, Tierkadaver, Sattelfragmente, Wagenreste und andere schauerliche Ueberbleibsel liegen am und im Wege und erzählen stumme Geschichten, die zwar das Ohr nicht hören, aber das Auge desto deutlicher sehen und die Phantasie vollends ergänzen kann" (150): Die Sprache der Reliquien wird an dieser Stelle aus streng nominalistischer Sicht apostrophiert, daß nichts außerhalb der Namen und Zeichen liegt und die Dinge, indem man sie benennt, „stumme Geschichten" erzählen. Man beachte die auffallende contradictio in adiecto, die die Enallage bewirkt. Das entspricht Fontanes Feststellung, der Innstetten raisonieren läßt: „Es ist merkwürdig, was alles zum Zeichen wird und Geschichten ausplaudert, als wäre jeder mit dabei gewesen" (391f.) – Zeichen des Scheiterns auf dem Lebensweg hier wie dort: denn die Szenerie des Llano ist ein Vanitas-Emblem par excellence, und die Oase, eigentlich ein Ort der Zuflucht in der Maske des locus amoenus, erscheint – so wie sie Bloody-Fox mit Kakteen umgeben hat – nicht als Ort des Durchgangs und der Erholung, sondern als so selbstgewähltes wie vom Schicksal zwangsverordnetes Gefängnis[22] einer gescheiterten Existenz – der Trost, den dieses ‚Paradies' am Ende des ‚Pfahl-Boulevards' spendet, ist virtuell. Neben dem Traum ist der abgegrenzte Raum eine wichtige Form der deskriptiven Allegorie (Kurz 50). Die Oase im

Llano estacado vereinigt beide Muster in sich. Die Kehrseite dieses locus amoenus, der Reminiszenz an ein goldenes Zeitalter, ist der Albtraum, der die Existenz des Bloody-Fox prägt, welcher mit seiner Entscheidung für die Wüstenexistenz sich der ‚Aussteuerung' aus dem Leben verschreibt.

„Schauerliche Ueberbleibsel": „Remnants of the old atrocity subsist", und der Synkretismus narrativer Freiheit setzt so die Kräfte der Poesis zur Mimesis um; ein Prinzip übrigens, wie es Walpole zur Gestaltung des naturnahen ‚englischen Gartens' fordert: es handelt sich um jenes Zusammenspiel von „Zahl" und „Energie der Zeichen", von dem Nietzsche im Zusammenhang mit Horaz spricht.[23] Die Oase des Bloody-Fox hingegen korrespondiert wiederum auffällig mit der Szenerie des Saskuan-kui. In ihrem Zentrum „ein von der Natur gebildetes, fast kreisrundes Becken [...] voll von hellem, köstlichem Wasser [...]. Niedrige Palmen spiegelten sich im Wasser, welches der Wind bewegte. Ueber ihren Federkronen bildeten hohe Cedern und Sykomoren ein schützendes Wipfeldach" (XIV 325). Zweifellos: „Dieser schöne, von der Welt abgelegene Ort" – locus amoenus –, der „ganz den Eindruck der Tropen [machte]" (326), ist Zeichen für den Garten Eden, auf den versteckt (als das Paradies symbolisierende geometrische Figur) schon die Kreisform der Wasser des Saskuan-kui und der Oase hinweist: vor allem in seiner Ordnung stiftenden Qualität. Im dritten *Surehand*-Band wird diese in der Szenerie des verlassenen Camps, eines Tals, „aus dessen Mitte uns" gleichfalls ein von Bäumen beschatteter „stiller Weiher entgegenglänzte" (XIX 179), erneut wirksam. So strukturierte Örtlichkeiten trifft man immer wieder an; stets – was sich im verbindenden Medium des Wassers bekundet – sind es zu allem Plätze einer die Handlung weiterführenden Weichenstellung, wie z. B. der Altschese-tschi, der ‚kleine Wald': und – wie nicht anders zu erwarten – hat auch hier „ein kleiner Weiher [...] von nur vielleicht fünfzig Schritten [...] Durchmesser" diesem „Wäldchen das Leben gegeben, dessen Durchmesser wenigstens zehnmal größer ist" (XIV 213). Die Beschreibung läßt ebenfalls auf eine zentrale Position des Wassers im Walde schließen. Es handelt sich um „schöne Orte" einer bedrohlichen Kontingenz. Denn die Ordnung, die hier durch die Landschaftsgärtnerei ihre Repräsentation erfährt, ist von prekärer Stabilität, fragil und gefährdet. So wie es naheliegt, den Landschaftsgarten im Sinne Horace Walpoles als Sinnbild staatlicher Ordnung zu begreifen, so auch in nuce als Abbild von deren verborgenem ‚Incubus', der Familie, die in geordneten, in Park-Szenerien zusammengeführt wird, nachdem sie in die Wildnis, in die Prärien als Orten der Diaspora, verstreut und durch sie getrennt worden ist. Denn die „wilde Prairie" ist prinzipiell familienfeindlich, „kennt keine Heimat, keinen häuslichen Herd, an welchem die Familie ihr Glück zu genießen und zu feiern vermag" (XV 470). Die Familie gedeiht im Séparée, in Sperrbezirken, im ‚Privaten', im Reduit „sorgfältig ausgesuchte[r] Orte" (471), die dem ‚vorstädtischen', paradiesischen, intrauterinen Zustand zumindest den Anschein von Beständigkeit verleihen. So utopisch in diesem Roman in pleasuregrounds und auf labyrinthisch gewundenen Wegen die Welt-Garten-Entwürfe geträumt werden, es bleibt in ihrem Geflecht lenkend die Familie als Reproduktionsagentur erhalten. Es gilt den Text gerade an entlegenen, unverfänglichen Stellen auf die Grammatik der sous-entendus auszuforschen, die die bürgerlichen codices der Romane Mays in ihrer üppigen exotischen Transkription lesbar macht. Die heile Oasenwelt leistet das – als Spiegelung – für Bloody-Fox ebenso deutlich wie der Park von San Louis für Old Surehand. Beides sind ja entwurzelte Figuren, ahasverhafte Charaktere mit enteigneter Vergangenheit vor einer Kulisse, die eben dieses Schicksal zitiert – „im grenzenlosen Grasmeere [wird der] Mensch [...] zum Ahasver, der nach Ruhe schreit und doch keine findet" (XIX 340) –; beider Schicksal korrespondiert miteinander, insofern sie Opfer zerstörender, die Familie und damit die Weltordnung korrumpierender Kräfte geworden sind. Beide bemühen sich als von einem Geheimnis Umgetriebene, dessen Lösung Suchende, um die Rekonstruktion dieser Welt. „Steht Euer jetziger Ritt mit dem Geheimnisse in Beziehung?" – „Alle meine Wanderungen beziehen sich darauf." (458) Dem Bloody-Fox gelingt das nur zur Hälfte im Vollzug der Rache, ohne die Vergangenheit aufklären zu können, im Schicksal Old Surehands erfüllt sich sowohl Rache als auch Rückgewinnung eben dieser Vergangenheit. Der Paradiesgarten, den sich Bloody-Fox schafft, bedeutet Endstation dieser Existenz: intransitiv angelegt. Der Park von San Louis ist für Old Surehand Erfüllungsort seines Suchens und Durchgang zugleich zu Neuem. Der schon zitierte Schluß des Romans macht das deutlich. Deutlich wird aber auch hier, daß die Landschaftsbeschreibungen – in virtuoser Reflexionstechnik – Semaphore, Konstruktionsprinzip und inhaltliches Programm des Romanes in sich vereinigen. Landschaft ist Spiegel heiler und unheiler Familienwelt. Ihre emblematische Wirkung gründet in der Ästhetik Flauberts, dem Leben nicht im Diskurs beizukommen, sondern durch die Kopie seiner selbst. Diese erfährt, in die Allegorie des exotischen Tableaus transportiert, in diesem Roman Mays eine überraschende Ausprägung.

Die Emblematik der verschiedenen novellistischen Einlagen zeugt von einem multiplen Grundcharakter dieses Erzählens. Die Maske der Ferne ist das Versteck des Nahen. May, dieser Experte des Allegorischen, bringt das in der Schilfinsel-Szene am Saskuan-kui parabelhaft auf den Nenner: „Unter maskieren verstehe ich so viel wie verstecken" (XIV 125). Damit ist prinzipiell das Wesen der Mayschen Reisebeschreibung und nicht nur dieser evaluiert, von der gilt, was Norbert Bolz über die ‚Industrie der Reisebilder' vermerkt, die May ja offensichtlich als Quelle der Inspiration diente, nämlich daß sie „die Form [ist], in der das Bürgertum des 19. Jahrhunderts eine rigorose Industrialisierung der Ferne betreibt" (106), und das auch – so ist hinzuzufügen –, indem es sie zum Schauplatz der Camouflagen seiner familiären Konflikte und Neurosen macht.

Und noch etwas anderes läßt sich aus Walpoles Traktat für die Landschaftsbeschreibungen des *Surehand* fruchtbar machen. Indem durch Niederlegung der Mauern und Zäune die Landschaft sich sozusagen in Gärten auflöst und so „die lebendige Landschaft geläutert und ausgebildet [ward], nicht verwandelt" (Walpole 46), „[wird] jede Reise durch eine Folge von Gemälden gemacht" (61). Pleasuregrounds begleiten den Reisenden. „Bei jeder Wendung ging ein neuer Vorhang auf und bot ein andres, schönes Bild" (XIX 341), „wie reine Gehölze eine leichte Anhöhe mit einer glücklichen Zierde krönten und, während sie die entfernte Aussicht zwischen ihren anmutigen Stämmen herbeiriefen, durch eine täuschende Vergleichung der Perspektive zurückschoben und erweiterten" (Walpole 44). In der Beschreibung des Vorlandes der Felsengebirge wird seine gärtnerische Struktur durch das Zitat des Parkes noch betont:

Kurz, nachdem wir die jenseitige Höhe erreicht hatten, gelangten wir an den Rand einer jener Lichtungen, welche in den Rocky-Mountains „Parks" genannt werden. Dieser Park lief wohl zwei englische Meilen lang auf der Höhe hin und war durchschnittlich eine halbe Meile breit. Einzelne schattige Bäume oder Baumgruppen und boskettartig verteiltes Strauchwerk gaben ihm das Aussehen eines künstlich angelegten Geheges. Vom jenseitigen Rande an senkte sich der Wald allmählich wieder in ein breites Thal hinab (XIX 378).

Der landschaftliche Durchgang des *Old Surehand* gelingt in der Tat wie das Blättern in einem Ansichtskarten-Album. Denn der Blick des Reisenden wird von der ‚description encadrée' bestimmt, dem gerahmten point de vue. Die Landschaftsbeschreibung Mays verdankt sich der Panoramatechnik ebenso wie dem Postkartenaspekt. Die Landschaft verwandelt sich, dadurch daß wir sie ästhetisch wahrnehmen, in eine Folge von Gärten, und Reisen gleicht hier dem Flanieren eines Kuriositätensammlers, der sich aus Angelesenem sein Raritätenkabinett montiert, um vor dessen Staffagen sich in Pantomimen zu ergehen, die ein Palimpsest dessen sind, was dem Auge an Gleichartigem schon früher widerfuhr und was sich im Gedächtnis des Flaneurs niederschlägt. Sein Weg ist bestimmt von jenen lieux de mémoire, die der Konzeptualisierung der Landschaftsidee zugrunde liegen. Jeder unserer Blicke fällt – antizipiert – auf ein Motiv: kameraartig. Die Vedutentechnik Mayscher Landschaftsbeschreibung charakterisiert sich damit von selbst als Arrangement von Emblemen, denen – gleichgültig, ob das dem Autor bewußt oder unbewußt war – ganz im Sinne der Walpolschen Gartentheorie als Blaupause ein politisches Programm abzunehmen ist und ein theologisches dazu, das schon im Pathos der ‚Geographischen Predigten' zum Ausdruck kommt, in die diese Landschaftsbeschreibungen oft umschlagen. Auf der Hand liegt der Liberalismus, der sich mit der Idee des Englischen Gartens verbindet, die Idiosynkrasie gegen Bevormundung, ins Bild gefaßt vom sich schlängelnden Weg des Landschaftsgartens, der im Gegensatz zur schnurgeraden Allee der barocken Anlage ein ‚Emblem konstitutioneller Freiheit' ist.

V.

Vom Öffnen eines ‚erzstabilen Weltkoffers' oder warum „der Himmel dieses Parks mein Zelt geworden [ist]".

> „Wie du da oben meine Quelle suchst, so strebe immer nach dem Urgrund aller Dinge!" (XIX 341f.)
>
> „Es sind da oben [...] neue Gold- und Silberfunde gemacht worden" (344).

An zwei Stellen beschreibt Karl May in seinem Roman *Old Surehand* nun ausführlicher hortologische Verhältnisse; dort, wo er das Anwesen des Bloody-Fox, inmitten von Gärten und Feldern gelegen, schildert, das seine Existenz einer Oase im Llano estacado verdankt, und wo er vor den Kulissen des Parks von San Louis, unterwegs zum ‚Pui-bakeh', dem ‚Wald des Herzens', jene Anagnorisis-Szenen sich abspielen läßt, in denen sich die Wiedervereinigung der Familie Old Surehands ereignet. Denn darum geht es in dieser ‚Familien'-Geschichte: um den Garten, als den die Welt, und um seine Bestellung, als die das menschliche Leben sich versteht: Agrikultur als Paradigma der Suche nach einer Heimstatt in einer Welt, wo die Vertreibung aus dem Garten Eden irreversibel geworden und der Mensch unentwegt mit der Sichtung der Herbarien beschäftigt ist, die ihm ein Kraut zur Heilung der uralten Amfortas-Wunde verheißen. Schon zu Beginn der Handlung wird auf eine dieser Heimstätten als Etappenziel der Reise Old Shatterhands verwiesen, die eine Lebensreise werden soll und, als Reise in die Vergangenheit sich entpuppend, die Zukunft nicht zu sichern vermag: auf die Oase des Bloody-Fox. Sie vor dem Zugriff feindlicher Indianer zu retten, bietet ihn Winnetou auf; und dort wird – im Zentrum des Romanes – der Handlungsknoten geschürzt, findet sich – zentriert – die Peripetie, deren Lösung im Park von San Louis, „in welchem ich die Aufklärung so vieler Rätsel erwartete" (XIX 461), dem Geschehen zu einer fatalen teleologischen Überhöhung verhilft, freilich nur: läßt man den Metatext des Romanes außer acht. Dieser vermittelt allerdings eine wesentlich bedrohlichere ‚Landvermessung' irdischen Geländes, die der Autor hier betreibt. Die Gärten und Parks sind defiziente loci, liquidationsgefährdete Surrogate, die der Wüste abgerungene, von den Comanchen heimgesuchte Idylle des Bloody-Fox ebenso wie die geplünderte des von Prospekter unsicher gemachten Parks, welche – um im landwirtschaftlichen Bild zu bleiben – „keine Gelegenheit [versäumten], da zu ernten wo von ihnen nicht gesäet worden war" (511). Dem Garten kommt also eine existentielle metaphorische Bedeutung zu.

Es kann nach dem Vorausgegangenen nicht wunder nehmen, daß auf einer metatextuellen Lektüre des *Old Surehand* bestanden werden muß, als einziger Möglichkeit, ihn den korrumpierenden Tentakeln des Klischees zu entziehen. Der Autor selbst gibt uns dafür das Rüstzeug in die Hand: und nicht nur im Bereiche biographischen Schattenboxens, das hier eindeutig ausgetragen wird – Karl May kämpft hinter der Fassade des Indianerromanes auf ariden und alpinen Schauplätzen gegen die schuldhaften Schatten seiner Vergangenheit. Insofern sind „Gärten Spiegel der Seele ihrer Schöpfer"[24] – wie auch die Bücher, in denen die Schöpfer die Gärten beschreiben[25] –, und die Phäaken erweisen sich als Menschen, weil sie die Gärten lieben. Biographie bündelt sich in allegorischen landschaftlichen Versatzstücken ganz romantischer Illumination, gespeichert in Attrappen-Welten, in denen sie wie in einer trägen Sanduhr verrinnt: auf der ‚Insel' im Saskuan-kui, im ‚blauen Wasser', im Lager der Comanchen, in der Oase im Llano estacado, in der hufeisenförmigen Bucht der ‚hundert Bäume', in den parkhaften Ruinen des verlassenen Camps und in der ‚ossianischen' Landschaft des Parks von San Louis. Sie alle sind in ein bedeutungsvolles Verhältnis zueinander gesetzte schicksalhafte Topoi. Denn alles ist greifbar, alles verfügbar, alles ist vernetzt, der Himmel ein Faltprospekt, und Maskieren gerät dabei zu einer jahrhunderttypischen Art von Versteckspielen, bezeichnenderweise dazu geeignet, sogar das Firmament, will heißen den Himmel zu überlisten. Eine Bemerkung Old Shatterhands erläutert, was gemeint und durchaus als eine ‚allégorie réelle' zu verstehen ist.

„Doch! Ueberlegt Euch nur: Das Wasser des Sees mit den Sternen liegt ruhig vor ihnen; bei jeder Bewegung entstehen Wellen, und die Sterne wabbeln hin und her, auf und nieder. Wenn wir angeschwommen kommen, giebt das eine solche Erschütterung und Revolution des ganzen im Wasser strahlenden Firmamentes, daß die Wächter unbedingt aufmerksam auf uns werden müssen."
[...]
„Sie werden uns gar nicht sehen."
„Nicht – – – wie – – – was? Nicht sehen, wenn das ganze Firmament im Wasser krabbelt und wabbelt?"
„Nein, denn wir werden uns maskieren."
„Maskieren? Das wird ja immer toller! Wie wollen wir uns maskieren? Etwa Ihr als Domino und ich als Harlekin? Ich danke für solchen Karneval!"
„Versteht mich doch richtig, Mr. Cutter! Unter maskieren verstehe ich so viel wie verstecken."
„Auch gut! Wohin wollt Ihr Euch denn im Wasser stecken?"
„Hinter Schilf." (XIV 124f.)

Diese ganze sokratische Ausforschung ist von hintersinnigem Reiz. Rettung als ko(s)mische Aktion. Der Dialog zwischen Old Wabble und Old Shatterhand beinhaltet beide Deutungsmöglichkeiten und erläutert die ganze Schilfinsel-Episode im Sans-kui-Kapitel des *Old Surehand* als eine Parabel auf allegorisches Erzählen, wie May es pflegt, ja überhaupt auf allegorische Existenz, wie sie mit Erfolg das 19. Jahrhundert zur Schau stellt. Denn das Ich, von dem Ernst Mach in seiner *Analyse der Empfindungen* zehn Jahre vor Erscheinen des *Surehand* behauptet, daß es „unrettbar" sei (20)[26], überlebt hier notdürftig als ‚Zeichen' mit schwachen menschlichen Zügen, gleichsam in einem Akt der ‚Mimese', wie die Fachleute jene Tarntrachten nennen, mit denen clevere Tierchen ihre Feinde austricksen, indem sie demonstrativ leblose Objekte nachahmen. Im Grunde ist das Zeichenhafte des Ichs, wie es sich auch in diesem Roman exhibitionistisch immer wieder apostrophiert, Produkt eines inneren ‚Raum'verlustes der religiösen Art, des Verlustes der metaphysischen Unendlichkeit, der dem Raumverlust geographischer Art entsprach. Denn die Welt war kleiner, erklärbarer geworden, bis um 1890 gar die letzten Flecken der Erde erreicht waren und Frederick Jackson Turner für die Vereinigten Staaten das Closing of the frontier vermeldete (Strohmeier 66). Dabei hatte die Bewegung im Raum das verheißene Ziel, jenes paradiesische ‚Eutopia' nicht erreicht. Nach wie vor eignet ihm „ein allgemein Kofferhafte[s], eines erzstabilen Weltkoffers zuletzt, wohin die einzelnen Dinge, ob bewegt oder ruhend, eingepackt sind", und den Ernst Bloch durch einen „historisch, geographisch, ästhetisch elastischen Raum" (108) ersetzt sehen möchte. Das Reaktionär-Regressive Mayscher Paradiesesphantasmen besteht nun im Ersetzen der Bewegung in die Breite durch eine solche in die Höhe, jener vierten Dimension, wie sie im 18. Jahrhundert Friedrich Christian Oetinger dem Apostel Paulus zugesprochen hat. Die ‚Rettung' des Paradieses operiert mit der Tilgung und Negierung der Zeit, im Wiederzusammenführen dessen, was die Zeit getrennt hat. Die Sichtbarmachung der Zeit als einer vierten Dimension gelingt gerade durch ihre Eliminierung, durch die Substitution der Horizontalen, die ausgemessen und abgeschritten ist ohne jeglichen teleologischen Ertrag, durch die Vertikale des bestirnten Himmels, die einen solchen suggeriert: zur Evidenz gelangt diese Form der Zeit in den Räumen des Parks, dessen „Himmel" Kolma Puschi zum „Zelt" (XIX 532) geworden ist. Die Digressionen des Religionsgesprächs im ersten *Surehand*-Band liefern uneingeschränkt den Befund solcher Suggestion (XIV 396ff.). Auch diese ist Frucht nächtens zu begehender Initiationswege im Vollzug von Riten, die sich im Vorhof des Träumens abspielen, wenn nicht gar in diesen Handlungsräumen die Grenzen zwischen Traum und sogenannter Wirklichkeit verfließen; denn was als gnostisch inspirierter Eintritt in die Welt der Erzählung gedeutet werden kann, der Flug der ‚Weltenseele' des Ichs über die Kontinente bis hin zum „hellen Bach", das findet im ‚Wüstenritt' seine Entfaltung und Ausweitung in den Traum. „Ich habe zuweilen geträumt, ich könne fliegen" (396). Die Grenzüberschreitung, eigentlich eine Entgrenzung, erfolgt hier aber nicht mehr in Siebenmeilenstiefeln aus dem fernen Afrika und Asien ins Mondiale, sondern gerät zu einem kosmischen Spektakel, zu einer Metamorphose, welche die Science-fiction des Jules Verne mit der pathetischen Ikonographie der Welträume der Romantiker legiert: Jean Pauls, oder besonders eindrucksvoll – weil im metaphorischen Innewerden seelischer Zustände May so ähnlich – die Ausfahrt, die Shelley die Seele im Gespann der Queen Mab unternehmen läßt.[27]

Der Körper ist vorhanden, hat aber weder Umfang noch Gewicht und scheint sich in eine durchaus rein geistige Potenz verwandelt zu haben, die frei in alle Richtungen streben kann, ohne durch den hindernislosen Raum gestört zu werden. So bin ich geschwebt hoch über der Erde hin, weit über sie hinaus, von Mond zu Mond, von Stern zu Stern, aus einer Unendlichkeit in die andre, von unaussprechlicher Wonne erfüllt (XIV 396).

Der Traum löst hier die Landschaftsszenerie ins Planetarische auf. Und es ist dieses Wechselspiel zwischen Entgrenzung der Räume und ihrer Begrenzung durch „Waldkulissen", hinter denen „die wunderbaren Geheimnisse der Hochwelt träumen" (XIX 461), diese astronautische Mimikry, die ein Strukturprinzip des Romanes abgibt, wobei der in die translunaren Räume als Versuch einer Theodizee projizierte Heilsplan der reisenden ‚Weltenseele' auf oft komische Weise von der familiären Beziehungskistenproblematik der petits coins sublunarer, buschumstandener Couch-Interieurs konterkariert wird. „Die Sehnsucht nach einer Ordnung, die die Welt ins Interieur des Ichs verwandelt und damit jede Distanz zwischen Ich und Welt negiert" (Reichel 16), entfaltet dabei ausgesprochen aggressiv eine reaktionäre, nach rückwärts gewandte Kraft, die den eskapistischen Elan des Traumes bedient. In den Landschaftsräumen wirkt in hohem Maße, was man mit einer Denkfigur Walter Benjamins als ‚Erinnerungsmagie' bezeichnen könnte, die nie vom Progressiven handelt, sondern stets vom Regressiven, was jenem freilich „so ähnlich sehen [kann] wie das Ziel, das bei Karl Kraus Ursprung heißt".[28] Der regressive Traum larviert sich hier in der Allegorie des Progresses, die der stets auf der Suche nach dem ‚Eutopos' begriffene Reisende abgibt: einem ‚regressus ad auream aetatem' in ein ultramontanes Hesperien, das „die Sonnenreflexe von fernen Gebirgshäuptern" (XIX 461) verkünden; als Ziel seiner Reise, eines exotisch verkleideten ‚pilgrim's progress', sieht er das gelobte, verheißene Land: „das Kanaan des Auges" (340). Diese Landnahme, konkret etwa im amerikanischen Westen, liefert die reale Doublette zur mythischen Eroberung Kanaans, und die in ihr verborgene eudämonistische Energie gewinnt Gestalt im Zustand äußerster Regressivität. Gerade in der Nutzung des Traumes zeigt sich im *Surehand*-Roman Mays enge Geistesverwandtschaft zu den Romantikern. Geträumte und reale Interieurs gehen bei ihm ineinander über, Landschaften werden zu Initiationskulissen, die ihre Motive aus den Traumarsenalen der Novalis und Tieck herbeizitieren, in denen sich sub- und translunare Welten ununterscheidbar miteinander mischen. Heinrich von Ofterdingens Traum von der blauen Blume enthält Elemente, die im Vergleich zu Mays Landschafts- und kosmischen Träumen, wie dem zitierten, aufschlußreich sind: „es ist, als hätte ich vorhin geträumt oder ich wäre in eine andere Welt hinübergeschlummert" (Novalis 117). Der Träumende nimmt den Weg durch einen „dunklen Wald" einen Berg hinauf, gelangt in dessen weite Höhlung, die ein Becken aus fließendem Licht erfüllt. Er badet darin und „eine himmlische Empfindung überströmte sein Inneres; mit inniger Wollust strebten unzählbare Gedanken in ihm sich zu vermischen; neue niegesehene Bilder entstanden, die auch in einander flossen und zu sichtbaren Wesen um ihn wurden" (119).[29] Derartige Epiphanien drohen freilich wie der gesamte motivische Zitatenschatz, der hortologische des ‚englischen Gartens' Walpoles wie der mondiale der szenischen Ikonographie Miltons, zum Bodensatz recht reaktionärer Inszenierungen zu verkommen, welche die Natur für die teleologischen Einrichtungskataloge göttlicher Schaustellungen ausplündern. Die Bemerkungen, die Gottfried Keller zur Landschaftsmalerei des ‚grünen Heinrich' macht, lesen sich wie eine ernüchternde (auch Ideologie-)Kritik zu der Versatzstückkunst des ‚bestirnten Himmels', die May betreibt.

Mit Keller kann man diese Landschaftsbilder als Ventil für einen „wundertätige[n] Spiritualismus" (144) sehen. Dem ‚ozeanischen' Gefühl während des Wüstenrittes im ersten Band des *Surehand* korrespondiert die ‚ossianische' Landschaftsbeschreibung der Rocky Mountains im dritten:

Das Riesenpanorama, in welchem wir Zwerggeschöpfe uns bewegten, war ein überwältigend großartiges. Hier wirkte die ungeheure Massigkeit der Gebirgsstöcke im Vereine mit dem Farbenreichtum der unbekleideten Felsen. Das waren himmelhohe und meilenlange Granitmauern mit wunderbar gestalteten Bastionen, über welche es kein Hinüberkommen zu geben schien. [...] Hier bauten sich gigantische Felsenstufen, eine über die andere, auf, mächtige Balsamtannen tragend und den Geistern des Gebirges als Treppe dienend, wenn sie nächtlicherweise niedersteigen, „eine Wildschur um die Lenden, eine Kiefer in der Faust". Hier wieder haben sich zu Füßen eines einzeln thronenden Bergtitanen ganze Reihen kolossaler Säulen herausgebildet, hinter deren Waldkulissen die wunderbaren Geheimnisse der Hochwelt träumen. Hinter den scharfgezeichneten, dunklen Kanten der scheinbar höchsten Höhen flimmern silberne und goldene Punkte und strahlen diamantene Linien und Streifen aus blaugrauen Schleiern hervor. Sind das die Grüße einer für den Sterblichen unerreichbaren Märchenwelt, eines jenseits der Erde befindlichen Zauberlandes, oder sind es die Sonnenreflexe von fernen Gebirgshäuptern, mit deren Höhe diejenige der uns umgebenden Felsenriesen nicht zu wetteifern vermag? (460f.)

Landschaftsprospekte ähnlich denen, wie sie der ‚grüne Heinrich' malt, „[fast immer solche] Gegenstände, deren Natur er nicht aus eigener Anschauung kannte, ossianische oder nordisch mythologische Wüsteneien zwischen [...] Felsenmälern und knorrigen Eichenhainen [...], endlich sogar hochtragische Szenen aus den letzten Bewegungen der Erdoberfläche" (141). Diese „ideale Natur, fortwährend aus dem Kopfe gezeug[t]", verdankt sich „rückhaltlos einem Spiritualismus [...], welcher seinen grünen, an den frischen Wald erinnernden Namen fast zu einem bloßen Symbol machte" (139). Sie ist Umsetzung eines antirationalen Gottesbildes.

In dem zweifelhaften Lichte dieser Aufklärung stand einsam und unvermittelt sein Gott, ein wahrer Diamantberg von einem Wunder, in welchem sich die Zustände und Bedürfnisse Heinrichs abspiegelten und in flüchtigen Regenbogenfarben ausstrahlten. Er glaubte diesen Diamantfels ureigen in seiner Menschengestalt begründet und angeboren, weil unvorbereitet und ungezwungen ein inniges und tiefes Gefühl der Gottheit ihn erfüllte, sobald er nur einen Blick an den Sternenhimmel warf oder Bedürfnis und Verwirrung ihn drängten (142).

Die Bezüge zu den ‚ozeanischen' Gefühlen des Wüstenrittes sind deutlich genug, deren Beschreibung sich auch in einer für May ungewöhnlichen Hypotaxe abbildet:

Das Auge [...] richtet sich nach oben, wo zwischen den strahlenden Lichtern des Himmels immer andre und andre, immer mehr und mehr Lichter erscheinen, bis der Blick sie nicht mehr zu fassen vermag. Und wenn der Sehnerv an dieser Anfangs- und Endlosigkeit ermüdet, und die staunend erhobene Wimper sich niedersenkt, so währt die Unendlichkeit im eigenen Innern fort, und es entstehen Gedanken, die nicht auszudenken sind; es steigen Ahnungen auf, die man vergeblich in Worte fassen möchte, und es wallen und wallen Gefühle und Empfindungen empor, die man nicht einzeln zu fühlen und zu empfinden vermag, weil sie eine einzige, endlose Woge bilden, auf und mit welcher man weiter und weiter schwebt; immer tiefer und tiefer hinein in ein andächtiges Staunen und ein beglückendes Vertrauen auf die unfaßbare und doch allgegenwärtige Liebe, welche der Mensch trotz des Wörterreichtums aller seiner Sprachen und Zungen nur durch die eine Silbe anzustammeln vermag: – – Gott – – Gott – – Gott – – (XIV 397)

Keller gibt eine Begründung, die – wie der Textvergleich zeigt – durchaus auf Maysche Landschaftsrituale übertragbar ist: „Weil Heinrich auf eine unberechtigte und willkürliche Weise an Gott glaubte, so machte er unter anderm auch allegorische Landschaften und geistreiche, magere Bäume; denn wo der wundertätige Spiritualismus im Blute steckt, da muß er trotz Aufklärung und Protestation irgendwo heraustreten" (144). Die *Surehand*-Welt weist sich schon durch die Bilder als antirationalistisch aus. Bilder und Allegorien zeigen einen reaktionären Charakter, veranschaulichen eine Flucht in eine Verweigerung von Aufklärung. Je konstruierter, berechnet zufallsfrei die Gottesfiktion, die sich in den landschaftlichen Allegorien feiert, um so obskurer der Punkt, aus dem ihr Totalitarismus erwächst und in den hinein die Linien der Theodizee konvergieren. Es ist wohl so, wie Borges über Croce bemerkt: „Um der totalen Verzweiflung zu entgehen, beschloß er, ans Universum zu denken: ein unter Unglücklichen oft übliches und bisweilen heilsames Verfahren" (31).

Spezifizieren wir: an zwei Topoi läßt sich besonders exemplarisch der reaktionäre, ja antidemokratische Charakter der ‚Raumbilder' des *Surehand*-

Romanes orten: an Wald und Oase. Der Wald als landschaftlicher Topos spielt in dessen parkhafter Szenerie wie in der kulturellen Phantasie des Abendlandes eine gleich vieldeutige Rolle: er ist ein realer Raum abseits der Zivilisation und imaginärer Bezirk zugleich, in dem einer seinem eigenen Wesen auf der Spur ist. Er gehört zu dem undurchsichtigen Außenbezirk der Zivilisation, der es ihr „ermöglicht hat, sich ihrer selbst zu entfremden, sich bezaubern zu lassen, sich in Schrecken zu versetzen und zu ironisieren, kurz, auf den Schatten des Waldes ihre geheimen und innersten Ängste zu projizieren" (Harrison 11). Die Handlung des Romans lebt ja von der „Dialektik von Trennung und Wiedervereinigung" (208), deren Schauplatz der Wald abgibt: als Ort der Wiederherstellung gestörter Verhältnisse. Wälder repräsentieren in der Verwendung, die sie als Handlungsschauplätze in den Märchen der Brüder Grimm wie in dieser Erzählung Mays finden, „die alte Einheit der Natur – die Einheit und Verwandtschaft der Arten" (204), die Versöhnung des Menschen auch mit der Kreatur, seine Einbindung in eine große Familie. Zunächst geht es ja im *Old Surehand* um die Zusammenführung einer in die Diaspora getriebenen Familie; im Finaltableau – bezeichnenderweise vaterlos – des Parks von San Louis bildet sich aber auch so etwas ab wie der Entwurf einer Großfamilie, in deren Schoß zurückzukehren die Wiedergewinnung des verlorenen Paradieses bedeutet, die Liquidation der aus dem Sündenfall resultierenden fatalen Erbschaft. Fehlt auch in diesem Schlußtableau explizit der Vater, so findet er doch seine dominante Vertretung im Helden. Die Restauration der Familie und damit der gestörten Weltordnung, die ihren Sitz im Wald hat, ist die Aufgabe des Helden. Er stiftet den Bund, eröffnet gleichsam ein neues Testament dessen, was getrennt worden ist und nun wiedervereinigt werden soll. Entfernt schlummert in solchen narrativen Konfigurationen das Trauma der Zerstückelung, für die Deutschen so ein nationales Trauma wie in seiner Tilgung ein nationaler Traum, den – wer will – in den Handlungsstrukturen des *Old Surehand* auch geträumt sehen mag. Dergestalt ist der Wald jedenfalls in den Tiefen des kulturellen Gedächtnisses noch immer ein Korrelat menschlicher Transzendenz[30], wenn in seiner atavistischen Einfärbung auch von nicht geringer Ambivalenz.

Ähnliches kann man vom locus amoenus der Oase als äußerst aggressiver Allegorie auf die Regression sagen. Gerade an ihm sind die bürgerlichen Sehnsüchte, die sich in diesen Landschaftsschilderungen ihre Verbildlichung, gleichsam auch – semantisch gesehen – ein ideographisches System schaffen, nicht zu übersehen. Die Landschaft fungiert als Fokus bürgerlicher Utopie- und Paradiesesentwürfe. Jedoch, die Landschaftsbilder dieses Genres erweisen sich von großer Disambiguität. Paradiese sind eo ipso Orte der ‚Rückkehr'. Sie treten überhaupt erst ins Bewußtsein, definieren sich als solche durch den Akt von Vertreibung und Trennung, den es rückgängig zu machen gilt: rückwärtsbezogen sind sie fortschrittsfeindlich, gegenreformatorisch, antiliberal, unmodern und von einer tödlichen Hygienisierung: was alles man kurz als ideologisches Surrogat bezeichnen könnte. Sie bieten ‚Regression' an, aber für den Preis des Terrors der épuration, jenes Deckwortes für ‚Ausrottung'. Die paradiesische Oase des Bloody-Fox ist nur mit dem Revers zu betreten, das den Besitzer als Adepten jenes Meisters der Liquidation ausweist, als der Bloody-Fox im Llano amtiert, ihn von „‚Geiern' rein zu halten"[31] im ‚Geiste' der Institutionalisierung gerechter Ordnung, zu deren geographischer Evokation ihm diese Wüste gedeiht. Regressionstopoi sind viele der Landschaften im *Surehand:* das Saskuan-kui wie das Altschese-tschi oder das verlassene Camp des dritten Bandes – loca abscondita im Gegensatz zu der Weite des Llano, den schon allein die klimatischen Bedingungen zu einem hermetischen Ort machen. Ihnen allen eigen jedoch ist die Form des Kreises, in der sich das paradiesische Moment Evidenz verschafft. Kreisrund ist vor allem das Wasser als für den Initiationsweg, der hier beschritten wird, typisches Element; jenes des Saskuan-kui und – worauf schon hingewiesen wurde – des Oasen-Weihers. Die Wüste selbst wird als „rundes Kuchenblech" (XIV 317) beschrieben, innerhalb derer sich wiederum ein „Kaktuskreis" (318) um die Oase legt, die wiederum um „ein von der Natur gebildetes, fast kreisrundes Becken" (325) voll Wasser entstanden ist. Der Schauplatz, dessen Idealität das Paradiesesprogramm stärker nicht geometrisieren könnte, ist also auf das System dreifach geführter konzentrischer Kreise ausgelegt, die, in Drehung eines Schneckenhauses durchmessen, ins Zentrum zum Gehäuse eines strengen Einsiedlers führen, der Bloody-Fox geworden ist. Man wird diese Landschaft als Spiegelbild seiner hermetischen Existenz sehen, ganz in Gegensatz zu jener, wie sie sich dem Old Surehand im Park von San Louis öffnet. Der Park liefert das Erklärungsmodell einer offenen, die Oase das einer geschlossenen Existenz. Dem Bloody-Fox liegt nichts daran, daß je jemand sein „abgelegenes Home" (164) aufsucht; er hatte, um sich „noch mehr als bisher [abzuschließen], [...] mit großer Mühe und mit Hilfe des Wassers, das ihm zu Gebote stand" und das auch hier eine trennende, eine bannende Funktion indirekt ausübt, „einen so breiten Kaktuskreis um sich gezogen, daß sein Home vom Rande desselben und mit bloßem Auge nicht gesehen werden konnte" (318). In dieser Form der Ideographie des Paradiesesgedankens, gleichsam seiner in Szene gesetzten Ideologisierung topographischer Regression, manifestiert sich eine erschreckende Ästhetik des Immobilismus. „Nur wenn das, was ist, sich ändern läßt, ist das, was ist, nicht alles", zitiert Eckhard Henscheid ironisch Adornos Ästhetische Theorie.[32] In diesem System ‚ist das, was ist, alles'.

Als die Sonne sank, machten wir mitten in der Wüste Halt. Sie lag rund um uns als eine durch nichts unterbrochene Sandebene, deren Horizont eine wie mit dem Zirkel gezogene Kreislinie bildete – ein riesengroßes, mit Gries und Zucker bestreutes, rundes Kuchenblech; eigentlich ein sehr kühner Vergleich, wenn es sich um den öden, dürren, unfruchtbaren Estacado handelt! (XIV 316f.)

Im Absoluten der Wüste spiegelt sich das Absolute der solipsistischen, in ihr Schneckenhaus verkammerten, rächenden Anachoretenexistenz des Bloody-Fox: eine der wenigen Figuren Mays, die so ‚heimat'- wie ‚familien'los bleibt und in freiwilliger Selbstausgrenzung den ‚intransitiven' Ort ihrer Verbannung nicht verlassen soll: unerlöst wie die Figur einer Bayreuther *Ring*-Inszenierung, wo von Wieland Wagner bis zu Rosalie 1994 eine „mit dem Zirkel gezogene Kreislinie" jene Scheibe begrenzt, die die Welt darstellt und deren mythische Energie auch im Bild vom Llano als Kuchenblech die Allegorie der Erdscheibe aufschimmern läßt und in ihr die des ideologischen Zirkelschlusses. Denn: Der Auszug in die Weiten, wohl in ihrer Jungfräulichkeit ‚Wüsten', endet statt in der Befreiung in der Verführung durch die Ideologie, die, mythische Ängste nutzend, die überkommenen Hermaia als Wegweiser in das Ödland reaktionärer Theorie umfunktioniert, wo hinter Fata Morganas des Kitsches, den welche Ideologie auch immer zu verantworten hat, das kollektive Verderben lauert. Mays Schilderung des Llano estacado ist dafür eine sinnfällige deskriptive Allegorie. In ihm bildet sich die Wüste als durch den Verfall aller Bindungen entstandenes Vakuum ab, in welchem der Nihilismus nicht die Befreiungstat initiiert, mit der die Romane permanent kokettieren, sondern nur neue Ganzheitsanmaßungen errichtet, die sich in der emblematischen Choreographie der Daseinsballette Mays allerdings immer wieder als Posen der Verzweiflung entlarven – gerade dort, wo sie die Panzerungen weltanschaulichen Kitsches tragen. In den narrativen Allegorien seines Werkes spiegelt sich der Rückfall der Epoche hinter die Ideen der Aufklärung in den Absolutismus und Dogmatismus, der nicht anders als nur mit dem Eingeständnis der Relativität aller Wahrheiten zu überwinden gewesen wäre.

Auf die Gefahr hin, der unausrottbaren Gefräßigkeit des Klischees, jener Pflanze Sempervivum, erneut Nahrung zuzuführen, kommt man doch von der Vermutung nicht los, diese Landschaftsallegorien brächten das deutsche Wesen auf einen Nenner als autoritäts- und regressionssüchtig. In ihren Kulissen mimen Menschen Regie, die in der Angst vor der Ablösung von den Autoritäten, in der behäbigen Regression, in der renitenten Unbeholfenheit zur Selbsterfahrung und Selbständigkeit Marionetten an den Fäden einer göttlichen Intendanz vorstellen, deren Administration „hinter den scharfgezeichneten, dunklen Kanten der scheinbar höchsten Höhen" verlautbart wird, „einer für den Sterblichen unerreichbaren Märchenwelt, eines jenseits der Erde befindlichen Zauberlandes", dessen magische Qualitäten freilich für den Autor selbst nicht außer Zweifel und recht stark unter dem Verdacht einer optischen Täuschung stehen: „oder sind es die Sonnenreflexe von fernen Gebirgshäuptern [...]?" (XIX 461) Die aus der Landschaftschilderung sich effektuierende Theodizee erfährt durch den Glanz der „Märchenwelt" und des „Zauberlandes" die Depravierung zu einer bestenfalls spleenigen Varietédarbietung auf dem Rummelplatz eines Unzeitgemäßen, wo grell bemalte Figuren Pantomimen aufführen zum Ostinato: „Es giebt einen Gott; es gibt einen [...]!" (497), von dem nicht ganz klar ist, ob es sich um ‚Sphärenklänge' oder um die Dienstleistung eines Phonographen auf einer im übrigen leergeräumten Hinterbühne handelt. Eine Parabel von kafkaesker Suggestionskraft oder ein ärgerlicher Befund für die Ätiologie religiösen Kitsches, der den Landschaftsräumen die Kontingenz exorziert, sie in die Ornamentik von Tapeten ‚verzeichnet' und dekretiert, daß ‚was ist, alles ist'. In solchen Prozessen liegt Möglichkeit, Gefahr, Verhängnis allegorischen Denkens. Und so geben die landschaftlichen Soffitten des *Surehand*-Dramas einen eindrucksvollen Beleg dafür: daß Sinnbilder und sinnbildliche Stoffe zwingend in Krisenzeiten sind, in denen die persönlichen Schicksale schwer werden und die geschichtlichen Umstände undurchdringlich und bedrohlich, auch daß im 19. Jahrhundert, in einer Zeit turbulenter gesellschaftlicher Umbrüche, Allegoriker und Pathetiker als deren ästhetische Zeremonienmeister oft besser sind als ihre Reputation. Sie gefährden sie nur dort, wo sie unreflektiert mit Harmoniebedürfnissen kollaborieren und Selbstzucht mit Selbstbefreiung verwechseln, in verräterischer Wendung jene anstelle dieser verordnen: „Wenn ich Euch heute wieder einmal Vertrauen schenke, geschieht es in der Absicht, zu erfahren, daß Ihr nicht immer selbständig handelt, sondern im stande seid, eine Euch erteilte Weisung genau zu befolgen" (XIV 349). Hier holt die Problematik des Jahrhunderts die Bilder vom „schönen Ort" ein, an dem sich Unbehaustheit in für den Augenblick geleasten Tableaus familiärer Ordnung teleologisch verklärt und zu deren Apotheose hochrechnet, womit sie die Wirkungsgeschichte dieses ehrwürdigen allegorischen Topos dem Kitsch ausliefert: dem Friedensschluß mit einer Welt, die vom ästhetischen Zeichen nur den Traum und die Lüge erwartet.

Exil ‚Weltenseele', um gleich in neuen ‚Geisterbahnen' narrativer Weltentwürfe Mays ihr Wesen zu treiben, die sich in ihrer exotischen Travestie wie eine Antizipation der Labyrinthe modernen Wahns am Ende dieses Milleniums ausnehmen. Denn die Transposition der Wirklichkeit in allegorische Bilder zeigt hier bereits eine Tendenz moderner Realitätserfahrung, daß sich die Welt nicht mehr mimetisch beschreiben läßt, vielmehr nur noch paradox und – dem geschärften Blick auf die Szenarien, die May, Fermente der Satire nutzend, errichtet, kann das nicht entgehen – grotesk imaginieren gemäß den Katalogen einer „Dramaturgie der Vorstellungskraft" (Dürrenmatt 87), die nicht mehr Goethes Ideal der Persönlichkeit kennt, sondern das Individuum auf bloßes Rollenspiel in sich verengenden Spielräumen beschränkt, undurchdringlichen Labyrinthen, in denen sich niemand zurechtfindet und für die Mays dramaturgische Vorstellungskraft aus dem Symbolgehalt der Llanoterrains eine suggestive Allegorie zu formen vermag, auf eine – mit den Worten Dürrenmatts – „Welt der Sinnlosigkeit", deren Bewohner einen Sinn suchen, den es indessen nicht mehr gibt, „ohne den sie jedoch nicht ausgehalten werden kann". Sie zu bestehen, bedarf es – metaphorisch gesprochen – der besonders ausgebildeten ‚Stakemen'.

Diese Kaktusflächen treten einander oft nahe und schieben sich da oft so ineinander, daß man zu bedeutenden Wendungen und Umwegen gezwungen ist und sich nur schwer zwischen ihnen hindurchwinden kann. Wer ihre Lage, Ausdehnung und Beschaffenheit nicht kennt, der kann so in die Irre geraten, daß er sich nicht wieder herausfinden kann und, wenn er keinen Proviant und kein Wasser bei sich führt, verloren ist (XIV 317).

Daher das Vertrauen in die fragwürdigen Stakemen der Wissenschaft, deren Fortschrittsideologie nur virtuell transparent macht, was im Grunde in den Llanos immer wahnwitzigerer Verästelungen, die der inquirierende Geist verfolgt, in die Entmündigung, in Dickichte des Absurden führt, wo sich alle Kompetenz auflöst und Old Shatterhands Autonomie als Projektion der

Gesellschaft des ablaufenden Saeculums, die in den Llanos ihre Träume auf Rettung ortet, nur noch in der Groteske ihre ästhetische Rechtfertigung gewinnt. So gesehen erfüllt der Roman immerhin eine Prämisse künstlerischer Stimmigkeit: die Kongruenz von logischer Struktur des Kunstwerks und realer Welt. In den Realität prätendierenden Kulissenelementen der Erzählung konkretisiert sich die Sehnsucht einer Epoche nach anästhesierenden Surrogaten, die das Leben zu ertragen ermöglichen. Die Verabreichung von Palliativen visualisiert sich in landschaftlichen Allegorien.

VI.

sorgfältig ausgesuchte Orte oder „*I feel that everything is on the surface*".[33]

> Je länger wir ihm zuhören, um so erkennbarer wird das Erlebnismuster, das er umschreibt, und zwar unbewußt, denn er selbst kennt es nicht, bevor er fabuliert.[34]

Neben all diesen Überlegungen gilt: die Landschaftsbilder in Mays Reiseromanen sind Ausstattungsetuden in der Inszenierung des ‚rechten Weges', den der Held zu gehen hat. Dem Hang zur eher vulgarisierten Transzendierung dieser teilweise abenteuerlichen Performances, teilweise streng ritualisierter biographisch aufgeladener Selbstfeier von Familie und Gesellschaft Raum gebenden landschaftlichen Interieurs kommt eine allegorische Umsetzung – wie sie die Reiseromane ins Exotische praktizieren – besonders entgegen, „die gerade wegen ihrer dem unmittelbaren Leben entrückten Struktur" sich zu solchen Versuchen gut eignet, „die Welt mit Hilfe von Begriffen zu systematisieren" (Reichel 112), einzurichten, wie einen ‚englischen Garten' bewohnbar zu machen: mit einem Wort Herders Ordnung in der „höheren Haushaltung der Dinge" zu schaffen. Dergestalt verbürgt der Akt des Schreibens ein gut Stück Bewältigung seiner selbst, übersetzt in die Gleichnissprache des *Phaidros:* „das Pferd bewältigen". In der allegorischen Schreibweise des *Surehand* finden sich dafür immer wieder grelle Losungen: „Nur Raum brauche ich dazu, nur Raum, und den habe ich dann im höchsten Masse" (XIV 280).[35] Ausbruchsphantasien, die ihre ‚triebmodellierende' Architektur in raumplanenden Musterbüchern entwerfen und deren Fruchtlosigkeit darin besteht, daß sie immer wieder Selbstzucht mit Selbstbefreiung verwechseln, wie der Blick auf jene ausführliche Szene lehrt, in der die Bändigung des Rosses ihre anthropologische Verortung findet und Old Shatterhand dem jungen Häuptling Schiba-bigk gleichsam das sokratische Zaumzeug anlegt.[36] Der Eifer ausschweifender Inszenierung des Raumes ist kompatibel mit der beständigen Furcht vor dem Eingesperrtwerden.

Die Musterbücher des ‚Gartens' und des ‚Parks' bewähren sich also als Organon der Übersicht in einer chaotischen Welt; und ihrer Vermessungstechnik verdanken sich die Blaupausen, die als Denkbilder, der Imagination Ariadnes entsprungen, Leitfaden und Maßgaben liefern, innerhalb derer sich menschliche Entwicklungsgeschichte vollzieht. Schon die Antike unterscheidet diese beiden Typen der Raumgestaltung. Sie erwachsen aus der Jäger- und Sammlerexistenz des Menschen, aus Weidwirtschaft und Ackerbau, Nomaden- und Siedlertum, Lebensformen, die in den Weiten des nordamerikanischen Westens ihre Abbildung sich schaffen. Die Weidwirtschaft im besonderen führte zur Parklandschaft: in ihr reflektiert sich Umhegung wie Zerstreutwerden und erneute Sammlung. Sie ist Tätigkeitsfeld des Hirten: und als solcher tritt Old Shatterhand im übertragenen Sinne auf, als Hüter, Retter und Rekonstrukteur der zerstreuten Familie und der dadurch zerstörten Weltordnung. Im geschützten Park von San Louis findet beides zueinander: die wiederhergestellte Weltordnung in der wiederhergestellten Familie und die mit dem Menschen für den Moment versöhnte Natur. Aus dem Acker-, Garten- und Weinbau entstand die Gartenlandschaft. Daraus entwickelt sich der formale Garten, der Ursprung der Gartenkunst, wie man ihr in der Oase des Bloody-Fox begegnet: einem Ort der Seßhaftigkeit. Im Gegensatz zum Park von San Louis, dessen transitive Funktion den Ort des Durchgangs kennzeichnet, trägt dieser Garten, diese Oasenwelt für den Einsiedler Bloody-Fox Endgültigkeitscharakter.

Diese Denkbilder ‚Garten und Park' veranschaulichen sehr schön, wie der einzelne der „Gesellschaftsmechanik" unterliegt und die durch sie in ihm induzierte Energiesteuerung, von Elias als „Triebmodellierung" apostrophiert, sich auf der Suche nach dem ‚rechten Weg' eben auch in Landschaftsbildern manifestiert. Dies um so mehr, als ihm noch nicht Abstrakta zum Ausdruck seiner Zivilisierung zur Verfügung stehen: und um einen Ausdruck, einen Prozeß der Zivilisierung geht es gerade in diesem Roman. Triebkontrolle schreibt – bewußt oder unbewußt – diese Landschaftsbeschreibungen mit, weil ihr noch kein differenziertes Instrumentarium sich auszudrücken zur Verfügung steht. Sie modelliert die dem Individuum durch sein soziales Dasein zugemuteten „Fremdzwänge" in „Selbstzwänge" um, deren „Ring [...] sich um das Verhalten der Menschen legt" (Elias II 398): und es ist dieser „Ring", der im Repertoire der von May für seine ‚Reiseerlebnisse' hergerichteten Schauplätze seine allegorische Verbildlichung findet. Dazu gehören die „sorgfältig ausgesuchten Orte", die Felsenburgen und Hide-spots und der Archipel vielfältiger in der Wildnis versunkener ‚Inseln', ein Quasi-Atlantis als Fokus für Wünsche und Phantasien, die die erzählte Landschaft des *Surehand* ausmachen: ein semiotisches System, dessen Habitate „animistischer Rückstände", ohne die eine abstrahierte Welt- und Gottesvorstellung nicht auskommen kann, „solange unsere Sprache noch keinen eigenen, klaren und gesonderten Wortschatz für die geschichtlich-gesellschaftlichen Prozesse entwickelt hat" (39), aufregende Entsorgungsdeponien psychischer Deviationen darstellen. Das Metafeld dieses landschaftlichen Idioms, das May hier aufbietet, ist mit der Erkenntnis besetzt, daß keiner seiner Protagonisten sich aus sich selbst, sondern stets aus einem metaphysischen Gegenüber definiert, das die eigene Instabilität kompensieren soll und das für die Personen des Romanes in Old Shatterhand zum Bilde wird, für den selbst nun „die Unendlichkeit im eigenen Innern fort[währt]", attachiert an den himmlischen Raum. Stets also – und für diesen Vorgang sind die „sorgfältig ausgesuchten Orte" die szenische Anweisung – wird hier Selbstzucht als Selbstbefreiung ausgegeben; das gilt ausgesprochen für jene „die Unendlichkeit" induzierende Hypertrophie des Hide-spots, für die ins Kosmische transzendierte Höhle, den „Horizont, der sich wie eine sichtbare aber nicht zu greifende Ewigkeit immer von neuem gebiert"; den bestirnten Himmel, „wo zwischen den strahlenden Lichtern des Himmels immer andre und andre, immer mehr und mehr Lichter erscheinen, bis der Blick sie nicht mehr zu fassen vermag" (XIV 397); ein ‚Landschafts'emblem, dem das folgende Religionsgespräch die internalisierte Unendlichkeit als subscriptio bereitstellt. Landschaftsbeschreibung kodiert die Gottesvorstellung, sie ist eine Variante, die „Natur als Hieroglyphe Gottes zu lesen"[37], und nährt die Vermutung, daß in jedem poetischen Bilde notwendig archetypische psychische, das Göttliche spiegelnde Strukturen erscheinen, aus ihm also „ebenfalls göttliche Hieroglyphen sprechen". Mays Text selbst entfaltet den Plan eines ‚englischen Gartens', als den der Autor sein Leben eingerichtet sehen möchte: als „lebendige Landschaft [...] geläutert und ausgebildet" und doch „nur mit den eigenen Farben der Natur" (Walpole 46) gestaltet. Letztere entpuppt sich als „ein Interieur, das man nach außen hin abzuschotten hat, um jeder möglichen Gefahr vorzubeugen" (Reichel 16): als Saskuan-kui, als

Kaam-kulano, als Kaktusfalle und Llano-Oase, als verlassenes Camp und Park von San Louis. In der Innenwelten als Naturnachahmung nach Außen delegierenden Gartenwelt des Fürsten Pückler bedeutet das, „daß bei allen Bestrebungen [die Natur] zu ergründen, sie dennoch immer etwas Unerreichbares in petto behält, und über kurz oder lang dem armen Menschen zuruft: Bis hierher und nicht weiter!" (Pückler 129) Die Suggestion, über sie zu verfügen, zeugt das allegorische Trugbild, dem gegenüber „das wenige, was faktisch wird, [...] zwar nicht irrelevant ist, aber höchst fragmentarisch, verständlich nur als Ausläufer einer fiktiven Existenz" (Frisch 7). „Das Arrangement von Landschaften, dem klassischen Gegenstand literarischer Raumbetrachtung, und Landschaftsfragmenten, z. B. von einem Stein, der Sonne oder einer in der Landschaft installierbaren Orientierung, enthüllt das Bewußtsein eines Autors, eines Erzählers oder einer fiktiven Figur, womöglich gar einer Epoche" (Reichel 8), und bietet – wie die Gartenkunst Walpoles die Natur – so das Werk als Allegorie aus.

Anmerkungen

1 Pückler 72.
2 Der Novellenkranz des Beginns, die Geschehnisse um Parker und Hawley, exponieren das ebenso eindrücklich wie die Auftritte Schiba-bigks und Apanatschkas.
3 „Ich okuliere durch meine Erzählung Realität; durch Mitteilung entsteht keine Verminderung der Bilder, sondern eine Verdoppelung. Was geschieht mit mir, der ich erzähle? Kopiere ich ein Farbdia auf Schwarz-Weiß-Fotopapier, entstehen gesetzmäßige, aber für mein Auge unvorhersehbare Veränderungen in den Helligkeitswerten." Was Fichte hier gibt, ist eine Diagnose allegorischer Erzähltechnik.
4 Etwa in der *Soracte*-Ode, die im „Vides ut" die rahmende Perspektivität schon vorgibt.
5 Günther Scholdt, in: MKMG 77 (1988), S. 29.
6 In diesem Sinne als „Gemälpoesie" (Holtzwart) ist das Emblem schon immer wirksam gesehen worden: „ein synthetisches Kunstwerk", das „ein Bild (pictura) mit einer Überschrift (inscriptio, Lemma) und einer oft epigrammatischen Auslegung (subscriptio) verbindet" (Kurz 52).
7 „Aber ich erzähle bekanntlich nur Wahrhaftiges und innerlich wirklich Geschehenes und Erwiesenes. Meine Erzählungen enthalten psychologische Untersuchungen und Feststellungen" (XXXI 111).
8 „Ähnlich wurden später die Dichtungen Ovids als moralische Allegorien ausgelegt. Das Motiv der Rettung und Verteidigung durch die Allegorese kann sich mit anderem verbinden: Die Allegorese macht einen Text bedeutsam, sie gibt ihm eine zusätzliche Tiefendimension. Sie kann einen Text dadurch aufwerten oder retten, und sie kann einen bedrängenden und bedrohlichen Text dadurch entmächtigen und abwehren" (Kurz 45). Das alles trifft ohne Zweifel auf May zu.
9 „Ein Text ist dann literarisch interessant, wenn er aus vielen kleinen Widerständen, Verweigerungen eines bestimmten Ablaufs, wenn er aus Überraschungen besteht. Diese Überraschungen finden aber nicht auf den abstrakten Ebenen der Fabel, der Moral oder der

Neuheit der Konzeption statt, sondern im Gebrauch von Sätzen. Im Umgang mit Wörtern, in Mikroereignissen also" (Adolf Muschg: *Das Private und der Weltlauf. Über das Notwendige. Ein Gespräch mit Adolf Muschg*. In: Neue Zürcher Zeitung, 9./10.7. 1994, Nr. 158, S. 68).

10 Pückler 32.

11 Vgl. XXXI, 1, 4. Das Motiv ist vorgebildet in Shelleys frühem emphatischen Epos *Queen Mab* (1813) und findet eine späte Entsprechung in der Eröffnungsszene – und nicht nur hier – von Hofmannsthals *Frau ohne Schatten* (1916/19).

12 Man beachte stilistisch die ausgesprochen kirchenliedhafte Tönung des Imperativs „er muß *errettet* werden"!

13 Nach Goethes eigener Definition behandelt er es also allegorisch: denn so immanent das Symbol den Dingen ist, so ‚extravagant' die Allegorie. Oder: „Im Auslegen seid frisch und munter! / Legt ihr's nicht aus, so legt was unter" (zit. nach Kurz 28).

14 *Geoponika*, 10. Jahrhundert (zit. nach Gothein: *Vorwort*).

15 Wiederum wird diese Kulisse zitiert, wenn es darum geht, die große Lektion, die die Handlung ausmacht, nämlich „die verborgene Menschenfährte zu entdecken" (XIV 610), in Szene zu setzen: „in der Savanne, im Urwalde, in den Cañons der Hochlande und den Schluchten der Felsenberge", wo „im leichten, zerbrechlichen Kanoe" und „über die tiefen Schneefelder der Missouri-Ebene" (605) zur Jagd auf die Wiederherstellung einer zerstörten Existenz geblasen wird.

16 Walter Abish: *How German Is It – Wie Deutsch Ist Es*. New York 1979, 1980, S. 56 (zit. nach Milich).

17 Man vergleiche etwa XIV 203, wenn ein Bachbett zum Verwischen von Spuren genutzt wird: „Wir kehren hier also um, Mr. Shatterhand?" – „Hier nicht, sondern eine Strecke weiter oben." – „Warum noch weiter hinauf?" – „Dort giebt es ein fließendes Wasser, welches seitwärts führt. Wenn wir in demselben reiten, bleiben den Roten, falls sie ja noch vor Abend kommen sollten, unsre Spuren vollständig verborgen." Natürlich ist Old Shatterhand auch über die Lage des ‚Altschese-tschi' genau im Bilde (206) und weiß, von welcher Richtung her man sich ihm unbemerkt nähern kann.

18 Ein Ausdruck, den Vladimir Nabokov (74) despektierlich auf die Schreibweise Joseph Conrads münzt.

19 Vgl. die anschließende Digression über „Schutzengel": XIX 150ff.

20 John Ashbery: *Three Poems* (zit. nach Milich 190).

21 Wie übrigens der ganze Roman *Old Surehand* von auffälliger allegorischer Aufgeräumtheit und emblematischer Hygiene ist. Mays Text gibt sich selbst als Allegorie auf eine Allegorie, als allegorischer Garten, indem er die Welt als ‚machtgeschützte Innerlichkeit', als nach außen abgeschottetes Interieur präsentiert; reaktionär, wie hier Idyllen eingerichtet, aber verräterisch in der Art, wie deren Versatzstücke einer schon museal gewordenen Tradition mit ‚feiner Banausie' montiert werden.

22 „Bloody-Fox hatte sich nämlich noch mehr als bisher abschließen wollen" (XIV 318).

23 „dies minimum in Umfang und Zahl der Zeichen, dies damit erzielte maximum in der Energie der Zeichen" (*Götzendämmerung* 155).

24 Gothein: *Vorwort*.

25 „ein Buch [muß] eine Seele haben, nämlich die Seele des Verfassers" (XIX 342).

26 „Das Ich ist unrettbar. Teils diese Einsicht, teils die Furcht vor derselben führen zu den absonderlichsten pessimistischen und optimistischen, religiösen und philosophischen Verkehrtheiten." Das Ich- und Jenseitsbild, das May im *Old Surehand* (XIX 492ff.) entwirft, liest sich gleichsam wie ein ‚haptonastischer' Abwehrreflex auf die Theorien Machs.

27 Vgl. Jürgen Hahn: *Old Shatterhands Berceuse oder die Ballade vom dozierenden Säugling in Rondoform. Ein Versuch über die Tücken der Banalität*. In: JbKMG 1995.

28 Walter Benjamin in einem Brief vom 19.6.1938 an Theodor W. Adorno (Theodor W. Adorno/Walter Benjamin: *Briefwechsel 1928-1940*. Frankfurt/M. 1994, S. 337).

29 Vgl. Michael Neumann: *Unterwegs zu den Inseln des Scheins. Kunstbegriff und literarische Form in der Romantik von Novalis bis Nietzsche.* Frankfurt/M. 1991, S. 246f.
30 In dieses Bild paßt sich überzeugend ein, was die Forschung über den ‚Australopithecus ramidus', jenen 4,4 Millionen Jahre alten Urmenschen, zu berichten weiß. Er hat in einer bewaldeten Umgebung gelebt. Die Entwicklung zum ‚Homo sapiens' ist offenbar nicht mit dem Verlassen der Wälder in Verbindung zu bringen, daß etwa die Savanne die Menschheit auf die Straße der Evolution gezwungen hätte. Ihre ersten Schritte scheinen in einer bewaldeten Umgebung erfolgt zu sein.
31 Karl May: *Der Sohn des Bärenjägers.* Stuttgart 1890, S. 448.
32 *Frankfurter Allgemeine Zeitung* (6.8.1994), Nr. 181, S. 25.
33 Sylvère Lotringer: *„Wie Deutsch Ist Es." Interview mit Walter Abish.* In: *Semiotext(e)* 2 (1985), 1-9, S. 3.
34 Max Frisch (zit. nach Volker Hage: *Max Frisch.* Hamburg 1983, S. 7).
35 Gerade die Pferdebändigungs-Episode im zweiten Kapitel des ersten *Surehand*-Bandes läßt sich als Paraphrase auf das Seelenwagen-Gleichnis des *Phaidros* lesen und legt die psychopathologische Struktur bloß, aus der der Roman erwächst.
36 „Es galt, dem Seelenleben eines jungen, hoffnungsvollen Indianers eine Richtung zu geben, die es ihm ermöglichte, seinen einstigen Untergebenen etwas weit Besseres als ein roher, blutdürstiger Kriegshäuptling zu werden" (XIV 362). Im folgenden entwickelt Old Shatterhand die Strategie eines sokratischen Prinzenerziehers.
37 Neumann 243; Ludwig Tiecks Franz Sternbald führt seine Wanderung in die Berge, „wo die Gegend plötzlich ihren anmutigen Charakter verlor und wilder und verworrener ward", der Weg „enge und schmal zwischen Felsen hindurch" führt und die Landschaft jene ‚ossianische' Formung und Färbung der bühnenbildnerischen Werkstätten Miltons gewinnt, wie sie May auf Old Shatterhands Ritt in die Rocky Mountains „zwischen ganz engen Felsenwänden oder an Abgründen hin" (XIX 558) für die Herrichtung der Schauplätze von Initiation und Gottesurteil nutzt.

Bibliographische Anmerkungen

Udo Becker: *Lexikon der Symbole.* Freiburg i. Br. 1992.

Ernst Bloch: *Experimentum mundi.* Frankfurt/M. 1985.

Norbert Bolz: *Am Ende der Gutenberg-Galaxis.* München 1993.

Jorge Luis Borges: *Von Büchern und Autoren. Rezensionen 1936-1939 (Werke* 4). Frankfurt/M. 1994.

Friedrich Dürrenmatt: *Gedankenfuge.* Zürich 1994.

Norbert Elias: *Über den Prozeß der Zivilisation. Soziogenetische und psychogenetische Untersuchungen.* 2 Bde. Frankfurt/M. 1977.

Hubert Fichte: *Versuch über die Pubertät.* Frankfurt/M. 1979.

Theodor Fontane: *Effi Briest.* Zürich o. J.

Johann Wolfgang von Goethe: *Sprüche in Prosa. Maximen und Reflexionen.* Leipzig 1908.

Ders.: *Die Wahlverwandtschaften.* Frankfurt/M. 1976.

Marie Louise Gothein: *Geschichte der Gartenkunst.* 2 Bde. München 1994.

Jacob Grimm: *Deutsche Mythologie.* 3 Bde. Graz 1968.

[Frisch] Volker Hage: *Max Frisch.* Hamburg 1983.

Robert Pogue Harrison: *Wälder. Ursprung und Spiegel der Kultur.* München 1992.

Hugo von Hofmannsthal: *Die Frau ohne Schatten.* Frankfurt/M. 1964.

Gottfried Keller: *Sämtliche Werke.* Hg. v. Jonas Fränkel. Achtzehnter Band. *Der grüne Heinrich.* Erste Fassung. Dritter Band. Wien o. J.

Gerhard Kurz: *Metapher, Allegorie, Symbol.* Göttingen 1993.

Ernst Mach: *Analyse der Empfindungen und das Verhältnis des Physischen zum Psychischen.* Darmstadt 1991.

Klaus J. Milich: *Lektüre der fremden Zeichen: Walter Abishs Literarisierung der Wahrnehmung im intertextuellen Diskurs mit der postmodernen Anthropologie.* In: Amerikastudien 38 (1993), H. 2.

Vladimir Nabokov: *Deutliche Worte. Interviews – Leserbriefe – Aufsätze (Gesammelte Werke XX).* Hamburg 1993.

Michael Neumann: *Unterwegs zu den Inseln des Scheins. Kunstbegriff und literarische Form in der Romantik von Novalis bis Nietzsche.* Frankfurt/M. 1991.

Friedrich Nietzsche: *Götzendämmerung.* In: *Sämtliche Werke. Kritische Studienausgabe.* Bd. 6. München 1980.

Ders.: *Menschliches, Allzumenschliches.* Ebd. Bd. 2.

Novalis: *Heinrich von Ofterdingen.* In: *Werke und Briefe.* Leipzig 1942.

Hermann Fürst von Pückler-Muskau: *Andeutungen über Landschaftsgärtnerei.* Frankfurt/M. 1988.

Norbert Reichel: *Der erzählte Raum.* Darmstadt 1987.

Gerhard Strohmeier: *Das Raumbild des amerikanischen Westens.* In: *Historische Anthropologie* 1 (1993), H. 1.

Vergil: *Aeneis.* Lateinisch–Deutsch. München 1965.

Peter von Matt: *Das Schicksal der Phantasie. Studien zur deutschen Literatur.* München 1994.

Horace Walpole: *Über die englische Gartenkunst.* Heidelberg 1994.

Christoph F. Lorenz

Vom ‚Self-man' zum ‚Helden des Westens'

Zur Abenteuerkonzeption und Integration früher Erzähltexte in Karl Mays ‚Old Surehand II'

1

Zu den Werken Karl Mays, die immer wieder sehr unterschiedlich beurteilt worden sind, gehört *Old Surehand II,* 1895 erschienen und im wesentlichen im November/Dezember 1894 zusammengestellt bzw. in wichtigen Teilen (Rahmenerzählung) konzipiert.[1] Daß May hier überwiegend auf ältere Texte zurückgegriffen hat, wurde vor allem in der früheren May-Forschung als defizitär bewertet. Hans Wollschläger nannte Mays Kompilation aus altem Material und neuen Elementen „trostlos", und er fügte hinzu, man müsse hier „formal und inhaltlich die allergröbste Pfuscherei"[2] konstatieren. Nicht wesentlich freundlicher fiel das Urteil Roland Schmids aus, der May „keine glückliche Hand" bei der Auswahl und Bearbeitung des Materials bescheinigte.[3] Gänzlich anders dagegen fiel die Analyse Harald Frickes aus, der gerade diesem Werk Karl Mays exemplarische und herausragende Bedeutung beimaß; Fricke sah im *Old Surehand II* sogar eine Erfüllung der literaturtheoretischen Forderungen der deutschen Frühromantik, besonders Friedrich Schlegels, und konstatierte einen „strukturellen Grundzug der *Mischung* vielfältiger Gattungselemente und ihrer epischen Integration durch gegenseitige Spiegelung der verschiedenen Ebenen"[4] als verbindendes Element zwischen Mays reifem Werk (das für Fricke eben mit *Old Surehand II* einen ersten Höhepunkt erreichte) und den Bestrebungen der deutschen Romantiker, „Episches und Lyrisches, Abhandlung und Aphorismus, Manierismus und Volkspoesie, ästhetische Theorie und Religion, Identitätsgrübelei und Ironie, Witz und Mysterium in artistischer Weise"[5] zu verknüpfen. Kurz: das vorher als rein zwanghafte Notlösung angesehene Prinzip des Rückgreifens auf Älteres wird seit Fricke in der Karl-May-Forschung geradezu als Positivum, als Zeichen größerer Reflexion und Gestaltungskraft des Autors gewertet. Ulrich Schmid, der den ‚Werken des Übergangs' zwischen 1895 und 1905 besondere Bedeutung zugestand[6], sah in der Art und Weise, wie May Korrespondenzen zwischen eingestreuten Erzählungen und Rahmenhandlung konstruierte, einen „deutlichen Fortschritt gegenüber den beiden letzten ‚Winnetou'-Bänden"[7], die von Schmid gerade wegen der wenig kohärenten Verbindung älterer Texte mit dem neugeschriebenen Anfangs- und Schlußteil der Trilogie kritisiert wurden.[8]

Versucht man, aus diesen unterschiedlichen Forschungsmeinungen und -thesen ein vorläufiges Fazit zu ziehen, so läßt sich sagen, daß die von Wollschläger und später Roland Schmid als defizitär betrachtete Konstruktion aus älterem Erzählmaterial und neuer Formgebung von Fricke und Ulrich Schmid geradezu als Vorzug des *Surehand*-Mittelbandes gewertet wird. In allen bisherigen Arbeiten findet sich allerdings kaum etwas Präzises zur Art und Weise, *wie* May die früheren Texte bearbeitet hat. Auch Roland Schmids diesbezügliche Anmerkungen sind nur teilweise zutreffend. Darum soll in den folgenden Ausführungen einmal das Verhältnis zwischen Altem und Neuem, besonders aber die Frage, wie May die Integration der früheren Erzähltexte in *Old Surehand II* bewältigt hat, im Vordergrund stehen.

Zunächst ist es aber notwendig, ein paar Anmerkungen zur ‚Wildwest-Konzeption' im Frühwerk Mays und in den späteren Fehsenfeld-‚Reiseerzählungen' voranzuschicken. Während Mays erste kürzere Erzählungen mehr oder weniger als ‚Fingerübungen' in Genres zu werten sind, die zur damaligen Zeit en vogue waren (wie der Dorfgeschichte, der volkstümlichen Humoreske oder des historischen Romans – *Der beiden Quitzows letzte Fahrten* ist zwar ein nur sehr ungenügendes Beispiel Mayscher Erzählkunst, dafür aber ein Beleg par excellence für seinen frühen Umgang mit Quellenwerken[9]), zeigt sich in den ersten exotischen Kurzerzählungen, aber auch im längeren *Old Firehand* von 1875, eine deutlich erkennbare, eigenständige Abenteuerkonzeption. Diese Texte (hierzu gehören unter den Amerikaerzählungen neben *Old Firehand* etwa noch *Der Oelprinz*, *Ein Self-man*, *Inn-nu-woh* oder *Vom Tode erstanden*) zeigen den Ich-Erzähler (außer in *Inn-nu-woh*, wo er ausschließlich Beobachter und Berichterstatter ist) meist als noch nicht sehr erfahrenen Westmann, der dann (z. B. in *Old Firehand*) im Laufe der Erzählung deutlich an Profil und an Achtung gewinnt. Durch erfolgreich bestandene Abenteuer (Rettung vor einem Ölbrand, Kämpfe mit feindlichen Indianern etc.) gelingt es dem Ich-Erzähler, eine anfängliche Geringschätzung durch andere zu korrigieren (vgl. das Verhältnis zwischen Ellen und dem Ich-Erzähler in *Old Firehand*) und sich als erprobten Westmann erfahreneren Männern (wie Sam Hawkens oder Old Firehand) ebenbürtig an die Seite zu stellen. Abenteuer wird hier – ganz im Sinne der Interpretation Bernd Steinbrinks[10] – als permanenter Prüfungs- und Initiationsprozeß gesehen, wobei die Helden allerdings nur eine scheinbare Entwicklung durchmachen. In Wahrheit ändert sich ihr Charakter wenig; sie werden aber von der Umwelt unterschätzt und erst im Verlaufe der Bewährungen erkennen die anderen den Wert des vermeintlichen ‚Greenhorns'. Dabei gehören zum ‚Westmanndasein' in den frühen Texten vor allem Mut, Körperkraft und Entschlußfreudigkeit sowie Leistungen in den Künsten des Westens (Reiten, Schießen, Spurenlesen etc.). Moralische Werte spielen demgegenüber nur eine untergeordnete Rolle. So scheuen sich die Helden meist wenig, gefangenen oder besiegten Gegnern den Skalp zu nehmen, und von einer Schonung des Feindes ist auch sonst nur selten die Rede. Statt dessen gilt vielmehr, was in dem Roman *Auf der See gefangen* (*Frohe Stunden*, Jg. 2, 1877/78[11]) über Sam Fire-gun gesagt wird: „in seinem von dem flackernden Lichte beschienenen Angesichte sprach sich ein Gefühl von jener Kampfeswonne aus, welche das verfeinerte Urtheil leugnet" (515). Anders ausgedrückt: ‚verfeinerte' Gefühle, Schonung und moralisches Feingefühl sind vor allem für die Menschen in der ‚Zivilisation' bestimmt, in der Prärie hingegen herrscht (wenngleich die ‚guten Westmänner' stets auch das Privileg des ‚moralisch Besseren' für sich beanspruchen) das Gesetz: Auge um Auge, Zahn um Zahn.

Zu dieser frühen Wildwest-Konzeption Mays gehört auch das Bild vom ‚Self-man', wie er in der gleichnamigen Erzählung (aus dem genannten *Frohe Stunden*-Jahrgang) in Gestalt des legendären Präsidenten Abraham Lincoln gezeichnet wird: „Ja, er war ein ganzer Mann, ein Self-man, wie es keinen zweiten giebt, und darum hatte er das Herz auf dem rechten Flecke, war zäh grad wie Hickoryholz und dabei wie – wie – ja, wie es sonst eigentlich nur die Deutschen sind" (447). Unter ‚Self-man' (richtig wäre ‚Self-made-man') versteht May dabei nicht etwa nur die Verkörperung des ‚American Dream', also die Karriere ‚vom Tellerwäscher zum Millionär', sondern einen Mann, der sich nicht zum Spielball dämonischer und göttlicher Mächte machen läßt (wie im frühen Fragment *Ange et diable* aus der Zwickauer Haftzeit) und der selbständig, ohne Unterstützung durch Eltern, Reichtum, gesellschaftliche Stellung oder Erziehung, seinen Weg macht aus der Niederung einer ungesicherten Existenz hinauf zur Position eines gesellschaftlich und moralisch geachteten Menschen (nicht etwa eines Bürgers der kapitalistischen Gesellschaftsform, sondern eines ‚Freien' in der anarchisch-ungebundenen Wunschgesellschaft des idealisierten Wilden Westens). Als

Prototyp eines solchen ‚Self-man' führt May in zwei Episoden seiner Erzählung einen Abraham Lincoln vor, der mit der historischen Figur nur wenige Züge gemeinsam hat (als Kämpfer gegen Rassismus, Lawyer und Anwalt der Schwachen und der Schwarzen) und der gleich zu Anfang in der Wildnis gezeigt wird, wie er eine Rede gegen die Rassentrennung memoriert. Das Bild des einsamen, stolzen und kämpferischen Self-man geht einher mit dem unbekümmert-zupackenden Verhalten, wie May es Lincoln im Kampf gegen verbrecherische Weiße und plündernde Indianer zuschreibt: „Den gespannten Revolver in der Hand, zog er sich den Schaukelstuhl herbei und ließ sich in demselben nieder" (446). Von Humanität, Schonung der Feinde und Rücksichtnahme auch gegenüber dem Gegner ist in diesem Self-man-Porträt ungetrübten Vertrauens in die eigene Stärke nirgends die Rede. Die Selfman-Idee korrespondiert also mit der eher rauhen Attitüde der frühen Westmänner bei May: Stärke vor Moralität, Durchsetzungsvermögen vor Rücksicht.

Mit diesem rigiden Bild des Wilden Westens hatte es endgültig 1893 ein Ende, als May für die Buchausgabe den ersten Band *Winnetou* völlig neu schrieb. Bereits die für den *Guten Kameraden* geschriebenen ‚Jugenderzählungen' (ab 1886) setzten neue Prioritäten: aus den ungeschlachten ‚Selfmen' der Frühzeit waren ‚Helden des Westens' geworden, die bei all ihrer Stärke, Athletik und Intelligenz nun vor allem eisernen moralischen Prinzipien gehorchten, die Nächstenliebe vor die Durchsetzung der eigenen Interessen stellten und die Rache lieber der göttlichen Vorsehung überließen statt sie in die eigenen Fäuste zu nehmen. Prototyp und Vorbild dieser Westmänner wird nun Old Shatterhand, dem May in *Winnetou I* die Züge der alten Heiligenlegenden überblendete, Heiliger Georg und Franziskus in einem, der die Starken bekämpft und die Schwachen beschützt, der seine buchstäblich niederschmetternde Faust in den Dienst der Gerechtigkeit stellt. Zu den zahlreichen Zügen religiöser Legendenliteratur, die sich in *Winnetou I* niedergeschlagen haben, gehört auch die veränderte Genese des Helden: nur scheinbar ist die Entwicklung des Greenhorn zur unbesiegbaren ‚Schmetterhand'; in Wirklichkeit besitzt er von Anfang an all jene wunderbaren Eigenschaften, die ihn sogar über so berühmte und erfahrene Westmänner wie Old Firehand und Sam Hawkens stellen. May knüpft an seine frühen Texte an, wenn er dem Helden eine realistische Charakterentwicklung verweigert, aber er fügt ein neues Element hinzu, nämlich das der supranaturalen Beglaubigung. Wie die Heiligen der Legende beweist auch Old

Shatterhand (im Gottesurteil-Zweikampf bei den Apachen), daß er ein charismatischer Führer[12] und Held ist, aber eben einer von Gottes Gnaden, ein Erwählter, der sich im Vertrauen auf seine ‚göttliche Sendung' auch damit begnügen kann, seine besiegten Gegner zu begnadigen und ihnen zu verzeihen. Von *Winnetou I* an bewährt sich die neue Wildwest-Konzeption Mays als duale Vision von heldischer (kämpferischer wie intellektueller) Stärke und moralischer Festigkeit; was manche Kritiker als groteske Übertreibung empfanden, wird spätestens mit der *Old-Surehand*-Trilogie zum entscheidenden Gestaltungsprinzip erhoben: die Kombination aus christlicher Heilsbotschaft und abenteuerlicher Spannung.

Für diese geänderte Grundkonstellation Mayscher Abenteuerliteratur ist *Old Surehand* ein zentrales Werk. Im zweiten Band unternimmt May den Versuch, Texte aus der früheren Schaffensperiode, die meist das alte ‚Selfman-Bild' des autarken, aber rücksichtslosen Helden zementieren, in die neue Konzeption einzubinden; wohl nicht zufällig griff er für die erste Binnenerzählung auf einen seiner frühesten Texte aus dem *Deutschen Hausschatz* zurück, auf *Three carde monte* (Jg. 5, 1878/79). In den Arbeiten für den *Hausschatz*, besonders in der großen *Giölgeda-padiśhanün*-Serie, manifestiert sich der erste entscheidende ‚Schub' der Entwicklung hin zu Mays endgültiger Konzeption der Abenteuer- und Reiseromane: zwar sind die Texte immer noch im wesentlichen episodisch und bestehen aus einer Aneinanderreihung verschiedener Abenteuer, doch hat May nicht nur seinem Ich-Helden und dessen Helfern deutlicheres Profil verliehen, sondern auch die für seine späteren Reiseerzählungen so charakteristische Mischung aus Abenteuer- und Kriminalelementen wie auch Momenten nonfiktionaler Reiseliteratur (Erzählform des Reiseberichts, ethnographische und naturwissenschaftliche Fakteninformation und – in Ansätzen – politischer Essay) vorgeprägt. *Three carde monte*, obwohl ein besonders früher Text, zeigt die deutliche Entwicklung des Mayschen Erzählens wie in einem Brennspiegel. May hat die alte *Self-man*-Erzählung (wobei *Three carde monte* nur wenig später entstand) aus den *Frohen Stunden* völlig umgeschrieben, den Text dabei als Rohmaterial benutzt und nach Belieben neu montiert. So wurden die einleitenden Passagen des *Self-man* („Das war damals ein munteres Leben da hinten im Westen" etc., *Frohe Stunden* 398) an den Beginn des zweiten Abschnitts von *Three carde monte* gesetzt, wobei May nur die Bemerkung über den Status des Helden im Wilden Westen veränderte, so daß es nun heißt: „ich war schon lange nicht mehr grün im Fache" (*Deutscher*

Hausschatz – künftig: DH –, Jg. 5, 424[13]). Auch die Grundzüge der Fabel des zweiten Teils von *Three carde monte* finden sich schon im ersten Abschnitt des *Self-man*, nur daß May die Ungereimtheiten und Brüche des frühen Textes geschickt kittet. Erscheint im *Self-man* der Überfall der Indianer auf einen so großen Militärstützpunkt wie Fort Gibson als überaus unwahrscheinlich (und wird darüber hinaus nur in der letzten Phase, also beim Rückzug der Indianer und ihres Verbündeten, des Kanada-Bill, geschildert), so hat May in *Three carde monte* die Handlung auf einen kleinen Militäraußenposten namens Smoky-Hill verlegt und dadurch motiviert, daß der Kanada-Bill nun aus Rachsucht die Indianer zum Überfall anstiftet, der aber durch die Umsicht von Lincoln und Tim Kroner verhindert wird. Gänzlich neu geschrieben hat er den ersten Teil von *Three carde monte* mit dem tragischen Tod von Tims Braut und ihrem Vater; nur den Anfang der Szene, in der Tim Lincoln zum ersten Mal sieht (*Frohe Stunden* 398: „Auf einem alten Baumstumpfe, den ich in der Mitte einer kleinen Lichtung erblickte" etc.; vgl. damit weitgehend wörtlich DH 407, vom letzten Absatz der linken Spalte bis zum Beginn von Lincolns Rede, die für den *Hausschatz* neu gestaltet wurde), übernahm er aus dem alten Text, mit dessen Konzept er auch kaum zufrieden sein konnte. Die Gestalt des Kanada-Bill ist in *Three carde monte* viel lebendiger und ausgestalteter als im *Self-man*, wo man lediglich Mays Bemühen erkennen kann, aus der eher durchschnittlichen Figur des Falschspielers William Jones[14] einen ‚Satan' von Format, einen Mörder, Dieb und Menschenhändler zu machen. So bleibt im *Self-man* die zweite Episode, in der es um Menschenhandel geht, seltsam isoliert, was auch damit zusammenhängt, daß May völlig unerwartet eine verflossene Geliebte Tim Summerlands, Betty Kroner, und deren Familiengeschichte einführt. Auch die Rolle des Kanada-Bill in dieser Episode der *Frohe-Stunden*-Erzählung kann wenig überzeugen, denn er bleibt beim Menschenhandel als bloßer Käufer seltsam passiv und wird am Ende offenbar noch nicht einmal bestraft (447). Hinzu kommt, daß sein Falschspiel im *Self-man* zwar am Anfang erwähnt wird (398), als Handlungselement aber praktisch ausbleibt. Ganz anders in *Three carde monte*, wo das Kartenspiel in den ersten beiden Episoden wesentliches handlungstragendes Motiv ist (nur die dritte Episode mit dem aus *Old Firehand* übernommenen Brand des Öltals und der Rettung Bettys durch Tim wirkt wie ein Fremdkörper) und der Kanada-Bill als Räuber und Mörder großen Formats eine wichtige Rolle spielt als Antipode zum ‚Self-man' Lincoln, gewissermaßen als ein ‚Self-man', der seine Existenz nicht auf ehrliches Handeln, sondern auf Verbrechen aufbaut. Erzählerische Schwächen sind freilich auch in *Three carde monte* nicht zu übersehen: daß etwa der Kanada-Bill den Helden dreimal entkommt, ist zwar im Sinne der episodischen Struktur und des zyklischen Erzählstils verständlich, wirkt aber wenig glaubwürdig; sein buchstäbliches Verschwinden am Schluß ist offenbar nur dadurch motiviert, daß May von dem wirklichen Ende des historischen William Jones („jämmerlich verkommen im Hospitale", DH 405) gehört hatte und es nun in seine Erzählung einbauen wollte. Dies alles stellt die logische Denkfähigkeit des Lesers wohl auf eine harte Probe[15], der erzählerische Fortschritt ist aber dennoch unverkennbar.

Als Karl May 1895, also 17 Jahre später, daran ging, den *Three-carde-monte*-Text in *Old Surehand II* einzubauen, veränderte er strukturell und sprachlich nur wenig. Selbst manche Deutsch-Amerikanismen wie ‚Fenzstangen' und ‚Kneif', deutliche sprachliche Tribute an sein großes Vorbild Friedrich Gerstäcker, sind in den *Surehand*-Text übernommen worden (XV 8, 13 u. ö.). In den ersten beiden Abschnitten des Textes hat sich May sogar praktisch darauf beschränkt, kleinere sprachliche Korrekturen vorzunehmen (XV 12 heißt es „Falschspieler" statt sprachlich unrichtig „Fälscher" im *Hausschatz*, 406) oder einige unwesentliche Verbindungsteile einzufügen (z. B. „und kniff sie in die Wangen, *indem er sagte*", XV 9 – kursivierter Text fehlt in DH 406; „,Verzeihung, Gentlemen, dieser Mann spielt falsch', *sagte ich*", 31, vgl. DH 426). Diese detaillierten Veränderungen beweisen, daß May bei der Übernahme seinen früheren Text sehr präzise und Satz für Satz, auch mit Sinn für sprachliche Feinheiten, wiederlas. Dennoch sind ihm ein paar Details entgangen; so ist in *Surehand II* (16 u. ö.) die falsche Schreibung ‚Hi*k*orystämme' aus dem *Hausschatz* (407) übernommen worden, obwohl am Schluß des *Self-man* (*Frohe Stunden* 447) richtig von ‚Hi*ck*oryholz' die Rede ist. Auch an anderen Stellen wird deutlich, daß May zwar die Texte für *Old Surehand II* sorgfältig redigierte, dabei aber – menschlich begreiflich – auch manche Kleinigkeit übersah.

Größere Änderungen finden sich nur im (ursprünglich) dritten Abschnitt von *Three carde monte*. Hier nahm May offenbar Anstoß an allzu großen Ähnlichkeiten der hier geschilderten Ölbrand-Episode mit der in *Old Firehand* (seit 1893 in *Winnetou II*). Ob dies der einzige Grund für die starken Kürzungen ist, die er für *Old Surehand II* in diesem Teil der Kanada-Bill-Geschichte vornahm, wie Roland Schmid meinte[16], darf allerdings bezweifelt werden. So hat May zunächst aus dem in *Three carde monte* geschilderten ‚Bluff' des Coteau du Missouri („bis ein gewaltiger Bluff das ganze Coteau von Ost nach West zerhackt", DH 436) eine kleine Niederlassung am Ufer eines schmalen Flusses gemacht (vgl. XV 56). Entsprechend umformuliert wurde auch der Abschnitt XV 62 („Es war allerdings vor uns nichts zu sehen" usw., vgl. mit der erheblich anderen Schilderung DH 439). Schließlich hat er die gesamte Beschreibung von Tims Ritt auf dem Pferd Arrow durch das brennende Öltal (DH 440f., ab „‚Das Thal brennt!' schrie Willmers") gestrichen, ist dies doch die fast wörtliche Wiederholung der Rettung Ellens/Harrys in *Old Firehand* bzw. *Winnetou II*, nur daß Tim Kroner die Rolle des Ich-Erzählers und sein Arrow (so heißt auch Old Shatterhands Pferd in *Deadly dust!*) die des wackeren Swallow übernommen hat. Dies war May wohl doch der Ähnlichkeit zuviel, darum fügte er einen neuen Übergangsabschnitt hinzu (XV 71, letzter Absatz und 72 oben) und ging erst dann (72, Ende des ersten Absatzes: Holmanns Festnahme) in den alten *Three-carde-monte*-Text zurück (DH 442, 14. Zeile von oben). Der Schlußabschnitt (XV 73 f.) ist eine Montage aus Abschnitten des *Three-carde-monte*-Textes (DH 443; ab „Holmann wurde, als die Kähne nach dem Missouri gingen" usw. bis „der Colorado-Mann, Mesch'schurs" fast wörtlich übernommen) und einigen neuen Hinzufügungen (XV 73, erster Absatz; auch hier stammen einige Formulierungen über den Kanada-Bill wörtlich aus DH 443, rechte Spalte, dritter Absatz). Mays Kunst, aus Versatzstücken alter Texte Neues zu schaffen, bewährt sich hier ebenso wie bei der Rahmenerzählung von *Old Surehand II*, die ebenfalls aus Teilen der Rahmenerzählung von *Three carde monte* neu montiert wurde (so findet sich der zweite Absatz des *Three-carde-monte*-Textes, DH 405, beinahe wörtlich auf S. 3 von *Old Surehand II* – ab „Es gab da einige fein gekleidete Gentlemen" usw.; nur die Bemerkung über den „besseren kaukasischen Gesichtsschnitt" einiger Gäste [DH 405] hat May, weil leicht als rassistisch mißzuverstehen, umformuliert in „von mehr oder weniger kaukasischem Schnitte").

Fassen wir kurz zusammen: Karl May hat den alten *Three-carde-monte-Text* fast unverändert in *Old Surehand II* übernommen. Allerdings wurde die Rahmenerzählung nur als Rohmaterial benutzt und der veränderten Erzählsituation – mit Old Shatterhand als Hauptperson – angepaßt. Leicht neugestaltet wurde auch der Schluß mit dem Verschwinden des Kanada-Bill und der Festnahme Holmanns. Die Episode um die Rettung von Betty Willmers hat May praktisch ganz gestrichen, wobei ihm aber der jetzt ganz unpassende Satz (denn die Handlung spielt ja nicht mehr in einem gewaltigen ‚Bluff', sondern an einem kleinen Seitenfluß des großen Coteau du Missouri) „Das Thal brennt!" (XV 71) entging.[17] Abgesehen hiervon, hat er die Änderungen konsequent vorgenommen und auch die Örtlichkeiten (Guy Willmers' Wohnstätte) den neuen geographischen Situationen angepaßt. Es erhebt sich aber die Frage: Wenn May die Parallelen zwischen dieser Ölbrand-Szene und derjenigen in *Winnetou II* verdecken wollte, weshalb weist er dann selbst in der Rahmenhandlung von *Old Surehand* ausdrücklich auf diese ‚parallelen Linien' hin (76f.) – wenn auch in einer für die gesamte Rahmenhandlung bedeutsamen Weise? Eine eindeutige Antwort darauf ist nur schwer zu finden. Zum einen mag May der Gedanke gereizt haben, sein altes Erzählprinzip ‚Alter Wein in neuen Schläuchen' bzw. Variation einfacher Grundmotive selber deutlich zu thematisieren, zum anderen ist die Ölbrand-Geschichte in der veränderten Fassung von *Old Surehand* zwar der in *Winnetou II* sehr ähnlich, aber doch nur teilweise – durch den Wegfall der Rettung Bettys. Die in diesem Motiv (Rettung einer Frau aus einem Ölbrand durch den Helden) erkennbaren latent erotischen Untertöne dürften May bei der Übernahme in *Old Surehand* gestört haben; überhaupt ist deutlich, daß die Thematik Liebe bei der Bearbeitung älterer Texte für den zweiten *Surehand*-Band stark ausgemerzt wurde.

Den stärksten Eingriff in die Struktur des *Three-carde-monte*-Geschehens nahm May allerdings vor, indem er der Geschichte im *Surehand*-Roman ein neues Ende gab. Offenbar befriedigte es ihn angesichts der neuen, streng moralisch und nach dem Prinzip, daß sich böse Taten nicht auszahlen, gestalteten normativen Tendenz seiner Wildwest-Erzählungen nicht mehr, daß der Verbrecher Kanada-Bill letztlich straflos ausgeht und am Ende im Hospital stirbt (wobei der *Hausschatz*-Text offenließ, unter welchen Umständen). Um dem Geschehen einen zufriedenstellenden Abschluß zu verschaffen und den Verbrecher einer angemessenen Bestrafung zuzuführen, übernahm er als neues Ende der Kanada-Bill-Geschichte einen weiteren frühen Text, *Vom Tode erstanden*, aus demselben *Frohe-Stunden*-Jahrgang, in dem auch *Ein Self-man* und *Auf der See gefangen* erschienen waren. Dabei handelt es sich allerdings um ein besonders unbedeutendes Frühwerk Mays, um eine stark kolportagehafte Geschichte aus Kriminal- und Abenteuerelementen ohne große Höhepunkte. Auch Mays Bearbeitung hat hier nichts Wesentliches mehr verbessern können – aus der ursprünglichen Mission ‚Santa Barbara' wurde in *Old Surehand II* lediglich eine Mission ‚Santa Lucia', vielleicht weil May davon ablenken wollte, daß sich hier ein versteckter Hinweis auf die bei Gerstäcker bedeutsame ‚Mission Dolores' verbirgt[18] und weil ‚Santa Barbara' im Gegensatz zu ‚Santa Lucia' tatsächlich ein historisch nachweisbarer Name für mehrere spanische Missionen in Kalifornien war.[19]

May hat in *Vom Tode erstanden* nur wenige Punkte verändert, so zum Beispiel den Namen des ‚falschen Doktors' (der nun im neuen Kontext des *Surehand* zum Kanada-Bill in Verkleidung wird) von Haffley in White. ‚White' scheint für einen Verbrecher ein ganz falscher Name zu sein, aber May spielt hier offenbar darauf an, daß der Gauner sich absichtlich einen ‚guten' Beinamen wählt, um von seinen wirklichen Absichten abzulenken. Ganz ähnlich verfuhr er später in *Der schwarze Mustang* mit Ik Senanda, der sich ‚Yato inda', also ‚Guter Mann', nennt, tatsächlich aber eine tief gespaltene Persönlichkeit mit stark negativen Zügen darstellt. Aus dem *Vom-Tode-erstanden*-Text gestrichen hat May mehrere Anspielungen auf Liebesverhältnisse. So wurde die Liebesszene Anitta–Eduard (*Frohe Stunden*, Jg. 2, 622) radikal verkürzt. Auch die Hinweise auf die „ungewöhnliche Schönheit" Anittas, die es sogar dem Dr. Haffley/White angetan habe (623 u. 639), sind im *Surehand* (XV 93 u. 96) fortgefallen. Dafür hat May, gewissermaßen als Ersatz für die fortgefallene ‚Sinnlichkeit', noch einen moralisierenden Zusatz in die Buchausgabe eingefügt: „Der Vater berücksichtigte auch nicht im mindesten, daß der Arzt viel, viel älter war als seine Tochter, und ein Wesen und Auftreten besaß, welches jedermann abstoßen mußte" (XV 96). Den Schluß der Geschichte hat May (von *Frohe Stunden* 639, zweiter Absatz, rechte Spalte, an: „Er hatte die Stelle nur angenommen" etc.) gänzlich neu gestaltet, und dies keineswegs nur, um die Gestalt des Old Shatterhand einzuführen. Dieses Ende von *Vom Tode erstanden* ist nämlich in der Urfassung äußerst schwach: Gromann ist hier, wie sich herausstellt, nicht nur ein ehemaliger Mitarbeiter des früheren Arbeitgebers von Haffley, sondern auch ein alter Bekannter von Eduard Horn „aus Monsdorf", den er vor einem Giftanschlag Haffleys rettet (639). Wo Monsdorf liegt und welcher Art diese Bekanntschaft ist, wird nicht verdeutlicht. Mit der Hilfe mehrerer Polizisten gelingt die Festnahme Haffleys, der am Galgen endet (654f.). Dies alles wirkt zufällig, und Gromann etwa hat keinen wirklichen Anteil an der Dingfestmachung des Verbrechers. May hat also das ganze Ende völlig umgestaltet: Gromann ist ein Geheimpolizist, der sich auf die Fährte Whites (alias des Kanada-Bill) gesetzt hat, Eduard ist in den Minen Old Shatterhand begegnet, welcher ihn mit Winnetous Unterstützung auf die Spur eines großen ‚Claim' brachte; White versucht, Eduard durch einen feigen Mordversuch zu beseitigen (er zieht plötzlich eine Pistole), aber Eduard wird dadurch gerettet, daß der Beutel mit Nuggets die Kugel auffängt. Old Shatterhand als rächende Nemesis streckt den Verbrecher White mit einem Faustschlag nieder, „daß er förmlich zu Boden krachte" (XV 112); der Verbrecher wird irrsinnig. Mag die Rolle Old Shatterhands hier übertrieben brutal erscheinen, so muß daran erinnert werden, daß er hier nicht ‚auf eigene Faust' handelt, sondern – im Sinne der ‚reifen' Wildwest-Konzeption Mays – die Rolle der göttlichen Vorsehung übernimmt, so daß ihm hier fast übermenschliche Züge zuerkannt werden. Nicht zufällig werden Old Shatterhand beinahe alttestamentarische Worte in den Mund gelegt: „Er ist gefällt und wird keinem Menschen mehr schaden" (112). Nun könnte man einwenden, daß Old Shatterhand und Winnetou ja gerade in der *Old-Surehand*-Trilogie darauf verzichten, das Rächeramt zu übernehmen und etwa Old Wabble gegenüber eine schon fast unverständliche Milde an den Tag legen. Aber es muß eben darauf verwiesen werden, daß die Kanada-Bill-Erzählung auch mit ihrem neugestalteten Schluß noch das alte Wildwest-Ideal Mays repräsentiert, wonach „in jenen Landen [...] das Verfahren ein sehr praktikables und kurzes" sei (655), ergo Verbrecher ohne Gerichtsurteil hingerichtet werden. Nur in einem Punkt hat May sich vertan: Wenn Gromann in *Old Surehand II* sich freut, „seinem armen, einstigen Prinzipale" das geraubte Geld wiederbringen zu können (113), so fragt man sich, wie das möglich ist, denn zuvor war eben dieser Prinzipal von Gromann als tot gemeldet worden (94; so auch wörtlich in ‚Frohe Stunden' 638). Vielleicht hatte May es sich so gedacht, daß Gromann mit dieser Aussage White täuschen will, aber aus dem Kontext geht diese Deutung nicht hervor – ein weiteres Indiz dafür, daß er die Bearbeitungen für *Old Surehand II* zwar viel sorgfältiger vornahm, als zumeist behauptet, dabei unter dem enormen Zeitdruck aber dennoch den einen oder anderen Fehler zuließ.

2

Nun ist *Three carde monte* mit dem neuen Schlußteil *Vom Tode erstanden* nicht der einzige ganz frühe Text Mays, der in *Old Surehand II* eingegangen ist. Vielmehr ist die längste eingestreute Erzählung eine Neufassung des in jenem folgenreichen Jahrgang der *Frohen Stunden* veröffentlichten Romans *Auf der See gefangen*, von dem May freilich nur einen Teil verwendete. Die Übernahme dieses Frühwerks wurde von der Forschung bisher meist sehr kritisch annotiert, so von Roland Schmid.[20] Das hängt damit zusammen, daß *Auf der See gefangen* zweifellos in vielen Zügen ein mißlungenes Gesellenstück ist. Allerdings hat eine genauere Analyse des Textes[21] erbracht, daß May hier zum ersten Mal den Versuch einer großangelegten ‚Gattungsmischung' mehrerer Romanformen (Seeroman, Abenteuerroman, Detektivroman, Kriminalroman, vermehrt durch Elemente der volkstümlichen Humoreske und der humoristischen Anekdote) unternommen hat und daß die zehn Kapitel bewundernswert komplex angelegt sind und verschiedene geradezu artistische Parallelitäten und Beispiele für die Variation einfacher Grundmotive aufweisen.

May hat in *Old Surehand II* nun sämtliche ungenügenden Punkte dieser ‚Gattungsmischung' durch geschickte Bearbeitung zumindest verwischt. So fielen die Rahmenhandlung und die wenig überzeugende Kriminalgeschichte der Kapitel 1 und 2, des zweiten Teils von Kapitel 9 und des Kapitels 10 gänzlich weg; ferner hat May in der Wildwest-Geschichte der ursprünglichen Kapitel 3 und 4, die in *Old Surehand* nun den ersten Teil dieser Erzählung bilden (und von den Kapiteln 5 bis 9 des *See*-Romans durch die Texte *Unter der Windhose* und *Höhle des Königsschatzes* aus dem *Waldröschen* getrennt wurden) alle Hinweise auf die Piratentätigkeit der Männer, die sich im Wilden Westen Sander (im zweiten Teil, ab XV 425, verwendet May leider konsequent falsch den Namen Sanders) und Wolf nennen, gestrichen. Man erfährt nur, daß Wolf in Wahrheit Jean Letrier heißt (XV 171) und Sander als ‚Kapitän' anredet. Durch diesen geschickten Bearbeitungstrick bleiben diese ersten Abschnitte von *Auf der See gefangen* reine Abenteuergeschichte à la Möllhausen und Gerstäcker; erst im zweiten Teil treten vereinzelte Elemente des Seeromans auf.

May hat aber nicht nur die mißlungene Gattungsmischung, sondern auch zahlreiche Einzelzüge des originalen Textes verbessert. So sind einige zusätzliche Ähnlichkeiten zwischen Dick Hammerdull und Sam Hawkens, etwa die Perücke (vgl. *Frohe Stunden* 466), entfallen; außerdem hat er für ganz aufmerksame Leser einen Hinweis auf *Winnetou I* eingefügt (XV 126). Ohne Zweifel ist der Eisenbahnüberfall in *Auf der See gefangen* eine deutliche Parallelszene zu der Episode in *Winnetou II* (früher *Old Firehand*), wo die Ogellallah den Zug überfallen. May hat dies auch nicht wesentlich verändert, aber er hat zum Beispiel die Stelle (*Frohe Stunden* 515), wo sich Sam Fire-gun mit „langen, schneeweißen Haaren" wie ein alter ‚Recke' in den Kampf stürzt, gestrichen (vgl. XV 163 – Fire-guns „Kampfeswonne" wird hier allerdings unverändert erwähnt), weil seine äußere Erscheinung hier doch allzu sehr an Old Firehand gemahnt. Was die oft recht ‚rauhe' sprachliche Struktur, die zahllosen Ungeschicklichkeiten im Ausdruck und die Brutalitäten der Handlung in *Auf der See gefangen* angeht, so hat May für *Old Surehand* hier fast nichts geändert, ja sogar die brutale Skalpierung Matto-sihs durch Winnetou ist stehengeblieben (168), obwohl Winnetous vorhergehende Ankündigung, seinem Gegner den Skalp zu nehmen (vgl. *Frohe Stunden* 513 und XV 159), gestrichen wurde. Auch in manchen sprachlichen Details hat May von Zeit zu Zeit einmal seine Aufmerksamkeit erlahmen lassen; so ist ein falsches sächsisches „pasta" statt „basta" (vgl. *Frohe Stunden* 466 und XV 124) stehengeblieben, obwohl er denselben Irrtum an anderer Stelle, im *Waldröschen*-Kapitel (XV 394), aus der Münchmeyer-Vorlage korrigierte, und auch ein „Kichorybaum" (vgl. *Frohe Stunden* 788 und XV 563) blieb unverbessert – überall sonst in *Old Surehand II* findet sich die defekte Schreibung ‚Hikorybaum', ebenfalls analog zur Vorlage.

Trotz solch kleinerer Fehler ist May die Überarbeitung des *Auf-der-See-gefangen*-Textes insgesamt recht überzeugend gelungen; so mußte der ohnehin wenig logische Auftritt Clairons im Wilden Westen, wo sie ihre Komplizen an Fire-gun und seine Männer verrät (*Frohe Stunden* 531 f.), in *Old Surehand II* entfallen, ebenso wie alle Hinweise auf den Raubmord an dem Juwelier Wallerstein, dem Bruder Fire-guns. Im *Surehand* (XV 175ff.) ist die gesamte Szene neu gestaltet worden; Hammerdull hat hier die französische Bemerkung Jean Letriers verstanden und warnt Fire-gun, doch die Gauner können diese Unterredung belauschen und fliehen. Durch diesen Kunstgriff gestaltet May das in *Auf der See gefangen* recht unglückliche Hin und Her von Befreiung und neuer Gefangennahme übersichtlicher in einem neuen Dreierschritt: Sander und Wolf entfliehen, sie nehmen mit ihren Komplizen Fire-gun und seine Männer gefangen, die wiederum von Winnetou, Treskow und Co. im Kampf befreit werden. Mit der vermeintlichen Tötung der beiden Verbrecher Sander und Wolf nimmt die erste *Auf-der-See-gefangen*-Episode in *Old Surehand II* ein vorläufiges Ende. Übersichtlicher gestaltet hat May auch den Beginn des 4. Kapitels von *Auf der See gefangen,* indem er den Auftritt Peter Polters von der Seemannskneipe Mutter Thicks direkt in Winklays Gasthaus verlegte (XV 185f.; die Beschreibung Polters ist *Auf der See gefangen,* 584, entnommen, die Fortsetzung, 186, letzter Abschnitt, dem letzten Absatz auf S. 578). Ebenso hat May einige Züge aus dem alten Roman eliminiert, die mit dem ‚neuen' Wildwest-Bild nach *Winnetou I* unvereinbar waren. So sind Bill Potters Fährtenleserkünste (*Frohe Stunden* 593f.) logischer und nachvollziehbarer gestaltet worden (XV 196f.). Auch der Hinweis auf Hammerdulls Gewehr mit Namen ‚Mary' (*Frohe Stunden* 467 u. ö.) ist fortgefallen; schließlich nennt Sam Hawkens sein Gewehr ‚Liddy' und sein Maultier ‚Mary', und May wollte ja Verwechslungen zwischen Hawkens, wie er in *Winnetou I* beschrieben wird, und Hammerdull vorbeugen.

Im zweiten Teil von *Auf der See gefangen* hat May weniger verändert. Am stärksten wurde die Gestalt der Clairon bearbeitet, denn ihr Verhältnis zu Jean Latour, ihre Haßliebe und natürlich ihre weiblichen Reize paßten als zu ‚sinnlich' nun nicht mehr ins Bild. So wurde sie in *Old Surehand II* zur ‚Miß Admiral', einer Art ‚Self-woman', die am liebsten in Männerkleidern dunkle Machenschaften betreibt, aber auch mit größter Rücksichtslosigkeit ihre weiblichen Lockmittel einsetzt. Allerdings hat May im 5. Kapitel aus *Auf der See gefangen* alle Hinweise auf die Umgarnung Jenners durch die Madame de Voulettre alias ‚Miß Admiral' auf ein Mindestmaß von ‚moralischer Vertretbarkeit' reduziert (vgl. die entsprechenden Stellen in *Auf der See gefangen,* 626, 643, 644, mit den ‚entschärften' Passagen in XV 446, 461, 464, die statt der Schönheit der verführerischen Frau nur noch ihre „Liebenswürdigkeit" hervorheben). Schließlich hat May im 8. Kapitel aus *Auf der See gefangen* eine längere Passage gestrichen, weil Parker in *Old Surehand* nur noch ein Seekapitän deutscher Herkunft, aber nicht mehr der Sohn des Prinzen von Schönburg-Wildauen ist (vgl. *Frohe Stunden* 771 und XV 550f.). Außerdem hat er den ganzen Schluß des 9. Kapitels fortgelassen (vgl. XV 578; ab der 13. Zeile von unten neuer Text), bei dem es sich auch wirklich um einen seiner seltsameren Einfälle handelte. Um die Gefangenen (in *Auf der See gefangen* nur die Piraten Latour und Letrier, da Clairon alias ‚Miß Admiral' hier nicht von Peter Polter gefangengenommen wird) in deutsche Hände zu bekommen und sie der amerikanischen Justiz zu entziehen, werden die Verbrecher durch einen Trick auf das deutsche Schiff Alba gelockt, nämlich unter dem Vorwand, sie befreien zu wollen (*Frohe Stunden* 805f.). So verständlich in *Auf der See gefangen* der Wunsch der Helden erscheint, die Verbrecher vor ein deutsches Gericht zu stellen und so die Unschuld Max von Schönburg-Wildauens zu beweisen, so illegal und heimtückisch erscheint ihre Intrige doch auch; da die Vorgeschichte mit der falschen Anschuldigung gegen Max ohnehin entfallen war, wurde dieser ganze Teil nun entbehrlich und von May mit Recht eliminiert und durch einen neuen Schluß ersetzt, der die Verbrecher den Händen der Justiz übergibt (XV 578f.).

Bevor wir uns der Auswertung der Bearbeitungen zuwenden, noch einige Anmerkungen zur Übernahme der kurzen Erzählung *Unter der Windhose* und des *Königsschatz*-Kapitels aus dem *Waldröschen*. Was die Erzählung *Unter der Windhose* angeht, so hat May nur ein Detail verändert: im Originaltext ist der Ich-Erzähler mit Old Shatterhand gleichzusetzen, denn er wird als Freund Winnetous mit dem Beinamen ‚Selki-lata' eingeführt[22], was May später in *Winnetou I* (302) memorierte, als er Winnetou seinem weißen Blutsbruder diesen Beinamen, der dem englischen ‚Shatterhand' entspricht, geben ließ. Dies mußte in *Old Surehand II* nun entfallen, denn hier hat May ja die Erzählerrolle geändert und zum Erzähler einen älteren Ethnologen gemacht, der jetzt natürlich nicht mehr Freund und Blutsbruder Winnetous sein konnte; statt dessen ist er der Vertraute Intschu tschunas (XV 224) und erhält den Beinamen ‚Yato-inta', der zwar hier nicht erklärt wird, dafür aber im *Schwarzen Mustang*, den May nach Abschluß des zweiten *Surehand*-Bandes schrieb: dort ist ‚Yato inda' (‚d' und ‚t' sind für die sächsische Zunge bekanntlich identisch) der (ironische) Beiname des ‚bösen' Ik Senanda und wird mit ‚Guter Mann' übersetzt.

Sehr viel schwieriger, so meint man, hätte sich Mays Revision des alten *Waldröschen*-Textes gestalten müssen, denn hier handelte es sich nicht wie bei *Unter der Windhose* um eine Arbeit, die Mays neuer Wildwest-Konzeption entsprach, sondern um eine überaus problematische Episode aus einem Lieferungsroman, die durchaus typische Züge der reißerischen Kolportage besitzt und sich weder im Bereich der Brutalität noch bei den erotischen Szenen sonderliche Zurückhaltung auferlegt. Überraschenderweise hat May bei seiner Bearbeitung den alten Text weitgehend übernommen, Brutalitäten wie die Szenen am Krokodilteich weder gestrichen noch im Ausdruck gemildert und auch die zahlreichen Fremdwörter beibehalten, obwohl sie nicht mehr dem stilistischen Niveau der Reiseerzählungen entsprachen. Mays Bearbeitung beschränkt sich überwiegend auf Streichungen. So sind zwei Hinweise auf den Steuermann Helmers, den Bruder ‚Donnerpfeils', fortgefallen, weil dieser in *Old Surehand II* keine Rolle spielt (vgl. *Waldröschen*[23] 378 u. 386 mit XV 255 u. 286). Ebenso wurde eine Erwähnung Karl Sternaus, des ‚Fürsten des Felsen' (*Waldröschen* 396, XV 284), gestrichen. Sehr feinfühlig gerierte sich May den zahlreichen erotischen Anspielungen des Kolportagetextes gegenüber, die er meistens eliminierte. Geblieben ist davon praktisch nur das recht platonische „elektrische Fluidum" bei der Berührung der Hände Emmas und Anton Helmers' (XV 278f.). Ihre Liebesgeschicht (*Waldröschen* 414) wurde für *Old Surehand* (XV 312) fast völlig getilgt; Ähnliches gilt für die Beziehung zwischen Karja und dem jungen Alfonzo de Rodriganda, die nur in ihrer Funktion als Versuch des Grafen, die Indianerin zum Verrat des Königsschatzes zu bewegen, beibehalten wird. Die Liebesszene bei den Olivenbäumen (*Waldröschen* 409-411) wurde fortgelassen und durch einen neuen Abschnitt ersetzt (XV 305-308), der nicht nur die Namen Old Shatterhands und Winnetous ins Spiel bringt, sondern auch eine Charakterschilderung Alfonzos liefert, die die Züge des gewissenlosen Verbrechers, Mörders und Wüstlings, der Emma und Karja gleichzeitig zu verführen sucht, deutlich abschwächt und so die Radikalität der Kolportage zurücknimmt (XV 306 wird er als „außerordentlich liederlicher und verschwenderischer junger Edelmann" bezeichnet). Verändert wurde auch ein logischer Irrtum im *Waldröschen*, denn im zweiten Gespräch mit Emma Arbellez über die Schatzkarte behauptet Anton Helmers im Original, die Karte von einem Jäger erhalten zu haben (*Waldröschen* 413), während er vorher (390) von einem „alten, kranken Indianer" sprach. Das hat May in *Old Surehand* zurechtgerückt (XV 311). Einmal fügte er einen kurzen, erläuternden Absatz ein (XV 317, vorletzter Absatz, beginnend mit „Das also waren die Leute"), aber im wesentlichen wurde Text eingekürzt. So fiel eine weitere Szene, die brutale und erotische Elemente vereint (*Waldröschen* 422-425: Alfonzo nähert sich der bereits im Negligée befindlichen Emma in eindeutiger Absicht; bei seiner anschließenden Flucht werden seine zwei Diener erschossen und Bärenherz nimmt den beiden die Skalpe), dem Rotstift zum Opfer. Sie wurde durch einen neuen Abschnitt ersetzt, der Alfonzos wahre Absichten Karja gegenüber deutlich macht (XV 324f.). Später schwächt May Anton Helmers' Verletzung ab; nun, in *Old Surehand* (348), ist die Gehirnschale

‚Donnerpfeils' nicht mehr „zerbrochen" (*Waldröschen* 438), sondern nur noch „vielleicht verletzt". Im weiteren Verlauf hat May kaum etwas verändert, außer zwei kleineren Passagen (*Waldröschen* 446; der Schlußabschnitt nach „dann ritten sie davon" ist in XV 361 gestrichen, ebenso eine kürzere, tränenreiche Stelle *Waldröschen* 448, letzter Absatz bis 449 Mitte, vgl. XV 364), in denen auch die beiden ermordeten Diener erwähnt wurden und die schon deshalb fortfallen mußten. Dafür hat May einen völlig neuen Schlußabschnitt gestaltet, der die ganze Geschichte nachträglich praktisch ‚umwertet': ‚Donnerpfeil' bittet die beiden Häuptlinge Bärenherz und Büffelstirn, auf ihre Rache zu verzichten, weil er jetzt wieder genesen ist und „weil ich ein Schüler und Freund von Winnetou und Old Shatterhand geworden bin, welche nach den Forderungen der Milde und Verzeihung handeln" (XV 423). Und, merkwürdig genug, die Häuptlinge akzeptieren dieses Verlangen: „Du hast gesiegt, und die Namen Winnetous und Old Shatterhands haben dich dabei unterstützt" (424). So holt am Ende der ganz alten, kolportagemäßig-grausamen *Königsschatz*-Episode der neue Geist der ‚Helden des Westens' die alten Figuren Mays ein und kehrt die Prinzipien der frühen Wildwest-Romane Mays (Rache und Vergeltung, Tapferkeit und „Kampfeswonne" vor Edelmut, Verzeihung und Milde) in ihr Gegenteil um.

3

Faßt man Mays Prinzipien bei der Bearbeitung seiner frühen Texte für *Old Surehand II* zusammen, so ergibt sich folgendes Bild:
1.) Tilgung aller Verbindungen zu Nebenhandlungen und anderen Episoden der Originaltexte, soweit diese für *Old Surehand II* nicht brauchbar waren.
2.) Milderung einiger sprachlicher und inhaltlicher Details (Brutalität), aber keine generelle Bearbeitung bzw. Tilgung solcher Elemente im Sinne von Mays ‚neuer' Konzeption.
3.) Beseitigung nicht gelungener ‚Gattungsmischung' (*Auf der See gefangen*).
4.) Die generelle Tilgung von ‚Sinnlichkeit': Romantik und Erotik, weil sie in Mays neuem Konzept keinen Platz mehr haben.
5.) Die Einbeziehung der alten Texte in ein neues Konzept von ‚Sittlichkeit' durch Zusätze (neuer Schluß der *Königsschatz*-Episode).

All diese unterschiedlichen Bearbeitungsmomente lassen sich unter einen Nenner bringen, wenn man akzeptiert, daß die *Surehand*-Trilogie Mays entscheidende Wende zu einer neuen Konzeption seiner Reiseromane darstellt. Harald Fricke hat in einem theoretischen Exkurs zu Problemen der germanistischen Forschung nachgewiesen, daß die ‚Gattungsmischung' das entscheidende Kennzeichen der ‚späteren' Wildwest-Konzeption, ja der Mayschen Abenteuerkonzeption schlechthin sei[24], und daß sich seine Bücher in diesem fundamentalen Punkt mehr an der Tradition der literarischen Romantik als an der des Abenteuerromans traditioneller Prägung (Cooper, Ferry etc.) orientierten. Dieser These ist grundsätzlich beizustimmen, aber sie bedarf einiger Ergänzungen. So scheint es, als wenn auch der Abenteuerroman bei Gerstäcker und Möllhausen Momente der Gattungsmischung aufweist, etwa die Kombination aus Kriminal- und Abenteuermotiven mit zeitgeschichtlichen Themen. Mays Konzeption, wie sie sich erstmals in *Winnetou I* deutlich manifestiert, berücksichtigt darüber hinaus aber auch Einflüsse nonfiktionaler Literatur (Momente des Reiseberichts, der ethnographischen und geschichtlichen Schilderung, des politischen Essays) und überblendet sie mit Tendenzen der Hagiographie und der religiösen Literatur (charismatischer Charakter der Helden, ihre ‚übernatürliche' Sendung). In *Satan und Ischariot* wird sogar der Versuch manifest, dem Abenteuergeschehen eine zweite, bildlich-religiöse Deutung zu geben. In *Old Surehand* gelingt die Mischung aus unterschiedlichsten literarischen Elementen erstmals, trotz manch blinder Stellen, durchweg; auch die ‚Überhöhung' der Handlung auf einer religiös-bildlichen Ebene überzeugt.[23] So ist die Suche Old Surehands nach seiner Familie nicht nur eine Abwandlung des beliebten Kolportagemotivs von den durch Verbrechen getrennten Mitgliedern eines Familienverbandes (Grundkonstellation auch in Mays *Waldröschen* und in *Deutsche Herzen, deutsche Helden*), sondern zugleich Ausdruck seiner Suche nach Gott, die am Ende genauso erfolgreich verläuft (mit Old Shatterhands Hilfe) wie die nach seiner Mutter und seinem Bruder. Dagegen hat Old Wabble, die Gegenfigur sowohl Old Shatterhands als auch Old Surehands, mit dem Glauben an Gott auch den an die Menschen verloren und nur das hybride Vertrauen auf die eigene Stärke behalten. Daher kann er erst am Ende, nachdem er seine Verfehlungen bereut hat, erlöst werden, während der ‚General' unentsühnt stirbt.

Nun mag es seltsam scheinen, wenn *Old Surehand* (und besonders der Mittelteil der Trilogie) als Beispiel gelungener Gattungsmischung im Mayschen Werk gepriesen wird, während May doch etwa bei der Bearbeitung des *Auf-der-See-gefangen*-Romans die Spuren solcher Mischung sorgfältig beseitigte. Aber: *Auf der See gefangen* ist ein Beispiel für eine bloß vorgetäuschte Gattungsmischung, denn die scheinbar verschiedenen Romangenres angehörenden Motive erweisen sich bei näherer Betrachtung als bloße Variation einzelner weniger Ur-Motive. In *Old Surehand II* dagegen repräsentieren die sechs durch die Rahmenerzählung verbundenen Einzelgeschichten tatsächlich sechs unterschiedliche Typen Mayschen Früherzählens zwischen 1878 und 1882: *Three carde monte* die episodische Abenteuererzählung, die den Helden erst als Greenhorn, dann als sich in Abenteuern immer mehr bewährenden Westmann zeigt; *Vom Tode erstanden* eine Mischung aus Motiven des Schauerromans (Giftanschlag, in der Bearbeitung heimtückisches Attentat mit Schußwaffe) und des Kriminalromans; der erste Teil von *Auf der See gefangen* den typischen ‚frühen' Abenteuerroman Mays mit wilden Kämpfen zwischen Indianern und Weißen; *Unter der Windhose* die Jugenderzählung mit stark didaktisch-moralisierenden Zügen; die *Königsschatz*-Episode das reißerische Kolportagemärchen; und schließlich der zweite Teil von *Auf der See gefangen* den Abenteuerroman mit einigen wenigen Elementen des Intrigen- und Seeromans. So versteht sich auch Mays Tendenz, Stil und Eigenart der frühen Texte kaum anzutasten, als Versuch, eine Art ‚Leistungsschau' des frühen Erzählens zu bieten. Zugleich lassen sich die sechs Einzelerzählungen in zwei Gruppen gliedern: die ersten drei Texte stehen für die frühe Auffassung Mays vom Wilden Westen als Freiraum für persönliche Bewährung und hartem Ort, wo der Stärkere Recht behält (nur daß bei May der Stärkere auch meist der ‚Gute' ist). Dagegen zeigen die letzten drei Texte (teils durch die Tendenz der Bearbeitung, teils durch ihren ‚ursprünglichen' Stil) die ‚neue' Auffassung Mays vom ‚ethisch' orientierten Westmann. Die Rache gehört nicht dem ‚Kleinen Hirsch', sondern Gott (durch das ‚Urteil' der vernichtenden Windhose); die endgültige Bestrafung des ‚Schwarzen Kapitän' und seiner Komplizin wird der Justiz überlassen und nicht in die Hände der Helden gelegt; schließlich legt ‚Donnerpfeil' seinen Freunden den Verzicht auf Rache an Alfonzo de Rodriganda geradezu als moralische Verpflichtung auf. So beschreitet May in der Rekapitulierung seines bisherigen Schaffens auch entschlossen den Pfad, der von der ‚alten' zu seiner ‚neuen' Wildwest-Konzeption führt.

Schließlich umspannt ein Netz teils sehr komplexer Parallelen und Brücken die Binnenerzählungen, die Rahmenerzählung und die Handlung der beiden Eckbände *Old Surehand I* und *III*: So wird das Motiv des heimtückischen Mordanschlags in der Geschichte von Dr. White alias Kanada-Bill und Eduard angestimmt, dann in der Rahmenhandlung in dem Mordanschlag Old Wabbles auf Old Shatterhand (XV 643f.) und in der Parallelszene aus *Old Surehand III* (ein von außen abgefeuerter Schuß verfehlt Old Shatterhand um Haaresbreite, XIX 143ff.) fortgeschrieben. Das Motiv der Frau in Männerkleidung erscheint zweimal sehr unterschiedlich, bei Kolma Puschi als aus der Not geborene Idee, bei der ‚Miß Admiral' als Laune eines verbrecherischen Mannweibs. Weiße, die von Indianern Goldlager gezeigt bekommen, gibt es ebenfalls mehrere: einmal Jos Hawley, der Tkhlisch-lipa tragisch erschießt und darunter nachhaltig leidet (in der eingeschobenen Binnenerzählung vom *Mistake-Cannon* in *Old Surehand I*), dann Antonio Helmers, der von einem alten Indianer die Karte eines Goldlagers geschenkt bekommt (ebenfalls aus Dankbarkeit) und später vom Häuptling der Mixtecas aus ähnlichen Motiven in die Höhle des Königsschatzes geführt wird. Wie der ‚Schwarze Kapitän' Sam Fire-gun Depositenscheine stiehlt und sie in San Francisco einlöst, so werden am Ende von *Old Surehand II* den beiden ‚verkehrten Toasts' ihre ‚Checks' entwendet (XV 610ff.), und nur ihre Ledersäcke voller Nuggets retten ihnen – finanziell gesehen – das Leben (631), wenn auch in anderer Weise als vorher dem heimgekehrten Eduard sein Beutel mit Nuggets, den er auf der Brust trägt (103). Wie Tim Kroner seine Braut und ihren Vater durch einen unbedachten Schuß und die Schurkerei des Kanada-Bill verlor, so wurde die Hochzeit von Thibaut und Tokbela durch Derrick verhindert, der Thibaut in den Arm schoß (XIX 549). Schließlich spielt auch noch das Motiv der ‚Angabe', der Behauptung von unzutreffenden Tatsachen, im Romangeschehen eine große Rolle. Gleich in der ersten Binnenerzählung von *Old Surehand I* gibt Samuel Parker den geschenkten Elk als eigene Jagdbeute aus, später erzählt ein falscher ‚Colorado-Mann' in *Old Surehand II* die Abenteuer Tim Kroners, wird aber durch seine Feigheit Toby Spencer gegenüber entlarvt (XV 586f.). Erst Old Shatterhand führt vor, daß auch bei Toby Spencer und seinen Rowdies ein Mißverhältnis von Sein und Schein vorliegt (595).

Ist *Old Surehand* – und besonders der zweite Teil – also ein ‚Schlüsselwerk' für die gelungene Mischung verschiedener Gattungen im Werk Karl Mays (und das Spätwerk versucht, mit seiner ihm eigentümlichen Kombination aus Abenteuermotiven, Mystik, Philosophie, Theosophie und lyrischen Elementen, eine wiederum ganz neue Art der ‚Gattungsvermischung'), so zeigt sich dies auch darin, daß May hier sogar das selbstironische Spiel mit seinen eigenen Schwächen gelingt, etwa wenn er selbst auf Anachronismen in *Three carde monte* (XV 76f.) oder auf Motivähnlichkeiten in den Ölbrand-Schilderungen von *Winnetou II* und *Three carde monte* aufmerksam macht (77) oder wenn er die eigenmächtige Änderung der Geschichte vom ‚Schwarzen Kapitän' durch den Indianeragenten hervorhebt, der ‚Sanders' und ‚Wolfs' Tod fast zynisch mit dichterischer „Licenz" entschuldigt (428). War nicht das ganze literarische Werk Mays mit seiner Selbst-Idealisierung letztlich eine einzige „Licenz" im Sinne von *Old Surehand II*? – „Man nimmt sich die Freiheit, gegen die Wahrheit zu erzählen, um dadurch eine höhere künstlerische Wirkung oder einen guten, befriedigenden Abschluß zu erzielen" (428). So war es...

Anmerkungen

1 Vgl. *Karl-May-Handbuch*. Hg. v. Gert Ueding. Stuttgart 1987, S. 238f.
2 Hans Wollschläger: *Karl May. Grundriß eines gebrochenen Lebens*. Zürich 1976, S. 79.
3 Roland Schmid: *Nachwort zur Reprint-Ausgabe* v. Karl May: *Old Surehand II*. Bamberg 1983, S. A4.
4 Harald Fricke: *Karl May und die literarische Romantik*. In: JbKMG 1981, S. 31.
5 Ebd., S. 31f.
6 Ulrich Schmid: *Das Werk Karl Mays 1895–1905. Erzählstrukturen und editorischer Befund*. Ubstadt 1989.
7 Ebd., S. 77.
8 Ebd., S. 70ff.
9 Vgl. Siegfried Augustin: *‚Der beiden Quitzows letzte Fahrten'. Karl Mays literarisches Gesellenstück*. In: JbKMG 1991, S. 250-286.
10 Ronald Steinbrink: *Abenteuerliteratur des 19. Jahrhunderts in Deutschland. Studien zu einer vernachlässigten Gattung*. Stuttgart 1983.
11 Zit. nach dem *Frohe-Stunden*-Reprint der KMG, Hamburg 1971 (alle Seitenzahlen entsprechen der Originalzählung des Zeitschriftenjahrgangs).
12 Vgl. dazu Gertrud Oel-Willenborg: *Von deutschen Helden. Eine Inhaltsanalyse der Karl-May-Romane*. Weinheim, Basel 1973, bes. S. 42ff.
13 Zit. nach dem KMG-Reprint *Kleinere Hausschatz-Erzählungen*. Hamburg, Regensburg 1982, S. 45-62 (Seitenzahlen nach der Originalzählung).
14 Vgl. zur historischen Person des William Jones ausführlich Ekkehard Koch: *Der ‚Kanada-Bill'. Variationen eines Motivs bei Karl May*. In: JbKMG 1976, S. 29-46.
15 Dazu kritisch Herbert Meier in seinem *Vorwort* zum Reprint *Kleinere Hausschatz-Erzählungen* [Anm. 13], S. 8.
16 Roland Schmid [Anm. 3], S. A3.
17 Vgl. Meier [Anm. 15], S. 8f.
18 Vgl. Josef Höck/Thomas Ostwald: *Karl May und Friedrich Gerstäcker*. In: KMJb 1979, S. 143ff.
19 Vgl. Edward Hadley: *The History of the Spanish Missionaries in California*. Sacramento 1926.

20 Roland Schmid [Anm. 3], S. A4f.
21 Christoph F. Lorenz: ‚Die wiederholte Geschichte'. Der Frühroman ‚Auf der See gefangen' und seine Bedeutung im Werk Karl Mays. In: JbKMG 1994, S. 160-187.
22 Das Buch der Jugend. Stuttgart 1886, S. 86.
23 Karl May: Das Waldröschen oder Die Rächerjagd rund um die Erde. Dresden 1882; Reprint Leipzig 1988ff.
24 Harald Fricke: Literatur und Literaturwissenschaft. Beiträge zu Grundfragen einer verunsicherten Disziplin. Paderborn, München, Wien, Zürich 1991, bes. S. 130f.
25 Zur theologischen Deutung der Surehand-Trilogie vgl. Hermann Wohlgschaft: Große Karl May Biographie. Leben und Werk. Paderborn 1994, S. 285-290.

Hartmut Vollmer

Die Schrecken des ‚Alten': Old Wabble

Betrachtung einer literarischen Figur Karl Mays

> [...] das Leben ist und bleibt der phantasiereichste Litterat.
> Karl May: *Old Surehand III*

I.

Es wimmelte von Gestalten in mir [...]. Und jede dieser Gestalten sprach; ich mußte sie hören. [...] Es kämpften da zwei einander feindliche Heerlager gegen einander: Großmutters helle, lichte Bibel- und Märchengestalten gegen die schmutzigen Dämone jener unglückseligen Hohensteiner Leihbibliothek. Ardistan gegen Dschinnistan. Die übererbten Gedanken des Sumpfes, in dem ich geboren wurde, gegen die beglückenden Ideen des Hochlandes, nach dem ich strebte. Die Miasmen einer vergifteten Kinder- und Jugendzeit gegen die reinen, beseligenden Wünsche und Hoffnungen, mit denen ich in die Zukunft schaute, die Lüge gegen die Wahrheit, das Laster gegen die Tugend, die eingeborene menschliche Bestie gegen die Wiedergeburt, nach der jeder Sterbliche zu streben hat, um zum Edelmenschen zu werden. Solche inneren Kämpfe hat jeder denkende Mensch, der vorwärts strebt, durchzumachen. Bei ihm sind es Gedanken und Empfindungen, die gegen einander streiten. Bei mir aber hatten diese Gedanken und Regungen sich zu sichtbaren und hörbaren Gestalten verdichtet.[1]

So beschreibt Karl May im hohen Alter rückblickend sein seelisches Inferno, das ihm das Glück seiner jungen Jahre raubte und ihn in den tiefen Schlund der Kriminalität trieb. Erst aus der zeitlichen Distanz war es ihm möglich, sein damaliges verwirrungstiftendes psychisches Befinden klar und deutlich zu diagnostizieren, die Ursachen und Zusammenhänge seines Unglücks zu erkennen, wodurch er die erlösende Legitimation seines unheilvollen Schicksals fand. *‚Die sogenannte Spaltung des menschlichen Innern, ein Bild der Menschheitsspaltung überhaupt'* hieß das alles erklärende Buch, das dem Gestrauchelten angeblich während seiner Waldheimer Haft vom katholischen Anstaltskatecheten Kochta – der Mays Plan, eine schriftstellerische Laufbahn einzuschlagen, maßgeblich unterstützt haben dürfte – zur seelischen Heilung empfohlen wurde: „Nun wußte ich auf einmal, woran ich mit mir war!" erinnerte sich May in *Mein Leben und Streben* des Glücksgefühls nach der Lektüre dieses Werkes.[2] Wie so vieles in Mays Leben war auch dieses Buch Fiktion, offensichtlich wieder einmal das Resultat einer Überdeckung der äußeren Realität durch die innere Wahrheit. Es darf aber als sicher angenommen werden, daß die ‚Spaltungs-Theorie', die dem Häftling möglicherweise in einer popularisierten Form aus Gesprächen mit

Kochta bekannt wurde, Rettung und Lösung der seelischen Verstrickung bedeutete.[3] Unter dem fiktiven Buchtitel verbarg sich gewissermaßen die Formel für Mays Schicksal, für sein ganzes Leben und Werk.

Dem Geheimnis der therapeutischen Wirkung des nichtexistenten Buches kommt man wohl näher, wenn man in ihm einen Schlüssel zur christlichen Heilsgeschichte sieht. Im festen Gottesglauben, in der göttlichen Alliebe fand May den so großen Halt nach seinem Sturz und die Erklärung seines Falls. Sich im göttlichen Ordo eingebunden fühlend, erkannte er, daß sein persönliches Unglück nur das Abbild des gesamten, mit der Erbsünde belasteten[4] Menschheitsschicksals war. Der dramatische Konflikt seines Innern war damit ein exemplarischer Kampf zwischen Gut und Böse, zwischen Gott und Teufel, ein ewig zu erinnerndes elementares Erlebnis, das zum Fundament, zum Grundstoff für Mays Dichtung werden sollte. *Das* war die eigentliche Therapie, die heilsame Wirkung des imaginären Buches.

Was Kritiker an Mays Werk bei oberflächlicher Betrachtung für Stereotypie, für naive Schwarz-Weiß-Malerei befunden haben, entspringt im Tiefsten einem nicht enden wollenden, nicht enden dürfenden, geradezu manischen seelischen Drang und Zwang, die eigene Geschichte, den Grundkonflikt seines Lebens im Schreiben zu fixieren, um sich dadurch von der belastenden Schuld zu befreien. Dieser Grundkonflikt ist allerdings nicht allein auf Mays kriminelle Delikte zu beschränken; die Wurzeln des Mayschen Unglücks liegen schon in der frühesten Kindheit, im gestörten Liebesverhältnis zur primären Bezugsperson des Kindes, zur Mutter.[5] Der überreiche Liebesersatz seitens der Großmutter Mays ließ die Liebeserwartungen des Kindes an seine Umwelt, insbesondere an seine Eltern, zu einem gewaltigen Trauma anwachsen. Mays Straftaten waren ein radikaler Ausbruch, ein Höhepunkt der seelischen Krankheit, bewußte wie unbewußte Akte der Vergeltung für die unbefriedigende, ungerechte Realität, Racheakte für verweigerte Liebe, für verwehrtes Glück. Dadurch konnte sich May – abgesehen von kurzen Momenten seiner ‚kriminellen Maskenspiele' – jedoch nicht befreien, im Gegenteil: immer schneller und tiefer geriet ihm der Fall in den Abgrund.

In seinem literarischen Werk sind der psychische Konflikt und die Katastrophe vielfältigst gespiegelt; wie kaum ein anderer Schriftsteller hat May sein Ich in einer derart gehäuften Form aufgespalten, seine Geschichte, Verdammnis und Rettung, Verstrickung und Befreiung, von unzähligen Teil-Ichs durchspielen lassen. Dabei verloren die Fabeln aber nicht ihre exemplarische Bedeutung, sind sie neben der autobiographischen Verschlüsselung doch gleichzeitig auch als Spiegelungen allgemeinmenschlichen Schicksals zu betrachten, eine Tatsache, die neben anderem die beständige Faszination der Geschichten Mays erklärt.

In seinem Ich-Helden fand May nach seiner Haft ein Ideal, welches das Mutter-/Liebes-Trauma zu kompensieren vermochte. Dieses ‚Ich' besaß alle Züge, die er seinem eigenen Selbst, wie seinem *idealen* Vater, an dem die Leitfigur als Gegenbild zur Mutter orientiert war, sehnlichst wünschte. Vergessen ließ dieses Ich-Ideal die Mutter jedoch nicht. Immer massiver schoben sich mütterliche Erinnerungen und Projektionen vor der Jahrhundertwende in das abenteuerliche Geschehen der Reiseerzählungen, immer brüchiger gerieten May die Charakterzeichnungen seiner Protagonisten; von dunklen, zurückliegenden Geschichten verfolgt, liebes- und glaubensverlustig, manifestiert sich in diesen ‚gebrochenen Charakteren' in einem unaufhörlichen Erinnerungsstrom Mays unselige Vergangenheit. Philosophisch-religiöse Reflexionen über den Glauben und die Liebe, die das Handlungsgefüge der Abenteuerfabeln unterbrechen, signalisieren die Angst vor dem – nun vergegenwärtigten – Fall zurück in den Abgrund. Während der Orientreise 1899/1900 brach schließlich Mays Schutz vor dem Mutter-/Liebes-Trauma vollends zusammen: eine psychische Destruktion, die zugleich einen literarischen Neubeginn bedeutete, den Weg zum ‚eigentlichen', kunstvollen, das persönliche leidvolle Schicksal als Menschheitsgeschichte erkennenden und darstellenden Werk öffnete.

Unter allen ‚gebrochenen Charakteren' der späten Reiseerzählungen Mays ist die Figur Old Wabbles aus der *Old-Surehand*-Trilogie neben dem blinden Münedschi (*Am Jenseits*) gewiß das eindringlichste und erschütterndste Porträt des leidenden May auf seinem Weg von der Verirrung zur Erlösung. Gerade weil May sein Ich so schonungslos in diese Gestalt einfließen ließ, gewissermaßen seine Sühne an ihr vollzog, stellt Walther Ilmer zu Recht fest, daß an Old Wabble „der stümperhafte Typenschilderer zum Menschengestalter" gereift sei.[6] Die tiefgehende Betrachtung einer derart exemplarischen, vollendeten Figur bietet demzufolge die Möglichkeit – das sei die Intention unserer folgenden Analyse –, einen repräsentativen Einblick in Mays Schaffensprozeß, der Literarisierung vorgeprägten Innenmaterials, zu gewinnen, und wir werden sehen, daß die Untersuchung der Genese dieser Figur sich zu einer paradigmatischen Dokumentation des Dramas Karl Mays gestaltet.

II.

Zum erstenmal tritt Old Wabble in der vermutlich Ende Dezember 1889 oder Anfang Januar 1890 entstandenen, 1893 erschienenen[7] Erzählung *Der erste Elk* auf:

> Er hieß eigentlich Fred Cutter, wurde aber wegen seines wackelnden Ganges und weil ihm der Anzug so schlotterig am dürren Leibe hing, stets nur Old Wabble genannt. Er war früher da unten in Texas Cowboy gewesen und hatte sich so in die dortige Kleidung gewöhnt, daß ihn selbst hier oben im Norden niemand dazu bringen konnte, sie abzulegen und mit einer andern zu vertauschen. Noch sehe ich ihn vor mir stehen, lang und überschmal, die Füße in ganz unbeschreiblichen Schuffles und die Beine in uralten Leggins steckend. Ueber dem Hemde, dessen Farbe ich lieber gar nicht erwähne, hing eine Jacke, deren einziger Vorzug eine allgemeine Offenherzigkeit war. Brust und Hals blieben unbedeckt; dafür aber trug er unter dem zerknüllten Hute stets ein um die Stirn gewundenes Tuch, dessen Zipfel auf die Schulter niederhingen, am Gürtel das lange Bowieknife, an den Ohrläppchen schwere Silberringe und in der großen, braunen, knochigen Hand die stets glimmende, unvermeidliche Cigarette – anders hat ihn wohl selten ein Mensch gesehen. Das Kostbarste war sein altes, wetterhartes, faltenreiches und stets glattrasirtes Gesicht mit starken Niggerlippen, langer, spitzer Nase und scharfen grauen Augen, denen, obgleich die Lider stets halb geschlossen waren, nicht so leicht etwas entgehen konnte. Mochte dieses Gesicht ruhen oder in Bewegung sein, es hatte immer und immer den Ausdruck einer Ueberlegenheit, welche absolut durch nichts aus dem Gleichgewicht zu bringen war. Und diese Supe-riorität bestand zu vollem Recht, denn Old Wabble war trotz seiner Schlotterigkeit nicht nur im Meister im Reiten, im Gebrauche des Rifle und des Lariat, sondern es entging ihm auch nicht eine der anderen Eigenschaften, welche ein richtiger Westmann besitzen muß. „Th'is clear", das war seine ständige Redensart, welche bewies, daß ihm oft das Schwierigste als leicht und ganz selbstverständlich erschien. (133)[8]

Diese bewundernde Beschreibung des Ich-Erzählers Samuel Parker[9] offenbart bemerkenswerte, im Verlauf der Erzählung eindrücklich demonstrierte Charaktereigenschaften Old Wabbles. Parker, ein ‚Greenhorn', das im Wilden Westen Anerkennung sucht, sich dabei allerdings nicht gerade sehr geschickt anstellt, wird zum Objekt, an dem der alte Westmann seine Überlegenheit und Autorität zu beweisen vermag. Auf die autobiographischen Spiegelungen, die im Verhältnis des ‚Alten' (diese Titulierung Wabbles fällt allein zehnmal in der Erzählung!) zum unerfahrenen Versager zu erkennen sind, hat bereits Jürgen Wehnert kurz hingewiesen.[10] Unzweifelhaft dürfte May hier seine Beziehung zum Vater, Heinrich August, verschlüsselt haben, um dessen Gunst der Sohn unaufhörlich gekämpft hatte: „Ich nahm mir vor, mir auf jeden Fall die Achtung des Alten zu erzwingen", liest sich dieses Ringen im *Ersten Elk* (135 li). „Wie ein Lehrer seine Buben" examiniert Wabble Sam Parker und dessen Gefährten Ben Reedler (134 li), wobei Parkers Schießdemonstration jedoch vollständig mißlingt.

Derartige macht- und achtungsbeweisende, mit Schrecken verbundene ‚Prüfungsverfahren' waren May in seiner Kindheit sehr vertraut: „Vater war bald Leutnant, bald Hauptmann, bald Oberst, bald General; ich aber war die sächsische Armee. Ich wurde erst als ‚Zug', dann als ganze Kompagnie einexerziert. Hierauf wurde ich Bataillon, Regiment, Brigade und Division. Ich mußte bald reiten, bald laufen, bald vor und bald zurück, bald nach rechts und bald nach links, bald angreifen und bald retirieren."[11]

Schmerzhafte Erinnerungen an den ‚Führungsstil' des Vaters lösten vor allem die zwar gutgemeinten, aber völlig unsinnigen und peinigenden Erziehungsmethoden Heinrich August Mays aus, die dem Sohn ein Vielwissen verschaffen sollten, das Glück der Kindheit jedoch radikal zerstörten: „Das, was ich nach Vaters Ansicht zu lernen hatte, beschränkte sich keinesweges auf den Schulunterricht und auf die Schularbeiten. Er holte allen möglichen sogenannten Lehrstoff zusammen, ohne zu einer Auswahl befähigt zu sein oder eine geordnete Reihenfolge bestimmen zu können. [...] Was hatte ich da alles durchzumachen!"[12]

Trotz aller Bewunderung und Verehrung, die das Verhältnis des Greenhorns Parker zu Old Wabble prägen, sind die charakterlichen Schwächen des ‚Alten' unübersehbar. Strenge, unbarmherzige Härte, Hochmut, Arroganz, Indianerhaß und Tötungslust werfen deutliche Schatten auf glänzenden Ruhm und Heldentum. So weckt der ‚Hasenfuß' Parker als Kontrastfigur des ‚Alten' Sympathie, weil er menschliche Züge zeigt, Nächstenliebe und Humanität höher achtet als ein über Leichen gehendes, brutales Heroentum. Die Mut und Stärke verleihende christliche Pflicht hält ihn an, einen unschuldigen, auf einer Friedensmission sich befindenden Indianertrupp zu warnen, den Wabble zu töten beabsichtigt. Der vom ‚Alten' Gedemütigte beschließt, sich nun gegen dessen Dominanz aufzulehnen: „Ich war wütend vor Zorn. Mußte ich mir das gefallen lassen? Diese armen Indianer sollten erschossen werden und hatten doch so ungefährlich ausgesehen! Durfte ich das zugeben? Nein! Sie waren Menschen grad wie wir" (135 re). Als Dank verhilft der Häuptling der geretteten Indianer dem Greenhorn – nun ‚At-pui', das ‚gute Herz' genannt – zu Westmannsruhm, indem er Parker einen von ihm erlegten riesigen Elk als Beute überläßt: „Sollte ich diese Gabe von mir weisen?" zögert der Beschenkte zunächst. „Nein; ich war zu schwach, weil zu – jung dazu. Old Wabble hatte mich verhöhnt; gewiß, es war ein Fehler von mir, eine Lüge, mich mit fremden Federn zu schmücken, aber der alte Westmann sollte mich, das Greenhorn, beneiden!" (137 re) In diesem ‚falschen' Ruhm ist sicherlich eine Kritik Mays an einem Heldentum zu sehen, das auf Haß und äußerem Schein ruht. Ebenso lassen sich hier erneut autobiographische Bezüge erkennen, denkt man daran, daß die „fremden Federn" sehr wahrscheinlich auf die Hochstapeleien und Betrügereien des jungen May verweisen, vielleicht auch auf „die erfolgreichen, aber eben doch nur fiktiven Heldentaten des Schreibtisch-Abenteurers May"[13], mit denen der Sohn, nachdem er die Erwartungen und Hoffnungen seiner Familie aufgrund seiner Straftaten so herb enttäuscht hatte, die Achtung und Anerkennung des Vaters zurückzugewinnen trachtete.

Noch zwingender und schlüssiger erscheint die These der Vater-Spiegelung Wabbles, wenn man Mays Porträtzeichnung seines Vaters hinzuzieht, die er uns in seiner Selbstbiographie überliefert hat. Dort heißt es:

> Mein Vater war ein Mensch mit zwei Seelen. Die eine Seele unendlich weich, die andere tyrannisch, voll Uebermaß im Zorn, unfähig, sich zu beherrschen. Er besaß hervorragende Talente, die aber alle unentwickelt geblieben waren, der großen Armut wegen. [...] Obgleich nur Weber, war er doch im stande, sich Rock und Hose selbst zu schneidern und seine Stiefel selbst zu besohlen. Er schnitzte und bildhauerte gern [...]. Vater war gern fleißig, doch befand sich sein Fleiß stets in Eile. Wozu ein anderer Weber vierzehn Stunden brauchte, dazu brauchte er nur zehn; die übrigen vier verwendete er dann zu Dingen, die ihm lieber waren. Während dieser zehn angestrengten Stunden war nicht mit ihm auszukommen; alles hatte zu schweigen; niemand durfte sich regen. Da waren wir in steter Angst, ihn zu erzürnen. Dann wehe uns! Am Webstuhl hing ein dreifach geflochtener Strick, der blaue Striemen hinterließ, und hinter dem Ofen steckte der wohlbekannte „birkene Hans", vor dem wir Kinder uns besonders scheuten, weil Vater es liebte, ihn vor der Züchtigung im großen „Ofentopfe" einzuweichen, um ihn elastischer und also eindringlicher zu machen. Uebrigens, wenn die zehn Stunden vorüber waren, so hatten wir nichts mehr zu befürchten; wir atmeten alle auf, und Vaters andere Seele lächelte uns an. Er konnte dann geradezu herzgewinnend sein, doch hatten wir selbst in den heitersten und friedlichsten Augenblicken das Gefühl, daß wir auf vulkanischem Boden standen und von Moment zu Moment einen Ausbruch erwarten konnten.[14]

Diese ‚zwei Seiten' des Vaters finden wir auch in der Figur Wabbles wieder, nicht nur in seiner Haltung zwischen Verachtung/Hochmut und verehrenswertem Heldentum, sondern bereits in seiner äußeren Gestalt: die Schlotterigkeit eines ‚lebendigen Skeletts' kontrastiert mit Schieß- und Reitkünsten, mit Vitalität und Zähigkeit; obgleich seine Lider stets halb geschlossen sind, kann seinen „scharfen, grauen Augen" nichts so leicht entgehen. „Niggerlippen", Ohrringe, Bowiemesser, Zigarette, „ein um die Stirn gewundenes Tuch", unbedeckter Hals und Brust geben ihm verwegene, Sinnlichkeit indizierende Züge, während sein arg strapazierter Anzug und Hut auf Zerfall und Vergänglichkeit deuten. – Möglicherweise verbergen sich hinter Wabbles eigentlichem Namen, Fred Cutter, nicht nur die Bedeutung ‚(Indianer-)Schnitter'[15] oder ‚Sensenmann' (die Personifikation des Todes), sondern ebenso die nebenberuflichen Beschäftigungen des Vaters, Schneiderei und Schnitzerei. Parkers Mitteilung, „Old Wabble war nämlich aus einem Cowboy ein selbständiger Viehzüchter geworden" (134 li), könnte sich zudem auf Heinrich August Mays Versuch beziehen, nach der kleinen Erbschaft, die seiner Frau von einer Verwandten vermacht wurde, als Taubenhändler einen selbständigen Beruf zu ergreifen[16], ein Unternehmen, das allerdings völlig fehlschlug und die ohnehin gespannte familiäre Atmosphäre noch verschärfte.

Wabbles vom Tode gezeichnete, uralte, einerseits Schrecken, andererseits Verehrung evozierende Gestalt erinnert an eine andere zentrale Figur Mays: an Marah Durimeh. Dabei ist davon auszugehen, daß es sich beim Totenantlitz der hehren Greisin um eine Spiegelung des realen Todes der Großmutter und der Mutter Mays, der Liebesferne und des Liebesverlustes handelt.[17]

Eine ähnliche Verschlüsselung dürfte auch in der Old-Wabble-Figur zu finden sein: Mays Vater starb 1888, 1889/90 taucht Old Wabble zum erstenmal auf; jede Vater-Begegnung nach 1888 wurde unwillkürlich von Todeszügen geprägt. Als quälende Erinnerung enttäuschter Erwartung und Hoffnung, aber auch als Verschulder des Mayschen Unheils war der Verstorbene äußerst präsent, in einer Lebendigkeit, die den Sohn zu immer neuen – fiktiven – Auseinandersetzungen mit ihm zwang. In überraschender Offenheit und Deutlichkeit hat May seine Schuldgefühle gegenüber dem Vater später im dritten Band der *Silberlöwen*-Tetralogie preisgegeben; dort berichtet der Ich-Held dem Pedehr: „Er [der Vater] litt unter meinen äußeren Niederlagen; an den inneren Siegen aber, zu denen sie mich führten, konnte er nicht teilnehmen; sie brachten ihm keinen Gewinn. Und als ich endlich, endlich oben war, aus voller Brust tief Atem holend, weil ich in meinem Glauben an die Menschheit die Ueberzeugung in mir trug, daß mir vergeben sei, da legte er sich hin und starb, mich zwingend, meine schöne Hoffnung, alles, alles an ihm gut machen zu können, nach jenem Lande zu richten, in welchem ein jeder nachzusühnen hat, was hier auf Erden zu sühnen vergessen worden ist!" (XXVIII 625)

Neben der Erkenntnis des Sohnes, aufgrund seiner Verfehlungen schuld am Bruch mit dem Vater zu sein, war Karl Mays Beziehung zu ihm – im Bewußtsein, daß der Vater durch seine herrischen Erziehungspraktiken für das Unglück verantwortlich zu machen war – aber ebenso von Haßgefühlen bestimmt. Dieses ambivalente Verhältnis ist in der Entwicklung der Old-Wabble-Figur deutlich zu erkennen.

Parallelen in der erzählerischen Grundstruktur und der Konfiguration des *Ersten Elks* bestehen nicht nur – wie Jürgen Wehnert feststellt[18] – zum ersten Band der *Winnetou*-Trilogie, sondern, äußerst ausgeprägt, gleichfalls zur Erzählung *Der Scout*, die 1888/89 im *Deutschen Hausschatz* erschien. Die dort auftretenden, im Mittelpunkt stehenden Charaktere müssen als Vorläufer von Old Wabble und Sam Parker betrachtet werden. Wie im *Ersten Elk* ist der Ich-Erzähler – ein Detektiv – als ausgesprochenes Greenhorn ein genaues Gegenbild zu den bekannten Ich-Helden Mays, deren Eigenschaften und Tugenden im *Scout* ein alter Westmann, Old Death, repräsentiert, der erstaunliche Übereinstimmungen in der Porträtzeichnung mit Old Wabble aufweist:

Er [...] war sehr, sehr lang, und seine weit nach vorn gebeugte Gestalt schien wirklich nur aus Haut und Knochen zu bestehen. Die ledernen Hosen schwappten ihm nur so um die Beine. Das ebenfalls lederne Jagdhemde war mit der Zeit so zusammen- und eingeschrumpft, daß ihm die Aermel nicht viel über den halben Vorderarm reichten. An diesem Letzteren konnte man die beiden Knochen, Elle und Speiche, so deutlich wie bei einem Gerippe unterscheiden. Auch die Hände waren ganz diejenigen eines Skelettes. Aus dem Jagdhemde ragte ein langer, langer Todtenhals hervor, in dessen Haut der Kehlkopf wie in einem Ledersäckchen herniederhing. Und nun erst der Kopf! Er schien nicht fünf Loth Fleisch zu enthalten. Die Augen lagen tief in ihren Höhlen, und auf dem Schädel gab es nicht ein einziges Haar. Die schrecklich eingefallenen Wangen, die scharfen Kinnladen, die stark hervortretenden Backenknochen, die zurückgefallene Stumpfnase mit den weiten, aufgerichteten Löchern – wahrhaftig, es war ein Todtenkopf, über den man sich entsetzen konnte, wenn man ihn unerwartet zu Gesicht bekam. (10 li)[19]

Wie Wabble kennzeichnet auch Old Death eine stehende Redensart („Ich kalkuliere...") und ebenfalls ist er dem Materialismus und der Sucht nach Betäubungsmitteln verfallen.[20]

Death ist eine für die Protagonisten der späten Reiseerzählungen charakteristische gebrochene Figur, belastet mit einer dunklen, ihn in Ruhelosigkeit treibenden Geschichte; ein Verlorener, ein dem Untergang Geweihter, der nach dem Tod der Mutter, einer Deutschen (!), auf den falschen Weg geriet, seinen Bruder – dessen Frau aus Kummer starb – beraubte und um alles Glück brachte, das väterliche Erbteil verpraßte, geldsüchtig vom Spielteufel besessen und von den Fangarmen des Opiums gefaßt wurde. Äußerlich und innerlich verfallen, besteht seine einzige Hoffnung darin, seinen verschollenen Bruder wiederzufinden, um sein Unrecht zu sühnen. May hat in die Figur des alten Scout verstärkt sein Ich hineinfließen lassen, die Geschichte seiner dunklen Vergangenheit gesteigert und verschärft, den Sturz in den

Abgrund als noch tiefer vergegenwärtigt. Wie ein schonungsloses, quälendes Bekenntnis des gefallenen May klingt es, wenn Old Death bekundet: „O Du lieber Herr und Gott, was sind die Töne aller Posaunen der Welt gegen die nie ruhende Stimme im Innern eines Menschen, welcher sich einer schweren Schuld bewußt ist. Ich muß büßen und gut machen, so viel ich kann." (118 li)

May hat dem Verlorenen ein tragisches Ende vorbestimmt; einen Tag nach seinem Bekenntnis soll der alte Scout seinen Bruder wiedersehen, wobei er jedoch irrtümlich erschossen wird! Dieses Ende erscheint bei näherer Betrachtung durchaus logisch und konsequent, weil just in dem Augenblick des Brudertreffens das Lebensziel des Scout erreicht und die Aufgabe seines Lebens erfüllt ist – im Tod findet er endlich den ersehnten ewigen Frieden.

Die Erzählung *Der Scout* steht, obwohl vor dem *Ersten Elk* geschrieben, gewissermaßen zwischen dem ersten Auftritt Old Wabbles 1889/90 und dessen nun ausführlich zu behandelnder großer Geschichte in der *Surehand*-Trilogie (1894–96). Ist Wabble im *Ersten Elk* noch primär als eine Vater-Imago auszumachen, so konturiert er sich in *Old Surehand* – genau in diesem ‚Zwischenstadium' ist an die ein Doppelporträt von Vater und Sohn darstellende Figur Old Deaths zu denken – immer deutlicher zu einem Selbstbildnis Mays.

> Ich wäre geradezu ein Schurke, wenn ich die wirklichen Verhältnisse [...] Old Wabble's [...] verriethe.[21]

III.

Die Beziehungen zwischen dem *Scout* und *Old Surehand* sind vielfältig.[22] May integrierte die *Scout*-Geschichte später in den zweiten Band der *Winnetou*-Trilogie (1893). Äußerst interessant ist es dabei, daß der dort eine zentrale Rolle spielende Old Firehand ursprünglich im Mittelpunkt der *Surehand*-Fabel stehen sollte.[23]

Wie die Erzählung *Der Scout* flocht May auch den *Ersten Elk* (zusammen mit der Kurzerzählung *Im Mistake-Cannon*, die im September 1889 entstand und bereits im darauffolgenden Monat in der *Illustrirten Welt* veröffentlicht wurde[24]) in eine großangelegte Romantrilogie, in *Old Surehand*, ein. Aus der etwas flüchtig erscheinenden Skizze wurde damit ein wesentliches Handlungskapitel, das den Romananfang entscheidend prägt. Bereits die Überschrift des Einleitungskapitels von *Old Surehand I*, *Old Wabble*, signalisiert sehr deutlich, um wen es im folgenden Roman eigentlich geht; so betonte schon Walther Ilmer zu Recht: „Old Wabble ist – was immer May ihm ursprünglich zugedacht hatte – die Hauptfigur der ‚Surehand'-Erzählung – nicht Old Surehand, die Titelfigur."[25] Wir wollen das im folgenden dokumentieren.

Mit der Gestalt des omnipotenten Ich-Helden hatte May ein Ideal geschaffen, das keinen Zweifel an dessen Vollkommenheit und Machtbefugnissen zuließ. Kontrastfiguren, mit Schwächen und Fehlern behaftet, dienen dem ‚Ich' in Mays Werk immer wieder als Objekte, seine Überlegenheit und Autorität unter Beweis zu stellen. Im *Surehand* erscheint diese Demonstration ins Maßlose gesteigert; vor allem sind es bezeichnenderweise die beiden Protagonisten des *Ersten Elks*, Samuel Parker und Old Wabble, an denen Shatterhand eine Dominanz zeigt, die bis in Überheblichkeit und Arroganz ausartet. Dadurch verliert Parker auch die im *Ersten Elk* noch zu findenden sympathischen Züge; er ist nun der von Wabble entlarvte Lügner und Aufschneider. Die Distanzierung von seinem ungeschickten Ich-Erzähler hat May längst vollzogen; sein ‚Ich' ist nun das genaue Gegenbild zum Neuling, zum sich blamierenden Greenhorn, das der Held bisweilen noch vorspielt, um Ruhm und Bewunderung noch lustvoller auskosten zu können. May hatte sich, als die *Surehand*-Trilogie entstand, in seinen Ich-Helden geradezu hineingesteigert. Hier durfte er, der Schwache, der Verlierer, endlich der Mächtige und Starke sein, dem überall Anerkennung zu zollen war. Im Innersten mußte May jedoch das Beben und die Risse des Ideals gefühlt haben. Mit dem Tod seiner Mutter 1885 und seines Vaters 1888 brach all das wieder auf, was er nach seinen Haftstrafen überwunden geglaubt hatte. Die Toten und die mit ihnen verbundenen quälenden Erinnerungen waren sehr lebendig, *zu* lebendig; sie bedrängten May unaufhörlich, stellten ihre Forderungen, zwangen zur Konfrontation, denn zu viel war ungesagt, unbewältigt geblieben: „indem ich hier an meinem Tische sitze und diese Zeilen niederschreibe, bin ich vollständig überzeugt, daß meine Unsichtbaren mich umschweben und mir, schriftstellerisch ausgedrückt, die Feder in die Tinte tauchen", gestand May bezeichnenderweise im *Old Surehand* (XIX 151). Von einer derartigen ‚Verlebendigung' seiner Phantasiegestalten, einer Verwischung und Durchdringung der Grenze zwischen Realität und Imagination, berichtet auch Klara May: „in seinen Arbeitsräumen, dort war er allein, und dennoch lebte um ihn herum eine Welt voller Gestalten, mit denen er sprach und die mit ihm zu leben schienen. Er lachte und weinte bei seinen Arbeiten, und wer nicht wußte, daß er allein da oben hause, konnte glauben, eine ganze Gesellschaft befinde sich bei ihm."[26]

Je brüchiger und damit um so offener und schonungsloser sich die dunklen Selbstporträts Mays in den Vordergrund der Abenteuerhandlungen schoben, desto gewaltiger und strahlender mußte der Ich-Held, als Gegenpart, als Ideal, Orientierung und Halt, auftreten. Der dahinter stehende Zwang ist in den späten Reiseerzählungen nicht zu übersehen. In den Werken kurz vor der entscheidenden Orientreise gerät aber auch das übermächtige Ideal ins Wanken, bis es schließlich vollends zusammenbricht. Die Beziehung Old Shatterhands zu Old Wabble ist unverkennbarer Ausdruck der verzweifelten, ja krampfhaften Apotheose des Ich-Helden.

Eingeführt wird Old Wabble zunächst als bewundernswerte Legende und Fama; Parker erzählt von seinem Elk-Abenteuer, worauf Shatterhand sinniert:

Was Old Wabble betrifft, so hatte ich viel, sehr viel von ihm gehört, ihn aber noch nicht gesehen. Man wußte, daß er wirklich existiere, und doch lebte er in den Erzählungen wie eine mythische Gestalt, mit der die Gegenwart nichts mehr zu schaffen hat. Man berichtete hundert und aberhundert Schrullen und Thaten von ihm, welche bewiesen, daß er ein Original war, wie es kaum ein zweites geben konnte; man wußte nicht, wo er sich jetzt befand und was er trieb, und wenn er plötzlich einmal hier oder dort auftauchte, so war es nur für eine kurze Zeit, und man hatte wieder eine schnelle, kühne That oder eine ganz abnorme Sonderlichkeit von ihm zu erzählen. In seiner Jugend war er der ‚König der Cowboys' genannt worden; jetzt hatte er ein Alter erreicht, welches man auf über neunzig Jahre schätzte, doch sollte er noch ebenso rüstig wie ein Junger sein, und nur sein langes, schneeweißes Haar, welches beim Schnellreiten wie eine Mähne hinter ihm wehte, verriet die Länge seines außerordentlich bewegten Lebens. Ich hatte längst den Wunsch gehabt, ihn einmal zu sehen. (XIV 31f.)

Vergleicht man diese Beschreibung mit der Porträtzeichnung aus dem *Ersten Elk*, so sind bemerkenswerte Ergänzungen festzustellen. Neben der Altersangabe ist es vor allem ein äußerliches Merkmal Wabbles, das auffällt: seine langen weißen Haare. Ganz offensichtlich besitzt dieses Merkmal eine große Bedeutung. Als sich der Wunsch des ‚Ichs' nach einer Begegnung mit dem sagenumwobenen Westmann kurz nach Parkers Erzählung erfüllt, bemerkt Shatterhand bei der ersten Betrachtung Wabbles: „Am meisten fiel an diesem frühern ‚Könige der Cowboys' das weiße Haar ins Auge, welches wie eine silberne Mähne unter dem Hute und dem Tuche hervorquoll und ihm fast bis zum Gürtel herabreichte." (XIV 54) Es scheint uns sicher, daß Alter und Haarpracht unter dem Einfluß von Mays bedeutsamer Figur Marah Durimeh, in der Erinnerung an die ‚große Mutter', hinzugekommen sind.[27] Seit ihrem ersten großen Auftritt im *Wilden Kurdistan* (1881) und eingestreuten Reminiszenzen in weiteren Bänden des Orientzyklus *Giölgeda padiśhanün* erscheint die greise Kurdin erst wieder im zweiten Band der *Silberlöwen*-Tetralogie (1897). Wir haben an anderer Stelle bereits auf das rätselhafte ‚Marah-Durimeh-ferne' Jahrzehnt hingewiesen.[28] Mays verstärkte Hinwendung zum Amerika-Schauplatz zu Beginn der neunziger Jahre machte den Auftritt der Kurdin Marah Durimeh nur schwer möglich; latent ist sie jedoch auch im Wilden Westen präsent: im *Surehand* ist hier neben den weiblichen Figuren Kolma Puschi und Tibo-wete-elen auch Old Wabble zu nennen, in dem sich – wie noch zu zeigen sein wird – das Mutter-/Liebes-Trauma eindringlich gestaltet.

Die Haarpracht verknüpft eine augenfällige Beziehung Wabbles mit Winnetou, Old Surehand und Apanatschka; im Gegensatz zu deren Haar ist Wabbles aber schneeweiß, gefärbt vom nahen Tod. Lange Haare sind ein weibliches Attribut und hier als Indiz für Großmutter- und Mutternähe zu sehen. Wabbles Haarfarbe deutet allerdings an, daß diese Nähe mit Todesschrecken verbunden ist.[29]

Bei allen schillernden Legenden ist das Heldenbild Wabbles in der Realität – das offenbarte schon die Geschichte vom *Ersten Elk* – ein äußerst schattiges, und es trübt sich verstärkt beim Aufeinandertreffen, im direkten Vergleich mit dem Über-Helden Old Shatterhand. Dabei ist es sicherlich überraschend, welche Fülle von ‚Greenhornfehlern' dem erfahrenen alten Westmann im Beisein Shatterhands unterlaufen. Bereits der unerlaubte Reitversuch auf Shatterhands Rappen Hatatitla kurz nach dem ersten Treffen und der darauffolgende Abwurf lassen dem Leser keinen Zweifel daran, wie es um den Westmannsruhm Wabbles eigentlich bestellt ist. Die unbeherrschte Reaktion nach seinem Abwurf – „Er sprang schnell mit einem Fluche auf und wollte wieder zugreifen" (61) – zeugt von einem hitzköpfigen, leichtblütigen Charakter, der weit von der Abgeklärtheit und Besonnenheit eines Old Shatterhand entfernt ist (unter autobiographisch-psychologischen Aspekten kann diese Unbeherrschtheit als ein Erbteil Heinrich August Mays gedeutet werden).

Wabbles Aktionen im *Surehand* ziehen seinen ‚Heldenruhm' arg in Zweifel und entlarven diesen letztlich als Schein und Fassade (man beachte die Parallelen zur falschen Heldentat Sam Parkers im *Ersten Elk*!). Die Frage, wer dieser ‚König der Cowboys' wirklich ist, von dem man „hundert und aberhundert Schrullen und Thaten" berichtet, der „für kurze Zeit einmal hier oder dort" auftaucht, eine „schnelle, kühne That oder eine ganz abnorme Sonderlichkeit" begeht, führt uns wiederum in die Biographie seines Schöpfers: May dürfte in dieser Charakterzeichnung Reminiszenzen an seine Betrugs- und Hochstapeleienfeldzüge durch sächsische Prärien verschlüsselt haben, die ihm ja in der Tat höchst zweifelhaften Ruhm einbrachten! – Aus der Vater-Figur Wabble der *Elk*-Erzählung ist im *Surehand* das Porträt des von dunkler Vergangenheit gezeichneten, mit den väterlichen Schattenseiten behafteten Karl May hervorgetreten (der Alte ist somit ein Sinnbild *des* Alten, der zurückliegenden Schrecken), während die *idealen* Vater-Züge in die Figur des übermächtigen Ich-Helden eingegangen sind. Damit hat sich nun auch das Machtverhältnis gewandelt: war Wabble im *Ersten Elk* noch die dominante, autoritäre Figur, die das Greenhorn Parker belehrte und zurechtwies, so findet sich der Alte im *Surehand* selbst als Schüler wieder, der Anfängerfehler um Anfängerfehler begeht. Dieses Meister-Schüler-Verhältnis ist freilich äußerst spannungsgeladen – wie Mays Beziehung zum Vater. Zwar gibt Wabble (eher zähneknirschend) zu, sich unter Shatterhands Führung zu stellen, doch konstatiert das ‚Ich' sehr scharfsinnig: „Ja, er war der Mann, der sich niemals einem andern unterordnete; das wußte ich. Man sah es ihm auch deutlich an, welche Ueberwindung es ihm gekostet hatte" (85). Immer wieder ist es gerade Old Shatterhand, der die „Dummheiten" (231) des berühmten Mannes, weil dieser *Cowboy* ist, zu entschuldigen sucht: May, in die Vater-Rolle versetzt, spielt hier Möglichkeiten durch, wie sein Vater sich bei seinen Verfehlungen hätte verhalten *können:* „Eigentlich hatte er [...] meine Erwartungen nicht erfüllt, denn die von ihm gemachten Einwendungen waren keineswegs Beweise jenes scharfen und untrüglichen Blickes gewesen, der einem Jäger ersten Ranges eigen ist; aber ich sagte mir, daß seine ‚Spezialität', um mich so auszudrücken, wohl eine andre sei. Der einstige ‚König der Cowboys' war nur im freien Felde, auf der offenen Savanne thätig gewesen und hatte also nicht zu denjenigen Eigenschaften kommen können, für welche nur die dichten Wälder und schluchtenreichen Gebirge die richtigen Schulstätten sind." (88)

Shatterhands Hoffnungen erfüllen sich hingegen nicht; erneut enttäuscht Wabble die Erwartungen beim Erkunden eines Indianerlagers. Zusehends wird er für das ‚Ich' zu einer Last, augenfällig dargestellt während der nächtlichen Schwimmaktion, bei der sich Wabbles Versicherung seiner

Schwimmkünste wiederum als Aufschneiderei erweist; Shatterhand muß schon bald feststellen: „Ich hatte nicht nur das Floß, sondern auch ihn vorwärts zu treiben." (132) Die zu schwere ‚Last' geht dem ‚Ich' schließlich verloren – auch in dieser Episode dürfte May den Bruch des im Unglück verstrickten Sohnes mit dem Vater, der die Last der Verfehlungen des Jungen tragen muß, verschlüsselt haben.[30]

Ein Ausbruch des Konfliktes zwischen Shatterhand und Wabble, zwischen Vater und Sohn, zwischen Ideal und Schatten scheint aufgrund der ständigen Unvorsichtigkeiten und Dummheiten des Alten (des *Jungen* unter autobiographischen Gesichtspunkten) unausweichlich. Wabbles Indianerhaß, seine allgemeine Rassenfeindschaft: „Ich bin nie ein Indianerfreund gewesen; sie taugen alle nichts und halten es für Schwäche, wenn man nachsichtig mit ihnen ist" (147), ist der Grund verschärfter Zurechtweisung und Drohung der Trennung; die Bemerkung des alten Cowboys: „Ein farbiger Mensch ist nie ein richtiger Mensch, sonst hätte ihn Gott nicht farbig gezeichnet!" (241), fordert deutliche Worte Shatterhands: „Ich bin nicht höflich gegen Leute, welche ihre Nebenmenschen verachten. Wenn man Euch einmal in die Erde scharrt, wird aus Eurem weißhäutigen Leibe grad und genau so ein stinkiger Kadaver wie aus einer Negerleiche. [...] Es sind alle, alle Menschen Gottes Geschöpfe und Gottes Kinder, und wenn Ihr Euch einbildet, daß er Euch aus einem ganz besonders kostbaren Stoffe geschaffen habe und daß Ihr sein ganz besonderer Liebling seiet, so befindet Ihr Euch in einem Irrtum, den man eigentlich gar nicht begreifen kann." (241f.)

Wabbles Intoleranz und Inhumanität bedeuten eine tiefe Verletzung für die christliche Ethik des ‚Ichs': „Westmann bin ich nur aus Gelegenheit", bekennt Shatterhand. „Vor allen Dingen bin ich Mensch, und wenn ein andrer Mensch sich in Not befindet und ich ihm helfen kann, so frage ich nicht, ob seine Hand eine grüne oder blaue Farbe hat." (242)

Der unbarmherzige, rassenverachtende alte Cowboy kann auf diese moralische Belehrung nur mit Spott reagieren: „Ihr wäret ein noch viel besserer Pfarrer und Kanzelredner geworden; th'is clear!" (242) Immer unmenschlicher, diabolischer werden sich die Züge des Alten fortan gestalten. May hat in Wabble all das Dämonische und Widerwärtige, allen Haß und Unglauben verdichtet (der alte Cowboy ist geradezu die Inkarnation des Bösen, des Gottes- und des Liebesverlustes), denen er in seiner dunklen Zeit erlegen war. Höhepunkt dieser teuflischen Gestaltung Wabbles ist dessen Disput mit Shatterhand, nachdem der Alte ihn beim Gebet beobachten konnte. In diesem Dialog fällt Wabble sein eigenes (Todes-)Urteil, beschwört er sein Unheil herauf, indem er sich demonstrativ, explizit, von Gott und seiner Liebe lossagt, mit einer Entschiedenheit, die einzigartig in Mays Werk ist. Der Verlorene, der bekennt, niemals gebetet zu haben, der keine Eltern, keine Geschwister hat, gewinnt im Besitz dämonischer Macht übermäßiges Selbstbewußtsein und Selbstvertrauen. Losgelöst von Gott und vom Glauben an das Jenseits, betrachtet er nur sich selbst und die konkrete, materielle Welt als lebensbestimmende Instanz: „Ich bin geboren; das ist ein Fact. Ich bin geboren, wie ich bin; das ist ein zweites Fact. Ich kann nicht anders sein, als ich bin; das ist ein drittes Fact. Ich trage also nicht die geringste Schuld an dem, was ich bin und was ich thue; das ist das Hauptfact. Alles Andere ist Unsinn und Albernheit. [...] Ich bin in das Leben hereingehinkt, ohne um Erlaubnis gefragt zu werden, und der Teufel soll mich holen, wenn ich nun meinerseits beim Hinaushinken irgend wen um Erlaubnis frage! Ich brauche dazu weder Religion noch Gott." (401)

Sehr wahrscheinlich hat May sich hier eigener Selbstmordüberlegungen erinnert, die ihn in seiner Unglückszeit, bei der verzweifelten Suche nach einem Ausweg aus der Katastrophe, überfielen.

Die Reaktion Shatterhands auf Wabbles schreckliches Bekenntnis ist Zeugnis der gewaltigen Erschütterung des christlichen Gottesglaubens: „Es war entsetzlich. Die Haare wollten sich mir bei diesen Worten sträuben, und ich hatte ein Gefühl, als ob mir jemand mit einem Eisstücke über den Rücken führe. [...] Dieser Greis, der nicht daran dachte, in welcher Nähe sich das Grab vor ihm befand, sprach Worte aus, welche für meine Ohren eine Lästerung enthielten, die mich schaudern machte!" (401f.) Shatterhands Versuch, den Verlorenen zur Umkehr zu bewegen, wird auf empörendste Weise verhöhnt und verspottet. Wabbles beständiges, stereotypes Beharren auf einem ‚Fact' führt beim Ich-Helden, trotz seiner sonstigen Abgeklärtheit und Besonnenheit, zu einem Zornesausbruch, der anzeigt, wie heftig das seelische Gleichgewicht ins Wanken gerät. Innerlich ist der Bruch mit dem unbelehrbaren gottlosen Alten damit vollzogen: „Wie oft hatte mir dieses ‚th'is clear' heimlich Spaß gemacht; jetzt widerte und ekelte es mich an, und ich fühlte, daß auch er selbst sich um meine ganze Zuneigung gebracht hatte." (404) Der unbeherrschte Zorn des ‚Ichs' macht in der ruhigen Reflexion einer tiefen Trauer Platz: „Ich war traurig, traurig wie noch selten; ich fühlte ein unendliches, heiliges Mitleid mit dem Alten, trotz des Hohnes, den ich von ihm geerntet hatte. Keinen Vater, keine Mutter, keinen Bruder, keine

Schwester! Keinen Unterricht, niemals, aber auch nicht ein einziges, allereinziges Mal gebetet! Das war der berühmte ‚king of the cowboys'!" (404f.) – Das war die Entlarvung des unbesiegbaren, berühmten Abenteuerhelden, hinter dem sich das Bild des einsamen, liebesverlassenen und gottverstoßenden jungen May verbarg.

Wir haben bereits zu Anfang unserer Betrachtung auf Mays Deutung seines persönlichen Unglücks als Menschheitsschicksal hingewiesen. So steht auch Wabble nicht nur für den ‚dunklen' May; in ihm personifiziert sich ebenso die Gottlosigkeit eines ganzen, vom Verfall gezeichneten Zeitalters. Er dient May als eine paradigmatische Extremfigur, an der sich das dichterische Selbstverständnis, schriftstellerische Intention und Ideal – in der Rolle des philosophierenden und moralisierenden Gegenbilds Wabbles, des Ich-Helden, verkündet – exemplifizieren läßt. Dies wird besonders an einer Stelle im dritten *Surehand*-Band evident, wo May sein christliches Sendungsbewußtsein erklärt: „Wer da weiß, daß er sein Werk nur zum geringsten Teile sich selbst verdankt, der kann nicht anders als demütig und bescheiden sein, und ich trete mit dieser meiner Anschauung nur deshalb vor die Oeffentlichkeit, weil in unserer materiellen Zeit, in unserem ideals- und glaubenslosen fin de siècle nur selten jemand wagt, zu sagen, daß er mit diesem Leugnen und Verneinen nichts zu schaffen habe." (XIX 151f.)

In Old Wabble, als Repräsentanten des fin de siècle, hat May die teuflische Macht des gottlosen Materialismus, des diesseitigen Irrglaubens (später im großen Roman vor der Orientreise *Am Jenseits* in breiter Form thematisiert) eindringlich dargestellt. Am Ideal, dem christlichen Glauben und Liebe predigenden Ich-Helden, muß aller Irrglauben trotz erbittertsten Kampfes aber letztlich scheitern.

Zwar ist die Beziehung Shatterhands zu Wabble nach dem entscheidenden Dialog *innerlich* gebrochen, *äußerlich* besteht sie jedoch weiter. Erneut findet sich hier eine sinnfällige Verschlüsselung der Vater-Sohn-Bindung Mays; bei allem inneren, geistig-seelischen Bruch blieb ja der verlorene Sohn äußerlich noch ein Mitglied der Familie.

Die Spannungen des Verhältnisses werden allerdings keineswegs geringer, im Gegenteil. Abermals führt ein grober Fehler des Alten – Wabble schleicht sich zu Pferd an ein feindliches Indianerlager und wird dabei folgerichtig gefangengenommen – den Ich-Helden und seine Begleiter „nicht nur in große Verlegenheit, sondern in die augenscheinlichste Gefahr" (XIV 424). Aber nicht ohne (väterliches) Mitgefühl bemerkt Shatterhand: „Es ist schade, jammerschade um ihn! Er ist sonst ein ganz tüchtiger Kerl, und wenn er nicht die Angewohnheit hätte, so sinnlos selbständig zu handeln [!], wäre er sehr gut zu brauchen. So aber muß man mit ihm vorsichtiger als mit irgend einem Greenhorn sein. Er ist ein Mensch, der am besten für sich allein bleibt, denn jeder Gesellschaft, der er sich anschließt, muß er gefährlich werden." (433f.)

Der guten, fruchtlos bleibenden Worte sind nun jedoch genug gesprochen; selbst Shatterhand, der bis zuletzt als Anwalt Wabbles aufgetreten ist und dessen Fehltritte zu entschuldigen gesucht hat, zieht jetzt die Konsequenzen und plädiert für die endgültige Trennung: „Ich habe ihm schon oft genug verziehen; das hört nun auf. Hier giebt es keinen Milderungsgrund. Wo es sich wieder und immer wieder um die Freiheit und das Leben handelt, wäre es der reine Selbstmord [!], wenn man sich nicht gegen derartige Gefahren schützte. [...] Ich verzichte auf seine Gesellschaft." (436)

Schon längst war die bisherige Inkonsequenz Shatterhands bei seinen Begleitern, besonders bei Sam Parker, der nicht frei von Neid auf die enge Beziehung Wabbles zum Helden ist, auf deutliches Unverständnis gestoßen. Die Gründe, die zu Parkers Vorwurf führen: „Ihr seid aber so verliebt in den alten, unvorsichtigen Kerl, daß er Dummheit über Dummheit machen kann, ohne daß es Euch einfällt, das zu thun, was das allein Richtige sein würde. [...] Immer muß er bei Euch sein, während Ihr doch genau wißt, daß man sich nicht auf ihn verlassen kann" (497f.), sind unter autobiographischen Gesichtspunkten, denkt man an die Vater-Sohn-Bindung, freilich unschwer zu erkennen.

„Ohne seine Hand anzunehmen" und mit den kühlen, abweisenden Worten Shatterhands: „Ich habe mit Euch nichts mehr zu thun!" (564), ist die Trennung, nun auch der äußerliche Bruch, wenig später bei der Begegnung mit dem befreiten Wabble endgültig vollzogen – man ist „fertig, für immer" (590): „Er stand allein" (565). Der Verstoßene findet im ‚General' Douglas, einem Schurken ersten Ranges, seinen ihm nun gebührenden Partner, es ist das „unzertrennlich" scheinende (vgl. 602) Bündnis mit dem Teufel. – Und die nächste teuflische Tat wird nicht lange auf sich warten lassen. Der Raub der kostbaren Gewehre Winnetous und Shatterhands ist eine überdeutliche Demonstration dämonischer Macht.

Autobiographisch-psychologisch ist dieser Verlust der Insignien abenteuerlichen Heldentums als die Bedrohung und Gefahr eines Zusammenbruchs des Mayschen Idealbildes zu interpretieren. Shatterhands, und vor allem Winnetous Reaktion nach dem Verlust der Gewehre („Jetzt sah ich ihn [Winnetou] zum erstenmal innerlich so aufgeregt, daß er sich Mühe geben mußte, äußerlich ruhig zu bleiben", 616), zeigt sehr eindrücklich, mit welchen Schrecken diese Vorstellung verbunden war. Die Ratlosigkeit der beiden gewehrlosen, damit machtattributsverlustigen Helden bei der anschließenden Verfolgung der Räuber mag nicht überraschen, ebensowenig wie das Eingeständnis des ‚Ichs': „So ganz und gar nicht zu wissen, woran wir sind, das ist uns nie, noch nie passiert!" (627) Die erneute Begegnung mit Wabble, der „aus Aerger und niedriger Rachsucht zum Diebe" am ‚Ich' geworden ist (642), steht allerdings bevor. In Helmers' Home, der einsamen Ansiedlung am Rand des Llano estacado, einer Seelenlandschaft der Dürre und des Todes, können die Räuber überwältigt werden und die Helden ihre kostbaren Gewehre wieder in Besitz nehmen. Wabble hat am ‚General' die Prügelstrafe zu vollziehen; die beiden Schurken gegeneinander aufgehetzt, haben die guten Helden so das Bündnis des Bösen gespalten. Der erste Band der *Surehand*-Trilogie hat damit sein Ende gefunden.

IV.

Im ganzen betrachtet, handelt es sich bei der Fabel des *Surehand*-Romans um zwei große, vielfach miteinander verknüpfte Handlungsstränge: neben der Geschichte Old Wabbles versetzt das Geheimnis um die Titelfigur Old Surehand den Leser nicht minder in Spannung. Wie Wabble hat auch Surehand Liebe und Glauben, seine Familie verloren, ist jedoch noch nicht endgültig in die Hände des Teufels geraten: „Ich bin nicht ein Leugner und Verächter Gottes, sondern ich habe ihn verloren und ringe danach, ihn wiederzufinden", gibt er preis (XIV 414). Die Suche nach der verlorenen, erlösungversprechenden Familie ist eine Suche nach der Identität. So verwickelt das entscheidende, Jahre zurückliegende Ereignis, das unaufgeklärte Verbrechen, auch erscheint, bei dem durch die Schandtaten des bisher noch unbestraften Oberschurken ‚General' Douglas, alias Dan Etters, zwei Kinder (Leo und Fred Bender, alias Surehand und Apanatschka) ihre Eltern verloren und Unschuldige ins Gefängnis gerieten, so hat May unverkennbar wiederum seine eigene düstere Geschichte, das bedrängende Trauma fixiert. Mit den Figuren Tibo-wete-elen und Kolma Puschi, den ‚heimlichen Schwestern', schieben sich deutliche, wenngleich rissige, Mutter-Bilder in den Vordergrund: Tibo-wete-elen, die eigentlich Tokbela (‚Himmel'!) heißt, ist vom Wahnsinn gezeichnet, Kolma Puschi muß in Männerkleidung zunächst noch ihr mütterliches ‚Geheimnis' wahren.

Den Wunsch nach einem, in der Realität vergeblich gesuchten, Freund hat May sich in der Phantasie mit der Figur Apanatschkas, dem verlorenen und später wiedergefundenen Bruder Surehands – wie schon in der Beziehung Winnetou–Old Shatterhand –, erfüllt.

Wabble, als schreckliche Projektion der Verlorenheit und Unbelehrbarkeit, verfolgt Shatterhand/May geradezu manisch weiter, befindet sich doch auch Old Surehand, das Bildnis des um Erlösung ringenden May, noch immer auf dem Irrweg, obgleich die ‚Seelennacht' langsam in Dämmerung übergeht. Im Kapitel *Die verkehrten Toasts* aus dem zweiten Band der *Surehand*-Trilogie (1894), eine Geschichte, die als einzige dieses heterogene Fabeln gewaltsam zusammenfügenden Buches (Indiz einer Schaffenskrise Mays) den Handlungsfaden des ersten Bandes aufnimmt, kommt es zum erneuten, nun verschärften Konflikt zwischen Wabble und Old Shatterhand. Die Reaktion des Alten bei der Begegnung auf Fenners Farm – „Sein Blick war Haß und Rache" (XV 641) – beweist, daß die Zeit freundschaftlicher Gefühle endgültig vorbei ist. Wabbles Versuch, Shatterhand zu ermorden und die kostbaren Pferde zu stehlen, schlägt fehl (nicht noch einmal darf der Ich-Held unterliegen!). Shatterhand muß nun feststellen: „Ich hatte Achtung vor seinem hohen Alter, jetzt widerte er mich an." (645) In der Selbstbiographie beschreibt May sein inneres Schreckenswesen, das ihn zu immer neuen Verbrechen zwang, als „direkt widerlich", „fatal, häßlich, höhnisch, abstoßend, stets finster und drohend".[31] So erscheint nun auch Wabble, der „nicht nur ein Dieb, sondern ein ganz gefährlicher Meuchelmörder" ist (645). Seine Bestrafung – eine Nacht muß er an einem Balken hängen – wird allerdings das Gegenteil der Reue nach sich ziehen.

V.

Wie erschöpfend die Aufarbeitung der dunklen Geschichte für May gewesen sein dürfte, bezeugt neben dem kompositionellen Bruch von *Old Surehand II* die Schaffenspause zwischen dem zweiten und dritten Band. Erst im Dezember 1896, zwei Jahre nach Abschluß von Band II, konnte der dritte *Surehand*-Band erscheinen.

Die Introduktion von *Old Surehand III*, eine Reflexion des ‚Ichs' über Rache und Strafe, entwickelt die philosophisch-religiöse Disposition für die nahende Entscheidung über Erlösung und Verdammung. Sie gab May Orientierung und Halt für die kommenden Schrecken, Legitimation der folgenden Ereignisse. Seiner eigenen Schuld und Sühne bewußt, bekundet May beschwörend, man solle sich hüten, „denjenigen, der einen Fehler, eine Sünde, ein Verbrechen begeht, für den allein Schuldigen zu halten. Man forsche nach der Vorgeschichte jeder solchen That!" (XIX 2) In den späten Reiseerzählungen und im Alterswerk tauchen derartige Hinweise beständig auf; ja, Mays gesamtes Schaffen läßt sich im Tiefsten als ein unaufhörliches Forschen nach der „Vorgeschichte" seines Falls deuten.

Bei der icherinnernden Reflexion über Bestrafungsmethoden im *Surehand* wird unwillkürlich der Figur Wabbles gedacht:

> Old Wabble war auch einer jener Entarteten, dem wir mehr Nachsicht schenkten, als er an uns verdient hatte. Hieran war neben der von uns grundsätzlich und allgemein geübten Milde der erste Eindruck, den seine ungewöhnliche Persönlichkeit besonders auf mich gemacht hatte, schuld. Sein hohes Alter trug auch dazu bei, und zudem hatte ich in seiner Gegenwart stets ein ganz eigenartiges Gefühl, welches mich abhielt, ihn nach seinen Thaten und seiner so frech gezeigten Gottlosigkeit zu behandeln. Es war, als ob ich nach einem von mir unabhängigen und doch in mir wohnenden Willen handeln müsse, welcher mir verbot, mich an ihm zu vergreifen, weil er, wenn er sich nicht bekehre, für ein ganz besonderes göttliches Strafgericht aufgehoben sei. (4)

Wabble muß nach seinen Verbrechen immer wieder freigelassen werden, weil der mit ihm verbundene Konflikt nicht ruhen kann; in der Repetition des spannungsgeladenen Aufeinandertreffens mit dem Ich-Helden suchte May eine befreiende Klärung des inneren Kampfes zu erreichen. Aber wie die verzweifelten, lange Zeit vergeblichen Versuche des jungen May, sich des dämonischen Wesens zu erwehren, gelingt auch dem über fünfzigjährigen Schriftsteller die Lösung vom diabolischen ‚Alten' nur schwerlich. – Und Wabble plant bereits wieder neue Greueltaten. Als Spion der Osagen hat er sich mit deren Häuptling Schahko Matto verbündet, um friedliche Farmer zu überfallen und zu berauben. Geradezu besessen ist er bei diesen Plänen vom Haß auf Winnetou und Old Shatterhand, von einer Rache, „die so grimmig und unerbittlich ist, daß ich, um sie auszuführen, mein Leben geben würde!" (25) Aber wiederum kann Wabble von den Helden überwältigt werden, scheinbar allein aus dem Grund, um ihm erneut die Möglichkeit zu geben, seine unerhörte Gottlosigkeit zu demonstrieren, wodurch er immer tiefer in sein Unglück stürzt: „Das Leben ist nichts; der Tod ist nichts, und euer Jenseits ist der größte Schwindel, von klugen Pfaffen für Kinder und für alte Weiber ausgedacht!" (43)

Der Haßtiraden Wabbles aber nicht genug; kaum noch steigerungsfähig erscheinen sie, an Shatterhand gerichtet, wenig später nach dem ersten Ausbruch: „Ich speie vor dir aus! Ich hasse dich mit einem Hasse, wie ihn noch nie ein Mensch empfunden hat, dich, hörst du, dich, verdammter Dutchman, du!" (75) Denkt man an die erste Begegnung des Alten mit Shatterhand, so offenbart sich die rigorose Wandlung, die das Charakterbild Wabbles inzwischen erfahren hat. Im Gegensatz zum früheren Zornesausbruch Shatterhands vermag dieser aber nun, Seelenruhe zu bewahren; befallen von Ekel und mit der Begründung, der höheren Macht nicht vorgreifen zu wollen, läßt er Wabble wiederum frei, was dieser mit neuerlichen empörenden Flüchen beantwortet.

Diese Freilassung des Alten soll sich aber schon bald bitter rächen. Aufgrund einer „geradezu unverzeihliche[n] Nachlässigkeit" (177) (eine auf dem Weg liegende Wasserflasche wird nicht beachtet) fallen Old Shatterhand und seine Gefährten in die Hände des haßerfüllten Wabble, der sich inzwischen mit einigen Tramps zusammengetan hat. Wie schmerzhaft diese Überwältigung ist, zeigt sehr sinnfällig der Gewehrkolbenhieb, den Shatterhand bei der Gefangennahme erhält.

Der Triumph des Bösen spiegelt sich deutlich in der nun überirdische Züge annehmenden Erscheinung des gottlosen Alten:

> Der alte König der Cowboys hatte sich grad vor mich hingesetzt. Die Freude, mich gefangen zu haben, lachte höhnisch aus jeder Runzel und Falte seines verwitterten Gesichtes. Das schlangengleich in einzelnen Strähnen von seinem Kopfe fallende lange, graue Haar verlieh ihm das Aussehen einer greisenhaften, männlichen Eumenide oder Gorgone, aus deren krakenähnlichen Fangarmen kein Entrinnen ist. Die oft wechselnde Beleuchtung des bald hoch aufflackernden und bald zusammensinkenden Feuers gab ihm etwas so grotesk Phantastisches und ließ seine langgliederige, wabbelnde Gestalt so wunderlich erscheinen, daß ich hätte glauben mögen, mich innerhalb einer Märchenscene zu befinden, wenn mir nicht so sehr bewußt gewesen wäre, daß ich es leider nur mit der nackten, unpoetischesten Wirklichkeit zu thun hatte. (191)

Es erscheint uns bedeutsam, daß das triumphierende Böse als *weibliches* Ungeheuer auftritt; vermutlich hat May hier all die Bedrohung und Gefahr verschlüsselt, die von seiner Mutter vor der Jahrhundertwende ausging, und tatsächlich konnte sie den Ich-Helden ja schließlich ‚überwältigen'. Daneben manifestieren sich offenbar die Schrecken vor dem weiblichen Wesen – im ständigen, nervenaufreibenden Zwist mit Emma erlebt – überhaupt.

„Mein Leben hing diesmal an einem Haare", muß der gefangene Ich-Held im *Surehand* erkennen (196) – aber noch ist nichts verloren. Trotz der Gefangenschaft gelingt es den Guten, die dämonische Macht zu brechen: ein „derber Tritt", den der gefesselte Dick Hammerdull Wabble verabreicht, ist der erste Akt der Bestrafung: „Der Stoß war ein so kräftiger, daß Hammerdull auf seinen Platz zurückstürzte, der alte Cow-boy aber hintenüber und in das Feuer flog. Der letztere sprang zwar schnell wieder auf, aber der kurze Augenblick hatte doch genügt, ihm die Hälfte seiner langen, weißen Haarmähne weg- und die Bekleidung seines Oberkörpers anzusengen. Ein allgemeines Gelächter erscholl" (207) – der alte Verbrecher ist gebrandmarkt (wie es May nach seinen Straftaten war). Seine Haarverbrennung ist Signum des Macht- und gleichzeitig des Lebensverlustes.[32] Eine zweite, äußerst fühlbare Bestrafung ereilt Wabble wenig später, in einer Situation, in der wiederum interessante autobiographische Bezüge sichtbar werden: als der Gefangenenzug auf Tibo-wete-elen und ihren Mann Tibo-taka trifft, und Apanatschka, der Pflegesohn der Wahnsinnigen und verschollene Bruder Surehands, sich der Frau nähern will, versucht Wabble dies mit einer auffälligen Entschiedenheit zu verhindern; daraufhin schleudert der gefesselte Apanatschka Wabble mit einem ‚Pferdesprung' aus dem Sattel, wobei der Alte einen Armbruch erleidet, einen „doppelte[n] und bei seinem Alter fast unheilbare[n] und sehr gefährliche[n]" (263), weil er die kostbaren Gewehre des Ich-Helden, die beim Sturz wie „zwei Brechstangen" (264) wirkten, an sich genommen hatte. Wabble ist sowohl für seine Behinderung der Verbindung des Sohnes mit seiner Mutter als auch für die unrechtmäßige, gewaltsame Ansichnahme der „wertvollsten Besitztümer" (328) des ‚Ichs' bitter bestraft worden: das dämonische Wesen Mays hatte Mutter und Sohn getrennt, zum Raub, zum Betrug, zur Rache angestiftet und damit das Ich schwer beschädigt. Ganz offensichtlich rechnet May in dieser Szene wie schon beim ersten Gewehrraub Wabbles in *Old Surehand I*, furchtfüllt, mit seinem abenteuer- und heldenhaften Schein ab, bedenkt man, daß der angeeignete ‚Heldenbesitz' (die „Gewehre, welche andern die Knochen zerbrechen", 277f.) dem ‚Räuber' zum Verhängnis wird und ihm den Arm bricht, was autobiographisch-psychologisch als Zerstörung des Abenteuerschreibens interpretiert werden kann.[33] Die Haarverbrennung und der doppelte Armbruch haben Wabble endgültig auf den mit Leiden gepflasterten Todesweg geführt.

Nachdem Shatterhand und seine Gefährten von Kolma Puschi befreit worden sind – May hat hier die *erlösende* Mutternähe gespiegelt –, die Verbrecher (mit Ausnahme des schwerverletzten Wabble) ihre gerechte Prügelstrafe erhalten haben, scheint ein Entscheidungskampf zwischen dem ‚Ich' und dem Alten, der hellsichtig verkündet: „Er oder ich! Von uns zweien hat nur einer Platz auf der Erde [...]. Ich schwöre alle möglichen Eide darauf!" (254), unabwendbar. Trotz seines gebrochenen Arms droht Wabble Shatterhand auch bei der Freilassung noch mit Rache und Tod. „Wenn es mir nicht schon vorher bewußt gewesen wäre", so der Ich-Held darauf, „hätte ich jetzt einsehen müssen, daß jede menschliche Regung für ihn Verschwendung sei. Er war so hart gesotten, daß er unmöglich, wenn auch nur für einen einzigen Augenblick, wieder weich werden konnte. Ich hätte nie geglaubt, daß es einen solchen Menschen geben könnte!" (312)

VI.

Der Lösung des großen Geheimnisses gehen die Figuren des Romans, dieses Ensemble Mayscher Innenprojektionen, mit stetigen Schritten aber nun entgegen; hoch hinauf in die Höhen der Rocky Mountains führt der Weg, in die entscheidungsbringende Himmelsnähe, wo die sich groß gebärdenden Menschen der Prärien in „Zwerggeschöpfe" (460) verwandelt werden. Mit diesem Aufstieg aus den Niederungen (die Bärenjagd im ‚Bärental' ist zuvor noch einmal eine Station des alten Abenteuerschriftstellers May) öffnen sich den suchenden Menschen „die wunderbaren Geheimnisse der Hochwelt", „einer für den Sterblichen unerreichbaren Märchenwelt, eines jenseits der Erde befindlichen Zauberlandes", in all seiner „Pracht und Herrlichkeit", wo das ‚Ich' „die Aufklärung so vieler Rätsel" (461) erwartet. Sehr eindrucksvoll hat May in dieser topographischen Beschreibung die Leseebene realistischer Abenteuerhandlung verlassen und sich auf den Weg zu jenseitigen Gefilden begeben.

Für einige der aufsteigenden Figuren soll der Berg allerdings zur Hölle, zum ‚Devils-head' werden. Der Dialog zwischen Old Surehand, dem die Lösung seines Geheimnisses bevorsteht („Alle meine Wanderungen beziehen sich darauf", gesteht der Suchende, 458), und Old Shatterhand über Gottesglauben und Gebet (vgl. 465ff.) ist noch einmal eine Beschwörung der erlösenden Kraft des allmächtigen Gottes. Während der Gottesfunken in

Surehand bereits entfacht ist, scheint Wabble jedoch unrettbar verloren.
Dieser konnte inzwischen mit den Tramps den teuflischen ‚General' überwältigen; der Armbruch aber hat dem Alten die letzten Lebenszüge geraubt:

> Er [...] bot einen Anblick, welcher zum Erschrecken war. Sein langer, hagerer Körper war noch viel dürrer geworden und sein Gesicht, schon vorher fast fleischlos, so eingefallen, daß es der vordern Seite eines Totenkopfes glich.[34] Die sonst so rein gehaltene weiße Haarmähne, jetzt freilich nur noch halb vorhanden, „kleckte", um mich eines vulgären Ausdruckes zu bedienen, vor Schmutz. Er bildete nur noch ein Gerippe, und sein fast ganz abgerissener Anzug hing an ihm wie zusammengeraffte Fetzen an einem Rechenstiel. An Nahrung hatte es ihm jedenfalls nicht gefehlt; der Armbruch war der Grund zu diesen ihn nichts weniger als verschönernden Folgen. Er schien sehr geschwächt zu sein und sich kaum aufrecht erhalten zu können. Auch seine Stimme war nicht mehr die frühere. Sie klang hohl, wie durch ein Ofenrohr gesprochen, und zitterig, als ob ihn das Fieber schüttele. (475)

Das ‚Gefangennahme- und Befreiungsspiel' setzt sich indessen noch einmal fort, zum letztenmal: die mit dem ‚General' verbündeten Utah-Indianer können den gefangenen Oberschurken befreien, die Rache an dem Alten aber ist fürchterlich, so gräßlich, daß der Ich-Held beim Anblick einen Schrei ausstößt, wie er „wohl noch nie geschrieen" hat (488):

> Man hatte die Fichte, welche die Stärke eines achtjährigen Kindes besaß[35], in Schulterhöhe gespalten. [...] Durch das Nachtreiben immer größerer und stärkerer Keile, auch mehrere nebeneinander, hatte man den Riß so erweitert, daß er mehr als den Durchmesser eines Männerleibes bekam, und dann den gefesselten alten Wabble hineingeschoben. Hierauf waren die stärkern Keile wieder herausgeschlagen worden; [...] und nun steckte der unglückliche Alte in horizontaler Lage und mit entsetzlich zusammengepreßtem Unterleibe, hüben die Beine und drüben den Oberleib hervorragend, in dem Spalt.[36] Hätte man ihn mit der Brust hineingelegt, so wäre sie ihm eingedrückt worden und er folglich gestorben; so aber hatte man ihn in teuflisch raffinierter Weise nur mit dem Unterleib hineingeschoben. Er lebte noch; sein gesunder Arm und die Beine bewegten sich, doch konnte er trotz der unbeschreiblichen Schmerzen, welche er auszustehen hatte, nicht schreien, weil man ihm einen Knebel in den Mund gesteckt und den letzteren noch extra zugebunden hatte. Die Augen waren zu; aus der Nase rann das Blut in schweren, dunklen Tropfen; der Atem ging scharf pfeifend und ließ die Blutstropfen zischen. (488f.)

Dieses in seiner Gräßlichkeit kaum noch steigerungsfähige, „teuflisch raffinierte" Bestrafungsschauspiel war Mays schrecklichste Vision endgültiger Lebensabrechnung. Der Versuch einer Vorstellung unbeschreiblichen Leidens, eine Phantasie, die geradezu körperlichen Schmerz bedeuten mußte, führte ihn zu Bildern äußerster Brutalität. Vielleicht manifestiert sich das Unbewußte in derartigen ‚anormalen' Extremprojektionen am reinsten, erfahren wir hier Wahrheiten, die sich an Grenzen des vom Bewußtsein kontrollierten, bearbeiteten Ausdrückbaren bewegen. Angst- und Schreckensvisionen, entsetzlich-phantastische Todesbilder: wir erleben sie im Traum, in der Sprache des Unbewußten. Ein Gottloser, ein Liebesleerer, dessen Unterleib in einer Baumspalte zerquetscht wird – diese teuflische ‚Bestrafungsraffinesse' erscheint zu auffällig, als daß wir nach tieferen Entstehungsursachen zu fragen versäumten. Einmal ganz davon abgesehen, daß unter physischen und medizinischen Aspekten Wabbles Marterung gar nicht bewußt erlebbar wäre, ging es May hier in erster Linie um einen in der Imagination gestalteten seelischen Zustand allerhöchster Qual. Die Zerquetschung des Unterleibs ist nicht nur Ausdruck des Erlebnisses unerträglichen körperlichen Schmerzes, zuvörderst und wie wir glauben, in tiefster und wahrster Bedeutung, meint sie die Zerstörung des Geschlechts, der Männlichkeit. Ob sich hier die Angst des alten May vor der sexuellen Impotenz verbirgt, mag dahingestellt bleiben; in größerem, umfassenderem Zusammenhang gesehen und an den psychischen Umbruch Mays denkend, vollzieht sich in der Bestrafung der radikale Verlust männlicher Kraft und Dominanz, d. h. der Verlust heldenhafter Eigenschaften: eine für den Reise- und Abenteuerschriftsteller May fürchterliche Todesvision. Das omnipotente ‚Ich' wurde bekanntlich durch die weibliche, mütterliche Macht ‚getötet'; in der Bestrafungsszene ist diese Bedrohung, übersteigert, in Form der Baumspalte, die man als weibliches Sexualsymbol entschlüsseln kann, zu finden. Wie schon bei der Erscheinung Wabbles als weibliches Ungeheuer dokumentiert sich dabei möglicherweise ebenso Mays in der zweiten Hälfte der neunziger Jahre anwachsende Furcht vor seiner Frau Emma, die sich für ihn mehr und mehr in eine gefährliche Furie verwandelte.

Alle verdrängten persönlichen Leiden und Qualen scheint May in der Figur Wabbles konzentriert zu haben, die nun jedoch zum Ausbruch kommen. Nachdem man den Gemarterten aus der Baumspalte befreit hat, „kam etwas", so Shatterhand, „was ich in meinem ganzen Leben nicht vergessen werde, nämlich ein Schrei, aber was für ein Schrei! Ich habe Löwen und Tiger brüllen hören; ich kenne die Trompetentöne des Elefanten, ich habe den entsetzlichen, gar nicht zu beschreibenden Todesschrei von Pferden gehört; aber nichts von dem allem ist mit dem fürchterlichen, langgezogenen, kein Ende nehmenden Schrei zu vergleichen, welcher jetzt, die Schmerzen einer ganzen Welt herausbrüllend, aus Old Wabbles Mund kam [...]. Es schüttelte uns!" (489f.)

Im Angesicht des nahen Todes, erfüllt von unermeßlichem Schmerz, an der Grenze zwischen Diesseits und Jenseits, findet die Abrechnung mit dem Gotteslästerer statt. Einen erschütternderen Sterbenskampf zwischen Gott und Teufel hat May nie geschrieben; die ‚Waage der Gerechtigkeit', die ‚Geisterschmiede von Kulub', die ‚Dschemma der Lebenden und der Toten'

– diese späteren Darstellungen der Lebensabrechnung sind hier bereits angelegt. Noch im hohen Alter sah May die fürchterlichen körperlichen Qualen des Sterbenskampfes als Bedingung seelischer Läuterung: „todtmartern, damit er *rein* ins Jenseits komme", heißt es in einer handschriftlichen Notiz aus den Jahren 1909/10.[37]

Über zehn Seiten lang schildert May im *Surehand* das letzte, verzweifelte, über Himmel und Hölle entscheidende Ringen des am Tode stehenden Sünders. May hat im Dialog zwischen dem zunächst noch unerbittlichen, hassenden und fluchenden Gottverleugner und dem Ich-Helden, der den Sterbenden zur Reue, zur endgültigen Umkehr aufruft, seinen eigenen Seelenkampf gestaltet. Die Todesangst zwingt Wabble, im Gebet um Gnadenfrist zu flehen, in der er schonungslos mit sich abrechnet und so zu Gott zurückfindet:[38] „Ich habe Gott geleugnet und über ihn gelacht; ich habe gesagt, daß ich keinen Gott brauche, im Leben nicht und im Sterben nicht. Ich Unglücklicher! Ich Wahnsinniger! Es giebt einen Gott; es giebt einen; ich fühle es jetzt! Und der Mensch braucht einen Gott; ja er braucht einen! Wie kann man leben und wie sterben ohne Gott!" (497f.) Mit der Rückkehr zu Gott findet der Reuige auch die verlorene Liebe wieder: „Ich schlief jetzt einen langen, langen, tiefen Schlaf und sah im Traum mein Vaterhaus und meine Mutter drin, die ich beide hier nie gesehen habe. Ich war bös, sehr bös gewesen und hatte sie betrübt, so träumte mir; ich bat sie um Verzeihung. Da zog sie mich an sich und küßte mich. Old Wabble ist nie im Leben geküßt worden, nur jetzt in seiner Todesstunde. War das vielleicht der Geist von meiner Mutter [...]?" (499)

In wenigen Sätzen hat May sein ganzes Trauma formuliert; es sind die zentralen, in Todesqual herausgepreßten Worte, um die alles kreist; sie entströmen May in erstaunlicher Deutlichkeit und Offenheit im Moment der in der Phantasie erlebten Erlösung. – Ein „Traum", der sich vom Alptraum in einen Wunschtraum verwandelte, war diese wiedergefundene Mutterliebe im „*Vater*haus" in der Tat!

In einer engen Beziehung steht Wabbles erlösender Traum zu den um die Jahrhundertwende geschriebenen ‚Muttergedichten' Mays.[39] Hier wie dort kann erst das Jenseits Mutter und Sohn (Christiane Wilhelmine May starb ja 1885) zusammenführen und damit die Mutter dem schuldig gewordenen Kind, das sie betrübt und verletzt hat, verzeihen.

Geläutert, im Gefühl des größten Liebesglücks, darf Wabble, „von Gottes Gerechtigkeit gerichtet, aber von seiner Barmherzigkeit begnadigt" (500), sterben: „Ein verlorener Sohn kehrt jetzt zurück ins Vaterhaus." (498)

Hat damit die eine große Geschichte der *Surehand*-Trilogie ihr erlösendes Ende gefunden, so steht die Entscheidung der anderen, die Lösung des Geheimnisses um die Titelfigur, ebenfalls bevor. Nur sehr mühsam kommt Surehand nach Wabbles Tod das Geständnis über die Lippen, Sohn eines Zuchthäuslers, eines Falschmünzers zu sein, worauf Shatterhand mit gutem Grund entgegnet, „daß es in den Zuchthäusern und Gefängnissen auch schon brave Leute gegeben" habe (504), und überhaupt sei er der Ansicht, „daß wenigstens fünfzig Prozent der Bestraften nicht Verbrecher, sondern entweder kranke Menschen oder Opfer unglücklicher Verhältnisse sind" (505) – May, der wie ein ‚Nachfahre', wie ein ‚Sohn' am ‚Erbe' seiner alten Verfehlungen tragen mußte und sich aus dunkelster Gefangenschaft ‚herausgeschrieben' hatte, konnte das mit vollem Recht behaupten!

Die verknoteten Unglücksfäden der *Surehand*-Geschichte entwirren sich nun, ja sie *müssen* sich endlich lösen: „Diese Geschichte muß ein Ende nehmen. Ich habe das ewige Anschleichen satt!" (555) beschwört denn auch der Ich-Held voller Überdruß den Schluß des Dramas herbei.

Kolma Puschi, die hinter männlicher Kleidung verborgene Mutter, wird demaskiert; Old Surehand, noch einmal in Gefangenschaft geraten, findet seine verzweifelt gesuchte Mutter und seinen Bruder wieder; die Oberschurken des ganzen Dramas, Tibo-taka (alias Thibaut) und Dan Etters, ereilt ihr gerechtes Todesurteil. Grausamst ist der ‚General' am Devils-head, am Grab des von ihm ermordeten Bruders Kolma Puschis von der Vorsehung hingerichtet worden. Aus der Bergeshöhe abgestürzt, haben ihm Felstrümmer wie Old Wabble (die Duplizität betont die Bedeutung dieser Bestrafungsform) den Unterleib zerquetscht. Im Gegensatz zu Wabble kann selbst der Tod den ‚General' aber nicht mehr aus den Klauen des Teufels befreien; so stirbt er „nicht wie ein Mensch, sondern wie – wie – wie, es fehlt mir jeder Vergleich; es kann kein toller Hund, kein Vieh, auch nicht die allerniedrigste Kreatur so verenden wie er. Old Wabble war ein Engel gegen ihn." (565)

May war mit dem Romanende an seine physisch-psychische Grenze angelangt. Die letzten erlösenden Stoßworte des Manuskripts lassen erkennen, mit welchen Qualen diese Geschichte, dieses Herausschreiben dämonischer Erinnerungen verbunden war: „Endlich, Endlich, Endlich / Schluss / des III^{ten} Bandes / Hamdulillah!"[40] Nur: die *endgültige* Erlösung konnte auch diese peinigende Beichte nicht bringen. Bei aller heilsamen Wirkung der Phantasie, bei allen fiktiven Leidenswegen Mays – auszulöschen war die Vergangenheit nicht, niemals; *es* war geschehen, unabänderlich. Für May war diese bedrückende, leidvolle Erkenntnis gleichzeitig die Bedingung, die

Antriebskraft, in ewiger Ruhelosigkeit seine dunkle Geschichte literarisch zu vergegenwärtigen, in immer neuen Bildern befreiende Distanz vom Eigentlichen zu gewinnen. „Und Ihr lacht darüber, daß ich bildlich schreibe?" entgegnete May seinen Kritikern, die sein Werk nicht verstanden, nicht verstehen wollten. „Ist für uns, die wir die Allerärmsten sind, nicht selbst die Hölle und das Fegefeuer bildlich? Wo gibt es die Hölle, wenn nicht bei Euch? Und wo gibt es das Fegefeuer, wenn nicht bei uns? [...] Es war meine Aufgabe, alles Schwere zu tragen und alles Bittere durchzukosten, was es hier zu tragen und durchzukosten gibt; ich habe das nun in meiner Arbeit zu verwenden."[41]

Was May am Schluß seiner Selbstbiographie für sein zukünftiges Werk bestimmte – war es nicht der Urgrund für das gesamte Schaffen eines um Erlösung Ringenden?

Anmerkungen

1 Karl May: *Mein Leben und Streben*. Freiburg i. Br. 1910; Reprint, hg. v. Hainer Plaul. Hildesheim, New York 1975, S. 114.
2 Ebd., S. 177.
3 Zur seelischen Krankheit Mays vgl. Kurt Langer: *Der psychische Gesundheitszustand Karl Mays. Eine psychiatrisch-tiefenpsychologische Untersuchung.* In: JbKMG 1978, S. 168-173; ders.: *Das helle und das dunkle Wesen. Untersuchung zur Spaltung des Innern von Karl May.* In: MKMG 63 (1985), S. 8-13.
4 Vgl. May: *Mein Leben und Streben* [Anm. 1], S. 12.
5 Vgl. dazu den grundlegenden Aufsatz von Hans Wollschläger: *„Die sogenannte Spaltung des menschlichen Innern, ein Bild der Menschheitsspaltung überhaupt". Materialien zu einer Charakteranalyse Karl Mays.* In: JbKMG 1972/73, S. 11-92.
6 Walther Ilmer: *Sichere Hand auf wackligen Füßen: Old Surehand.* In: MKMG 29 (1976), S. 14. Zur Charakteristik Wabbles vgl. auch Ingmar Winter u. Günter Henkel: *Gesicht und Maske. Beiträge zu Physiognomie und Rollenspiel bei Karl May.* SoKMG 59 (1985), S. 26-41.
7 Anonym veröffentlicht in: *Ueber Land und Meer*, Jg. 9 (1892/93), H. 11, Mai 1893.
8 Die Erzählung ist wiederabgedruckt in: Karl May: *Der Krumir* (Seltene Originaltexte Bd. 1). Reprint der Karl-May-Gesellschaft. Hamburg, Gelsenkirchen 1985, S. 133-137 (die in Klammern gesetzten Zahlen nach den Textzitaten beziehen sich auf die Seiten dieses Bandes).
9 Der Name Sam Parker verweist unverkennbar auf Mays ‚Halbhelden' Sam Hawkens und Will *Parker*.
10 Jürgen Wehnert: *Vorwort* zum *Ersten Elk*. In: May: *Der Krumir* [Anm. 8], S. 128.
11 May: *Mein Leben und Streben* [Anm. 1], S. 43.
12 Ebd., S. 53.
13 Wehnert: *Vorwort* [Anm. 10], S. 128.
14 May: *Mein Leben und Streben* [Anm. 1], S. 9f.
15 In *Old Surehand III* spricht May von „mordgierige[n] Menschenschnitter[n]" (XIX 128), was sich auch auf Old Wabble beziehen dürfte.
16 Vgl. May: *Mein Leben und Streben* [Anm. 1], S. 17f.

17 Vgl. dazu Hartmut Vollmer: *Marah Durimeh oder Die Rückkehr zur ‚großen Mutter'*. In: *Karl May*. Hg. v. Heinz Ludwig Arnold. Sonderband text + kritik. München 1987, S. 177-205.
18 Wehnert: *Vorwort* [Anm. 10], S. 128.
19 Die in Klammern gesetzten Zahlen beziehen sich auf die Seiten des *Hausschatz*-Reprints: Karl May: *Der Scout – Deadly Dust*. Regensburg 1977.
20 Als leidenschaftlicher Raucher hatte May selbst mit einer derartigen Sucht zu kämpfen.
21 Brief Mays an Prinzessin Wiltrud vom 29.11.1906. In: JbKMG 1983, S. 94f.
22 Vgl. etwa die gebrochenen, von düsterer Vergangenheit verfolgten Figuren Old Death und Old Surehand oder die Gestalten des wahnsinnigen Dichters William Ohlert (in dem sich Mays Erinnerungen an die wirren psychischen Zustände und die Angst vor dem Zusammenbruch manifestieren) und der wahnsinnigen Tibo-wete-elen; selbst in Details der abenteuerlichen Handlung sind Parallelen erkennbar, wie etwa im Zusammentreffen Deaths (bzw. Wabbles) mit einem Soldatentrupp.
23 Vgl. Mays Briefe an Fehsenfeld vom 17. und 27.7.1894; abgedruckt bei Roland Schmid: *Nachwort zur Reprint-Ausgabe* v. Karl May: *Old Surehand I*. Bamberg 1983, S. N2 u. N7.
24 Auch in dieser Erzählung finden wir deutliche Spiegelungen der dunklen Biographie Mays; bemerkenswerterweise wird dort ebenfalls eine zentrale Figur irrtümlich ermordet (dieses Motiv nimmt May noch einmal in *Merhameh* auf).
25 Ilmer: *Sichere Hand auf wackligen Füßen* [Anm. 6], S. 14.
26 Klara May: *Bunte Blätter aus Karl Mays Leben*. In: KMJb 1918, S. 65.
27 In der ersten Wabble-Beschreibung bleiben die Haare – abgedeckt von einem Kopftuch – unerwähnt; Old Death ist gar völlig haarlos.
28 Vgl. dazu Vollmer: *Marah Durimeh* [Anm. 17].
29 Bemerkenswerte Parallelen in der äußeren Erscheinung weist Wabble auch zum Zauberer des ‚Großen Traums' im *Silberlöwen* auf, von dem es heißt: „Das Haar war weiß wie Schnee, der Blick spitz wie die Klinge eines Dolches" (XXIX 316f.).
30 Noch eindrücklicher hat May diese ‚Last' in *Am Jenseits* verschlüsselt, wo der ermordete Ben Abadilah el Ghani, angebunden wird.
31 May: *Mein Leben und Streben* [Anm. 1], S. 112.
32 Geht man davon aus, daß Haare auch ein Sexualsymbol sind, könnte sich hier ebenso Mays Angst vor dem Verlust sexueller Potenz ausdrücken.
33 Ein ähnliches Schreckensbild finden wir in Mays Altersnovelle *Bei den Aussätzigen*; dort hat der Aussatz dem Scheik der Verstoßenen eine Hand weggefressen.
34 Hier werden deutliche Parallelen zu Marah Durimeh und Old Death sichtbar.
35 Es scheint uns kein Zufall zu sein, daß May in diesem Zusammenhang von einem „achtjährigen Kind" spricht; auch in anderen Werken verweisen achtjährige Kinder auf traumatische Erlebnisse Mays: acht Jahre alt sind die beiden Mädchen Sonnenscheinchen und Schamah, hinter denen sich möglicherweise Mays uneheliche Tochter Helene Ottilie Vogel verbirgt; acht Jahre alt ist ebenfalls der kleine Paul in der Dorfgeschichte *Des Kindes Ruf*, die geradezu als ein Psychogramm der verlorenen Mutterliebe Mays zu entschlüsseln ist.
36 Bildlich vorgestellt, ist hier eine auf den Leidensweg Christi verweisende Kreuzform zu erkennen.
37 *Anhang* des Reprints der Zeitungsfassung von *Winnetou IV*. Hamburg, Gelsenkirchen 1984, S. 285.
38 Ergriffen von dieser Läuterung schrieb ein Pfarrer an May: „Nächstens, [...] wenn ich meine Gemeinde zur Beichte vorbereite, werde ich den Tod Ihres ‚Old Wabble' auf die Kanzel bringen, wörtlich, um in meinen Pfarrkindern Reue und Leid zu erwecken." In: Karl May: *Der dankbare Leser*. Ubstadt 1974, S. 73f.
39 JbKMG 1970, S. 110f.
40 Vgl. Schmid: *Nachwort* [Anm. 23], S. N11.
41 May: *Mein Leben und Streben* [Anm. 1], S. 319.

Joachim Biermann

Die Spur führt in die Vergangenheit

Überlegungen zur Thematik der Identitätssuche in Karl Mays ‚Old Surehand'

„Welche Arbeit thut Ihr denn im Westen hier? Jäger? Fallensteller? Honigsammler?" (XIV 9) So wird der sich wieder einmal hinter der Maske des Greenhorns und etwas weltfremden Sonderlings verbergende Old Shatterhand gleich zu Beginn des Romans *Old Surehand* von einem der Westmänner, auf die er in der Nähe des Mistake-Cañon getroffen ist, gefragt. „Gräbersucher", lautet die Antwort. – Gräbersucher? Das ist kaum zu glauben; Sam Parker, der Fragesteller, fühlt sich gefoppt. Und der Erzähler bekräftigt: „Ich will erforschen, woher die jetzigen Indianer stammen. Vielleicht habt Ihr einmal gehört, daß Gräberfunde zu diesem Zwecke gute Dienste leisten." (10)

Dient dieses Inkognito, vordergründig gesehen, vor allem dazu, die große Enthüllungsszene vorzubereiten, in der sich das vermeintliche Greenhorn als berühmter Westmann Old Shatterhand entpuppt – eine der Standardszenen Mays in seinen Amerikaerzählungen[1] –, so ist die scheinbar spontan erfundene Tätigkeitsangabe des Helden doch treffend. Treffend insofern, als sie die gesamte Erzählhaltung des dreibändigen Werkes im Kern formuliert und zugleich eines der zentralen Themen des Romans anreißt: das Hinabsteigen in die Vergangenheit, die rückwärtsgewandte Aufdeckung und Bewältigung vergangenen Geschehens.

Nach einem grandiosen, durch die Tiefe des Mistake-Cañon, die Ebene des Llano estacado und andere Tieflandszenerien langsam hinauf in die Höhen der Rocky Mountains, zum Devils-head, führenden Reiseweg findet der große Showdown des *Old Surehand* dann auch dort statt, wohin unterwegs zu sein der Erzähler zu Beginn angab: an einem Indianergrab, am Grabe des großen indianischen Predigers Ikwehtsi'pa. Dort klären sich die Schicksale, finden alle, die sich aus den Augen verloren hatten, wieder zueinander, ereilt den Mörder seine gerechte Strafe, gelangt die Reise in die Vergangenheit an ihr Ende. Anfang und Ende des Romans werden so kunstvoll miteinander verbunden, die thematische und strukturelle Einheit der Erzählung über das Motiv der Gräbersuche gefestigt.

Schon vor einiger Zeit hat Harald Fricke die besondere Erzählhaltung des *Old Surehand* herausgearbeitet. Die „vorwärtsgerichtete Abenteuerhandlung des Romans", so stellt er fest, wird „von der rückwärtsgewandten Aufklärungshandlung überlagert".[2] Darüber hinaus zeigt Fricke auf, daß May in diesem Roman eine beträchtliche Anzahl von literarischen Gattungen miteinander verknüpft hat und daß eine „Vielzahl von Wiederholungen, Spiegelungen und Äquivalenzen"[3] selbst die oft als Fremdkörper angesehenen Binnenerzählungen des zweiten Bandes mit der Haupthandlung verbindet. Als „einheitsstiftendes Moment"[4] sieht Fricke dabei die Lösung der im Roman aufgeworfenen Rätsel an und bezeichnet die Entlarvung von Fälschungen, die Aufdeckung verborgener Identitäten, das Sühnen alter Schuld als „Grundstrukturen des ganzen Romans".[5] Das analytische Erzählen sei die erzählerische Grundhaltung des Romans.

Auch Christoph F. Lorenz weist die These, die im zweiten Band des *Old Surehand* präsentierten Binnenerzählungen seien Fremdkörper, zurück und stellt heraus, May habe mit ihnen „so etwas wie eine Leistungsschau seines frühen Erzählens" gegeben[6], er rekapituliere „den eigenen Werdegang als Geschichtenerzähler".[7]

Diese Beobachtungen zur Gesamtstruktur des *Old Surehand* machen deutlich, daß es gerade die Thematik der rückwärtsgewandten Spurensuche, die Thematik des Hinabsteigens in die Tiefen der Vergangenheit ist, die das verbindende, die verschiedenen Handlungsstränge zusammenhaltende Element des Romangeschehens darstellt.

*

Bereits vor der Gräbersucher-Episode schneidet May das Thema des Hinabsteigens in die Vergangenheit kurz, aber eindrucksvoll an: Auf seinem Weg in den Llano estacado zur Rettung des Bloody-Fox muß Old Shatterhand eine Reihe von gefährlichen „steilen Schluchten und tiefen Cañons" durchqueren, und die „gefährlichste dieser Schluchten war der sogenannte Mistake-Cañon". Dort hat einst ein weißer Jäger irrtümlich seinen indianischen Freund, einen Apatschen, erschossen. Nun soll dort, wie „abergläubische Westmänner" sagen, der Geist des Erschossenen hausen, so „daß es selten einem Weißen gelinge, ihn ohne Schaden zu passieren; der Geist des erschossenen Apatschen führe jeden ins Verderben". Der Erzähler versichert zwar sogleich: „Dieser Geist machte mir natürlich wenig Sorge", doch das

Thema ist aufgeworfen: Der Geist einer unseligen Vergangenheit, die nur dadurch zu bewältigen ist, daß man sich ihr stellt, schwebt von Anfang an über dem gesamten Roman (alle Zitate: XIV 5).

Für das erwähnte Geschehen im Mistake-Cañon läßt diese Vergangenheitsbewältigung nicht lange auf sich warten: Unter den Westmännern, denen Charley, der Gräbersucher, begegnet, befindet sich Josua Hawley, der sich bald als jener Weiße zu erkennen gibt, dem einst das geschilderte Mißgeschick zustieß. Seitdem leidet er unter Schuldgefühlen. Schon die Schilderung der Szenerie des Cañon unterstreicht eindrucksvoll, wie gefährlich die Konfrontation mit der Vergangenheit sein kann: „Wer das Auge hinab in den drohend emporgähnenden Schlund richtete, dem [!] konnte allerdings ein Grausen, ein Gefühl überkommen, als ob da unten die Stätte eines unabwendbaren Unheiles sei." (33)

Es gibt nur einen Ausweg: Man muß sich den dunklen Schatten der Vergangenheit stellen. Mit dem Erzählen der damaligen schicksalhaften Ereignisse unternimmt Hawley dann auch einen ersten Schritt zur Befreiung von der Last, die das vergangene Geschehen seinem Gewissen auferlegt. Er stellt sich seiner Vergangenheit, und sogleich wird ihm Hilfe zuteil. Durch ein einfühlsames Gespräch und eine Gleichnisgeschichte vermag Old Shatterhand ihm Erleichterung zu verschaffen:

Er blickte nachdenklich zu Boden. Es war, als ob ein heller, froher Zug über sein melancholisches Gesicht gleiten wolle; dann reichte er mir die Hand und sagte:
„Jetzt weiß ich, wie Ihr es meint, Mr. Charley. Es hat mir so lange, lange Zeit auf der Seele gelegen, daß es nicht so schnell, wie Ihr wohl denkt, abzuwerfen ist; aber ich danke Euch! Werde über Eure Erzählung nachdenken; vielleicht thut sie das, was Ihr beabsichtigt habt. [...]"
Ja, ich hatte es gut mit ihm gemeint und sollte später erfahren, welchen Nutzen sie ihm und infolgedessen auch – mir brachte. (44f.)

Sieht man einmal von der Tatsache ab, daß Old Shatterhand durch seine psychologisch einfühlsame Hilfe in Josua Hawley einen treuen Gefährten gewinnt, so bewahrheitet sich diese letzte Ankündigung im weiteren Verlauf des Romans nicht, zumindest nicht auf der Handlungsebene. Sie findet ihre Begründung wohl auf anderer Ebene. Es ist der Autor Karl May, der hier spricht und mit dieser kleinen Episode bereits andeutet, wie sehr auch er einer entlastenden Auseinandersetzung mit seiner eigenen, ebenfalls mit Schuldgefühlen behafteten Vergangenheit bedarf. Ja noch mehr: Deutlicher als je zuvor deckt May eine der zentralen Triebkräfte auf, die seinem Schreiben zugrunde liegen. Durch das Erzählen einer Geschichte beginnen sich für Hawley die Schatten der Vergangenheit zu lichten. Und hier liegt auch der

Nutzen, den das Erzählen dem Autor Karl May bringt. Auch er will, er *muß* sich freischreiben von der bedrückenden Vergangenheit und unternimmt mit jeder Erzählung einen neuen Anlauf dazu.[8] Die Episode um Josua Hawley deutet an, daß May durchaus um den therapeutischen Effekt, den das Schreiben für ihn hatte, wußte, daß er ihn zumindest ahnte. Die befreiende Wirkung seines Fabulierens hatte er wohl selbst mehr als einmal bereits erfahren, und ebenso wird auch er die Erfahrung gemacht haben, daß die Belastungen seiner Vergangenheit nicht so einfach abzuschütteln waren, daß der Blick „in den drohend emporgähnenden Schlund" der Vergangenheit gar gefährlich zu werden vermochte, bestand doch die Gefahr, daß seine mühsam erarbeitete bürgerliche Existenz von den Geistern seiner Straftaten- und Gefängniszeit ins Wanken gebracht werden konnte. Der Gedanke, daß es vielleicht unmöglich sei, diese Vergangenheit „ohne Schaden zu passieren", und daß ihre Geister auch ihn „ins Verderben" führen würden, mag May immer wieder überkommen und eine endgültige Bewältigung der Vergangenheit, wenn diese denn überhaupt möglich war, verhindert haben. Old Shatterhands Versicherung, der Geist mache ihm „natürlich wenig Sorge", klingt demgegenüber ein wenig wie das Pfeifen des Ängstlichen im Walde.

Die von May aufgebaute bürgerliche Existenz, in der seine Straftaten und Gefängnisaufenthalte natürlich keinen Platz haben durften, bildet denn auch den biographischen Hintergrund im komischen Gegenstück zur düsteren Geschichte des Josua Hawley, dem Schicksal seines Begleiters Sam Parker.[9] Kurz vor Hawleys Erzählung deckt Parker mit der Geschichte vom ‚ersten Elk' die *Lebenslüge* auf, mit der sein Wirken als Westmann begann. Als ausgesprochenes Greenhorn kam er einst in den Wilden Westen und begegnete Old Wabble, der ihm bald ein vernichtendes Urteil fällte: „Ihr aber seid für den Westen ein verlorner Mann; ich kann Euch nicht brauchen, und gebe Euch den einzig guten Rat, Euch baldigst aus dem Staube zu machen". (19)

Doch es kommt alles ganz anders. Auf der Elkjagd, auf die Old Wabble ihn und seine Begleiter mitnimmt, begegnet ihnen eine Gruppe Panasht-Indianer. Old Wabble vermutet, daß sie Böses im Schilde führen, und beschließt sogleich, sie zu töten. Als Christ sieht es Parker für seine Pflicht an, die unschuldigen Indianer zu warnen. Deren Häuptling Schneller Pfeil gibt Parker den Namen ‚At-pui', das ‚gute Herz', rettet ihn wenig später vor dem Angriff eines kapitalen Elks und schenkt ihm diesen aus Dankbarkeit; Parker kann ihn Old Wabble gegenüber als eigene Jagdbeute präsentieren. – Damit begann seine Laufbahn als Westmann. Parker wird ansonsten als recht oberflächlicher Mensch vorgestellt. Die Aufdeckung der kleinen Schummelei gegenüber Old Wabble hinterläßt auch keine tiefen Spuren. Im Romanverlauf hat die Episode im wesentlichen daher wohl die Funktion, Hawleys Erzählung als lustiges Pendant zu ergänzen und deren Botschaft zu verstärken, wie sehr schicksalhafte Begebenheiten den Lebensweg eines Menschen beeinflussen können.

Ein Blick auf den Autor scheint aber wiederum die tiefere Bedeutung der Episode freizulegen. Als langjähriger Sträfling hatte sich May wohl auch bereits vor der Entstehung des *Old Surehand* seine *Lebenslüge* für die in Arbeitshaus und Zuchthaus verbrachte Zeit zurechtgelegt. Wie Old Surehand, der sich schämt, sich als Sohn eines Zuchthäuslers erkennen zu geben – wir kommen weiter unten noch darauf zu sprechen –, wird auch May empfunden haben. Wie sehr ihn diese Vergangenheit belastete und beschämte und wie sehr er auch außerhalb seines literarischen Schaffens an ihrer Bewältigung arbeitete, ohne damit fertig zu werden, sollte sich gerade im Laufe der Entstehung von *Old Surehand* zeigen – fällt doch in diese Periode die Entwicklung der ‚Old-Shatterhand-Legende', in der May die öffentliche Identifizierung mit seiner literarischen Gestalt mehr und mehr suchte: eine Maskierung, in der wir nicht zuletzt einen Verdrängungsprozeß gegenüber seiner unbewältigten Vergangenheit zu sehen haben.[10] Daß diese Problematik May bereits vor Aufnahme der Arbeit am *Old Surehand* beschäftigte, zeigt sich auch in der Tatsache, daß der hier behandelten Episode die 1893 erstmals veröffentlichte Erzählung *Der erste Elk* zugrunde lag.

*

Was im Schicksal der beiden Nebenfiguren Parker und Hawley angedeutet wird, findet seine Entsprechung im Schicksal der Hauptfiguren des Romans. Leo Bender alias Old Surehand und die Geschichte seiner Familie stehen im Mittelpunkt der Fabel. Am Schicksal dieser Familie hat May die oben angesprochene Thematik der identitätsstiftenden Konfrontation mit der Vergangenheit und die Schwierigkeiten ihrer Bewältigung wesentlich detaillierter ausgearbeitet.

Bereits die Ausführungen zum ‚Gräbersucher' Charley, zu Hawley und Parker haben deutlich gemacht, daß sich die in *Old Surehand* dargebotene Thematik in eines der Problemfelder einordnen läßt, die für das Gesamtwerk Mays charakteristisch sind. Der einzelne Mensch ist stets auf der Suche nach seiner eigentlichen Bestimmung, und erst der Blick in die Vergangenheit, die Konfrontation mit prägenden Begebenheiten des eigenen Lebens lassen ihn seine Identität finden. Immer wieder tragen Mays Figuren ein Schicksal, das ihre Identität in Frage stellt bzw. in Frage gestellt hat. Heinz Stolte hat aufgezeigt, daß die „Suche nach der verlorenen Identität" Mays „Generalthema" ist.[11] Die auch zu Beginn des *Old Surehand* sichtbare „Lust am Versteck- und Verwandlungsspiel" des Ich-Helden ist, so Stolte, „überhaupt das tragende Movens seiner [Mays] Erzählkunst".[12] Den Hintergrund bildet, wie eigentlich immer bei May, des Autors eigene Biographie, die, besonders in Mays Straftatenzeit, auch in der Realität von diesem Verwandlungsspiel geprägt war.[13]

Der Roman *Old Surehand* bestätigt, wie bereits ein flüchtiger Blick auf seine Handlung zeigt, nicht nur diese Feststellung, er scheint eines der am intensivsten sich mit der Suche nach der Identität beschäftigenden Werke Mays zu sein. Dies wird bereits an einem sehr offensichtlichen Punkt deutlich, nämlich dem von May auch in seinen anderen Werken praktizierten Spiel mit Namen, einer Variante der von Stolte konstatierten Freude am Verwandlungsspiel.

Die Identität eines Menschen ist ja überhaupt eng mit seinem Namen verbunden. Der Name stiftet Identität, da er zum einen den Einzelnen mit seiner Familie und damit auch mit deren Schicksal verbindet; zum anderen gewinnt der Mensch durch seinen Namen seine Einmaligkeit. Der Name erst macht ihn zur Person; der Verlust des Namens hingegen bedeutet immer auch einen Verlust an Identität.[14]

May hat das Spiel mit Namen in der Realität wie in seinen Erzählungen gern und viel betrieben und es dabei in allen Variationen erprobt. Immer ist dabei auch die Identität der jeweiligen Figur betroffen. Bei May ist die identitätsstiftende Funktion des Namens – oder die mit seiner Entstellung oder seinem Verlust einhergehende Identitätsverlust – ein in nahezu jedem Werk anzutreffendes Motiv. Die Forschung hat auch bereits vielfältig darauf hingewiesen.[15] Hier sei nur kurz auf einige markante Beispiele aufmerksam gemacht.

Die nach Sibirien verbannten Sträflinge im Roman *Deutsche Herzen, deutsche Helden* (1885–87) müssen ganz auf ihren Namen verzichten und fortan nur noch unter einer Nummer firmieren. Das spiegelt augenfällig ihre Situation wider, die durch den vollständigen Verlust ihrer bisherigen Le-

225

bensstellung und Bindungen gekennzeichnet ist; die Verbannungsstrafe will ihnen in der Tat ihre (bisherige) Identität nehmen.

Eine freiwillige Ablegung des Namens finden wir bei Gestalten Mays, die einen schweren Schicksalsschlag erlitten haben, der ihr Leben entscheidend verändert. In *Die Sklavenkarawane* erleidet Barak el Kasi, der mächtige Emir von Kenadem, ein derartiges Schicksal. Die Sklavenjäger raubten ihm seinen einzigen Sohn. Auf der Suche nach ihm verläßt Barak seine bisherige Stellung und auch sein bisheriges Leben und zieht als Elefantenjäger durch den Sudan, wo er sich Bala Ibn, Ohne Sohn, nennt.[16] Die Verfolgung einer Spur, der des Geraubten oder der des Räubers und Übeltäters, wird zur Lebensaufgabe Barak el Kasis, und erst, nachdem die Suche zum Erfolg geführt hat, steht am Ende dieses Weges die Wiederannahme des alten Namens, die hier auch den Neugewinn der eigenen Identität bedeutet.

Demgegenüber ist ein entscheidender Einschnitt im Leben einer Figur, der einen Neuanfang und damit eine Erneuerung, vielleicht sogar eine völlige Neuschaffung der Identität darstellt, meist auch durch die Annahme eines neuen Namens bezeichnet. Das namenlose Greenhorn, das, von seinem Hauslehrerposten unversehens in den Wilden Westen versetzt, dort seine Initiation mehr als erfolgreich absolviert, erhält den Namen Old Shatterhand – nicht nur wird damit der Beginn eines völlig neuen Lebensabschnitts des Ich-Erzählers signalisiert, geradezu ein Mythos betritt mit dieser Namensgebung die literarische Bühne (VII 51).

Es nimmt nach dem bisher Gesagten nicht wunder, daß der identitätsstiftende Charakter von Namen bzw. der mit dem Namensverlust oder -wechsel verbundene Identitätsverlust auch in *Old Surehand* eine große Rolle spielt, ja dort geradezu als ein tragendes Element der Handlung erscheint, das von May zudem souverän als handlungsverwirrendes erzähltechnisches Mittel eingesetzt wird. Denn gerade die Namenswechsel machen ein rasches Wiederfinden für die Familienmitglieder nahezu unmöglich.

Geschickt und spannungsfördernd beginnt May dieses Spiel der Namen mit dem Auffinden rätselhafter Abkürzungen: Am Ende des ersten Bandes verliert der ‚General' Douglas einen Ring mit der Inschrift „E. B. 5. VIII. 1842" (XIV 644), und der Farmer Harbour, der das Grab Ikwehtsi'pas in den Rocky Mountains entdeckte, weiß von einer geheimnisvollen Inschrift zu berichten: „Unter diesem Kreuze war deutlich zu lesen: ‚An dieser Stelle wurde der Padre Diterico von J. B. aus Rache an seinem Bruder E. B. ermordet.' Unter diesen Worten war eine Sonne zu sehen, von welcher links ein E und rechts ein B stand." (XIX 135)

Diese Abkürzungen werden in ihrer Rätselhaftigkeit aber auch zum Paradigma der unvollständigen Identität der so Bezeichneten; erst mit ihrer Entschlüsselung gewinnen sie ihren Sinn, und gewinnen die Betroffenen ihre eigene Geschichte, ihre Personalität zurück. Das mit den Abkürzungen begonnene Spiel mit Namen führt May in vielerlei Variationen fort, die alle letztlich auf das eine verweisen: In der Verwirrung der Namen spiegelt sich die Beschädigung der Identitäten, im Namenswechsel zeigt sich der Verlust von Identität. Und immer ist dahinter auch das Schicksal des Autors zu erspüren, als dessen Teilidentitäten letztlich alle seine Figuren zu erkennen sind.

Werfen wir daher zunächst einen Blick auf die tragische Geschichte der Familie Old Surehands. Die schöne Moqui-Indianerin Tehua, Schwester des berühmten indianischen Predigers Ikwehtsi'pa (der auch unter dem Namen Padre Diterico bekannt ist), liebt Bender, einen Weißen, und geht in den Osten, um dort die Umgangsformen der Weißen zu lernen. Ihr Taufname als Christin ist Emily. Sie wird auch von Benders Stiefbruder Dan Etters (alias John Bender) begehrt, den sie jedoch zurückweist. Sie bleibt Bender treu, heiratet ihn und zieht sich damit Etters' Haß zu. Auch Tehuas Schwester Tokbela (deren Taufhame Ellen ist) wird von einem Weißen umworben, von Etters' Bekanntem Thibaut, einem Falschmünzer, der einst als Taschenspieler unter dem Namen ‚Mr. Lothaire, the king of the conjurers' berühmt war. Als dieser bei den Benders Hausverbot bekommt und Etters, der im Geschäft seines Stiefbruders angestellt ist, entlassen wird, tun sich die beiden zusammen, um die Familie zu vernichten. Denn Benders wird Falschgeld untergeschoben, und Tehua, ihr Mann und ihr Bruder werden aufgrund weiterer falscher Dokumente zu Gefängnisstrafen verurteilt.

Die beiden kleinen Söhne Tehuas, Leo und Fred, werden nun von Tokbela betreut, der Thibaut gegen ein Eheversprechen die Zusage macht, ihre Familie aus dem Gefängnis zu befreien. Thibaut besticht einen Schließer, der aber zunächst nur Ikwehtsi'pa befreit, da dieser ihm und Etters Gold aus den Bergen besorgen soll. Der Prediger kann später auch Tehua befreien, während Bender aus Gram im Gefängnis stirbt. Durch Versprechungen hat Thibaut Tokbela dazu gebracht, ihn zu heiraten. Ikwehtsi'pa und Tehua kommen gerade rechtzeitig, um die in Denver (wo Tokbela bei dem ehemaligen Gefängnisschließer, der dort ein Wechselgeschäft gegründet hat, mit Leo und Fred untergekommen ist) bereits begonnene Hochzeitsfeier gewaltsam zu unterbrechen. Dieser schockierende Vorgang stürzt die bereits geschwächte Tokbela in den Wahnsinn. Wenig später brechen Tehua und ihr Bruder auf, um Gold zur Bezahlung einer medizinischen Behandlung Tokbelas zu holen. Etters und Thibaut lauern ihnen auf, töten den Prediger und wollen Tehua auf seinem Grab verhungern lassen. Doch sie wird von Indianern gefunden und gerettet, allerdings zwei Jahre lang bei ihnen festgehalten. Als sie nach Denver zurückkehrt, sind Thibaut und Etters, aber auch ihre Schwester und ihre beiden Kinder verschwunden. Seitdem ist sie, die nun kinderlose Mutter, unter dem Namen Kolma Puschi auf der Suche nach ihnen.

Ihr Sohn Leo Bender ist bei dem ehemaligen Gefängnisschließer geblieben, der jedoch Denver verließ und sich unter dem angenommenen Namen Wallace in Jefferson City eine neue Existenz als Bankier aufgebaut hat. Von dort aus macht sich Leo Bender auf, um im Westen nach Spuren seiner verschollenen Familie und der beiden Verbrecher zu suchen. Unter dem Namen Old Surehand wird er dort berühmt, ohne jedoch seinem Ziel näher zu kommen.

Die beiden Verbrecher haben ihre Spur verwischt, indem auch sie neue Identitäten annahmen. Dan Etters alias John Bender führt wieterhin ein verbrecherisches Leben und tritt dabei als ‚General' Douglas auf. Er benutzt auch die Decknamen Raller und Saddler. Thibaut hat als Medizinmann bei den Comantschen Unterschlupf gefunden, wo er sich Tibo-taka nennt. Tokbela lebt dort als seine Frau Tibo-wete-elen bei ihm, den kleinen Fred Bender, von dem sie sich nicht trennen wollte, zieht sie bei den Comantschen als ihren Sohn auf; er erhält den indianischen Namen Apanatschka und verfügt über keinerlei Erinnerungen an die Vergangenheit; er hält Tibo-wete-elen für seine Mutter. In ihrer geistigen Verwirrung spricht diese von ihrem Bruder, dem Prediger, (für ihre Umgebung unverständlich) vom ‚Wawa Derrick'.

Erst als Old Shatterhand dank seiner Kombinationsgabe – und einer Reihe glücklicher Zufälle – dem Familienschicksal der Benders langsam auf die Spur kommt und allen Familienmitgliedern ihre richtigen Namen zuweisen kann – und damit auch ihre bis dahin entstellte, gebrochene Identität wiederherstellt –, kommt es zur erneuten Zusammenführung der Familie, während mit der Aufdeckung der eigentlichen Namen für die Verbrecher Etters und Thibaut nicht nur deren Identität entlarvt wird, sondern sie auch mit ihrem

Tod ihr gerechtes Schicksal finden, vor dem sie unter der tarnenden Maske falscher Namen und Identitäten vergeblich zu fliehen versuchten.

*

Fassen wir noch einmal zusammen. Eine ganze Familie ist, ausgelöst durch das Wirken zweier Verbrecher und durch schicksalhafte Verwicklungen, auseinandergerissen und mit neuen Identitäten ausgestattet worden und hat sich aus den Augen verloren. Während die Verbrecher durch Flucht und Annahme falscher Identitäten ihre Spuren zu verwischen trachten, machen sich Mitglieder der Familie auf den Weg, ihre Verwandten wiederzufinden, den Verbrechern auf die Spur zu kommen und sich ihrer Vergangenheit, und damit ihrer eigentlichen Identität, zu vergewissern. So könnte man die Haupthandlung des *Old Surehand* knapp charakterisieren. Und bereits hier wird deutlich, daß diese Charakterisierung durchaus nicht nur auf den *Surehand* zutrifft. Die Thematik läßt den mit Mays Werk vertrauten Leser zunächst vielleicht gar nicht an *Old Surehand*, sondern an ein anderes Werk denken, nämlich an den Kolportageroman *Deutsche Herzen, deutsche Helden*. Das Schicksal der Familie Adlerhorst, deren Mitglieder ebenfalls durch das von Rache angetriebene Wirken eines Verbrechers (dessen Zuneigung zu einem weiblichen Familienmitglied enttäuscht wurde) und durch tragische Verwicklungen in alle Welt zerstreut werden, weist viele Parallelen zur Geschichte der Familie Bender auf, wenn auch in kolportagehafter Überdimensionierung. Während das Familienoberhaupt in den *Deutschen Herzen* ermordet wurde, sind es neben der Ehefrau gleich fünf Kinder, die auf beinahe alle Erdteile verteilt unter falschem Namen leben und erst im Verlaufe des Romans wieder zueinander finden. Mit den Parallelen zu *Old Surehand* und möglichen biographischen Hintergründen hat sich bereits Walther Ilmer eingehend, wenn auch im biographischen Bereich teilweise recht spekulativ, beschäftigt.[17] In unserem Zusammenhang ist es bemerkenswert, daß das eigentliche Geschehen, das die einzelnen Angehörigen der Familie Adlerhorst aus der Bahn warf und ihnen ihre Identität nahm, im Dunkeln bleibt und von May auch im Verlaufe der Handlung nicht aufgeklärt wird. Möglicherweise war ihm selbst nicht ganz klar, welche Hintergründe seine eigenen Identitätsprobleme hatten. Erst im *Surehand*-Roman kommt er dieser Frage näher und kann, zumindest auf der Romanebene, nicht nur die Ursprünge aufhellen, sondern auch die Irrfahrt der Suchenden einem befriedigenden Abschluß zuführen.

Lenken wir den nun schon einmal geschärften Blick über *Deutsche Herzen, deutsche Helden* hinaus auf Mays Gesamtwerk, so werden wir erstaunlich häufig fündig, wenn wir nach ähnlichen Konstellationen Ausschau halten.

Schon der früheste Roman Karl Mays, *Der beiden Quitzows letzte Fahrten* (1876), ist hier zu nennen. Bei einem Überfall der Bande des Schwarzen Dietrich wird der englische Adlige Richard Beauchamp Graf von Warwick von seiner Frau und seinen beiden kleinen Kindern getrennt. Walda von Löwenholm, seine Frau, muß als Gefangene des Schwarzen Dietrich so lange unter elenden Bedingungen verbringen und sich seiner Annäherungsversuche erwehren, daß ihr Geist sich verwirrt. Die Verwandtschaft dieser Figur zur ebenfalls geistig verwirrten Tokbela in *Old Surehand* ist offenkundig, auch wenn letztere ihrem Entführer Thibaut alias Tibo-taka freiwillig folgt. In der geistigen Verwirrung zeigt sich nicht zuletzt der Verlust der bisherigen, geordneten Lebensbezüge und damit eines Teils der Identität der beiden Frauen. Auch die Tatsache, daß die Kinder Warwicks von Suteminn als ihrem Pflegevater aufgezogen werden, kommt dem Schicksal der beiden Bender-Söhne Apanatschka und Old Surehand recht nahe, die, wenn auch getrennt, ebenfalls bei Pflegeeltern aufwachsen.

Mit der Hilfe des ritterlichen Helden Suteminn findet Warwick, der sich auf die Suche nach seinen verschwundenen Angehörigen begeben hat, seine Familie wieder. Die Heilung der geistigen Verwirrung seiner Frau geschieht, indem sie mit der Situation, die den Beginn ihrer Gefangenschaft bedeutete, nochmals konfrontiert wird:[18] Konfrontation mit der Vergangenheit als Mittel ihrer Bewältigung, das ist auch das Thema des *Old Surehand*. Doch im *Quitzow*-Roman ist es nicht May, der diese Lösung erfindet, sondern vielmehr Dr. Heinrich Goldmann, der den Roman nach Mays Bruch mit seinem Verleger Münchmeyer fortführte.[19] Blickt man auf Mays Gesamtwerk, so möchte man meinen, diese Lösung könnte auch von ihm stammen. Sie fügt sich zumindest trefflich ein.

Die vielfältigen, wenn auch nicht immer so ausführlich wie in den bisher angesprochenen Werken ausgeformten vergleichbaren Familienschicksale können hier nur in Auswahl und knapp vorgestellt werden. Dabei sollen erkennbare Motivverwandtschaften mit *Old Surehand* herausgestellt werden. Sie sind so deutlich, daß sich eine Kommentierung meist erübrigt.

Im großen Orientroman *Giölgeda padishanün* (1881) macht sich Paul Galingré auf die Suche nach seinem verschwundenen Onkel (in der Fortsetzung *Der letzte Ritt* von 1888 wird aus dem Verschwundenen Pauls Vater). Ein Trauring mit der zunächst rätselhaften Abkürzung „E. P. 15. juillet 1830" führt auf die Spur des Verschwundenen (I 13) – eine deutliche Parallele zu *Old Surehand*! Paul Galingré wird, ebenso wie der gesuchte Onkel, ermordet. Beider Mörder ist Hamd el Amasat, der sich dann als Gehilfe im Geschäft Henri Galingrés, Pauls Vaters, einschleicht, um das Familienvermögen der Galingrés dem Schut in die Hände zu spielen. Die Ermordung weiterer Familienmitglieder der Galingrés durch Hamd el Amasat kann von Kara Ben Nemsi in letzter Sekunde verhindert werden. Pauls Frau jedoch, jene rätselhafte „E. P." des Trauringes, stirbt aus Herzeleid über das Verschwinden ihres Mannes (VI 476).

Die Liebe des Ulanen (1883ff.) führt unser Sujet gleich zweimal vor: Albin Richemonte hält Gebhardt von Königsau gefangen, und dessen Sohn Richard macht sich auf die Suche nach dem verschwundenen Vater. Weiter ausgeführt ist die Thematik in der Darstellung des Schicksals der Familie Bas-Montagne. Der Vater hat dem Sohn die Frau abspenstig gemacht, die daraufhin mit ihren beiden Töchtern verschwunden ist. Bald danach verschwindet auch der Sohn. Vater und Sohn befinden sich nun auf der Suche: Der Vater fahndet nach dem Sohn, der Sohn nach Frau und Kindern. Erschwert wird diese Suche noch durch den Namenswechsel aller Beteiligten. Der französische Familienname wird vom Vater in das deutsche Untersberg, vom Sohn in das englische Deephill verwandelt. Amélie, die verstoßene Frau, nimmt zusammen mit ihren Töchtern einen völlig anderen Namen an und kommt bei Freunden in Frankreich unter. Mit Hilfe des Malers Schneffke finden die Mitglieder der Familie jedoch am Schluß des Romans versöhnt wieder zueinander. Nur Amélie kann an diesem Wiedersehen nicht mehr teilnehmen: Sie starb – wohl aus Gram – in der durch den bösen Schwiegervater erzwungenen Verbannung.

Die Erzählung *Unter der Windhose* (1886) hat May in den zweiten Band *Old Surehand* hineingenommen. Ein Familienvater wird vom Verbrecher Rollins ermordet, der das von jenem versteckte Gold an sich bringen will. Der Mörder heiratet nun sogar die Witwe des Opfers. Auf der Farm des Ermordeten sucht er vergeblich nach dem vergrabenen Goldschatz und wird darüber halb wahnsinnig. Der junge Indianer Ischarshiütuha, dessen Vater ebenfalls von Rollins getötet wurde, hat sich auf die Suche nach dem Mörder gemacht und kann ihn schließlich entlarven. Die Strafe ereilt Rollins jedoch in Form eines Gottesurteils: Ein durch einen Wirbelsturm umgestürzter Baum begräbt ihn unter sich und legt gleichzeitig die Stelle frei, an der das gesuchte Gold vergraben ist.[20]

Ein Jahr vor *Old Surehand I* veröffentlichte May die Erzählung *Christ ist erstanden*. Einem Sohn, der einst mit dem Geld des Vaters verschwand, ist die Suche nach dem Vater zur Lebensaufgabe geworden, wobei er, seine Schuld nicht verkraftend, von Wahnvorstellungen geplagt wird. Er hat sich den Namen Perdido, der Verlorene, gegeben. Während seine Mutter aus Gram über das Geschehen verstarb, findet er seinen Vater, der, um für die Taten seines Sohnes zu sühnen, als Einsiedler lebt, schließlich mit Hilfe des Ich-Erzählers wieder. Rallado, der Wiedergefundene, nennt er sich nach diesem glücklichen Zusammentreffen.[21]

Es ist deutlich geworden, wie sehr die den *Old-Surehand*-Roman beherrschende Thematik Mays Werk auch insgesamt bestimmt. Zahlreiche Einzelmotive – wie der verbrecherische Geschäftsgehilfe, Diebstahl von Gold bzw. Vermögenswerten, Wahnsinn als Ausdruck einer unbewältigten Vergangenheit, Tod aus Herzeleid – verknüpfen zudem die Handlungskomplexe miteinander und auch mit dem Schicksal der Familie Bender in *Old Surehand*.

Wenn sich Old Shatterhand im Verlauf der Romanhandlung auch nach und nach die Schicksale der Familienmitglieder wie Mosaiksteine erschließen, so geht es dabei doch nur darum, die Verhältnisse der einzelnen Personen zueinander zu entdecken und sie glücklich zusammenzuführen. Die Geschehnisse der Vergangenheit, die zum Auseinanderbrechen der Familie und zum traurigen Schicksal ihrer Mitglieder führten, bleiben – wie auch in den vielen parallelen Geschichten anderer Werke – bis zum Schluß rätselhaft. Der größte Teil der oben referierten Vorgeschichte der eigentlichen Romanhandlung findet sich auf den letzten Seiten des Romans (XIX 523ff.). Dort erst erzählt Kolma Puschi dem fragenden Old Shatterhand von dem traurigen Schicksal, das die Mitglieder ihrer Familie in alle Teile des Westens verstreute.

Das analytische Verfahren, das Harald Fricke für *Old Surehand* als grundlegendes Gattungsmerkmal formuliert hat, wird also nur teilweise verwirklicht. *Old Surehand* ist kein eigentlicher Detektivroman, und Old Shatterhand ein nur unvollkommener Detektiv. Als er Kolma Puschi mitteilt, Apanatschka sei ihr Sohn Fred, fordert sie: „Beweise, bitte Beweise!" Die aber muß er schuldig bleiben: „Ihr fordert Beweise? Spricht nicht Euer Herz für ihn?" (523) Und etwas später: „Ihr verlangt Beweise von mir; die kann ich Euch aber nur dann geben, wenn ich die damaligen Verhältnisse und Ereignisse kenne. Ich muß Euch nämlich aufrichtig sagen, daß mein ganzes Wissen bis jetzt nur auf Kombination beruht." (524)

Schauen wir uns dagegen an, wodurch der Hauptteil des Romans bestimmt wird, so ist es nicht die *Aufklärung* – die bringt das Happy-End in knapper, aber um so wirkungsvollerer Weise –, sondern die *Suche*. Fragen wir uns, was es denn ist, nach dem die Figuren des Romans suchen, so lautet die oberflächliche Antwort: ihre Familie und diejenigen, die das Unheil über sie brachten. Dahinter jedoch wird deutlich, daß es auch und vielleicht sogar vor allem ihre eigentliche Identität ist, die zu suchen sie sich auf den beschwerlichen Weg gemacht haben, eine Identität, die ihre Wurzeln in der Kindheit hat.[22]

*

Der erste Auftritt der Titelgestalt des Romans ist recht ungewöhnlich: Als Gefangener, den Old Shatterhand und Old Wabble nur unter schwierigen Umständen befreien können, erscheint Old Surehand auf der Bühne des Romangeschehens. Ein in mehrfacher Hinsicht signifikanter Auftritt. Seine Gefangenschaft auf einer Insel ist als paradigmatisch für die persönliche Isolation zu sehen, in die er sich auf seiner Suche begeben hat.[23] Auch sonst ist seine Lebensweise von Isolierung, vom freiwilligen Verzicht auf die Gesellschaft anderer bestimmt. Er erkennt selbst, daß dies auch von seiner inneren Unruhe verursacht wird: „Mich aber treibt das Schicksal von Ort zu Ort; so habe ich auch innerlich den haltenden Anker verloren und die Heimat und bin ruhelos geworden." (XIV 413) Old Surehand personifiziert den (oft ziellos) suchenden Menschen. Immer zieht ihn sein ‚Geheimnis', von dem er nicht sprechen will (so z. B. XIV 207), recht schnell wieder fort, nur selten bleibt er für längere Zeit mit anderen zusammen, selbst wenn er damit Freunde wie Old Shatterhand verstimmt (XIX 458f., 502ff.). Bezeichnend ist der erste Auftritt Old Surehands als Gefangener jedoch auch, weil das Gefangenwerden im Laufe des Romans geradezu an ihm haftet, ja für den Roman insgesamt charakteristisch wird; 32mal, so hat Harald Fricke gezählt, wird im *Surehand* jemand gefangengenommen.[24] Das wird selbst Old Shatterhand zuviel; als er – kurz vor Ende des Romans – entdeckt, daß Old Surehand schon wieder in Gefangenschaft geraten ist und erneut befreit werden muß, seufzt er: „Diese Geschichte muß ein Ende nehmen. Ich habe das ewige Anschleichen satt!" (XIX 555)

Old Surehand, dies wird damit mehr als deutlich, ist ein Gefangener, ein Gefangener seines Schicksals, ein Gefangener seiner Ängste, ein Gefangener seiner Selbstzweifel. Dies treibt ihn in die Isolation, aus der er sich selbst nicht zu befreien vermag. Zuviel Ballast an unbewältigter Vergangenheit lastet auf ihm. Seine „Suche nach der verlorenen, ihn erlösen könnenden Familie ist eine Suche nach der Identität".[25]

Die Suche Old Surehands nach Erlösung kommt besonders in dem großen Religionsgespräch zwischen ihm und Old Shatterhand im ersten Band zum Ausdruck. Während Shatterhand von seinem durch viele innere Kämpfe gefestigten Glauben erzählen kann (XIV 406ff.), erweist sich Surehand auch hier als Suchender: „ich bin nicht ein Leugner und Verächter Gottes, sondern ich habe ihn verloren, und ringe danach, ihn wiederzufinden." (414) Verloren hat er den Glauben durch das ihn heimsuchende Schicksal: „Ja; es waren Ereignisse, die mir alles nahmen, auch den Glauben." (410)

Hören wir genau hin: Nicht nur den Glauben, *alles* hat Surehand verloren. Sein gesamtes Wesen ist durch die Ereignisse der Vergangenheit erschüttert worden, und geradezu inständig bittet er Old Shatterhand um Hilfe. Doch so einfach ist eine solche Hilfe nicht. Denn Old Surehand hadert mit seinem Schicksal, statt es, wie Old Shatterhand ihm vorhält, als von Gott gegeben anzunehmen. Durch die Worte des Ich-Helden schöpft Surehand aber zum erstenmal ein wenig Hoffnung, wenn auch eine Befreiung aus der Verstrickung mit seinem Schicksal noch lange nicht in Sicht ist: „Ihr habt ein Licht entzündet, welches ich jetzt zwar in weiter, weiter Ferne sehe; aber rührt jetzt nicht daran, damit es nicht wieder verlösche: ich hege die Zuversicht, daß es mir immer näher kommen wird!" (414)

Nicht zufällig erinnern diese Worte Old Surehands an die zu Anfang zitierte Reaktion Josua Hawleys auf das hilfreiche Gespräch mit Old Shatterhand. Um die Vergangenheit wirklich zu bewältigen, bedarf es vieler Anläufe. Und wie im Falle Hawleys, so wird auch hinter dem Schicksal Old Surehands dasjenige des Autors sichtbar. Zum erstenmal in seinem Werk gibt May in dem Gespräch mit Old Surehand Ereignisse seiner eigenen Biographie zu Protokoll, legt sie seiner Shatterhand-Gestalt in den Mund. Der Identifikationsprozeß des Autors mit dieser Figur nimmt seinen unaufhaltsamen Lauf.[26]

Ja, noch mehr. Das Gespräch zwischen Old Shatterhand und Old Surehand erscheint in diesem Lichte dann fast als Vorläufer des viele Jahre später verfaßten Gesprächs zwischen Kara Ben Nemsi und dem Ustad im dritten Band von *Im Reiche des silbernen Löwen* (1902): Der ältere, erfahrene May (Old Shatterhand), der mit sich und Gott ins Reine gekommen ist, spricht zum jungen, noch um seine Identität ringenden und mit Gott hadernden May (Old Surehand), wie wir ihn etwa aus dem Fragment *Ange et Diable* aus der schriftstellerischen Frühzeit Mays kennen.[27] Old Surehand erscheint hier als „Bildnis des um Erlösung ringenden May".[28]

Es bedarf noch mehrerer Anläufe, bevor Old Surehand endgültig geholfen werden kann. Sein selbstverordnetes Schweigen auch Old Shatterhand gegenüber macht eine frühere befreiende Überwindung der Vergangenheit nicht möglich, allzu tief sitzen die Ängste. Seine Suche geht weiter. – Auch im dritten Band begegnet uns Old Surehand zuerst wieder als Gefangener, der von Old Shatterhand befreit werden muß. Als er endlich erstmals über das spricht, was ihn so rastlos umhertreibt, wird erneut der autobiographische Hintergrund dieser Figur sichtbar. Erst die drohende emotionale Abwendung (oder sollten wir besser sagen: Liebesversagung?) Old Shatterhands nach einer erneuten schroffen Zurückweisung seiner Surehand angebotenen Hilfe macht den ‚Suchenden‘ gesprächig: „Und – – und – – – ich will Euch wenigstens eins sagen: Ich bin so verschwiegen gewesen, weil ich glaubte, Ihr würdet Euch von mir wenden, wenn Ihr hörtet, wer ich bin." – Wer er ist?: „der Sohn eines – – – Zuchthäuslers! [...] Meine Mutter war auch Zuchthäuslerin! [...] Und mein Oheim auch!" (XIX 504)

Nun ist es heraus. Und deutlich hören wir heraus, daß dies das Trauma des Autors Karl May ist, daß man nämlich erfährt, daß der allseits geliebte und geschätzte Autor des *Winnetou* eigentlich ein Zuchthäusler ist.[29] Das will er mit allen ihm zur Verfügung stehenden Kräften verhindern. Selbst hier im fiktionalen Kontext will es nicht unzensiert heraus. Und so beruhen – in dieser Intensität sachlich eigentlich unbegründet – Old Surehands Ängste nur darauf, der *Sohn* einer Zuchthäuslerfamilie zu sein, die zudem noch unschuldig war. Old Shatterhand kann ihn somit recht schnell beruhigen, daß ihn diese Mitteilung keineswegs seine Zuwendung kosten wird, ja mehr noch:

„Ich bin ein Mensch, ein Christ, aber kein Barbar! Wer Strafe verdient, der mag sie tragen, ist sie vorüber, so steht er wieder da wie zuvor, wenigstens in meinen Augen. Ich bin überhaupt der

Ansicht, daß wenigstens fünfzig Prozent der Bestraften nicht Verbrecher, sondern entweder kranke Menschen oder Opfer unglücklicher Verhältnisse sind." (505)

Eine Antwort, die doch wohl weit weniger auf die Situation des persönlich völlig unschuldigen Old Surehand paßt, als vielmehr genau diejenige ist, die sich der ehemalige Strafgefangene Karl May von seiner Mitwelt erhofft haben mag.

Doch noch immer will sich Old Surehand dem Freund nicht vollständig offenbaren. Er trennt sich erneut von den Gefährten, und Winnetou reagiert entsprechend: „Wir werden Old Surehand wieder befreien müssen!" (508) Erst als Surehand miterleben muß, wie das Schicksal den ‚General' am Devils-head, am Grab Ikwehtsi'pas ereilt, findet er zu seinem Glauben zurück. Und damit gewinnt er auch den Mut, das Ziel all seines Suchens zu bekennen. Auf die Frage Old Shatterhands, seit wann er nicht mehr gebetet habe, antwortet er: „Seit mein Pflegevater Wallace mir erzählte, was sich in meiner Familie ereignet hat. Seit jener Zeit suche ich nach meiner Mutter, nach ihrem Bruder und ihrer Schwester." (562) Das Wiederfinden des Glaubens trifft zusammen mit der glücklichen Wiedervereinigung der überlebenden Familienmitglieder und zugleich mit dem verdienten Tod des Urhebers allen Unheils, Dan Etters, den Old Surehand in jenem ‚General' erkennen muß.

Mag dieser Abschluß der Old-Surehand-Handlung dem Leser wohl als ein wenig zu sentimental erscheinen, ergibt er sich doch als logische Konsequenz des gesamten Romangeschehens. Im wiedergewonnenen Glauben findet Old Surehand neuen Halt, er kann innerlich endlich zur Ruhe kommen. Dies spiegelt sich nun auch im Ende der äußeren Umstände seines unsteten, suchenden Lebens. Das Ziel ist erreicht, Old Surehand ist wieder mit sich selbst versöhnt und auch mit seiner Vergangenheit: Er kann die langgesuchte Mutter in die Arme schließen, der Kreis zwischen Vergangenheit und Gegenwart schließt sich. Seine beschädigte Identität ist wieder hergestellt.

Doch ist der Roman damit noch nicht ganz an seinem Ende angelangt. Die Fülle des Wohllauts, die sich in der ach so harmonischen Wiedervereinigungsszene einzustellen scheint, wird jäh unterbrochen durch „einen langgezogenen, ganz entsetzlichen Schrei" (563). ‚General' Douglas, alias Dan Etters, stößt ihn aus, der, durch einen herabgestürzten Felsblock bereits halb zermalmt, einem sicheren, aber von grausamen Schmerzen begleiteten Sterben entgegensieht. In einer durch den vermeintlichen ‚General' provozierten unbedachten Äußerung hatte Old Surehand bei der Erwähnung des Namens Dan Etters einige Zeit zuvor bekannt: „Er ists, er ists; er ist der, den ich suche!" (XIV 604) und damit den zweiten Antrieb seiner Spurensuche in der Vergangenheit preisgegeben. Noch mehr: „Ein Dämon ist er, ein Teufel, ein Satan, wie es selbst in der Hölle keinen größern geben kann." (605) So charakterisiert Old Surehand Etters, der alles Unheil über seine Familie brachte. Und so erleben wir, nachdem Old Shatterhand nicht nur die Identität des ‚Generals' als Daniel Etters aufgedeckt hat, sondern diesem mit dem Herausnehmen seiner falschen Zähne geradezu buchstäblich die sein entstelltes Gesicht verdeckende Maske heruntergerissen hat, mit dem „entsetzlichen" Schreien und Brüllen Etters' und seinem von Reue nicht gemilderten Tod die wirkliche Höllenfahrt des Teufels. Der böse Geist, der auf dem Schicksal Old Surehands gelastet hat, ist erst jetzt endgültig gewichen.

*

Eine Suchende wie ihr Sohn ist auch Old Surehands Mutter, Tehua Bender. Mit ihr erscheint eine der aktiven Frauengestalten, die als Mann verkleidet in einigen Werken Mays auftreten.[30] Wie ihre Vorläufer, der Bowie-Pater und der Samiel, wird Kolma Puschi neben der Suche nach ihren verschwundenen Kindern zwar auch von Rachegedanken getrieben (vgl. XIX 532), doch ist sie eine durch und durch positiv gezeichnete Gestalt. Ihre Verwandlung in einen Mann begründet sie rein praktisch: „Ich ritt über alle Savannen, durch alle Thäler; ich forschte in den Städten und bei den Roten [...]. Als Frau hätte ich das nicht thun können; ich legte Männerkleidung an und bin darum bis jetzt ein Mann geblieben." (532)

Diese Erklärung scheint jedoch nur vordergründig zu sein. Schon die Schilderung ihres unschuldig erduldeten Gefängnisaufenthalts macht deutlich, daß ihr Abschied vom Frau-Sein bereits dort seinen Anfang nahm: „Man schnitt mir das Haar ab; ich mußte das Kleid der Verbrecher anziehen und wurde in eine kleine, enge Zelle gesteckt. Ich war unglücklich, sehr unglücklich" (528). Ihre vollständige Verwandlung in einen Mann erscheint nur als Fortsetzung dessen, was mit ihrer Inhaftierung begann. Und so wird klar, daß diese Geschlechtsumwandlung den radikalen Bruch mit ihrer bisherigen Identität bedeutet. Die falschen Anschuldigungen und die Verurteilung zur Gefängnisstrafe haben sie, die Unschuldige, aus der Bahn geworfen. Als nun nicht nur ihr Mann im Gefängnis stirbt, sondern auch ihre Kinder spurlos verschwinden, bricht ihre bisherige Welt endgültig zusammen. Ihre Rolle als Frau und Mutter ist gegenstandslos geworden. Radikal bricht sie nun mit ihrer Vergangenheit und macht sich doch auf die Suche nach Spuren, die sie in ihr altes Leben zurückführen. In völliger Selbstentfremdung verwandelt sie sich dabei in einen Mann. Die Suche wird ihr alleiniger Lebensinhalt. Bis sie an das Ziel ihres nunmehrigen Strebens gelangt ist, bleibt sie, wie ihr Sohn Leo alias Old Surehand, ein Suchender, ein rastlos Umhergetriebener ohne Heimat.

Old Shatterhand, der große Spurenleser, kommt jedoch recht bald hinter ihr Geheimnis und kann ihr auch die verloren geglaubten Söhne wieder zuführen. Als sie wieder einmal ohne Erklärung die Gesellschaft anderer verlassen will, spricht er sie als Frau an. Kolma Puschi sträubt sich vehement gegen diese Aufdeckung ihrer wahren Identität. Erst als Old Shatterhand sie „von den beiden kleinen Babies, welche vor Jahren hießen Leo Bender und Fred Bender", grüßt und sie damit in ihrer Mutterrolle anspricht, gibt sie sich geschlagen: „Da fielen ihr die Arme nieder; es wollte ein Schrei aus ihrer Brust; sie brachte ihn aber nicht heraus. Sie sank langsam, langsam nieder, [...] und begann zu weinen" (520).

Sie erfährt nun, daß Old Shatterhand über den Verbleib ihrer Kinder Bescheid weiß, ihr sogar sofort in Apanatschka ihren Sohn Fred und in Tibowete-elen ihre Schwester Tokbela zuführen kann. Das Ziel ihres Suchens ist erreicht, und so kann sie, wieder mit sich selbst versöhnt, ohne Zögern ihre bisherige Rolle aufgeben: „Ihre Sprache und Ausdrucksweise war jetzt diejenige einer weißen Lady" (522). Für eine psychologisch glaubhafte Veränderung geschieht diese Rückverwandlung – wie auch bereits die perfekte Verwandlung in ein männliches Wesen – zu reibungs- und spurenlos. Die Entwicklung von Charakteren zu gestalten war ja überhaupt Mays Sache nicht. Für ihn spiegelt sich in der jeweiligen Situation, im jeweiligen Verhalten die augenblickliche Befindlichkeit seiner Figuren, der Weg dorthin interessiert ihn weniger. Und so markiert Kolma Puschis Wiederhineinfinden in ihre alte Rolle den erfolgreichen Abschluß ihrer Suche, ihre Wiedervereinigung mit ihrer eigentlichen Bestimmung.

Wir wollen noch auf einen weiteren Aspekt der Androgynität Kolma Puschis hinweisen, auf die an das Doppelgängermotiv gemahnende Ähnlichkeit mit Winnetou, die sich sowohl im Aussehen als auch in Verhaltensweisen wie Einzelgängertum und Schweigsamkeit offenbart. Auf der Handlungsebene des Romans findet sich dafür keine hinreichende Erklärung. Diese ist, wie so oft, beim Autor zu suchen.

Mit dem dritten *Old-Surehand*-Band beginnt die Phase der sogenannten ‚späten Reiseerzählungen', in denen sich verstärkt das mütterliche Prinzip durchsetzt, auch und gerade in der Zeichnung der Gestalt Winnetous. Man könnte den Hinweis auf die Ähnlichkeit Kolma Puschis mit dem edlen Apatschen deshalb vielleicht als den – wohl dem Autor unbewußten – Durchbruch der weiblichen, mütterlichen Züge Winnetous erklären, die hier noch in der Dopplung der Figur (vgl. XIX 180) erscheinen, später dann ganz in die Charakterisierung der Gestalt Winnetous selbst übergehen.[31]

Weniger im Vordergrund der Handlung steht die Figur Tokbelas bzw. Tibo-wete-elens, die zweite Muttergestalt des Romans. Sie kann sich, wie bereits erwähnt, nicht von dem kleinen Fred Bender trennen, den sie in ihr Herz geschlossen hat. So muß Thibaut beide auf seiner Flucht mitnehmen. Wie wir durch die Schilderung Apanatschkas, der nur positiv und in zärtlichen Tönen von seiner ‚Mutter' redet, erfahren, ist sie ihrer Mutterrolle vollauf gerecht geworden. Ihre Funktion für die Handlung des Romans beschränkt sich darauf, daß sie, die geistig Verwirrte, durch ihre bruchstück- und rätselhaften Worte vom ‚Wawa Derrick' und von ihrem ‚Myrtle-wreath' zum einen zur weiteren Mystifizierung des die Spannung des Romangeschehens aufrechterhaltenden Rätsels beiträgt, aber gleichzeitig Old Shatterhand auch wichtige Hinweise für seine Aufklärungsarbeit liefert.

Ihre geistige Verwirrung aber erscheint als Ausdruck ihrer seit den schrecklichen Ereignissen um ihre Familie und ihre gestörte Eheschließung mit Thibaut mit sich selbst in Widerstreit geratenen Persönlichkeit. Nur einmal gibt sie, im ersten Gespräch mit Old Shatterhand, in rätselhaften Worten etwas von den tief liegenden Ursachen ihres Zustandes preis: „Blicke mir nicht in die Augen, sonst wird die Sehnsucht dich verbrennen, wie sie mich verbrennt!" (XIV 254) „So starre und dabei flackernde, wilde und dabei trostlose Augen" (252) hatte Old Shatterhand zuvor bei ihr festgestellt. Eine verzehrende Sehnsucht nach dem verlorenen Glück und fehlender Trost in ihrem jetzigen Unglück – das sind wohl die Ursachen ihrer Verwirrung, und ihre Worte machen die Intensität der Sehnsucht deutlich. Auch sie ist letztlich auf der Suche, auf der Suche nach der Befreiung aus einer übermächtigen Vergangenheit, deren dunkle Schatten nicht von ihr weichen wollen. So lebt sie denn, wie man an den bruchstückhaften Erinnerungen, denen allein sie Ausdruck geben kann, erkennt, noch in dieser Vergangenheit, deren Verarbeitung ihr nicht gelingt. Old Shatterhand wird dies bewußt: „Es wohnen in ihrem Geiste Bilder von Personen und Ereignissen, welche nicht deutlich werden können." (XIX 93)

Alle Versuche des Ich-Helden und später auch Kolma Puschis, Tokbela aus diesem Verhaftetsein in der Vergangenheit herauszulösen, gehen fehl. Erst das glückliche Ende aller Not in ihrer Familie bringt für sie – nein, nicht vollständige Heilung, denn die Verwundungen sitzen zu tief – eine erträgliche Milderung: „Ihr Wahnsinn ist in eine stille Melancholie übergegangen, welche sie nicht hindert, an allem, was ihre Umgebung betrifft und bewegt, innigen Anteil zu nehmen. Ihr Geist ist wieder bei ihr." (XIX 565f.) Es scheint, als ob der Erzähler May hier zögert, das insgeheim vielleicht gewünschte Happy-End ganz ungetrübt fiktionale Wirklichkeit werden zu lassen.

*

Neben Dan Etters war Lothaire Thibaut der zweite der Verbrecher, die alles Unglück über die Familie Bender brachten. Einst war er ein „hochberühmter" Escamoteur (Taschenspieler), dessen Tricks „nicht nur unvergleichlich, sondern geradezu unerreichbar" waren (XIX 103). Doch dieser hochtalentierte Mann geriet auf die schiefe Bahn und betätigte sich als Falschmünzer. Der Polizeidetektiv Treskow berichtet, daß er sich dem Zugriff der Polizei mehrmals „auf eine so raffinierte Weise entzogen und dabei noch weitere Mordthaten verübt [hat], daß sein Fall uns als Unterrichtsgegenstand zur Belehrung dienen mußte" (l03f.).

Diese Angaben machen uns bereits hellhörig. Und wenn Treskow dann noch weiter zu erzählen weiß, Thibaut sei „ein Kreole aus Martinique" (104), so wird es beinahe zur Gewißheit: In Thibaut haben wir ein Porträt des jungen Karl May vor uns; hochtalentiert, geriet auch er auf die schiefe Bahn, konnte sich ebenfalls mehr als einmal dem Zugriff der Polizei geschickt entziehen (einmal entfloh er gar aus dem Polizeigewahrsam) und gab sich, in Böhmen von der Polizei aufgegriffen, als ein gewisser Albin Wadenbach, von der Karibikinsel Martinique stammend, aus.[32] Und so fügen sich dann die weiteren Informationen, die wir über Thibaut erhalten, gut in dieses Bild ein. Die Falschmünzerei, die uns bei Thibaut gleich zweimal begegnet, als früheste Straftat und später als Mittel, die Familie Bender ins Gefängnis zu bringen, erinnert daran, daß May einst in der Maske eines Polizeileutnants von Wolframsdorf nach Falschgeld fahndete und sogar eine

Verhaftung vornahm. Nach der unterbrochenen Hochzeitszeremonie mit Tokbela auf der Flucht, kommt Thibaut zusammen mit Etters, der sich als Offizier namens Rallen ausgibt (es sei nochmals an den Polizeileutnant von Wolframsdorf erinnert!), zu den Osagen und raubt dort eine große Menge an Fellen und Pelzen (106ff.; auch ein Pelzdiebstahl zählte zu Mays frühen Delikten!) und später zudem noch einige Pferde (108; einen Pferdediebstahl warf man May ebenfalls vor). Und schließlich ist es für „einen solchen Künstler eine Kleinigkeit" (105), sich als Indianer zu schminken und als Medizinmann Tibo-taka bei den Comantschen unterzutauchen. Wir entsinnen uns dabei der Versuche eines gewissen Dr. med. Heilig (alias Karl May), einen Kleiderschwindel zu begehen.

All diese Parallelen lassen Thibaut ziemlich eindeutig als ein Porträt des auf die schiefe Bahn geratenen jungen *Künstlers* Karl May erscheinen. Die eher geringfügigen Straftaten Mays sind zwar allesamt ins Überdimensionale vergrößert, aber das entspricht nur der Funktion, die Thibaut offensichtlich einnimmt: nämlich zu zeigen, was aus May hätte werden können, wenn er seine Laufbahn als Straftäter fortgesetzt hätte und nicht wieder aus dem Abgrund, in den er gestürzt war, herausgekommen wäre. Die Rettung Karl Mays vor einer solchen negativen Entwicklung mag dann in der nur seiner eigenen Geistesgegenwart zu verdankenden Rettung Old Shatterhands vor einem Mordanschlag Thibauts ihren Ausdruck finden (143f.). Thibaut selbst jedoch (das negative Gegenbild zum Autor) ist nicht zu retten, alle Flucht und Verkleidung hilft ihm nicht. Die Vergangenheit holt ihn ein. Ähnlich wie Etters stirbt er, ohne Reue über sein verfehltes Leben zu empfinden, im Duell mit dem Osagenhäuptling Schahko Matto.

Und Apanatschka, Tibo-takas angeblicher Sohn? Er hat diesen ‚Rabenvater' nicht verdient. An seine eigentliche Herkunft kann er sich nicht mehr erinnern; er war damals zu jung, um zu verstehen, was geschah. So hält er Tibo-wete-elen für seine Mutter und Tibo-taka für seinen Vater. Diesen aber liebt er nicht, er haßt ihn (94). Apanatschka ist überhaupt das reine Gegenteil seines Vaters. Schon sein indianischer Name weist darauf hin, bezeichnet ‚Apanatschka' doch „einen Mann, der in allem gut und tüchtig ist" (XIV 539).

Nach Hartmut Vollmers Deutung hat May sich den „Wunsch nach einem, in der Realität vergeblich gesuchten, Freund [...] in der Phantasie mit der Figur Apanatschkas, dem verlorenen und später wiedergefundenen Bruder Surehands – wie schon in der Beziehung Winnetou–Old Shatterhand –, erfüllt".[33] Betrachtet man dies in dem Lichte, daß Old Surehand in gewisser Weise, wir wiesen darauf hin, eine Projektion des jungen May ist, so kann man vielleicht noch eher sagen, Apanatschka spiegele den Wunsch Mays nach einem Bruder wider – Brüderpaare spielen bei May ja zudem recht häufig eine herausragende Rolle.[34] Schaut man auf das Verhältnis Apanatschkas zu Old Shatterhand, gewinnt jedoch die Aussage Vollmers zunächst an Plausibilität. Es entsteht schnell ein sehr inniges Verhältnis zwischen beiden (Old Shatterhand hat Apanatschka „liebgewonnen", XIX 56f.), das mehrfach an die Freundschaft zwischen Winnetou und Old Shatterhand gemahnt. Beide reiten „Hand in Hand eng nebeneinander" (63) – so etwas kommt ansonsten nur zwischen Winnetou und Old Shatterhand vor –, und bei der Befreiung Apanatschkas aus der Hand der Osagen fühlt sich der Erzähler an die Situation bei der Befreiung Winnetous und seines Vaters Intschu tschuna (in *Winnetou I*) erinnert (55), die ja bekanntlich die Grundlage für die spätere Blutsbrüderschaft legte.

Und doch scheint sich das Bild einer solchen Freundschaft zwischen Apanatschka und Old Shatterhand nicht recht einzustellen. Da ist zunächst die Jugend des ersteren, die Old Shatterhand sofort ins Auge fällt, als er ihm erstmals begegnet: „Aufrichtig gestanden, hatte ich in Apanatschka einen älteren Mann vermutet" (XIV 539). Schaut man sich das Verhältnis der beiden daraufhin näher an, so kommt man eher zu der Überzeugung, daß es sich um ein Vater-Sohn-Verhältnis handelt. Dies wird besonders deutlich, wenn der Erzähler Apanatschka mit Schiba-bigk, einem anderen jungen Comantschenhäuptling, vergleicht, nachdem man das Kalumet zum Zeichen immerwährender Freundschaft miteinander geraucht hat: „ich hatte die feste Zuversicht zu ihm, daß er es nicht so wie Schiba-bigk machen würde, der mir einmal untreu geworden war." (XIV 582) Und das Verhältnis zu Schiba-bigk wird ganz eindeutig dargestellt; nach dessen Treuebruch hält ihm Old Shatterhand vor:

„ich führte dich nach der Wohnung des Bloody-Fox und war dein Lehrer in all' den Tagen, die wir dort verlebten. Wenn ich zu dir sprach, so erschien dir meine Stimme wie die Stimme des toten Vaters, und wenn ich deine Hand in die meinige nahm, so glänzte Wonne auf deinem Gesichte, als ob meine Hand diejenige deiner Mutter sei. Damals hattest du mich lieb." (364)

Old Shatterhand nimmt also dem jungen Apanatschka gegenüber viel eher die Rolle des väterlichen Freundes ein, die Rolle, die der tote Bender nicht mehr spielen konnte und die Tibo-taka nicht spielen wollte. Und so ist es auch Old Shatterhand, der Apanatschka behutsam mit seiner eigentlichen

Geschichte bekannt macht und schließlich seiner wirklichen Mutter zuführt. Apanatschka – er mag auf der autobiographischen Ebene den mustergültigen Sohn darstellen, der May gerne gewesen wäre. Im Rahmen der Handlung erhält er mit seinem eigentlichen Namen Fred Bender auch seine wahre Identität zurück; als angeblicher Sohn Tibo-takas ist er zwar aufgewachsen, jedoch hat er damit – als „geraubtes Kind" (XIX 121) – seine Bestimmung nicht gefunden. Darauf weist bereits der Tatbestand hin, daß er im Verlauf der vorhergehenden Romanhandlung schon einmal seine Heimat wechselt. Nach dem Friedensschluß mit Old Shatterhand macht ihm sein Stamm der Naiini-Comantschen das Leben schwer, und so verläßt er ihn und findet Aufnahme bei den Kanean-Comantschen (93). Sein eigentliches Zuhause aber findet er erst, als er in Kolma Puschi seine Mutter erkennt: „Kolma Puschi ist kein Mann, sondern ein Weib! Kolma Puschi ist meine Mutter, meine Mutter! Darum also, darum hatte ich dich gleich so lieb, so sehr lieb, als ich dich erblickte!" (521)

*

Für die verstreuten Mitglieder der Familie Bender führte die Spur, der sie folgten, zurück in die Vergangenheit, und erst die Aussöhnung mit ihr ermöglichte ihnen die (Wieder-)Gewinnung, die Wiederherstellung der Identität und eröffnete ihnen damit einen neuen Anfang. Doch nicht nur die Benders blicken in *Old Surehand* zurück auf ihre Vergangenheit, die meisten der Handlungsträger des Romans tun es ihnen gleich.

Die in vielerlei Hinsicht hochinteressante Gestalt des Old Wabble vertritt zunächst eine Lebenseinstellung, die der Vergangenheit keinerlei Einfluß auf das Leben eines Menschen zuweist; es ist diejenige eines Menschen, der scheinbar völlig unbelastet in den Tag hineinlebt:

„Ich bin geboren; das ist ein Fact. Ich bin geboren, wie ich bin; das ist ein zweites Fact. Ich kann nicht anders sein, als ich bin; das ist ein drittes Fact. Ich trage also nicht die geringste Schuld an dem, was ich bin und was ich thue; das ist das Hauptfact." (XIV 401, ähnlich XIX 76)

Damit streitet Old Wabble ab, was doch als Botschaft des Autors den ganzen Roman bestimmt: Daß das Leben des Menschen nämlich von seiner ganz persönlichen Geschichte geprägt ist, die von Kindheit an ihre Spuren in seinem Schicksal unauslöschlich, wenn auch gelegentlich verschüttet, hinterlassen hat, und daß erst deren bewußte Annahme mit all ihren Höhen und Tiefen die menschliche Identität stiftet, die Suche des Menschen nach seiner

Bestimmung an ein Ende kommen läßt. Und so holt denn auch den Gottesleugner Old Wabble am Ende seines Lebens die Vergangenheit unentrinnbar ein. Einen grauenvollen Tod vor Augen, bettelt er um das, was zu erbitten er immer abgestritten hat, eine Gnadenfrist, um seine Schuld zu sühnen. Doch im Gegensatz zu dem am Ende des Romans einen ähnlichen Tod erleidenden Etters zeigt er Reue und späte Einsicht. Diese Einstellung führt ihn zurück auf die Spur seiner Kindheit, und im Traum sieht er sein „Vaterhaus und meine Mutter drin, die ich beide hier nie gesehen habe. Ich war bös, sehr bös gewesen und hatte sie betrübt, so träumte mir; ich bat sie um Verzeihung. Da zog sie mich an sich und küßte mich." (XIX 499) Old Wabble, der weder Vater noch Mutter kannte (vgl. XIV 400), erträumt sich seine Vergangenheit, um erlöst zu werden, erlöst durch die Versöhnung mit seiner Mutter. Und in fast surrealistisch anmutender Überblendungstechnik läßt May den Traum zur Wirklichkeit werden, zur eigentlichen Realität, in der Old Wabble seine letzte Erfüllung findet:

Das Lächeln war in seinem Angesichte geblieben; es war so mild, als ob er wieder von seiner Mutter träume. Doch war's kein Traum mehr, der ihm die Erbarmung zeigte; er sah sie jetzt in Wirklichkeit, in jener Wirklichkeit, die über allem Irdischen erhaben ist; – – er war tot! – (XIX 501)

Was schon im Schicksal der Familie Bender sichtbar wurde, wird angesichts der Todesszene Old Wabble gänzlich offenbar: Die Spur, die alle Identitätssuchenden in die Vergangenheit wies, führt – ob gewollt oder nicht – zur Mutter zurück. Diese Hinwendung zum Mütterlichen ist eines der großen Themen des Romans, ein Thema, das auch Mays nachfolgende Werke geprägt hat.[35]

Auch andere Figuren erhalten in *Old Surehand* Anlaß, nach Spuren ihrer Vergangenheit zu fahnden. „Vor langer Zeit, als ich noch ein kleiner Knabe war", so weiß Winnetou zu berichten, hat sein Vater Intschu tschuna Tibo-taka und Tibo-wete, die mit dem kleinen Fred Bender auf der Flucht waren, am Rande des Llano vor dem „Tode des Verschmachtens" (XIX 97) gerettet. Intschu tschuna, der gute Vater, rettet das Kind der guten Mutter Kolma Puschi. Die Ähnlichkeit zwischen Kolma Puschi, Winnetou und Intschu tschuna wird so besonders hervorgehoben (Ähnlichkeiten spielen überhaupt eine große Rolle im *Old Surehand*), daß man sich die drei wohl als ein Bild der idealen Familie, wie May sie sich erträumte, vorstellen kann.[36]

Eine ganz besondere Variante der Rückerinnerung bieten Dick Hammerdull und Pitt Holbers. Sie kann, ähnlich wie zu Anfang die Geschichte vom

‚ersten Elk' das komische Gegenstück zur tragischen Erzählung Hawleys bildete, in gewisser Weise als lustiges Pendant zur Old-Surehand-Handlung angesehen werden.

Die ‚verkehrten Toasts' haben durch den Verkauf der Erträge ihrer Jagd und Fallenstellerei so viel Geld zusammenbekommen, daß sie als bedürfnislos lebende Westmänner nicht wissen, was sie damit anfangen sollen. Und so gibt es auch für sie einen Anlaß, auf Spurensuche in die eigene Vergangenheit zu gehen. Pitt Holbers hat, so berichtet der für die beiden Unzertrennlichen stets das Wort führende Dick Hammerdull, als Waise schon früh die Eltern verloren und wurde zusammen mit zwei Vettern von einer alten Tante erzogen, und zwar „mit Hilfe von Stockhieben und Backpfeifen" (XV 608), die ihn schließlich zur Flucht trieben.[37] Pitt sehe diese Art der Erziehung im nachhinein durchaus als positiv an, weshalb er sein Geld (und das seinige wolle er, Dick, gleich dazugeben) dieser Tante vermachen wolle bzw., wenn sie schon tot sei, ihren Söhnen.

Nachdem es Dan Etters alias ‚General' Douglas gelungen ist, den ‚verkehrten Toasts' in Jefferson City ihre Ersparnisse zu stehlen, machen sich die so Betrogenen nun zusammen mit Old Shatterhand in Richtung Westen auf den Weg. Und wie das Schicksal (von Zufall zu sprechen, verbittet sich May ja stets) so spielt, treffen sie schließlich auch auf die gesuchten Vettern, allerdings unter Umständen, die sie nicht erwartet haben. Sie geraten nämlich als Gefangene in die Hände einer Gruppe heruntergekommener Tramps, unter denen sie zu ihrem großen Erstaunen jene beiden Vettern von Pitt Holbers entdecken. Im Gespräch mit den beiden werden weitere Facetten von Pitts Familiengeschichte deutlich. Während seine Tante eine zwar strenge, aber gottesfürchtige Frau war, hielt es ihr Mann, der Vater von Joel und Hosea Holbers, nicht bei ihr aus und ertränkte seine Sorgen im Wirtshaus. So nimmt es nicht wunder, daß die Frau die eigentliche Verdienerin der Familie war, während der Vater auch beruflich ein unstetes Leben führte, „alles mögliche" war, „was ein Mann sein kann, der sich so über sein Weib ärgern muß", und zuletzt sogar ein Heiratsbüro gründete (XIX 228).

Ein in der Biographie Mays einigermaßen bewanderter Leser wird unschwer feststellen, daß May hier, wenn auch in überzeichneter, karikierender Form, die eigenen Familienverhältnisse darstellt. Dabei ist die negative Zeichnung des Vaters besonders auffällig. Selbst auf dieser Ebene der komischen Nebenhandlung tritt die Abkehr vom Vater und die Aufwertung der Mutter, ja die Hinwendung zum Mütterlichen überhaupt, zum Vorschein.

Der Vater der beiden Holbers-Brüder fand ein schreckliches Ende von eigener Hand (226), das als die furchtbare Konsequenz seiner unverantwortlichen Lebensführung erscheint. Und seine genauso heruntergekommenen Söhne prahlen geradezu damit, nach ihrem Vater geraten zu sein (225), so daß sie Hammerdull mehrfach warnt, sich vor dem Strick zu hüten (230). Zudem ist es für Hammerdull und Pitt Holbers schnell klar, daß sie diesen mißratenen Söhnen ihr Vermögen nicht vermachen werden. Einige Zeit später finden Joel und Hosea Holbers dann ihr zu erwartendes Ende; sie werden zusammen mit den übrigen Tramps von den Utahs getötet. Dick Hammerdulls und Pitt Holbers' Suche war damit vergebens. Aber dieses negative Ende ist im Rahmen der lustigen Nebenhandlung keineswegs von Tragik geprägt, sondern ist auch in dieser Hinsicht nur ein komisches Spiegelbild der trotz des tragischen Familienschicksals der Benders letztlich glücklich endenden Haupthandlung.

*

Auch für Old Shatterhand wird die abenteuerliche Reise, wir wiesen bereits mehrfach darauf hin, zu einem Anlaß, sich auf Spurensuche in die eigene Vergangenheit zu begeben. Als Suchender führt er sich in die Handlung ein, und mehr als einmal sieht er sich veranlaßt, aus der eigenen Kindheit und Familiengeschichte zu erzählen. Er erscheint jedoch zunächst stets als jemand, der den Spuren, die ihn in seine Vergangenheit führten, bereits bis zum Ende gefolgt ist und seine Identität aus dieser Begegnung gewonnen hat; dies wird in dem bereits geschilderten Religionsgespräch mit Old Surehand besonders deutlich. Dort stellt Old Shatterhand fest:

„Es giebt keinen Sieg ohne vorhergehenden Kampf. Mein inneres Leben ist fast nicht weniger ereignisvoll gewesen wie mein äußeres. [...] Aber es ist mir mit diesem Kampfe stets heiliger Ernst gewesen. Es giebt Millionen Menschen, welche durch das Leben gehen, ohne nach Klarheit zu ringen; ob Gott oder nicht, das ist ihnen gleich; es ist das ein Leichtsinn, über den man weinen könnte. Mir aber ist der höchste, ja der einzige Zweck meines Daseins der gewesen, zur Erkenntnis zu gelangen." (XIV 406)

Zwar geht es ihm hier zunächst um die Erkenntnis im Glauben, und er hebt hervor, daß er diese Erkenntnis letztlich erst mit der Rückkehr zum einfachen Kinderglauben erlangt hat. Doch auch in diesem Zusammenhang spricht er an, was wir auf anderer Ebene als Tenor der Botschaft des *Old Surehand* herausgestellt haben: Das Streben des Menschen, das Suchen und Ringen um Erkenntnis, um Identität und Selbstfindung, all das führt den

Menschen schließlich zurück in seine eigene Vergangenheit, zu den Kindheits- und Jugenderlebnissen. Stellt er sich dieser Vergangenheit, akzeptiert er sie als Teil seines Ichs, so kommt er auch mit sich selbst ins Reine. Flieht er jedoch diese Konfrontation, so gelangt er nicht zur Ruhe, weil ihn die Suche nach der Identität immer weiter treibt.

Erst recht ist diese Suche dann notwendig, wenn die Vergangenheit des Menschen zur Störung, wenn nicht gar zur Zerstörung seiner Identität geführt hat. Sühne eigener Schuld, Befreiung von vermeintlicher Schuld, von den drückenden Lasten einer unglücklichen Vergangenheit: auch dies geschieht erst, wenn man sich der notwendigen Aufarbeitung nicht verschließt.

Darin zeigt sich nicht zuletzt auch der Traum des Autors Karl May, von der bedrückenden Last seiner Vergangenheit befreit zu werden. Schon im Gespräch Old Shatterhands mit Old Surehand wurde dies erkennbar, und als Erzähler geht May gleich zu Beginn des dritten Bandes nochmals darauf ein: Man solle sich „wohl hüten", so erläutert er,

> denjenigen, der einen Fehler, eine Sünde, ein Verbrechen begeht, für den allein Schuldigen zu halten. Man forsche nach der Vorgeschichte jeder solchen That! [...] Es sind die tausend und abertausend Verhältnisse des Lebens, welche oft tiefer und nachhaltiger auf den Menschen wirken als das Thun oder Lassen derjenigen Personen, welche nach landläufiger Ansicht seine Erzieher sind. [...] Welche Menge, ja Masse von Sünden hat die millionenköpfige Hydra, welche wir Gesellschaft nennen, auf dem Gewissen! Und gerade diese Gesellschaft ist es, welche mit wahrer Wonne zu Gerichte sitzt, wenn der Krebs, an dem sie leidet, an einem einzelnen ihrer Glieder zum Ausbruche kommt! (XIX 2)

Eine Erkenntnis, mit der May den meisten seiner Zeitgenossen weit voraus ist, geboren aus den schmerzhaften Erfahrungen des eigenen Lebens! In der Realität faßt er selbst aber nicht den Mut, sich seiner kriminellen Vergangenheit zu stellen, kaschiert sie vielmehr durch den Aufbau der ‚Old-Shatterhand-Legende'. Die vielen falschen Identitäten, die Old Shatterhand im Laufe des *Old Surehand* (und nicht nur in diesem Werk) annimmt, mögen ein Hinweis auf die Unsicherheiten Mays im Umgang mit seiner eigenen Identität sein.

Und wenn daher auch die Abfassung des *Old Surehand* der schreibenden Bewältigung der eigenen Vergangenheit dient, kann doch die May repräsentierende Gestalt des Old Shatterhand selbst nur verdeckt den Weg zurück in die Kindheit gehen. Als Old Shatterhand von einer feindlichen Kugel am Bein getroffen wird und eine schmerzhafte Verletzung erleidet, schließt sich eine seltsame Szene an:

Dick Hammerdull hatte sich neben mich gesetzt. Er hielt seine alten, guten Augen zärtlich auf mich gerichtet, strich mir plötzlich einmal mit überquellender, besorgter Zärtlichkeit über die Wange und knurrte dabei: „Verteufelte Erfindung, diese Schießgewehre! Besonders dann, wenn die Kugeln treffen. Habt Ihr große Schmerzen, Mr. Shatterhand?" (XIX 334)

Für einen Moment scheint ein anderes Bild durch; nicht Dick Hammerdull – die Mutter scheint es zu sein, die sich dem verletzten Sohn zuwendet und ihn „zärtlich" (man beachte das zweimalige Auftreten dieses Wortes im selben Satz!) liebkost. Doch es ist nur der Traum eines Augenblicks, ein flüchtiges Bild, das sogleich im folgenden lustigen Wortwechsel wieder vertrieben wird. Und gleichsam zur Bestätigung dieser Überlegung hält Pitt Holbers nur wenig später seinem dicken Freund vor: „Du hast die Heldenthaten alle im Traume zu verrichten, und wenn du dann aufwachst, ist es mit dem Heldentum vorbei." (373)

In der Traumwelt seiner Romane versuchte May sich von den Schatten seiner Vergangenheit freizuschreiben. Auch der *Old Surehand* ist eine wichtige Station auf diesem Weg. Doch im Leben Mays, in der Realität, sah es anders aus. Statt sich auch dort der Vergangenheit zu stellen, flieht May davor, und schlüpft in die falsche Identität des ‚Dr. Karl May, genannt Old Shatterhand'. Seinem Ruf, man möge doch die Verhältnisse, die einen Menschen zu schuldhaftem Verhalten getrieben haben, zu seinen Gunsten berücksichtigen und ihn nicht endgültig verdammen, traute er, wohl zu Recht, keine positive Resonanz zu. Und so scheiterte er im Leben an dem, was er in der Fiktion so eindringlich beschwor. Die Schatten seiner Vergangenheit ließen ihn nicht los. Er fühlte sich wohl immer noch eher so, wie Old Shatterhand es beim Ritt durch die Savanne empfindet: „Der wie ein Halm im grenzenlosen Grasmeere sich fühlende Mensch wird zum Ahasver, der nach Ruhe schreit und doch keine findet." (340) Der Versuch, sich die eigene Identität zu erschreiben, führte May im *Old Surehand* zum Hinabsteigen in die Tiefen der Vergangenheit. Deren Überwindung, den ‚Sprung über die Vergangenheit' wagte er erst viel später. Das Gebirge aber, das „nach langem Sehnen und Wünschen in der Ferne" auftaucht (340) und dem suchenden Auge endlich Halt gewährt, die rettenden Berggipfel der Rocky Mountains, des Mount Winnetou oder der Höhen von Dschinnistan – sie blieben ein lebenslanger Traum.

Anmerkungen

1 Vgl. dazu auch Hans-Otto Hügel: *Das inszenierte Abenteuer.* In: *Marbacher Magazin* 21 (1982), S. 10-32, bes. S. 18.
2 Harald Fricke: *Karl May und die literarische Romantik.* In: JbKMG 1981, S. 11-35, hier S. 19.
3 Ebd., S. 28f.
4 Ebd., S. 17.
5 Ebd., S. 30.
6 Christoph F. Lorenz: *Die wiederholte Geschichte. Der Frühroman ‚Auf der See gefangen' und seine Bedeutung im Werk Karl Mays.* In: JbKMG 1994, S. 160-187, hier S. 181.
7 Ebd., S. 182.
8 „So dient die Flucht in die Ferne [der exotischen Schauplätze von Mays Reiseerzählungen, J. B.] doch nur der Erreichung der Heimat." Dies schrieb bereits Wolf-Dieter Bach in seinem Aufsatz *Fluchtlandschaften* (JbKMG 1971, S. 39-73, hier S. 45), und weist damit auf die letztlich in die eigene Vergangenheit führenden Reiserouten aller Werke Mays hin.
9 Vgl. auch Fricke: *Karl May und die literarische Romantik* [Anm. 2], S. 30f.
10 Vgl. dazu Claus Roxin: *„Dr. Karl May, genannt Old Shatterhand". Zum Bild Karl Mays in der Epoche seiner späten Reiseerzählungen.* In: JbKMG 1974, S. 15-73, hier bes. S. 17ff.
11 Heinz Stolte: *Mein Name sei Wadenbach. Zum Identitätsproblem bei Karl May.* In: JbKMG 1978, S. 37-59, hier S. 55.
12 Ebd., S. 49.
13 Vgl. dazu Stoltes Ausführungen [Anm. 11].
14 Vgl. dazu ebd., S. 44ff.
15 Vgl. dazu zuletzt Andreas Graf: *„Ja das Schreiben und das Lesen...". Karl Mays Kolportageroman ‚Der verlorene Sohn' als Entwurf einer schriftstellerischen Karriere.* In: JbKMG 1994, S. 188-211, hier S. 206f.
16 Vgl. Karl May: *Die Sklavenkarawane.* Stuttgart, Berlin, Leipzig o. J. [1893], S. 179 u. 203. Ganz ähnlich, nämlich Abu billa Beni (Vater ohne Söhne), nennt sich ein Tebu, dem der Hedschahn-Bei drei Söhne tötete, in Mays Erzählung *Die Gum* (X 79ff.).
17 Walther Ilmer: *Das Adlerhorst-Rätsel – ein Tabu?* In: MKMG 34 (1977), S. 25-37, bezüglich der Parallelen zu *Old Surehand* bes. S. 33ff.
18 *Der beiden Quitzows letzte Fahrten. Historischer Roman aus der Jugendzeit des Hauses Hohenzollern* von Karl May (ab Nr. 29: fortgeführt von Dr. Goldmann). In: *Feierstunden am häuslichen Heerde,* Jg. 1 (1876/77), H. 10-41. Die hier geschilderte Szene findet sich auf S. 598 (H. 38).
19 Vgl. Joachim Biermann: *Wer war Dr. Goldmann? Zur Entstehung des Romans „Der beiden Quitzows letzte Fahrten".* In: MKMG 74 (1987), S. 39-46.
20 Auf die Parallelen zur Haupthandlung hat bereits Fricke hingewiesen [Anm. 2], S. 29.
21 Weitere Beispiele lassen sich im Werk Mays ohne Schwierigkeiten finden; es sei nur noch verwiesen auf das Schicksal der Familie Bernard Marshals in *Deadly Dust* (1880), das Schicksal Old Deaths alias Henry Harton und seine Suche nach seinem Bruder (*Der Scout,* 1888) oder die über China zerstreute Familie des politischen Flüchtlings Ye-kin-li in *Kong-Kheou, das Ehrenwort* (1888).
22 Vgl. auch die Feststellung Roxins (Anm. 10, S. 62), daß es in den späten Reiseerzählungen immer dann fesselnd werde, „wenn er [May] in die Tiefen der Kindheit und Vergangenheit eindringt und nach den Spuren des inneren Schicksals sucht".
23 Vgl. dazu auch Joachim Biermann/Ingmar Winter: *Die Insel als Topos im Werk Karl Mays.* SoKMG 79 (1988), S. 10f.
24 Fricke: *Karl May und die literarische Romantik* [Anm. 2], S. 26.

25 Hartmut Vollmer: *Die Schrecken des ‚Alten': Old Wabble. Betrachtung einer literarischen Figur Karl Mays.* In: JbKMG 1986, S. 155-184, hier S. 172.
26 Vgl. Roxin: „*Dr. Karl May, genannt Old Shatterhand*" [Anm. 10], S. 18ff.
27 Karl May: *Ange et Diable* (May: *Hinter den Mauern und andere Fragmente aus der Haftzeit*). In: JbKMG 1971, S. 122-143, hier S. 128-132.
28 Vollmer: *Die Schrecken des ‚Alten'* [Anm. 25], S. 173.
29 Vgl. dazu auch ebd., S. 181.
30 Auf das Desiderat einer vergleichenden Untersuchung zu diesem Phänomen wies bereits Volker Klotz hin: *‚Die Juweleninsel' – und was man daraus entnehmen könnte. Lese-Notizen zu den Erstlingsromanen nebst einigen Fragen zur Karl-May-Forschung.* In: JbKMG 1979, S. 263-275, hier S. 273. Johanna Bossinade geht in ihrem Beitrag *Das zweite Geschlecht des Roten. Zur Inszenierung der Androgynität in der ‚Winnetou'-Trilogie Karl Mays* (in: JbKMG 1986, S. 241-267) lediglich auf die Winnetou-Gestalt selbst ein.
31 Vgl. dazu die Hinweise Roxins [Anm. 10], S. 48ff., sowie die Untersuchung Bossinades [Anm. 30].
32 Zur Wadenbach-Geschichte vgl. Stolte: *Mein Name sei Wadenbach* [Anm. 11]. Zu den im folgenden erwähnten Straftaten Mays vgl. im einzelnen Hainer Plaul: *Auf fremden Pfaden? Eine erste Dokumentation über Mays Aufenthalt zwischen Ende 1862 und Ende 1864.* In: JbKMG 1971, S. 144-165, sowie Klaus Hoffmann: *Karl May als „Räuberhauptmann" oder die Verfolgung rund um die sächsische Erde. Karl Mays Straftaten und sein Aufenthalt 1868-1870.* Teil l in: JbKMG 1972/73, S. 215-247; Teil 2 in: JbKMG 1975, S. 243-275.
33 Vollmer: *Die Schrecken des ‚Alten'* [Anm. 25], S. 173.
34 Es sei z. B. erinnert an Emil Winter und seinen Bruder, den Polizisten, in *Wanda* (1875), an das Protagonisten-Brüderpaar in *Leïlet* (1876) oder auch an Emil und Joseph Schwarz in *Die Sklavenkarawane* (1893). Eine Untersuchung dazu steht noch aus.
35 Zur eingehenden Interpretation der Rolle Old Wabbles als Vatergestalt bzw. Ich-Spiegelung und der in dieser Todesszene deutlich werdenden Hinwendung zur Mutter vgl. bes. Vollmer [Anm. 25]. Zur Hinwendung zum Mütterlichen an sich vgl. auch Roxin [Anm. 10], S. 58.
36 Als Old Shatterhand Kolma Puschi zum erstenmal erblickt, hält er sie zunächst unwillkürlich für Winnetou (XIX 180), während Kolma Puschi beim Anblick Winnetous glaubt, Intschu tschuna gegenüberzustehen (183).
37 Bei dieser Lebensgeschichte schwingen – nicht zuletzt beim Bericht über die zu erduldenden Prügel – auch recht eindeutige Kindheitserinnerungen Mays mit, auf die wir hier nicht näher eingehen können. Es bleibt jedoch erstaunlich, daß es im vorliegenden Fall kein Vater (oder Oheim), sondern eine die Mutterrolle versehende Tante ist, die zum Mittel der Prügelstrafe greift.

Walter Olma

Schuld, Sühne, Vergebung
in Karl Mays ‚Old Surehand'

In erster Linie und ganz überwiegend ist Karl Mays dreibändiger *Old-Surehand*-Roman zweifellos Abenteuerliteratur.[1] Die Protagonisten bewegen sich durch den Wilden Westen und geraten dabei in ein Abenteuer nach dem anderen, wobei die Gefahrensituationen, in die sie verwickelt werden, in der Regel immer wieder durch Verbrechen, Verbrecher und Indianer mit verbrecherischen Absichten heraufbeschworen werden. Dem Genre Abenteuererzählung ganz gemäß entsteht durch diese immer neuen Handlungsschübe und Handlungsausgangspunkte, wenngleich es natürlich auch einen übergreifenden, durchgehenden Handlungsbogen gibt, eine stark episodenhafte Struktur des umfangreichen Werkes, also eine Aneinanderreihung von vielen, häufig in sich abgeschlossenen Abenteuergeschichten, die gelegentlich den Charakter von Abschweifungen annehmen können. Somit war es für May zunächst einmal gar nicht abwegig, den mittleren Band seines Romanwerkes gleich aus überwiegend selbständigen, schon früher und nicht im Zusammenhang mit dem *Surehand*-Projekt entstandenen abenteuerlichen Erzählungen zusammenzufügen, verbunden durch eine schmale Rahmenhandlung.[2] Sie führt in der Fiktion eine Situation vor, die man im realen Leben immer als eine geradezu idealtypische Bedingung für die Hervorbringung, das Entstehen von Abenteuergeschichten im Prozeß des gegenseitigen Erzählens in geselliger, entspannter Runde von Menschen, die an solchen Erzählungen interessiert sind, aufgefaßt und auch immer wieder erlebt hat. Diese sozusagen nahezu anthropologische Ursituation der Entstehung und Rezeption von mündlicher Literatur ist deshalb in der langen Gattungsgeschichte der Abenteuerliteratur häufig mit Hilfe von jeweils mehr oder weniger explizit in den Werken ausgestalteten Erzählerfiguren dargestellt worden.

May spielt in seinem Roman selbst mehrfach auf derartige Traditionen der Abenteuerliteratur an und gibt kurze, beiläufige Hinweise zur theoretischen Fundierung und Rechtfertigung dieses Genres. Die Rahmenhandlung für die Präsentation der älteren Texte im zweiten Band ist angesiedelt in einer Gastwirtschaft in Jefferson City. Von dieser Gaststätte heißt es, daß „gewiß kein echter Westmann", wenn er einmal in jene Stadt komme, einen

Besuch dort versäumen würde, da er den Erzählungen lauschen wolle, „welche im Kreise der anwesenden Jäger, Trapper und Squatter die Runde machten". Denn: „Mutter Thicks Lokal war bekannt als ein Ort, in welchem man auf diese Weise den wilden Westen kennen lernen konnte, ohne die dark-and-bloody-grounds selbst aufsuchen zu müssen." (XV 2) Der Ich-Erzähler Old Shatterhand sucht dieses interessante Etablissement auf und referiert seinem Leser, der ja auch „den wilden Westen kennen lernen", erleben will, ohne sich dort in Gefahr begeben zu müssen, ausführlich die an jenem Abend zum besten gegebenen Geschichten, kommentiert sie auch gelegentlich.[3] Überhaupt scheinen Westmänner, wie ja auch der weitschweifige und so produktive Reiseerzähler Karl May, ganz im Gegensatz etwa zu dem schweigsamen, nur das unbedingt Nötige sprechenden Winnetou, sich nicht damit zu begnügen, ihre Abenteuer lediglich zu erleben, sondern sie wollen sie auch von sich geben; May hebt das an einer Stelle als typisch für sie hervor: „Wo mehrere Westmänner beisammen sitzen, da ist ein guter Schluck in der Nähe und ebenso sicher eine gute Erzählung im Gange." (119) Und man ist immer bereit, genügend Zeit für solche Geschichten aufzubringen (250). Der Abenteurer wird somit quasi zum Medium des Abenteuers, das Abenteuer gewinnt seine breitere, eigentliche Existenz dadurch, daß es erzählt wird; Abenteuer und Abenteuerliteratur nähern sich so verwechselbar einander an. Pointiert gesagt: Ohne erzählt zu werden wäre ein Abenteuer lediglich ein Erlebnis. Tatsächlich wurde im Mittelalter, wo ja das Genre Abenteuerliteratur zu breiter Tradition anschwoll, unter ‚âventiure' sowohl eine wunderbare Begebenheit, ein gefahrvolles Unternehmen mit ungewissem Ausgang, als auch ein ‚Gedicht' darüber, eine literarische Ausgestaltung derartiger Begebenheiten verstanden.[4] Gegen Ende des *Surehand* rutscht dem Erzähler eine Formulierung heraus, die erneut ein kurzes aber überdeutliches Schlaglicht auf den engen Zusammenhang zwischen abenteuerlichem Erlebnis und seiner literarischen Inszenierung hier im Roman wirft: Auf der unmittelbaren Ebene der abenteuerlichen, gefahrvollen Erlebnisse zeichnet sich ab, daß eine derartige, dramatische Episode nahe bevorsteht; die Protagonisten merken dies. Old Shatterhand kann dem Blick, den Winnetou ihm zuwirft, entnehmen, daß auch dieser, so wie er selbst, genau darum weiß, und nun denkt ganz urplötzlich der Old Shatterhand im Wilden Westen mit den Worten des auch in literaturtechnischen Dimensionen befangenen Erzählers May an seinem Schreibtisch in Deutschland: „Es nahte wieder eine Scene!" (XIX 538)

Der *Surehand*-Roman bekennt sich also durchaus ausdrücklich genug selbst als dem Genre Abenteuerroman zugehörig. Untypisch für dieses Umfeld ist allerdings, daß ein gemeinhin in anspruchsvoller, nicht auf bloße Unterhaltung ihrer Leser zielender Literatur zu findender Themenkomplex wie ‚Schuld, Sühne, Vergebung' sich auffällig durch das Werk zieht, ja sich gelegentlich sogar bis in regelrechte essayistische Passagen verdichtet, die manchmal auf der Erzählerebene als Reflexionen, jedoch auch z. B. als Gespräch direkt auf der Handlungsebene angesiedelt sind – also ethischreligiöse Debatten mitten im blutigen Wilden Westen! Ethische Fragestellungen werden in jenen Jahren immer mehr – ein wenig pointiert ausgedrückt – zu Mays „ureigenem Thema"[5], und ihre Behandlung und erzählerische Gestaltung in einer Abenteuer- und Reiseerzählung hängt sicherlich auch mit seiner zunehmenden Ambition zusammen, als ‚ernsthafter' Schriftsteller und nicht als bloßer Produzent von unterhaltsamer Abenteuerliteratur angesehen zu werden.

Beim Blick auf diesen Themenkomplex in dem 1894–96 erschienenen Roman erweist es sich geradezu als Vorteil, daß der Autor in den zweiten Band wenig veränderte, ältere Texte aufgenommen hat. Sie dokumentieren nämlich ziemlich entlarvend, aber auch sehr kontrastiv, wie anders der Autor mehr als ein Jahrzehnt früher dieses Thema angepackt hatte. Solche Ehrlichkeit würde übrigens ganz gut zu dem schriftstellerischen Credo passen, das der Autor später im Roman einmal einfließen läßt, daß nämlich

jeder Leser das Recht [habe], seinem Autor in das Herz zu blicken, und dieser ist verpflichtet, es ihm stets offen zu halten. [...] Soll ein Buch seinen Zweck erreichen, so muß es eine Seele haben, nämlich die Seele des Verfassers. Ist es bei zugeknöpftem Rock geschrieben, so mag ich es nicht lesen. (XIX 342)

Bezogen auf die Behandlung von Schuld und Sühne in den älteren Erzählungen des zweiten Romanbandes würde das bedeuten, daß der Autor sich hier in die noch gar nicht so sehr lange überwundenen Abgründe seiner Seele blicken ließe, die, nur zugedeckt, immer noch eine latente Gefahr bildeten.

Für den gegenwärtigen Erzähler Old Shatterhand ergibt sich innerhalb der fiktionalen Welt da allerdings kein Widerspruch zu seiner Sicht der Dinge, denn er ist ja nicht der Erzähler jener Begebenheiten; er referiert nur, was andere erlebt haben und aus ihrer Sicht heraus erzählen. Neben einigen anderen Anachronismen und Inkonsistenzen in der Erzähllogik, da einige der Personen aus der Haupthandlung auch in diesen erzählten Geschichten vorkommen, ist es vor allem die Winnetou-Figur dieser Erzählungen, die in ziemlich krassem Gegensatz zu dem Bild des humanen Indianers steht, das der Erzähler Old Shatterhand von ihr zeichnet. Recht halbherzig und nicht besonders glaubwürdig versucht der Autor, den Widerspruch zu glätten: Die Umstände seien halt so gewesen, erläutert der Erzähler einer der Geschichten, daß Winnetou das große Blutvergießen nicht habe unterbinden können (XV 425). Von irgendwelchen Bestrebungen in dieser Richtung ist allerdings während der Erzählung nicht die Spur zu merken gewesen. Am Ende der Serie von Erzählungen entschuldigt Winnetou sich sogar für die Fehler, die Verstöße gegen die Humanität, die in diesem letzten längeren Abenteuer begangen worden seien: Erstens habe er nicht die Befehlsgewalt innegehabt und sei somit nicht in erster Linie verantwortlich für das, was geschehen ist, und zweitens sei sein „Bruder Shatterhand nicht dabei" gewesen (634). Nähme man diese Entschuldigung Winnetous, diesen Glättungsversuch des Autors ernst, so würde das ja bedeuten, daß Winnetous fast christliche Humanität nur im Beisein von Old Shatterhand zum Tragen käme. So bleibt lediglich zu konstatieren, daß vor allem aufgrund der so unterschiedlichen Charakterisierung der Winnetou-Figur die Integration der früheren Erzählungen in das Romanganze nur partiell befriedigend gelungen ist.

In den eingefügten, frühen Erzählungen des zweiten *Old-Surehand*-Bandes herrscht ungemildert das grausame, schonungslose Gesetz der Prärie (39f.), man ist vorwiegend „gewöhnt", „sich nur nach dem Gesetze der Vergeltung zu richten" (422f.). Schuld wird hier in der Regel noch unmittelbar durch die handelnden Protagonisten selbst gesühnt und nicht durch ein irgendwie waltendes Schicksal, eine überirdische Gerechtigkeit, genauer: es wird Rache genommen für begangene Verbrechen. Vergebung kommt hier gar nicht vor, zumal auch die Verbrecher sich nicht reuig zeigen. Später, also in der Haupthandlung der Bände 1 und 3, wird dann die grausame Bestrafung der Bösen nicht mehr den Guten, Humanen selbst zugemutet, sondern meist durch eine waltende Gerechtigkeit erledigt. Für die betroffenen Schuldigen ist das freilich im Endeffekt gleich: die Strafe fällt immer drastisch aus, „der verbrecherischen Leistung wird der Exitus genau angemessen".[6] Zivilisatorische Sühneverfahren im Anschluß an eine geordnete, objektivierte Rechtsprechung spielen selbstverständlich in diesem Roman des Wilden Westens keine Rolle. In einem anderen Zusammenhang behauptet einmal ein Westmann, „Fürsten sind wir alle, nämlich Fürsten der Wildnis, des Waldes und der Prairie", und sein Gegenüber bekräftigt: „Fürsten! Ja, das ist richtig!" (XV 284) Aus einer solchen aristokratisch-autoritären Gesinnung von

Autonomie und Souveränität heraus läßt sich natürlich leicht das Selbstbewußtsein herleiten, sozusagen auch Herr über Leben und Tod anderer zu sein.

In der Geschichte über den skrupellosen Falschspieler, Betrüger, Räuber, Brandstifter und mehrfachen Mörder Kanada-Bill – der Figur liegt der reale Kartenbetrüger William Jones alias Canada-Bill zugrunde – demonstriert das auf beeindruckende Weise der Protagonist, der Colorado-Mann Tim Kroner: Da er überzeugt ist, es sei viel zu gefährlich, einen indianischen Kundschafter, den er heimlich beobachtet, entkommen zu lassen, gilt für ihn „kein Zögern"; der junge „arme Bursche", der ihn „eigentlich dauern" konnte, „ohne Kampf und auf seinem ersten Kriegspfade" fallen zu müssen, wird kurzerhand und fachmännisch erstochen (39). Aufgrund dieser ‚sauberen Arbeit' („Tim Kroner, Ihr habt einen famosen Stoß") bietet ihm der junge Abraham Lincoln in seiner Begleitung, der in der Realität später ja als Rechtsanwalt und dann als Präsident der Vereinigten Staaten Repräsentant einer geradezu entgegengesetzten Gesinnung war, sogar das freundschaftliche Du an.

Der nicht von immer neuen Untaten ablassende Kapitalverbrecher Kanada-Bill erhält seine Strafe Jahre später schließlich durch Old Shatterhand persönlich verabreicht. Dieser zweite, angehängte Teil der Geschichte um den Kanada-Bill, dem eine für die Einfügung in den *Surehand*-Roman umgearbeitete Erzählung zugrunde liegt, die ursprünglich gar nichts mit dem Kanada-Bill zu tun hatte (*Vom Tode erstanden*, 1877/78), wird übrigens nicht von Old Shatterhand selbst, sondern von einem „Litteraten", einem „Bücherschreiber" berichtet (79), wogegen der erste Teil (weitgehend *Three carde monte*, 1878/79), in dem der Verbrecher eben nicht seine gerechte Strafe erhält, von einem lügnerischen Ich-Erzähler zum besten gegeben wird, der sich für den Colorado-Mann Tim Kroner ausgibt. In der Originalfassung von *Three carde monte. Ein Bild aus den Vereinigten Staaten Nordamerika's* führt die lakonische Nachricht, der Verbrecher sei verstorben, „jämmerlich verkommen im Hospitale"[7], dazu, daß der Colorado-Mann Tim Kroner den Gästen Mutter Thicks seine Erlebnisse mit dem Kanada-Bill erzählt. Meiner Ansicht nach liegt es ganz in der Logik des *Old Surehand* mit seiner immer wieder sich in den Vordergrund schiebenden Thematik von Schuld und Sühne, daß ein dermaßen ‚unerzähltes' Ende des Bösen nicht so stehen bleiben konnte, sondern die gerechte Bestrafung des Schuldigen muß dem Leser deutlicher und nachhaltiger vor Augen geführt werden. May läßt also Old Shatterhand den unter falschen Namen und zuletzt in der Rolle eines

Doktors seinen verbrecherischen Machenschaften nachgehenden Kanada-Bill im Anschluß an eine Teilentlarvung und Verhaftung durch einen Detektiv nun in einer Steigerung der Aufklärungsszene vollständig und endgültig bloßstellen, so daß sich „der Schreck des angeblichen Doktors geradezu zum Entsetzen" steigert und er sich am Tisch festhalten muß, um nicht umzusinken (111). Als Old Shatterhand ihm die Strafe durch den Strang in Aussicht stellt, zieht er einen Revolver und schießt auf ihn; freilich kann Old Shatterhand ausweichen und seinem Namen auf beeindruckendste Weise Ehre machen: „fast in demselben Augenblicke traf seine Faust den Kanada-Bill mit solcher Wucht auf den Kopf, daß er förmlich zu Boden krachte und mehrere Stühle mit sich niederriß." (112) „Er ist gefällt und wird keinem Menschen mehr schaden", ist sich der Held sicher (ebd.). Tatsächlich erwacht der Verbrecher erst einige Zeit später in der Haft, allerdings hatte der Fausthieb „sein Gehirn in der Weise erschüttert, daß er nicht wieder richtig zur Besinnung, zum Bewußtsein kam" (113). Der Verbrecher ist wahnsinnig und tobsüchtig geworden, ohne jedoch – wie man das vielleicht in einem solchen Fall erwarten könnte – sein Gedächtnis weitgehend verloren zu haben, sondern er hat im Gegenteil „Tag und Nacht mit den Gestalten derer, an denen er sich vergangen hatte", zu kämpfen, bis ihn schließlich die Tobsucht „mit schäumendem Ringen tot" niederwirft (113). Bilanzierend betont der Erzähler der Geschichte noch einmal explizit, daß ein Ende durch den Henker weitaus weniger schlimm gewesen wäre, aber der Verbrecher habe sich ja einen derartigen Tod selbst zuzuschreiben gehabt, indem er zu guter Letzt noch auf Old Shatterhand geschossen habe.

Mit der folgenden Geschichte, die bei Mutter Thick zum besten gegeben wird, sie basiert auf dem ‚Criminalroman' *Auf der See gefangen* von 1878, will ein ehemaliger Indianeragent u. a. belegen, daß die Indianer in den Auseinandersetzungen mit den weißen Siedlern nicht die überwiegend Schuldigen sind, sondern sich häufig lediglich gegen erlittenes Unrecht und Ausbeutung durch gewissenlose Weiße zur Wehr setzen, daß sie „weit, weit besser sind als ihr Ruf, und Winnetou [...] der beste und herrlichste von ihnen" (115). Tatsächlich jedoch erweist sich der frühe, hier in diesem Roman unverändert präsentierte Winnetou in Zusammentreffen mit den Feinden der Protagonisten, die natürlich per se Schuldige und Verbrecher sind, durchaus als übler Schlächter: Als der bärenstarke Sam Fire-gun während einer kriegerischen, blutigen Auseinandersetzung seinem Freund Winnetou im Kampf mit dem Anführer der Ogellallah zu Hilfe kommt und diesen so niederwirft, daß der Gegner bewußtlos am Boden liegt, kniet der später so edle Indianer sofort „über dem Besinnungslosen", sticht ihn tot und skalpiert durch „drei Schnitte, kunstgerecht geführt", den Gegner, den er ja noch nicht einmal selbst besiegt hat: „Er schwang ihn [den Skalp] hoch um den Kopf und ließ jenen fürchterlichen Siegesruf hören, welcher Mark und Bein erschütternd auf den Gegner zu wirken pflegt." (168)[8]

Auch die sehr positiv gemeinte indianische Hauptfigur in der langen Erzählung bei Mutter Thick, die May seinem umfangreichen Münchmeyer-Kolportageroman *Das Waldröschen oder Die Rächerjagd rund um die Erde* von 1882 entnommen hat, ist ein Skalpjäger und völlig ohne Skrupel beim Töten von Gegnern. Der Häuptling der „Icarillas-Apatschen" Bärenherz (254) ist überdeutlich als frühes Winnetou-Ebenbild konzipiert (vgl. u. a. 251); allein seine Silberbüchse ist ein Attribut, das später unverwechselbar und untrennbar dem edlen Indianer zugeordnet ist. Bärenherz' Gewehr ist freilich am Schaft mit zahlreichen Kerben versehen, die die Anzahl der getöteten Gegner anzeigen, und die Seitennähte seiner Hosen sind makabererweise „mit den Kopfhaaren der von ihm erlegten Feinde geschmückt" (251). Bärenherz skalpiert nicht nur die von ihm getöteten Gegner, sondern der auf seiten der Bösen stehende Comantschenhäuptling Schwarzer Hirsch wird von ihm in einer brutalen Bestrafungsaktion sogar bei lebendigem Leibe und vollem Bewußtsein seiner Kopfhaut beraubt, worauf dann der vor Schmerzen brüllende Indianer Alligatoren zum Fraß vorgeworfen wird, was ihm nach Indianerglauben auch ein Eingehen in die Ewigen Jagdgründe verwehrt; die Strafe wird bewußt also auch ins Metaphysische gesteigert. Hiermit ist allerdings der Rachedurst des Apatschen noch nicht gestillt: noch über seinen qualvollen Tod hinaus soll der Gegner gedemütigt werden, indem ihm anstelle eines Grabmales ein Steindenkmal gesetzt wird, das sein unrühmliches Ende durch Bärenherz weiterhin verkünden soll. Kurze Zeit später droht der Apatsche zwei gefangengenommenen, rachsüchtigen Comantschen das gleiche Schicksal an; da sie jedoch rasch die gewünschten Informationen preisgeben, kommen sie verhältnismäßig ‚gut' davon: sie werden lediglich ohne längeres Verhandeln über eine etwaige konkrete persönliche Schuld sofort durch Kopfschüsse liquidiert.

Übrigens wird auch der Old Shatterhand sehr ähnliche deutsche Freund des Apatschen, der Trapper Helmers aus der Gegend von Mainz, als nicht übermäßig zimperlich eingeführt. Nachdem die beiden Freunde einige Comantschen, die einen Weißen verfolgen, „in weniger als zwei Minuten Zeit" erledigt haben, „lacht der Deutsche" auf eine bewundernde Äußerung des Verfolgten über diesen schnellen Sieg hin: „Pah! [...] Sechs Comantschen, was ist das weiter. Man sollte eigentlich mit Menschenblut sparsamer umgehen, denn es ist der köstlichste Saft, den es giebt, aber diese Comantschen verdienen es nicht anders." (260) Womit eventuelle Überlegungen des Protagonisten über Schuld, Sühne, Rechtfertigung der Tötung von Menschen etc. gleich erledigt wären; alles ist ohne Zweifel sozusagen in Ordnung. Erst am Ende dieses Abenteuers, nachdem schon sehr viel Blut geflossen ist, nachdem er durchweg „unbedenklich auf die Comantschen geschossen hat", von denen insgesamt nahezu 200 ihr Leben gelassen haben, zeigt sich Helmers plötzlich zur Vergebung bereit, läßt den zentralen Bösewicht, den goldgierigen Grafen, der schon genug bestraft sei, entkommen und bekennt sich dazu, „ein Schüler und Freund von Winnetou und Old Shatterhand geworden" zu sein, „welche nach den Forderungen der Milde und Verzeihung handeln" (423). Der später aufgesetzte Versuch des Autors, die vorhergehende, durchgehende Brutalität abzumildern, ist unverkennbar, freilich erzähllogisch unstimmig und nicht überzeugend.

Repräsentanten dieser Brutalität sind natürlich hauptsächlich die indianischen Protagonisten auf der guten, ‚gerechten' Seite, Bärenherz, dessen einschlägige ‚Taten' teilweise schon erwähnt worden sind, und der Hüter des begehrten alten Goldschatzes der Miztecas, Büffelstirn. Einen Mordversuch des Grafen an Helmers, wobei zwischen Mordversuch und vollendetem Mord bewußt gar nicht unterschieden wird, sowie sein betrügerisches Eheversprechen gegenüber der Schwester Büffelstirns, damit sie ihm den geheimen Ort des Goldschatzes verrät, ahnden die beiden Indianer mit dem „doppelten Tod", einer originell-schrecklichen Strafe, zu der sie ihn vor einem „sogenannten Prairie-Gerichte, vor welchen die Verbrecher der Wildnis so große Angst haben", verurteilen. Um nicht ausschließlich emotional und autokratisch zu handeln, sondern „um seiner Rache ein gerechtes Urteil zu unterbreiten", beteiligt Büffelstirn den Apatschen an der Sühneaktion, der ja im übrigen auch dadurch, daß sein Freund Helmers seit dem Mordversuch bewußtlos darniederliegt, unmittelbar involviert und an einer harten Bestrafung interessiert ist. Die beiden Häuptlinge bilden nun „einen fürchterlichen und unerbittlichen Gerichtshof, gegen dessen Urteil es keine Berufung" gibt (352). Es ist klar, daß hier im modernen, rechtsstaatlichen Verständnis der Begriff „Gerichtshof" geradezu eine ungewollte Karikatur darstellt, könnten doch hierbei eigentlich unverzichtbare Bedingungen wie Objektivität und

Unbefangenheit der Richter gar nicht weiter entfernt sein als in dem vom Autor vorgeführten Falle. Breit und ausführlich Angst und Entsetzen des Verurteilten, der zwar um Gnade fleht, aber natürlich keinerlei echte Reue zeigt, in immer wieder extremen Formulierungen voll ausspielend, setzt er die Ausführung des Todesurteils in Szene: Der Graf wird über einem Gewässer mit ausgehungerten großen Alligatoren an einem darüberragenden Baum so aufgehängt, daß er aufgrund abgerissener Füße verbluten muß, sobald er nach einiger Zeit der Angst und des Todeskampfes keine Kraft mehr dazu hat, sich immer wieder ein wenig hochzubäumen, um den zuschnappenden Ungeheuern auszuweichen. Und schließlich, so wird dem Verurteilten ausgemalt, werde sein verfauter Leib ins Wasser herabfallen und vollständig gefressen werden. Auf des Verurteilten „beinahe unartikulierten" Schrei: „Seid ihr denn keine Menschen, seid ihr Teufel?" – eine Frage, die angesichts dieser grausamen, absolut unmenschlichen Strafe auch dem Leser aufkommen könnte –, wird von den Richtern/Henkern erwidert, daß hier Menschen einen Teufel richteten (358). Eine solche extreme Qualifizierung erscheint angesichts der tatsächlich in dieser Geschichte bekanntgewordenen Verbrechen des Grafen allerdings sehr dick aufgetragen zu sein, und diese Bewertung des Grafen als so durch und durch schuldig und böse erreichen die beiden Richter durch die spitzfindig-simple Argumentation der vollständig in Schwarz-Weiß-Kategorien Denkenden: wer jetzt Böses tut, „der hat bereits vorher viel Böses gethan" (356). Ein wenig später begnadigt der Autor den Grafen dann allerdings[9], indem er ihn von den auf Suche nach Rache heranziehenden Comantschen aus seiner Lage befreien läßt, was andererseits noch einmal die Gelegenheit gibt, seine bis dahin andauernden unmenschlichen verzweifelten Schreie zu betonen, durch die die Indianer angelockt werden, eine Strafe also, die trotz des ausbleibenden tödlichen Endes grausig und unmenschlich genug ist. Sein Leben lang wird er diese Strafaktion nicht vergessen, ist dem Grafen bewußt, jedoch eine Änderung seines Wesens zum Besseren hat die Bestrafung nicht bewirkt: „Frei! Frei! Frei! Aber nun Rache! Rache! Rache!" sind nach seiner Befreiung die ersten Worte, die er „in unendlichem Entzücken [...] überlaut in die Nacht hinaus" brüllt (376).

Nebenbei bemerkt gerät auch Bärenherz wenig später in die gleiche Situation wie der Graf. Freilich geht es in diesem Fall dann nicht darum, einen Schuldigen zur Strafe in übergroßer Angst und panischem Entsetzen vorzuführen, sondern die Emotionen der Leser sollen eher in Richtung auf teilnehmende Bewunderung für den großartigen Apatschen in seinen erfolgreichen Bemühungen, sich aus dieser eigentlich hoffnungslosen Lage aus eigener Kraft zu befreien, gelenkt werden.

Die Alligatoren kommen dennoch ganz und gar nicht zu kurz, denn natürlich werden die meisten der rachsüchtigen Comantschen von den auf der ‚richtigen', ‚guten' Seite Stehenden nach und nach getötet, und die Leichen werden zwar bequem, aber wenig human ‚entsorgt', indem man sie einfach den Tieren zum Fraß vorwirft. Bei der Schilderung einer derartig sensationellen Szene scheint mit dem Erzähler regelrecht eine Art Begeisterung durchzugehen: „Hei, wie diese mit offenem Rachen sich auf die Beute stürzten! In weniger als einer Minute waren die Erstochenen zerrissen und verschlungen. Nichts blieb von ihnen übrig, als das Stück einer Hand mit zwei Fingern." (404)

Innerhalb der bei Mutter Thick erzählten, vom Autor früher verfaßten Geschichten kommt auch schon eine Bestrafung eines Schuldigen vor, die nicht mehr auf dem Prinzip der Rache und direkten Vergeltung beruht und die in ihrer Struktur sehr deutlich auf die Bestrafungen der großen Verbrecher am Ende des Gesamtromans vorausweist. Möglicherweise spielt bei diesem so konzipierten Ende des Schuldigen eine entscheidende Rolle, daß die von einem Ethnologen in Ich-Form erzählte Geschichte ursprünglich als *Unter der Windhose* in einem Jugendbuch von 1886 publiziert worden ist.

Hier greift massiv der Zufall bzw. das Schicksal, genauer: die göttliche Gerechtigkeit, in das Geschehen ein. Der vor vielen Jahren aus Goldgier zum Doppelmörder gewordene Rollins, der dann unerkannt die Frau seines Opfers heiratete, nachdem er auch noch dessen Bruder aus dem Weg geräumt hatte, um doch noch an das rechtzeitig vergrabene Gold des Ermordeten zu gelangen, ist inzwischen unter der vergeblichen Suche zum halbwahnsinnigen Säufer geworden. Am Ende der Episode kommen alle Betroffenen am Ort des Verbrechens zusammen, das nun von dem Ethnologen und seinem Freund, dem Apatschen Kleiner Hirsch, dessen Vater von Rollins erschossen worden war, als er ihn bei dem damaligen Morde überraschte, aufgeklärt wird. Die Sühnung des Verbrechens ist den Protagonisten allerdings schon abgenommen worden: Eine heftige Windhose hat die riesige Platane, unter der damals der Mord geschehen war, entwurzelt, wobei unter dem aufgerissenen Erdreich auch der dort vergrabene Goldschatz wieder zum Vorschein gekommen ist und endlich in den Besitz des rechtmäßigen Erben gelangt, nämlich in den der Frau und des Stiefsohnes von Rollins. Der

Mörder liegt derart unter einem der Hauptäste des Baumes begraben, daß er nicht gleich umgekommen ist, sondern „ihm die Beine bis herauf an den Leib vollständig zermalmt" worden sind (244). Der junge Apatsche bringt mit seinen Worten explizit zum Ausdruck, was zweifellos auch der Autor hier vorführen will: „der große Geist hat ihn gerichtet", den Schuldigen „hat der Zorn des gerechten Manitou erschlagen, an demselben Orte, an welchem er den Mord beging" (244). Doch dem Ich-Erzähler ist das noch nicht eindeutig genug, er setzt noch eine Steigerung drauf, indem er kommentiert:

> Gott richtete ihn nach seiner Allgerechtigkeit. Gerade jetzt lag der Mörder auf der Stelle im Sterben, unter welcher die Gebeine der von ihm Verscharrten lagen, und noch in seinen letzten Augenblicken mußte er von uns erfahren, daß das so lange vergebens gesuchte Gold gefunden worden sei und in die Hände des von ihm gehaßten Knaben komme. (246)

Der Gerichtete ist nämlich zu Bewußtsein gekommen und legt angesichts des nahenden Todes ein Geständnis ab. Vermutlich ist das der Grund dafür, daß „der Barmherzige" ihn „gnädig" behandelt, die Strafe des Mörders ein wenig abmildert, indem dem Sterbenden entgegen aller realistischen Annahme (245) die zerschmetterten Glieder überraschenderweise „keine Schmerzen" verursachen: „er schlief ein, ohne einen Seufzer auszustoßen." (246)

Bereits ganz am Anfang des dreibändigen *Old-Surehand*-Romans taucht der das Werk prägende Themenkomplex ‚Schuld, Sühne, Vergebung' programmatisch auf. Old Shatterhand muß den gefährlichen „Mistake-Cañon", die „Irrtumsschlucht, Schlucht des Versehens" (XIV 5) durchreiten; der hat seinen merkwürdigen Namen daher, daß hier einst ein weißer Jäger seinen Apatschenfreund aus Versehen, in der Überzeugung erschossen hat, einen Feind der beiden vor sich zu haben.[10] Seitdem wird das Gelände von abergläubischen Westmännern gemieden, da hier der Geist des Erschossenen sich herumtreibe. Zufällig trifft Old Shatterhand mit dem Unglücksschützen zusammen; dieser erzählt am Ort des damaligen Geschehens die überaus unglückliche Verkettung von Umständen, die dazu führte, daß er seinen Freund tötete. Bis zur Gegenwart leidet der Irrtumsschütze unter dieser objektiv gegebenen Schuld, mit der fertigzuwerden er bisher immer bloß für sich selber versucht hat. Nun erst, nachdem er den Gefährten seine Geschichte offenbart hat, wird ihm bestätigt, daß er kein Mörder, daß er „vollständig unschuldig" sei (38f.). Der Fall ist vom Autor so eindeutig konstruiert, daß man tatsächlich noch nicht einmal irgendeine Fahrlässigkeit bemerken kann, sondern die Angelegenheit als geradezu unvermeidlichen, schicksalhaft-tragischen Unfall betrachten muß, wenn auch bei aller subjektiven Unschuld die Sühne der objektiven Schuld durch das innere Leiden des Täters und die dadurch negativen Einflüsse auf sein äußeres Leben psychologisch leicht nachvollziehbar bleibt. Nun jedoch hat er lange genug daran getragen, er kann die ihn bedrückende Last endlich abschütteln, was übrigens auf ein weiteres Moment von Schuld verweist, nämlich die jetzt auch subjektive Schuld, von dem Unglück so lange geschwiegen, sich nie offenbart zu haben, denn ansonsten hätte er vermutlich schon viel früher die Bestätigung erhalten können, absolut kein Mörder zu sein. Natürlich ist diese Art von Schuld im Vergleich zu den vielen im Roman ausgebreiteten Kapitalverbrechen ziemlich geringfügig, jedoch scheint sie mir dem Autor durchaus nicht unwichtig oder vernachlässigbar zu sein.

Um den Unglücklichen endgültig von seiner Unschuld zu überzeugen und etwaige Restzweifel vollständig zu zerstreuen, erzählt Old Shatterhand zum Vergleich „eine wahre Geschichte" (40), von einem noch weitaus extremeren Fall, einem Rechtsfall aus Deutschland, in dem ein Dachdeckermeister vor Gericht freigesprochen und vor seinen Mitmenschen, die ihn zunächst lynchen wollten, voll rehabilitiert wird, obwohl er vor den Augen der Menge absichtlich seinen Sohn vom Kirchturm in den Tod gestoßen hat. Im Gerichtsverfahren wird nämlich klar, daß der Sohn von einem Schwindel befallen wurde und den Vater mit in die Tiefe hinabzureißen drohte, daß dieses scheinbar brutale, tatsächlich jedoch kaltblütig-rationale Verhalten also die einzige Möglichkeit war, den Tod beider zu vermeiden, der restlichen Familie somit wenigstens den Ernährer zu erhalten. Die Geschichte stellt natürlich auch ein Plädoyer dafür dar, die vorschnelle Verurteilung eines vermeintlich Schuldigen zu meiden und erst einmal alle Umstände der Tat zu erfassen. Der freigesprochene und allseits hochgeachtete Dachdeckermeister wird freilich seines Lebens nicht mehr froh; er bleibt im wahrsten Sinne des Wortes in seiner Tragik gefangen, muß als Schuldlos-Schuldiger sozusagen psychisch Sühne leisten: Obwohl niemandem je der Gedanke gekommen wäre, ihm einen Vorwurf zu machen, war es „ihm unmöglich, die That, zu der er sich gezwungen gesehen hatte, zu verwinden" (44).

Der Themenkreis ‚Schuld, Sühne, Vergebung' ist im Hauptstrang der langen *Old-Surehand*-Erzählung in erster Linie eng verbunden mit Old Wabble und dem sogenannten ‚General', Daniel Etters; ihre schuldhaften und verbrecherischen Taten treiben immer wieder die abenteuerliche Romanhandlung weiter, initiieren neue Episoden, ja die zurückliegenden Verbrechen des ‚Generals' sind überhaupt der Ausgangspunkt und Aufhänger der ganzen, übergreifenden, schicksalhaften und zunächst geheimnisvollen Geschichte Old Surehands, die letztlich den passagenweise recht episodenhaften Roman zusammenhält. Darüber hinaus begehen natürlich auch weitere Romanfiguren Verbrechen, die gesühnt werden, und sogar die positiv gezeichnete Figur Old Surehand selbst ist in eine gewisse Schuld verstrickt.

Old Wabble, „den ebenso sonderbaren wie berühmten Alten" (13), eine der zentralen Figuren des Romans, führt der Autor in einer auf der unmittelbaren Handlungsebene von einer der Personen erzählten Geschichte „zunächst als bewunderswerte Legende und Fama" ein[11], dessen „Superiorität" als Westmann (14) anzuzweifeln vorerst nicht der geringste Grund besteht. Der Ich-Erzähler Old Shatterhand kennt die fast „mythische Gestalt" mit den über sie erzählten „aberhundert Schrullen und Thaten [...], welche bewiesen, daß er ein Original war, wie es kaum ein zweites geben konnte" (31), noch nicht persönlich und ist sehr erpicht darauf, mit dem neunzigjährigen, aber erstaunlicherweise noch mit der Konstitution eines Mannes in besten Jahren ausgestatteten, ehemaligen ‚König der Cowboys' zusammenzutreffen, was bald darauf auch geschieht. Dabei relativiert sich das allgemein überlieferte Bild des überlegenen, großen Westmannes im Kontrast zu Old Shatterhand immer mehr, und es ist „sicherlich überraschend", wenn nicht gar unglaubwürdig und erzähllogisch unstimmig, „welche Fülle von ‚Greenhornfehlern' dem erfahrenen alten Westmann im Beisein Shatterhands unterlaufen"[12], besonders wie unvorsichtig er sich immer wieder verhält – erstaunlich, daß er dabei im Westen so alt geworden ist –, ja wie sogar „der jugendliche Uebermut" ihm immer „wieder mit dem Verstande durchgeht" (247, vgl. auch 314). Die gerade im *Old Surehand* zu penetrant-makelloser Größe und permanent belehrender Überlegenheit auflaufende Old-Shatterhand-Figur duldet wohl kein annähernd gleichwertiges Pendant neben sich. In der daraus resultierenden Unterordnung des Alten unter den viel jüngeren ‚Lehrmeister', die dem Greis auch von seiner charakterlichen Konstitution her sichtlich schwer fällt, liegt sicherlich auch schon der Keim für die späteren Zerwürfnisse bis hin zur haßerfüllten Feindschaft.

Wichtiger jedoch als die Schatten auf dem Bilde des Westmannes Old Wabble sind die Trübungen des Bildes vom *Menschen* Old Wabble, die nicht allein der Stolz sowie Unfähigkeit und Unwillen, sich unterzuordnen, sondern auch andere, bekanntwerdende Eigenarten des Alten verursachen, Eigenarten, die nach und nach das Bild einer in Schuld verstrickten und sich immer weiter verstrickenden Persönlichkeit konstituieren.

Schon bald macht er keinen Hehl daraus, „nie ein Indianerfreund gewesen zu sein" und daß es seine feste Überzeugung ist, „sie taugen alle nichts" (147). Wohl ganz mit Recht wird er „der greise Indianertöter" genannt (224), einmal sogar noch eindeutiger „Indianermörder" (432); auch unter dem Beinamen „Indianerschinder" war er bei den Roten gehaßt und gefürchtet (XIX 17). Wie Winnetou weiß, ist er

„ein unerbitterlicher Feind aller roten Männer; hält sie für Diebe, Räuber und Mörder, ohne zu bedenken, daß sie nur zu den Waffen greifen, um ihr gutes Eigentum zu verteidigen, oder das zu rächen, was an ihnen verbrochen worden ist. Old Wabble hat noch nie einem roten Manne, der in seine Hände fiel, Gnade gegeben; er ist auf der ganzen Savanne als Indianertöter bekannt; aber wenn er sich bei Old Shatterhand und Winnetou befindet, muß er diese Gesinnung ändern, sonst sind wir gezwungen, uns von ihm zu trennen." (XIV 331)

Winnetou weitet dann seine Rede aus ins Allgemeine und schließt das im *Old Surehand* immer wieder propagierte, ganz im Gegensatz zu Old Wabbles Ansichten stehende humanistische Credo der beiden Freunde an:

„Wir sind Freunde aller roten und weißen Männer, und wenn wir einen Feind vor uns haben, mag er weiß oder rot aussehen, so besiegen wir ihn wo möglich, ohne daß wir sein Blut vergießen." (331)

Für den Erzähler Old Shatterhand ist diese für den meist sehr wortkargen Apatschen ungewöhnlich lange Rede „ein Beweis, daß ihm der Alte sympathischer war, als der Inhalt dieser Worte eigentlich vermuten ließ" (331). Auch Old Shatterhand selbst wird sich im Verlaufe der Erlebnisse und Erfahrungen mit dem Alten immer wieder erstaunlich nachsichtig und bereit zum Vergeben zeigen. Auch ihm steht ganz offensichtlich der Alte irgendwie nahe, so wie er auch auf den Leser zunächst einen überwiegend positiven Eindruck macht; das relativ rasche Umkippen der positiven Figur in eine letztendlich völlig negative wirkt meiner Ansicht nach tatsächlich ein wenig gezwungen. Winnetou gegenüber jedenfalls gibt Old Wabble hier noch nach, ist regelrecht verlegen und versucht, seinen Indianerhaß zu relativieren.

Besonders auch in bezug auf die Schwarzafrikaner erweist sich der Alte als radikaler Rassist. Für ihn steht „ein Schwarzer fast ebenso tief wie ein Hund". Seine erschreckende Meinung ist: „Ein Nigger ist ein so niedriges Geschöpf, daß es sich eigentlich gar nicht lohnt, von ihm zu sprechen!" (240) Natürlich führen diese Ansichten zu Belehrungen und Richtigstellungen durch den „Pfarrer und Kanzelredner" (so Old Wabble) Old Shatterhand und einer ersten Drohung, seine freundschaftlichen Gefühle für den Alten könnten revidiert werden. Wie dann der Neger Bob, der Anlaß der Auseinandersetzung war, vom Erzähler als eine Art großes, drolliges und harmlosnaives Kind gezeichnet wird, hat selbst durchaus etwas Klischeehaft-Rassistisches an sich und dürfte ziemlich gut den Nerv der Leser im Deutschen Reich getroffen haben.[13]

Der schon angedeutete Unwillen des Alten, sich in der Gruppe unterzuordnen, sich nach den natürlich sinnvollen Anordnungen und Plänen Old Shatterhands zu richten, sein wiederholt eigenmächtiges Handeln hat insofern auch eine dezidierte ethische Dimension, als Old Wabble dadurch nicht nur sich selbst, sondern auch die anderen der Gruppe und ihre Vorhaben in Gefahr bringt. Das wird ihm auch dementsprechend zu Recht vorgeworfen (314, 424), und die Trennung von ihm steht explizit im Raum (332f., 434f.). Als der Alte nach einer besonders dreisten und dummen Eigenmächtigkeit in die Hände feindlicher Comantschen gefallen ist, wächst der Ärger Old Shatterhands, und man beläßt – obwohl die heimliche, geschickte Befreiung von Gefangenen ja bekanntlich eine besondere Spezialität des Ich-Helden ist – Old Wabble „als wohlverdiente Strafe" vorerst in einer sehr unbequemen Lage in Gefangenschaft (434). Trotz dieser ja ersten Strafe Old Wabbles für das, was er sich hat zuschulden kommen lassen, ist Old Shatterhands Ärger über ihn weiterhin so groß, daß er in der folgenden Nacht kaum schlafen kann.

Schon kurz vorher war ihm über den Alten einmal „die Galle" übergelaufen, hatte er seinen Zorn nicht mehr beherrschen können (403). Old Wabble hatte sich sozusagen auch eines metaphysischen Vergehens schuldig gemacht, als sich während eines nächtlichen mondbeschienenen Rittes durch die Wüste – das intensive, romantische Naturerleben hat den Erzähler in eine religiöse Stimmung versetzt und unwillkürlich seine Hände zum Gebet falten lassen (396-398) – ein Streitgespräch über die Existenz Gottes zwischen dem Alten und Old Shatterhand entspann. Mit Spott reißt der Alte Old Shatterhand aus seiner andachtsvollen Versunkenheit, so daß dieser „das Gefühl eines durstig Trinkenden [hatte], dem man den Becher von den Lippen reißt, um ihm Aloë hineinzuschütten" (398). Er provoziert den schon ärgerlichen Westmann weiter, indem er „Beten und Lamentieren" für identisch erklärt (399). Das Streitgespräch über Gebet, Religion und die Existenz Gottes, das sich nun entwickelt, ist also gleich von seinem Ausgangspunkt her nicht das zweier toleranter Menschen, die sich über ihre unterschiedlichen Weltanschauungen unterhalten, oder zweier Philosophen, die rational und sachlich die Frage disputieren, sondern es ist geprägt von Heftigkeit und Emotionalität, von beiderseitiger Intoleranz, indem auf der einen Seite der Alte hartnäckig provoziert, Old Shatterhands religiöse Stimmung nicht akzeptiert, sondern störend darin eindringt und so den Disput erst initiiert und Old Shatterhands Bekehrungsversuche „auf empörendste Weise verhöhnt und verspottet"[14], indem auf der anderen Seite aber auch der Provozierte den Atheismus Old Wabbles nicht einfach hinnehmen kann, sondern sein missionarisches Wesen voll durchschlagen läßt und den Alten unbedingt zur Religiosität bekehren will.

Old Wabble vertritt die Position eines reinen Empiristen, der nur „Facts", unmittelbar wahrnehmbare Tatsachen als gegeben und für sein Leben bestimmend akzeptiert, der Religion, Gott nicht zu brauchen behauptet, der nicht an Gott und ein Leben nach dem Tode glaubt. Dabei ist seine Position keineswegs widerspruchsfrei, wenn er etwa dennoch nicht als „gottlos" bezeichnet werden möchte, da er dies offensichtlich als gleichbedeutend mit „Lump" versteht, oder wenn er persönliche Freiheit und daraus resultierende Verantwortung für sein Tun bezweifelt: „Ich bin geboren, wie ich bin; das ist ein [...] Fact. Ich kann nicht anders sein, als ich bin; das ist ein [...] Fact. Ich trage also nicht die geringste Schuld an dem, was ich bin und was ich thue; das ist das Hauptfact. Alles Andere ist Unsinn und Albernheit." Damit antwortet der Alte auf die Frage nach der Existenz von Gesetzen über dem „Eigenwillen", von „ethischen, religiösen, göttlichen Gesetzen". Zu Recht wirft also da sein Gegenüber ein: „Eure Logik hinkt auf allen Beinen!" (401) Old Shatterhand selber jedoch scheint auch nicht strikt logisch zu denken, indem er beispielsweise ethische Gesetze nicht von göttlichen differenziert, die einen sich wohl nicht ohne die anderen vorstellen kann. Überhaupt reden die beiden weitgehend aneinander vorbei, da Old Shatterhand eigentlich gar nicht recht auf die Argumentationsversuche Old Wabbles eingeht und auch seine eigenen Äußerungen so gut wie gar nicht Argumentationsstruktur besitzen, sondern eher behauptenden und appellativen Charakter tragen. Etwas in der Art der Gottesbeweise, die in der mittelalterlichen Theologie verbreitet waren, kommt nicht vor, auch nicht in naiverer Variante. Eine genauere Diskursanalyse dieser Romanpassage soll hier nicht weiter versucht werden; es drängt sich allerdings der Verdacht auf, Old Shatterhand käme hier insgesamt schlechter weg als Old Wabble.

Jedenfalls sind die Existenz Gottes, die Wahrheit der *Heiligen Schrift* für Old Shatterhand feststehende Tatsachen, deren Leugnung er als „Lästerung" Gottes empfindet, die ihn „schaudern macht" (402), und die schließlich den doch sonst so besonnenen und überlegenen Mann regelrecht aus dem Gleichgewicht bringt und ihn wie einen Erweckungsprediger oder ähnlich den Propheten des *Alten Testamentes* laut ausrufen läßt:

> „Ihr sagt, daß Ihr weder Gott noch Glauben braucht; ich aber sage Euch und bitte Euch, meine Worte wohl zu merken: Es wird Euch, wie die heilige Schrift sagt, schwer werden, gegen den Stachel zu lecken, und ich sehe es kommen, daß der Herrgott Euch einen Fact entgegenschleudern wird, an welchem Ihr zerschellen müßt wie ein dünnes Kanoe am Felsenrande, wenn Ihr nicht zu der einzigen Rettung greift, die im Gebete liegt. Möge der, an den Ihr niemals glaubtet und zu dem Ihr niemals betetet, Euch dann gnädig und barmherzig sein!" (403f.)

Er erschrickt fast selbst über seine Worte, doch der Alte ist nicht weiter beeindruckt; seine spöttische Reaktion ekelt Old Shatterhand an, und er glaubt, daß seine „ganze Zuneigung" zu Old Wabble dahin ist (404). Der Zorn ist rasch verflogen und einer tiefen Traurigkeit, „trotz des Hohnes" einem „unendliche[n], heilige[n] Mitleid" gewichen (404f.), zumal auch der Alte aus seiner Biographie heraus eine Erklärung für seine Areligiösität angeboten hatte: „Keinen Vater, keine Mutter, keinen Bruder, keine Schwester! Keinen Unterricht, niemals, aber auch nicht ein einziges, allereinziges Mal gebetet!" (405; vgl. auch 400)

Ein wichtiger Aspekt von Old Shatterhands eigener, tiefer, vorbildlicher christlicher Einstellung, der auch in der abenteuerlichen Romanhandlung in seinem Verhalten gegenüber den Feinden vorgeführt wird, kommt am Ende dieses Disputes noch kurz ausdrücklich zur Sprache, nämlich die Bereitschaft zur Nachsicht, zur Vergebung von Schuld. Entgegen der obigen Prophezeihung will der Ich-Held dem Alten „nicht wünschen, daß einmal ein Augenblick kommt, an welchem" er sich „so rettungslos verloren" sieht, daß er ihn „kniened bittet", sein „Hirt zu sein". Der „Hirt" ist eine Anspielung auf Old Wabbles vorhergehende spöttische Versicherung, er werde niemals ein wehrloses, duldendes „frommes Lämmlein" werden; und der Alte bleibt mit seiner Antwort in dieser Bildlichkeit, wobei der Autor dem doch so Unreligiösen, der sich um diese Dinge nie geschert hat, überraschenderweise eine deutliche Anspielung auf einen Psalm in den Mund legt: „Würdet Ihr dann mein kniefälliges Flehen erhören und mich auf grüne Weide führen, mein frommer Sir?" Old Shatterhand würde natürlich, und wenn er sein „Leben daran setzen müßte" (404). Dieser Aspekt wahrhaft christlicher Einstellung wird übrigens später im Roman auch einmal in einer kurzen essayistischen Passage abgehandelt, geradezu in einer Art Predigt des mit heiterem Gottvertrauen ausgestatteten Farmers Harbour über die Verbrechen der Weißen an der roten ‚Nation'[15], über Zivilisation und wahres Christentum, die beim „sonst so zurückhaltenden Winnetou" regelrechte Begeisterung hervorruft (XIX 126-130).

Am Ende dieser zentralen Passage des Romans, der Alte wird später u. a. immer wieder direkt darauf anspielen und sich weiterhin lustig machen und lästern (z. B. XIV 591, XV 646f., XIX 33f., 43f.), leuchtet – vorerst ganz kurz – ein bemerkenswertes Moment der im *Old-Surehand*-Roman verkündeten Weltanschauung auf, das auch die in diesem Werk vorgeführten Beispiele von Schuld, Sühne und Vergebung entscheidend prägt, wie noch gezeigt werden soll. Die Erzählung wechselt an dieser Stelle von der direkten Handlungsebene unmittelbar auf die des später zu Hause an seinem Schreibtisch erzählenden und reflektierenden Ich-Helden über. Er denkt über seine oben zitierte drohende Prophezeiung:

> Meine Drohung war mir ganz absichtslos über die Lippen geflossen; ich hatte grad so und nicht anders sprechen müssen. War ich das Werkzeug eines höheren Willens? Als später diese Drohung fast wörtlich in Erfüllung ging, war es mir, als ob ich es sei, der durch diese Prophezeiung den schrecklichen Tod des Alten heraufbeschworen habe [...]. (XIV 405)

Nebenbei wird hier natürlich auch eine konkrete Vorausdeutung[16] geliefert: Der Leser kann also hier schon beruhigt und sicher sein, daß die Schuld Old Wabbles am Ende nicht ungesühnt bleiben wird; darüber hinaus kann er vermuten und gespannt sein, daß da möglicherweise noch einiges geschehen wird, denn aufgrund der bisher aufgelaufenen Schuld wäre ein „schrecklicher Tod des Alten" eigentlich noch nicht gerechtfertigt. Interessanter und entscheidender jedoch ist der kurze Hinweis auf das direkte Wirken eines „höheren Willens", der sich hier Old Shatterhand zum Medium gewählt hat. Mehrfach im Roman verrät der Erzähler, daß es in seinem Inneren „eine Stimme oder eine Ahnung" gibt; „solchen Stimmen" pflegt er „zu trauen; sie täuschen selten" (XIX 57). Manchmal kann er Behauptungen zwar nicht direkt beweisen, aber er fühlt in seinem „Innern, daß es die Wahrheit ist" (121). Und gegen Ende bekräftigt er noch einmal entschieden: „Ahnungen sind innere Stimmen, auf die ich immer achte." (471)

Im Rahmen eines Abenteuerromans entscheidend ist die Tatsache, daß diese inneren Stimmen den Ich-Helden auch häufig vor versteckten Gefahren warnen (150, 155f.), so daß sein vermeintlich auf purer Erfahrung und instinktiver Vorsicht beruhender Erfolg als Westmann sich durchaus auch als Ergebnis seiner tiefen Christlichkeit entpuppt. Die warnenden inneren Stimmen, so ist der Erzähler „felsenfest überzeugt", sind auf das Wirken seiner sogar „mehreren" Schutzengel zurückzuführen, ja er stellt sich vor, „daß es Menschen giebt, welche sich im Schutze sehr vieler solcher himmlischer Hüter befinden" (150f.). Der Erzähler liefert nun seinem möglicherweise lächelnden, kopfschüttelnden Leser eine längere Abhandlung über das Wirken von Schutzengeln auf der Grundlage fremder und eigener Erfahrungen (150-157) als Beleg dafür, in wie großem Maße das, was man gemeinhin als Zufall ansehen möchte, eigentlich Wille einer von der eigenen „Individualität vollständig getrennte[n] Intelligenz", einer außerhalb liegenden „Macht" ist, welche „mahnt, warnt und als sogenanntes böses Gewissen" straft (156). Das Wirken der ihm von Gott als „Führer, Mahner und Berater" (ebd.) zugewiesenen Engel soll sogar so weit gehen, daß seine „Unsichtbaren" ihn bei seiner ureigenen Tätigkeit „umschweben und [ihm], schriftstellerisch ausgedrückt, die Feder in die Tinte tauchen" (151). Womit gleichzeitig auch ein ganz spezifisches schriftstellerisches Selbstverständnis, ja Sendungsbewußtsein ausgedrückt und dem vorliegenden *Old-Surehand*-Roman eine ganz dezidierte Funktion zugesprochen wäre, was dem Erzähler durchaus sehr klar ist:

Und wenn, was sehr häufig der Fall ist, ein Leser, der in der Irre ging, durch eines meiner Bücher auf den richtigen Weg gewiesen wird, so kommt sein Schutzengel zu dem meinigen, und beide freuen sich über die glücklichen Erfolge ihres Einflusses, unter welchem ich schrieb und der andere las. Das sage ich nicht etwa in selbstgefälliger Ueberhebung, o nein! Wer da weiß, daß er sein Werk nur zum geringsten Teile sich selbst verdankt, der kann nicht anders als demütig und bescheiden sein, und ich trete mit dieser meiner Anschauung nur deshalb vor die Oeffentlichkeit, weil in unserer materiellen Zeit, in unserer ideals- und glaubenslosen fin de siècle nur selten jemand wagt, zu sagen, daß er mit diesem Leugnen und Verneinen nichts zu schaffen habe. (151 f.)

Dieses schriftstellerische Selbstverständnis gilt es im Hinterkopf zu behalten, wenn man die im vorliegenden Roman immer wieder vorgeführten Beispiele von Schuld und ihrer Sühne betrachtet und bewertet.

Der Erzähler Old Shatterhand und natürlich auch der auf der unmittelbaren Handlungsebene im Wilden Westen agierende Held ist also geprägt von der Weltanschauung, daß es nicht nur unbezweifelbar einen Gott, ein Jenseits, ein Leben nach dem Tode usw. gibt – dieser Glaube ist ja in seiner Allgemeinheit im abendländischen Kulturkreis weit verbreitet und nicht weiter auffällig –, sondern viel konkreter und bemerkenswerter, daß diese

Macht direkt in die diesseitige Welt auf verschiedene Weise hineinwirkt und menschliches Handeln steuert, was ja zu der Annahme eines freien menschlichen Willens, etwa Gutes oder Böses zu tun, leicht in einen gewissen Widerspruch geraten kann. An einer anderen Stelle formuliert der Erzähler noch einmal pointiert diese Weltanschauung, die man ebenfalls bei der Betrachtung von Schuld und vor allem ihrer Sühne in diesem Roman im Hinterkopf behalten muß:

> Der sogenannte „Herr der Schöpfung" mag sich trotz des vielgerühmten Reichtums seiner geistigen Eigenschaften ja nicht vermessen, daß er von keiner andern Führung abhängig sei als nur von seinem Willen! Mag er es noch so sehr bezweifeln, es giebt einen Willen, der hoch über allem irdischen Wollen erhaben ist. (292)

Doch zurück zu Old Wabbles Karriere in immer tiefere Schuld: Aufgrund der wiederholten Eigenmächtigkeiten, Leichtsinnigkeiten und „Dummheiten" des Alten, der dadurch die Gefährten und das gemeinsame Vorhaben in Gefahr gebracht hatte, seines Unwillens, die Weisungen des im Sinne des Unternehmens zum Anführer erkorenen Old Shatterhand zu befolgen, will man den Alten schließlich nicht mehr bei sich „dulden", wobei Old Shatterhand auf durchaus drastische bis verletzende Weise seinem Unmut Ausdruck verleiht (XIV 588-591). Old Wabble ist überzeugt, daß Old Shatterhand ihn im tiefsten Innern aufgrund seiner atheistischen Einstellung nicht leiden kann und ihn vor allem deshalb stetig zurechtweist. Tatsächlich dürfte das ein gewichtiger Grund dafür sein, daß der Autor dem am Anfang so sympathischen Alten ein konsequentes Abgleiten ins Negative bereitet, wobei er immer auch das Gegenteil jener Weltanschauung, nämlich christliche, nächstenliebende Nachsicht demonstrieren kann. Jedenfalls ist der Alte nun mit ihm „fertig", nachdem Old Shatterhand schon „vorher mit ihm fertig gewesen" war. Dennoch sind noch positive Gefühle, auch psychologisch motiviert durch seine christliche Nächstenliebe, für den Alten vorhanden: es tut ihm „leid um ihn" (591). Zusammen mit dem obskuren ‚General' ist Old Wabble schließlich verschwunden und mit ihnen auch die wertvollen, unersetzlichen Gewehre der beiden Helden, so daß sogar der sonst so gefaßte und kaltblütige Winnetou vor Schreck und Aufregung bleich wird. Natürlich wird man der Diebe habhaft, und Old Shatterhand ist sich sicher, daß der ‚General' mit seiner Beschuldigung recht hat, Old Wabble habe ihm den Weg zu den Gewehren gezeigt, so daß er sie erst entwenden konnte, der Alte also aus ‚bösem' „Dank für die Teilnahme, Zuneigung und wiederholte Nachsicht", „aus Aerger und niedriger Rachsucht zum Diebe [...] geworden" war (642). Die beiden Bestohlenen und ihre Gefährten verurteilen den Hauptdieb zu einer gnädigen Strafe, nämlich zu fünfzig Rutenhieben; eigentlich würde „nach den Gesetzen des Wilden Westens [...] ein solcher Diebstahl mit dem Tode bestraft" (641), doch der ‚General' wird ja im Verlaufe der Geschichte noch eine wichtige Rolle spielen und ist für weitere Entlarvungen und Bestrafungsaktionen vorgesehen, womit diese gnädige Behandlung auf erzähltechnischer Ebene unbedingt notwendig ist. Der Nebenschuldige Old Wabble wird unter seinem großen Protest dazu gezwungen, dem ‚General' die Prügel zu verabreichen. Bezeichnenderweise halten sich die beiden Haupthelden Winnetou und Old Shatterhand ganz aus dem Vollzug der Bestrafung, die ja im Hauptstrang der *Old-Surehand*-Handlung nicht mehr im Ruche von direkter persönlicher Rache stehen soll, heraus, ja sie entfernen sich sogar, „um nicht Zeuge der Vollstreckung dieses Urteiles zu sein". Denn: „Ein Ebenbild Gottes prügeln zu sehen, ist nicht jedermanns Sache." (642) Die beiden Bestraften, die von nun an natürlich untereinander tief verfeindet sind, läßt man anschließend laufen.

Später wird übrigens noch einmal für einen gescheiterten Raubüberfall und eine vorübergehende Gefangennahme – die Schuld ist also im Vergleich zu anderer im Roman präsentierter weniger schwerwiegend – die Prügelstrafe angewandt (XIX 306-311). Eine ‚Jury' verurteilt eine Schar goldgieriger, verbrecherischer ‚Tramps', wobei Old Shatterhand „dieses Mal nicht wieder mit einem humanen Streiche in die Quere kommt", sondern mit dieser Strafe als auch „heilsame[r] Arznei" (307) sehr einverstanden ist, ja sogar in einem inneren Monolog ein erstaunliches, engagiertes Plädoyer gegen einen humanen Gefängnisstrafvollzug und für die konsequente Prügelstrafe abgibt, mit dem Fazit:

> Wer als Mensch sündigt, mag human bestraft werden; für die Unmenschen [womit auch der unbelehrbare Dieb gemeint ist, vgl. 307] aber müßte neben dem Kerker auch der Stock vorhanden sein! Das ist die Meinung eines Mannes, der jeden nützlichen Käfer von der Straße aufhebt und dahin setzt, wo er nicht zertreten wird, eines Weltläufers, der überall, wohin er seinen Fuß setzte, bedacht war für den Nachruf: „er war ein guter Mensch", und endlich eines Schriftstellers, der seine Werke nur in der Absicht schreibt, ein Prediger der ewigen Liebe zu sein und das Ebenbild Gottes im Menschen nachzuweisen! (308)

Nach der Bestrafung der Tramps, an der Winnetou und Old Shatterhand sich selbstverständlich ebenfalls nicht persönlich beteiligen, kann man befriedigt weiterziehen, denn – so wird noch einmal explizit betont – „der Gerechtigkeit war, soweit die Umstände es gestatteten, Genüge geschehen" (312). Damit sind die mit Old Wabble verbündeten, nun rachsüchtigen Tramps jedoch keineswegs davongekommen, sondern der Autor hat noch eine endgültige und drastischere Strafe für sie parat: Man findet sie allesamt grausam erstochen und skalpiert von den mit dem ‚General' verbündeten Utahs, so daß man sich „graust" und es trotz der „moralisch sehr tief stehenden Menschensorte" „entsetzlich" findet, wie der Erzähler betont (486). Der Alte ist natürlich nicht bei den Toten, da ihm ein eigenes, ausführliches Sühnungsritual vorbehalten ist.

Bei den nächsten Zusammentreffen Old Shatterhands mit Old Wabble ist dieser ganz zum Schwerverbrecher geworden: Auf Fenners Farm versucht er heimtückisch, durchs Fenster hindurch Old Shatterhand in der Stube zu erschießen, was nur durch einen ‚Zufall' verhindert wird. Der gefangengenommene Alte zeigt sich in keiner Weise zerknirscht oder schuldbewußt oder wenigstens ängstlich wegen der zu erwartenden Strafe, sondern überaus frech und gotteslästerlich; ja er schockiert die Anwesenden geradezu mit seinen zynisch-gleichgültigen Äußerungen über den Wert seines eigenen weiteren Lebens und den in seinem Alter zu erwartenden baldigen Tod. Obwohl alle seine Hinrichtung fordern, gibt Old Shatterhand, dem man als Betroffenem die Verurteilung überlassen hat, den Alten überraschenderweise frei: gemäß des Prinzips, daß der Autor die Haupthelden nicht selbst und racheähnlich die schweren Verbrechen bestrafen läßt. Dieser nachsichtige Ausgang der Episode stellt freilich keine Begnadigung oder gar Verzeihung dar, denn Old Shatterhand fällt sehr wohl explizit ein Urteil, das von den Anwesenden allerdings momentan nicht vollstreckt werden muß. Dabei wird diesmal nicht ausdrücklich gesagt, ob sich hier bloß der ‚Geist der Erzählung' äußert und dem Leser im voraus versichert, daß den Schuldigen noch die gerechte, schreckliche Strafe ereilen wird, oder ob auf der unmittelbaren Handlungsebene Old Shatterhand wiederum als Sprachrohr einer höheren Gerechtigkeit fungiert. Meiner Meinung nach kann man dem Autor gerade an einer so exponierten Stelle wie dem Ende eines der Romanbände nicht unterstellen, daß ihm Erzählerebene und Figurenrede versehentlich durcheinandergeraten sind, also trifft das zweite zu, was natürlich eine Vorausdeutung auf der Erzählerebene mit einschließt, wenn Old Shatterhand pathetisch zu seinen Gefährten in Gegenwart Old Wabbles erklärt:

„Ob lebendig oder tot, das ist ihm [dem Alten] gleich; ich werde ihm aber Gelegenheit geben, zu erfahren, daß jede Sekunde des Lebens einen Wert hat, an den alle Reichtümer der Erde nicht reichen. Er soll um eine einzige Minute der Verlängerung seines Lebens zu Gott wimmern; wenn er sich nicht bekehrt, soll seine Seele zetern aus Angst vor der göttlichen Gerechtigkeit, die er verlacht, und wenn die Faust des Todes seinen Körper krümmt, soll er nach der Vergebung seiner Sünden heulen!" (XV 646f.)

Mit dem Abgang des daraufhin höhnenden und spottenden Alten endet der zweite Romanband.

Der dritte Band beginnt programmatisch nicht inmitten abenteuerlicher Handlung, sondern mit grundsätzlichen Reflexionen des Erzählers über Rache und Strafe, Milde und Nachsicht (XIX 1-4), ausgelöst durch das Bedürfnis, die Freilassung Old Wabbles, mit der die Gefährten ganz und gar nicht einverstanden waren, sowie generell die Milde den Feinden gegenüber, die dem Erzähler von seinen Lesern immer wieder vorgeworfen werde, zu rechtfertigen. Der Erzähler betont den großen Unterschied zwischen Rache und Strafe: Rachsucht ist in ihrer zügellosen Leidenschaft egoistisch und verwerflich, indem sie „der göttlichen und der menschlichen Gerechtigkeit" vorgreift; die Strafe dagegen „ist eine ebenso natürliche wie unausbleibliche Folge jeder That, die von den Gesetzen und von der Stimme des Gewissens verurteilt wird" (1f.). Man beachte hier besonders den optimistischen Glauben, die Behauptung des Erzählers, die Strafe sei eine „unausbleibliche Folge" jeder verwerflichen Handlung; auf seinen Roman freilich trifft das uneingeschränkt zu. Zum Strafen darf sich eben nicht jeder, und sei er auch der Betroffene, berufen fühlen. Dazu müssen immer auch die diversen, eventuell die subjektive Schuld mildernden Umstände, die zu der Straftat beigetragen haben, berücksichtigt werden; sicherlich spricht in dieser durchaus modernen Auffassung Karl May auch als Opfer einer Justiz, die nicht in dem wünschenswerten Maße derart verfahren war. Die grundsätzliche Milde den Feinden gegenüber, so gibt der Erzähler zu, habe ihn und Winnetou gelegentlich in Schwierigkeiten gebracht, jedoch haben die Vorteile das jederzeit aufgewogen, und sei es, daß man wenigstens als gutes Beispiel, als „Lehrer und Verbreiter der Humanität" gedient habe (4).

Der Erzähler geht abschließend noch einmal klärend auf die am Ende des vorigen Bandes Old Wabble gegenüber unverdientermaßen erwiesene Nachsicht und Milde ein: Verantwortlich dafür war neben der von Old Shatterhand „grundsätzlich und allgemein geübten Milde der erste Eindruck, den seine ungewöhnliche Persönlichkeit" auf ihn gemacht hatte; auch sein hohes Alter trug dazu bei. Vor allem jedoch, so bestätigt der Erzähler an dieser Stelle die Deutung der Schlußpassagen des zweiten Bandes, hatte er in Old Wabbles „Gegenwart stets ein ganz eigenartiges Gefühl, welches" den Helden davon „abhielt, ihn nach seinen Thaten und seiner so frech gezeigten

Gottlosigkeit zu behandeln". Ihm ist so, als müsse er nach einem von ihm „unabhängigen", jedoch in ihm „wohnenden Willen handeln", der untersagte, sich an dem Alten „zu vergreifen, weil er, wenn er sich nicht bekehre, für ein ganz besonderes göttliches Strafgericht aufgehoben sei" (4). Das ist sehr deutlich!

Seit jenen Ereignissen auf Fenners Farm wird dem Alten jede „Infamie" zugetraut (17); er wird bei seinen Mordplänen belauscht und erneut gefangengenommen. Natürlich lästert und höhnt er wieder und wirft den Helden seine nihilistischen und antichristlichen Parolen aufs Gröbste an den Kopf. Eine besonders unverschämte Beleidigung Winnetou gegenüber bringt Old Shatterhand so in Rage („Dieser Kerl verdiente Hiebe, solche Hiebe, daß ihm die Haut zerplatzen mußte!"), daß er beinahe zum Folterer wird, indem er den Befehl gibt, den Gefangenen so fest zu schnüren, „daß er schreien muß", und nicht eher locker zu lassen, „als bis er um Gnade wimmert!" (43) Der geschmähte Indianer freilich bringt dann die Humanität gegenüber dem Alten, der seinem Grabe schon sehr viel näher stehe, als er glaube, wieder ins Spiel. Wenig später, als Old Wabble ihn gräßlich verflucht, hat Old Shatterhand zu seiner ruhigen Haltung zurückgefunden, er empfindet nur noch großes Mitleid mit dem beklagenswertesten der Menschen und läßt ihn erneut frei, vor allem um ihm „den Ekel" zu zeigen, „den jeder Mensch" vor ihm haben muß (78), was wiederum bei den Gefährten, besonders bei dem juristisch denkenden Polizisten Treskow, auf Unverständnis stößt. Als Erklärung präsentiert Old Shatterhand dem Kriminalisten die schon in der Erzählerreflexion der Eingangspassage des Bandes gebrachte Überzeugung, daß etwas in ihm ihn davon abhalte, „dem gerechten Walten Gottes vorzugreifen" (80).

In dieser Romanpassage läßt der Autor Old Wabble – erstaunlich, daß dem bösen Alten theologisch-philosophisches Denken nicht völlig fremd zu sein scheint – ein Problem anreißen, das sich aus Old Shatterhands Weltsicht ergibt: Es handelt sich letztlich um das sogenannte Theodizee-Problem[17], nämlich wenn es einen Schöpfergott und vor allem einen in die irdischen Angelegenheiten hineinwaltenden Gott gibt, dann wäre ja Old Wabble, wie er meint, für sein schuldhaftes Verhalten gar nicht selbst verantwortlich, sondern eben Gott. Für den Alten ist daher völlig einsichtig, daß „Frömmigkeit und Gottesfurcht [...] kindische, belachenswerte Dummheiten sind", daß es Gut und Böse im religiös-moralischen Sinne gar nicht gibt (76). Weiter wird auf dieses Theodizee-Problem oder gar auf die Frage nach einer Moral ohne religiöse Anbindung hier und in dem Roman sonst nicht eingegangen. Für den Autor ist dieser „im Tone hellen Spottes" vorgebrachte Einwand des Alten wohl lediglich ein weiteres Element in der Reihe unverfrorener Gotteslästerungen.

Bald nach der Freilassung Old Wabbles gerät Old Shatterhand mit seinen Gefährten selbst in die Hand des Alten und wird bei der Gefangennahme bewußtlos geschlagen; neben den üblichen haßerfüllten Verspottungen seiner Frömmigkeit wird ihm unmißverständlich verkündet, daß er nun umgebracht werde. Die Tramps, die Wabble für seine Racheaktion mit der Versicherung gewinnen konnte, Winnetou kenne Goldvorkommen, sorgen allerdings gegen den Willen des Alten für Old Shatterhands Unversehrtheit, da Winnetou ihnen weismachen konnte, daß er achtlos den Weg zu einem großen versteckten Goldlager vergessen habe, Old Shatterhand ihn sich jedoch gemerkt habe. Bei einer Auseinandersetzung mit Apanatschka beginnt – man möchte beinahe sagen: endlich – die Sühnezeit des bösen Alten: Old Wabble, der sich als starker Tyrann aufspielt, wird von dem auf seinem Pferd gefesselten Indianer in einer waghalsigen Aktion niedergeritten und erleidet einen so schmerzhaften Armbruch, daß er „zum Erbarmen" wimmert und stöhnt (262) und den mit chirurgischen Kenntnissen ausgestatteten Old Shatterhand um Hilfe bitten läßt, die dieser selbstverständlich auch gewährt. Selbst in dieser qualvollen Situation kann „sich dieser schreckliche Mensch nicht enthalten, Gott zu leugnen oder vielmehr zu lästern" (264). Beim Verbinden des Armes geht Old Shatterhand freilich nicht sehr schonendvorsichtig mit dem Alten um, so daß der Verletzte wiederholt vor Schmerzen laut aufschreit und seinen Helfer „mit Schimpfworten und Redensarten" belegt, „welche man auf dem Papiere unmöglich wiedergeben kann" (273f.). Auch nach der Befreiung der Gefährten durch den geheimnisvollen (bzw., wie sich später herausstellt, die geheimnisvolle) Kolma Puschi und der Gefangennahme der Tramps und Old Wabbles erleidet der Alte in seinen Fesseln fürchterliche Schmerzen, und Old Shatterhands humanes Verhalten findet wiederum keine Zustimmung. In dieser Situation versucht er noch einmal aus „Mitleid", den Schuldigen zur Umkehr, zur Reue zu bewegen, obwohl er eigentlich keine Hoffnung hat, „durch Worte bessernd auf" ihn „einwirken zu können"; er will sich einfach nicht vorwerfen müssen, nicht alles Menschenmögliche in dieser Hinsicht versucht zu haben (293f.). Der unverbesserliche Alte jedoch, den er nun „für unrettbar verloren halten mußte", quittiert die nächtliche schmerzlindernde Kühlung des wundfiebernden

Armes mit dem üblichen, wenn auch für Old Shatterhand nur im Weggehen eben noch hörbaren lästerlichen Hohn (294); und als man nach der oben erwähnten Verprügelung der Tramps diese und den auf Old Shatterhands Intervention von der Bestrafung verschonten Alten zurückläßt, dankt dies der so überaus Hartgesottene mit Rache- und Todesdrohungen, so daß Old Shatterhand sich eingestehen muß: „Ich hätte nie geglaubt, daß es einen solchen Menschen geben könne!" (312)

Bevor man wieder mit Old Wabble zusammentrifft und dessen Sühne ihren unaufhaltsamen Lauf nimmt, kommt es in einer Zwischenepisode zu einer Begegnung mit dem ‚Rowdy' Toby Spencer und seinen Gesellen, mit dem Old Shatterhand schon bei Mutter Thick aneinandergeraten war. Spencer versucht, aus dem Hinterhalt den Ich-Helden zu erschießen und verwundet ihn am Oberschenkel; anschließend überfallen die Ganoven eine Schmiede und werden dort von den Helden überrascht und gefangengenommen. Es wird eine „Savannenjury" eingesetzt (353), und schon treten „wieder die alten Fragen und die schon wiederholten Gegensätze der Ansichten" zutage, denn Old Shatterhand will zwar als verwundetes Opfer nicht „übermäßig human [...] verfahren", dem Tode Spencers jedoch will er nicht zustimmen (355). Man findet schließlich – abgesehen davon, daß die Rowdies den angerichteten Schaden wieder gutzumachen haben – zu einem ganz originellen, Begeisterung hervorrufenden Urteil: Der „riesenstarke" Toby Spencer soll nicht direkt getötet werden, sondern er soll mit dem Schmied um sein Leben kämpfen, mit Schmiedehämmern als Waffen! Old Shatterhand glaubt, einen solchen Kampf „als Mensch [...] verwerfen zu müssen", doch als Westmann findet auch er ihn sehr interessant, überdies dürfe ein solcher Zweikampf „nach dem Savannenbrauche" nicht abgelehnt werden (356f.). Nebenbei bemerkt: als Autor spannender Abenteuerliteratur kann man einen solchen Einfall nicht aus etwaigen humanitären Bedenken heraus verschenken. Es gibt für Old Shatterhand „also kein Widerstreben" (357), und der Kampf findet statt. An dessen Ende steht zwar nicht der Tod des Schuldigen, denn der Schmied verschont ihn letztlich, doch die Strafe ist dennoch brutal genug: sein Schulterblatt ist „zerbocht", wie der Schmied das nennt, und der Rowdy wird wohl, sofern er die Verletzung überlebt, behindert bleiben.

Bei der nächsten Begegnung sieht Old Wabble schon sehr leidend und fiebrig aus; einige Zeit später bietet er „einen Anblick [...] zum Erschrecken". Er kann sich vor Schwäche kaum mehr aufrecht halten, seine „sonst so rein gehaltene weiße Haarmähne" starrt vor Schmutz, und der vorher schon Hagere stellt – überdeutliches Bild des nahen Todes – nur noch ein Gerippe dar mit einem Gesicht, das „der vordern Seite eines Totenkopfes" gleicht; auch seine Stimme ist völlig verändert, sie klingt zittrig und „hohl, wie durch ein Ofenrohr gesprochen", eine rechte Grabesstimme also (475). Seiner Bosheit hat das freilich noch keinen Abbruch getan. Die Bestrafung des Alten ist mit diesem Leiden aber noch längst nicht auf ihrem Höhepunkt angelangt, denn kurz darauf, in der Nähe der – wie schon erwähnt – von den mit dem ‚General' verbündeten Utahs getöteten und skalpierten Tramps, findet man ihn, nun endgültig gerichtet, ohne daß die positiven Helden des Romans dabei selbst hätten Hand anlegen müssen bzw. dürfen; der eine große Schuldige ist sozusagen durch den anderen Hauptbösewicht, den ‚General', seiner wohlverdienten Strafe zugeführt worden. Betrachtet man die Angelegenheit auf der Ebene des Autors, der ja diese unglaublich grausig-originelle Bestrafung Old Wabbles inszeniert hat, eine grausam-strenge Strafe, die von den Humanitätsreden der Hauptprotagonisten auf der unmittelbaren Handlungsebene und denen der Erzählerfigur nicht weit genug entfernt sein könnte, so lassen sich hier im Untergrund der Psyche unverarbeitete Gewalt- und Bestrafungsphantasien vermuten; doch das ist ein anderes Thema.

Als der büßende Old Wabble in Sicht kommt, „sträubt" sich dem Erzähler später sogar noch „die Feder, fortzufahren", und Old Shatterhand stößt „einen Schrei aus", wie er „wohl noch nie geschrieen" hat (488). Tatsächlich gehört die nun folgende, breit und in aller Drastik ausgemalte Szene (488-500) zu den am stärksten alle Register der Leseremotionalisierung ziehenden Passagen in Mays Œuvre überhaupt. Old Wabble steckt unter „unbeschreiblichen Schmerzen" in einer gespaltenen Fichte so eingeklemmt, daß sein Unterleib zerquetscht wird, er aber möglichst lange am Leben bleibt. Man erinnere sich: der Mörder Rollins war unter der umgestürzten Plantane auf ähnliche Art umgekommen. Als man den Alten eilig befreit hat, ist ein entsetzliches, noch weit jenseits des „nicht zu beschreibenden Todesschrei[s] von Pferden" liegendes, nicht enden wollendes Brüllen, ein Wimmern, Stöhnen und Geheul zu hören (490f.). Die Gefährten hat „ein heiliges Grauen" gepackt; sie fühlen sich „im Bereiche der Allgerechtigkeit, welche nach so erfolgloser Langmut jetzt endlich mit dem alten Gotteslästerer abzurechnen begann" (490). Erst nach über einer Stunde wird der Todgeweihte ruhiger und ansprechbar. Old Shatterhand erinnert ihn natürlich an seine Prophezeiung während des nächtlichen Religionsgespräches in der Wüste, doch der verstockte Sünder ist jetzt immer noch nicht einsichtig, verflucht Old Shatterhand und lästert weiterhin. Schließlich betet der Ich-Held laut bei dem Sterbenden, so daß Old Surehand gerührt die Tränen kommen und der Alte zwar noch spöttisch dreinblickt, sein schmerzverzerrter Mund jedoch wider Erwarten still bleibt (492f.). Da hat Old Shatterhand eine „Eingebung", und zwar von ‚Oben', wie er fühlt: Als gewissermaßen heilsame Schocktherapie läßt er den Sterbenden zu der Grube bringen, die man für die skalpierten Tramps ausgehoben hat, und ihn Zeuge des Begräbnisses werden. Das Verfahren hat Erfolg: In plötzlich „unsäglicher Angst" (496) vor der ewigen Verdammnis läßt sich der so gräßlich Büßende von Old Shatterhand nach und nach bekehren, bereut bitter seine vielen Sünden und ruft schließlich in höchster Not aus:

„Ich Unglücklicher! Ich Wahnsinniger! Es giebt einen Gott; es giebt einen; ich fühle es jetzt! Und der Mensch braucht einen Gott; ja er braucht einen! Wie kann man leben und wie sterben ohne Gott! Wie kalt, wie kalt ist's in mir, huh – – – ! [...] Das ist ein tiefer – – – tiefer – – – bodenloser Abgrund – – Hilfe, Hilfe! [...] Gnade – – Gnade – – Gna – – – !" (497f.)

Alle sind zutiefst erschüttert, und Old Shatterhand ist sich sicher: „Ein verlorener Sohn kehrt jetzt zurück ins Vaterhaus." Alle beten auf seine Aufforderung hin um das Seelenheil des Sterbenden, der nach einem friedlichen Kindheitstraum noch einmal erwacht und „zum ersten und zum letzten Mal in diesem [...] Leben" betet, und zwar ein überaus rührend gestaltetes Gebet (499f.). Er stirbt schließlich friedlich mit einem gehauchten „Lebt – – wohl! – – Ich – – – bin – – so froh, – – so – – froh – – – – !" und einem „Lächeln in seinem Angesichte", nachdem ihm Old Shatterhand an Priesters Statt Vergebung seiner Schuld zugesichert hat (500f.).

Der so tief in Schuld Verstrickte ist also „von Gottes Gerechtigkeit gerichtet", im Diesseits einer brutalen und schrecklichen Sühne unterworfen worden, nach der Umkehr in allerletzter Sekunde „aber von seiner Barmherzigkeit begnadigt worden" (500), womit er „in jener Wirklichkeit, die über allem Irdischen erhaben ist", befreit sein ewiges Leben antreten kann. Auch die irdischen Kontrahenten und Opfer des Alten haben ihm natürlich nun vergeben: „Seine Bekehrung hatte alles Vergangene gut gemacht." Dick Hammerdull bringt noch einmal in seiner humorvollen Art auf den Begriff, was man als Lehre aus diesem extremen Fall von Schuld, Sühne und Vergebung mitnehmen soll: „Leb wohl, alter Wabble! Hättest du eher gewußt, was du jetzt weißt, so wärest du nicht eines so elenden Todes gestorben. Das war gewaltig dumm von dir [...]!" (501)

Der zweite Hauptschuldige im Roman findet solche Vergebung freilich nicht. Der sogenannte ‚General', Dan Etters, steht nicht derart im Vordergrund der Romanhandlung wie Old Wabble, obwohl seine Verbrechen in fernerer Vergangenheit ja maßgeblich verantwortlich waren für das dunkle und unglückliche Schicksal Old Surehands und anderer, mit dem Titelhelden in geheimnisvollem Zusammenhang stehender Romanfiguren, für verborgene Verbindungen und verwickelte mysteriöse Familienschicksale, die in diesem Roman dann (überwiegend durch Old Shatterhand sowie natürlich den ‚Zufall', das Walten einer überirdischen Schicksalsmacht) aufgeklärt werden, womit diese Verbrechen viele Jahre vor Einsetzen der Romanhandlung eigentlich Anlaß und Ausgangspunkt der erzählten Abenteuer sind. Unter anderem hatte der ‚General' Kolma Puschis Bruder in den Rocky Mountains am ‚Devils-head' aus Goldgier ermordet, nachdem er schon ihren weißen Ehemann Bender, seinen Stiefbruder, zu Unrecht ins Gefängnis gebracht hatte, wo der verstarb. Die legendäre Kolma Puschi, die für einen Mann gehalten wird, heißt eigentlich Tehua Bender und ist die Mutter Old Surehands und Apanatschkas. Old Surehand ist getrennt von seinem Bruder bei einem Pflegevater aufgewachsen.

Der damals an den Verbrechen beteiligte Spießgeselle des ‚Generals', Thibaut – er hatte sich lange als Medizinmann Tibo-taka bei den Comantschen versteckt –, erhält natürlich vom Autor ebenfalls seine finale Strafe zugeteilt, die allerdings für ihn als Nebenfigur nicht sehr qualvoll-ausführlich ausfällt: Im Zweikampf mit dem Osagenhäuptling Schahko Matto, der mit ihm eine Rechnung zu begleichen hat, wird er kurzerhand erschossen.

Dieser Dan Etters, den Old Surehand seit langem als „Dämon", „Teufel", „Satan" (XIV 605) sucht, taucht nun unerkannt als vermeintlicher ‚General' in der Geschichte auf und ist Old Shatterhand beim ersten Zusammentreffen sofort unsympathisch, denn er hat „ein ausgesprochenes Gaunergesicht" (554). Dem macht er dann auch rasch alle Ehre, indem er – wie schon oben dargelegt – die Gewehre der Helden stiehlt und daraufhin mit einer Prügelstrafe belegt wird. Später, als er in die Hände Old Wabbles und der Tramps fällt, wird er noch einmal mit fünfzig Stockhieben bedacht. Seine endgültige große Strafe jedoch erhält er genau an dem Ort, an dem er Kolma Puschis Bruder ermordet und sie selbst aus Wut, daß er nicht an das erwartete Gold gekommen war, auf dem Grab des Ermordeten festgebunden hatte, um sie langsam verschmachten zu lassen. Nach fast vier Tagen war sie jedoch in letzter Minute von Indianern gefunden worden. Am Unglücksort wartet Kolma Puschi seit Jahren auf den Mörder, denn „die Hand Gottes treibt den Mörder zur Stätte seiner That zurück", das sei gewiß; ähnlich wie Old Shatterhand ist sie geprägt von dem Weltbild, „Gott ist gerecht", und zwar auch schon hier im Diesseits, sie ist fest davon überzeugt, daß er ihr den Mörder „zuführen" wird, damit sie „ihn bestrafen kann" (XIX 532). Der ‚General', der auch von dem Polizisten Treskow „wegen anderer Verbrechen" gesucht wird (537), ist in die Berge gekommen, um Old Surehand zu ermorden, den er in der Wüste wiedererkannt hatte; er hat ihn durch einen anonymen Brief zum Devils-head bestellt. In dessen Nähe trifft man schließlich auf den Verbrecher, der Kolma Puschi „voll Entsetzen" erkennt (557). Er flieht, von den Gefährten verfolgt, schließlich auf den steilen Devils-head und stürzt ab. Unten findet man ihn unter einem „sicher vierzig Zentner" wiegenden Stein begraben; der Oberkörper liegt frei, der Unterkörper unter dem Stein, „jedenfalls zu Mus zermalmt". „Genau wie Old Wabble! Der Unterleib eingepreßt! Welch eine Vergeltung!" ruft Old Shatterhand aus (561). Doch damit nicht genug: der Schurke liegt exakt auf dem Grab des damals von ihm ermordeten Bruders Kolma Puschis. „Welch ein Zufall, – welch ein Zufall!" möchte der Leser vielleicht mit ausrufen, doch diesmal ist es der bisherige Zweifler Old Surehand, der richtigstellt:

„Das ist kein Zufall [...]. Wer hier nicht zu der Erkenntnis kommt, daß es einen Gott giebt, und wer hier nicht glauben und nicht beten lernt, der ist ewig verloren! Ich glaubte und betete lange, lange Jahre nicht mehr; jetzt habe ich es aber wieder gelernt." (562)

Der Gerichtete ist freilich noch nicht tot, denn nicht zufällig hat der Autor ihm lediglich den Unterleib zerquetschen lassen, so daß er zwar ungeheure Schmerzen empfinden muß, dabei jedoch nur langsam stirbt. Der ‚General' kommt also zu sich und läßt „ein Brüllen hören, gegen welches dasjenige Old Wabbles ein Pianissimo war" (563f.). Der Fels ist zu schwer, um den Verbrecher aus seiner Lage befreien zu können, und so leidet er dort nun fast einen ganzen Tag lang unter so schrecklichem Brüllen und Heulen, daß man es nicht ertragen kann und ein wenig abseits das Lager aufschlägt. Im Unterschied zu Old Wabble jedoch zeigt Etters keinerlei Reue, sondern lästert, flucht, höhnt und stirbt schließlich „nicht wie ein Mensch, sondern wie – wie – wie, es fehlt [...] jeder Vergleich; es kann kein toller Hund, kein Vieh, auch nicht die allerniedrigste Kreatur so verenden wie er. Old Wabble war ein

Engel gegen ihn." (565) Trotzdem fragt sich abschließend der Erzähler: „Kann Gott seiner armen Seele gnädig sein? Vielleicht doch – doch – – doch – – – doch!"

Wie eben deutlich wurde, ist die positiv gezeichnete Titelfigur Old Surehand ebenfalls ein Ungläubiger und somit auch mit einer gewissen Schuld beladen. Auch mit ihm führt Old Shatterhand ein Gespräch über den Glauben (XIV 407-414), gleich im Anschluß an den unerfreulichen Disput mit Old Wabble. Dabei verrät Old Shatterhand, daß auch er in der Vergangenheit hinsichtlich der konkreten Ausgestaltung seines Glaubens ein Suchender war, bis er schließlich von Gott auf den einzig rechten Weg zurückgebracht worden sei, nämlich „daß jener fromme Kinderglaube der allein richtige sei" (407). Old Surehand bekennt, daß er aufgrund seines unglücklichen Schicksals seinen Glauben „vollständig" (409) verloren habe. Jedoch im Unterschied zu Old Wabble ist er kein zynischer Lästerer gegen Gott und die Religion, vielmehr ist er ein Zweifler und Gottsucher, er leidet unter seiner Unfähigkeit, an Gott zu glauben: „Er hatte gerungen und gekämpft, mit heißer Anstrengung, war aber noch nicht zum Siege gelangt." (408) Er sehnt sich nach der Stimme Gottes in seinem Herzen, die einst „gestorben" sei (409). Sein unglückliches Schicksal, die Ungerechtigkeit gegen ihn könnte ein guter, gerechter Gott nicht zugelassen haben, da es trotzdem geschehen ist, könne es keinen Gott geben. Old Surehand leidet sozusagen unmittelbar am ungelösten Theodizee-Problem. Darin genau liegt auch seine Schuld, wie Old Shatterhand in einer logischen Volte begründet: Denn da er ja Gott als unbezweifelbar existent voraussetzt, ist für ihn Old Surehands Nichtakzeptanz des Geschehens, seine Kritik an Gottes Walten, das unberechtigte Unterfangen, „mit Gott zu rechten und zu hadern", da das „nur unter Gleichstehenden geschehen" könne (410). Außerdem nehme er sein eigenes Leiden viel zu wichtig, sei er nicht der einzige, der sich vom Schicksal ungerecht behandelt fühle, „Tausende und Abertausende" haben viel mehr gelitten, als er; ob und inwiefern das unverdient ist, das könne der kleine Mensch nicht entscheiden. Und Old Shatterhand bringt pathetisch, geradezu in gerichtsmäßiger Diktion, Old Surehands Schuld auf den Punkt: „ich klage Euch an, Euch überhoben zu haben, indem Ihr den Herrgott und sein Walten vor Euern Richterstuhl gezogen habt, Ihr, die Handvoll Staub, den allmächtigen Schöpfer und Erhalter aller Himmel, Erden und Sterne!" (411) Natürlich läßt sich fragen, ob sich Old Shatterhand mit dieser Anklage nicht selbst überhoben hat, allerdings springt der Ton hier so plötzlich und unplausibel ins Predigthafte über, daß man abermals annehmen könnte, es ist eigentlich nicht der Westmann selbst, der hier spricht, sondern er ist Medium seines Autors, der sich nicht mit der Rolle eines Abenteuerschriftstellers begnügen will, sondern am Verkünden von tieferen Wahrheiten Gefallen gefunden hat. Gegen Ende des Romans kommt es noch einmal zu einem längeren, ähnlichen Religionsgespräch mit Old Surehand (XIX 466-471). Dort wird noch einmal deutlich, daß Surehand ein Leidender ist und ihm „die Ruhe" abhanden gekommen ist, daß er sich „nach dem Ende dieses Unglücks sehnt" (471), nämlich auch nach der Aufklärung und dem glücklichen Ausgang seines geheimnisvollen Familienschicksals. Es wird aber auch von Old Shatterhand deutlich ausgesprochen, daß Surehands lange Weigerung zu beten dafür verantwortlich sei, daß ihm noch nicht Erlösung zuteil geworden ist.

Es ist klar, daß Old Surehand genug Sühne leistet, um nicht noch einmal für seine Schuld bestraft zu werden. Pointiert ausgedrückt: Schuld und Sühne sind in diesem Fall zumindest partiell deckungsgleich, indem das, was Old Surehands Schuld ausmacht, nämlich sein ungerechtfertigter Glaubensverlust, gleichzeitig z. T. seine Sühne dafür darstellt, da er einerseits seine Ruhe nicht finden kann, unter dem Religionsverlust leidet, andererseits aufgrund der Tatsache, daß er nicht betet, sein Leid am ungeklärten Familienschicksal sich verlängert und er den Verursacher der Familientragödie sowie seine Mutter und seinen Bruder lange nicht finden kann.

Ein weiteres kleineres Schuldmoment scheint mir auch darin zu liegen, daß Old Surehand, wie der unglückliche Irrtumsschütze aus dem Mistake-Cañon, sein Leid dadurch verlängert, daß er ohne wichtigen Grund – mit Ausnahme natürlich des auf der Autorebene angesiedelten Motivs, das die Geheimnisspannung aufrecht hält – „so verschlossen" ist (505) und sich immer wieder hartnäckig weigert, sich zu offenbaren und Old Shatterhand etwas von seinem Familienschicksal und seiner langen Suche zu erzählen. Auch hier bilden natürlich Schuld und Sühne eine sich gegenseitig bedingende Einheit, da diese spezifische Schuld ja die Erlösung hinauszögert und das Leid, das Sühne genug ist, verlängert.

In dem Moment, als die zerstreuten Familienmitglieder Old Surehands, noch ohne einander zu erkennen, am Devils-head zusammengekommen sind, der Verbrecher gerichtet ist und Old Surehand durch dieses gezielte, göttliche Strafgericht mit dem schon oben zitierten Ausruf „Das ist kein Zufall" dokumentiert, daß er seinen Glauben wiedergefunden hat, folgt denn „auch gleich" „die Belohnung" (562). Old Shatterhand offenbart ihm, daß seine

Suche ein Ende hat, daß der so lange gesuchte Dan Etters und der ‚General' identisch sind, daß Kolma Puschi seine Mutter ist...

In dem umfangreichen Roman kommen also zahlreiche mögliche Arten von Schuld vor, keine einzige jedoch bleibt ungesühnt. Der Roman demonstriert eindringlich, „daß das Gute dem Bösen stets überlegen ist" (293), daß tatsächlich die Strafe „eine ebenso natürliche wie unausbleibliche Folge jeder That" ist, „die von den Gesetzen und von der Stimme des Gewissens verurteilt wird" (1f.). Die dem Leser vorgeführten Strafen sind mindestens der Schuld angemessen, meist jedoch sehr streng bis unmenschlich-brutal. Den um Humanität bemühten positiven Helden des Romans erspart es der Autor allerdings in der Regel, diese Sühneaktionen selbst vollstrecken zu müssen. Vielmehr geschehen sie einfach, werden sie von Nebenfiguren oder gar anderen Bösen vollstreckt. Dahinter jedoch steckt ein göttliches Walten direkt in irdische Angelegenheiten hinein, das die Gerechtigkeit garantiert und wiederherstellt (und zwar bemerkenswerterweise schon hier im Diesseits), das seine Gläubigen nicht auf eine gerechte Bestrafung von Schuld lediglich erst im Jenseits, nach dem Tode vertröstet.[18] Die Vergebung, die der reuige Sünder durch rechtzeitige Umkehr erreichen kann, kommt erst nach angemessener Sühne seiner Schuld zum Tragen, bei den großen Verbrechen also erst im Jenseits, nach der qualvollen Todesstrafe.

Der *Old-Surehand*-Roman hat damit durchaus etwas Wesentliches von Trivialliteratur an sich: Er führt ein in seinem Sinne heiles, erwünschtes, geschlossenes Weltbild vor, eine Welt, in der entgegen den Realitätserfahrungen Schuld und Sühne sich gegeneinander glatt aufrechnen, in der das Vertrauen auf einen dauernden Sieg des Guten, auf ein hilfreiches Eingreifen einer guten Macht in die eventuell verfahrenen, unangenehmen und gefährlichen Angelegenheiten der Lebenswelt voll gerechtfertigt ist. Man könnte entschuldigend sagen, das Werk ist eine Art Märchen, wenn es sich damit zufrieden gäbe. Doch das Element von Trivialliteratur liegt nun gerade darin, daß es das nicht tut, sondern der Autor versucht, den Eindruck des Romanhaften, Fiktiven seines Werkes zurückzunehmen und das Realistische zu betonen. So lautet der Reihentitel des dritten *Surehand*-Bandes nicht mehr ‚gesammelte Reiseromane', sondern neutraler ‚gesammelte Reiseerzählungen', was ja auch nichtfiktive Reiseberichte miteinschließt. Weiterhin ist dem dritten Band ein Foto beigegeben, das Karl May in seiner Kleidung als Old Shatterhand mit Winnetous Silberbüchse zeigt, worauf er – um diese Fiktion als Realität aufrechterhalten zu können – in den Roman eine völlig abschweifende Passage einbringen mußte, die erklärt, wie er im Besitz dieses Gewehres sein kann, das er doch seinerzeit Winnetou mit ins Grab gelegt haben will (329ff.). Auch innerhalb des Romans wird alles vermieden, was die Illusion eines real von seinen Erlebnissen berichtenden Ichs durchbrechen könnte, im Gegenteil ließen sich viele Stellen anführen, die darauf zielen, eine Aura von Authentizität zu verbreiten.

Nach eigenem Bekunden kommt es dem Autor darauf an, durch seine Bücher den Leser, „der in der Irre ging", auf den richtigen Weg zu weisen (151). Ob dies mit der Vorführung solcher Beispiele von Schuld und Sühne (gewissermaßen als Abschreckung), mit der Behauptung und Propagierung einer Welt, in der das Vertrauen auf einen direkt Ordnung schaffenden gütigen Gott letztlich alles zum Guten wendet, geleistet werden kann, ist allerdings zumindest fraglich, jedoch ein ganz anderes Thema.

Anmerkungen

1 Wenn auch Harald Fricke zu Recht darauf hingewiesen hat, daß hier die Gattungsgrenzen eines ‚reinrassigen' Abenteuerromans an vielen Stellen überschritten werden und Elemente anderer Gattungstraditionen in das Werk Eingang gefunden haben. Auch meine Studie will ja gerade auf ein nicht abenteuerromantypisches Sujet eingehen. Vgl. Harald Fricke: *Wie trivial sind Wiederholungen?Probleme der Gattungszuordnung von Karl Mays Reiseerzählungen.* In: *Erzählgattungen der Trivialliteratur.* Hg. v. Zdenko Škreb u. Uwe Bauer. Innsbruck 1984, S. 125-148.
2 Auf die sich aus diesem Verfahren ergebenden Probleme, Inkonsistenzen und erzähllogischen Widersprüche kann in diesem Essay nicht eingegangen werden; vielmehr soll das Werk, so wie es sich dem Leser als Ganzes darbietet, ernstgenommen und aus dem hier gewählten Blickwinkel vorgestellt werden. – Zur Konstruktion des zweiten *Surehand*-Bandes vgl. etwa den Anhang zur Reprint-Ausgabe des Fehsenfeld-Bandes: Bamberg 1983, S. A1-A8.
3 Übrigens verfolgte Charles Sealsfield (eigentlich Carl Postl, 1793–1864) in seinem in der Geschichte der Vereinigten Staaten, im Westen angesiedelten Roman *Das Cajütenbuch, oder Nationale Charakteristiken* von 1843 ein ähnliches Konzept: Dort treffen sich abends regelmäßig Leute im ‚Kajüte' genannten Landhaus des Kapitäns Murphy; ihre Gespräche und längeren, durchaus auch abenteuerlichen Erzählungen bilden den Inhalt des ‚ernsthaften', politischen Werkes, das wie viele Maysche Romane später ebenfalls oft als ‚bloße' Jugendlektüre aufgefaßt worden ist.
4 Vgl. z. B. Matthias Lexers *Mittelhochdeutsches Taschenwörterbuch.* Stuttgart ^{34}1974, S. 8.
5 Um eine Formulierung von Claus Roxin aufzugreifen, der in seiner Vorstellung des *Old-Surehand*-Romans im *Karl-May-Handbuch* (Hg. v. Gert Ueding. Stuttgart 1987, S. 238-252; Zitat S. 250) den mich hier interessierenden thematischen Aspekt des Werkes als ein Charakteristikum erwähnt.
6 Wie Helmut Schmiedt das für Mays Abenteuerromane generell treffend formuliert hat (*Karl May. Studien zu Leben, Werk und Wirkung eines Erfolgsschriftstellers.* 2., völlig überarbeitete und ergänzte Auflage. Frankfurt 1987, S. 115).
7 *Deutscher Hausschatz,* Jg. 5, 1878/79, S. 405.

8 Roland Schmid meint in seinem Reprint-Nachwort [Anm. 2, S. A5f.] zu dieser Skalpierszene: „Karl May muß von allen guten Geistern verlassen gewesen sein, als er diesen Text für die Buchausgabe unverändert in Druck gab."
9 Bezogen auf den gesamten Kolportageroman: vorläufig, denn am Ende kommt er ins Zuchthaus.
10 Die Geschichte geht auf die 1889 veröffentlichte Erzählung *Im Mistake-Cannon* zurück.
11 Hartmut Vollmer: *Die Schrecken des ‚Alten': Old Wabble. Betrachtung einer literarischen Figur Karl Mays.* In: JbKMG 1986, S. 155-184; Zitat S. 165. Der Aufsatz informiert u. a. ausführlich über die unterschiedlichen biographischen Bezüge der Figur.
12 Ebd., S. 166f.
13 Doch das wäre ein eigenes, interessantes Thema für eine Untersuchung: Wie dem um Humanität bemühten Autor immer wieder, sozusagen durch die Hintertür und von ihm unbemerkt, inhumane Tendenzen in seine Werke einfließen.
14 Vollmer [Anm. 11], S. 169.
15 Über die ‚Gerechtigkeit' der Weißen gegenüber den Indianern siehe auch XV 84-87.
16 Vorausdeutungen sind ein häufiges Element der Erzählweise dieses Romans; allerdings stimmen sie nicht immer.
17 Unter Theodizee, die eine lange Tradition seit der Antike hat, versteht man den philosophisch-theologischen Versuch, Gott in der Hinsicht zu erklären bzw. zu rechtfertigen, daß er die Übel in der Welt zumindest zuläßt. Der bekannteste neuzeitliche, große Versuch ist *Die Theodizee* von Gottfried Wilhelm Leibniz, 1710 zuerst auf Französisch erschienen (*Die Theodizee*. Übersetzung von Artur Buchenau. Hamburg ²1968).
18 Vgl. zu dieser Diesseitsgewandtheit von Mays Christentum allgemein Schmiedt [Anm. 6], S. 185.

Bibliographie

Aufgenommen sind Publikationen, die monographisch oder themenübergreifend Karl Mays Trilogie *Old Surehand* behandeln. Die mit * gekennzeichneten Titel sind im vorliegenden Band abgedruckt.

A[ugustin], S[iegfried] C.: *Nachwort*. In: *Winnetou und der Detektiv. Wiederentdeckter Kriminalroman von Karl May*. Hg. u. überarbeitet v. Walter Hansen u. S. C. Augustin. München 1982, S. 326-334.

Ders.: *Unter der Windhose*. In: Karl May: *Der Krumir. Seltene Originaltexte*, Bd. 1 (KMG-Reprint). Hamburg, Gelsenkirchen 1985, S. 153-156.

Bartsch, Ekkehard: *Auf der See gefangen*. In: *Karl-May-Handbuch*, 2. erweiterte u. bearbeitete Auflage, hg. v. Gert Ueding in Zusammenarbeit mit Klaus Rettner. Würzburg 2001, S. 304f.

* Biermann, Joachim: *Die Spur führt in die Vergangenheit. Überlegungen zur Thematik der Identitätssuche in Karl Mays ‚Old Surehand‘*.

Böhm, Viktor: *Karl May und das Geheimnis seines Erfolges. Ein Beitrag zur Leserpsychologie*. Wien 1955, Gütersloh ²1979.

Bröning, Ingrid: *Die Reiseerzählungen Karl Mays als literaturpädagogisches Problem*. Ratingen, Kastellaun, Düsseldorf 1973.

Dernen, Rolf: *Old Surehand und die Piraten. Aus der Werkstatt eines Erfolgsschriftstellers II*. In: *Karl May & Co.* 88 (2002), S. 16-18.

Droop, A[dolf]: *Karl May. Eine Analyse seiner Reise-Erzählungen*. Cöln-Weiden 1909 (Reprint Bamberg 1993).

Forst-Battaglia, Otto: *Karl May. Traum eines Lebens – Leben eines Träumers*. Bamberg 1966.

Freytag, Ludwig: *May, Karl, Gesammelte Reiseromane. Band XIV: Old Surehand, Band 1*. In: *Central-Organ für die Interessen des Realschulwesens*, März 1895, S. 156.

Ders.: *May, Karl, Gesammelte Reiseromane. Band XV: Old Surehand, Band 2*. In: *Central-Organ für die Interessen des Realschulwesens*, Juni 1895, S. 366f.

* Fricke, Harald: *Karl May und die literarische Romantik*. In: JbKMG 1981, S. 11-35.

Ders.: *Wie trivial sind Wiederholungen? Probleme der Gattungszuordnung von Karl Mays Reiseerzählungen*. In: *Erzählgattungen der Trivialliteratur*. Hg. v. Zdenko Škreb u. Uwe Bauer. Innsbruck 1984, S. 125-148.

Ders.: *Suggestion statt Argumentation. Beobachtungen zur Wirkung literaturwissenschaftlicher Prosa*. In: *Akten des VII. Internationalen Germanistenkongresses Göttingen 1985. Kontroversen, alte und neue*. Bd. 10. Hg. v. Wilhelm Vosskamp u. Eberhard Lämmert. Tübingen 1986, S. 138-147.

Ders.: *Wieviel Suggestion verträgt die Interpretation? Ein Versuch am lebenden Objekt der Karl-May-Forschung. Mit einem Exkurs zur Psychoanalyse*. In: Harald Fricke: *Literatur und Literaturwissenschaft. Beiträge zu Grundfragen einer verunsicherten Disziplin*. Paderborn, München, Wien, Zürich 1991, S. 45-62.

Frigge, Reinhold: *Das erwartbare Abenteuer. Massenrezeption und literarisches Interesse am Beispiel der Reiseerzählungen von Karl May.* Bonn 1984.

Graf, Andreas: *Winnetou im ‚Criminalroman'. Aspekte zeitgenössischer Aktualität in Karl Mays frühem Roman „Auf der See gefangen".* In: *Karl May.* Hg. v. Heinz Ludwig Arnold. Sonderband text + kritik. München 1987, S. 39-59.

* Hahn, Jürgen: *„an den sorgfältig ausgesuchten Orten". ‚Andeutungen über Landschaftsgärtnerei' in Karl Mays Romantrilogie ‚Old Surehand'. Ein Versuch über das allegorische Wesen hortologischer „Raumbilder".*

Hatzig, Hansotto: *Karl May und Albert Schweitzer. Beispiele zu einer Gegenüberstellung.* In: MKMG 3 (1969), S. 3-7.

Ders.: *Register zu Karl Mays Reiseerzählungen.* Mit Anmerkungen und Zitaten. Ubstadt 1995, S. 169-206.

* Ders.: *Liebe und Versöhnung oder Das Programm Albert Schweitzers. Träume von einer Erlösung.*

Henkel, Günter/Winter, Ingmar: *Gesicht und Maske. Beiträge zu Physiognomie und Rollenspiel bei Karl May.* SoKMG 59 (1985).

Ilmer, Walther: *Sichere Hand auf wackligen Füßen: Old Surehand.* In: MKMG 29 (1976), S. 4-19.

Ders.: *Das Adlerhorst-Rätsel – ein Tabu?* In: MKMG 34 (1977), S. 25-37.

Ders.: *Sexualsymbolik bei Karl May – – – (zum Beispiel in „Old Surehand"?) risikoträchtiges Forschungsfeld. Sorgliche Bemerkungen zu einem heiklen Thema.* Unveröffentlichtes Typoskript, 1984. 57 S.

Ders.: *Karl May – Mensch und Schriftsteller. Tragik und Triumph.* Husum 1992.

* Ders.: *Mit un-sicherer Hand zum sicheren Sieg. Karl Mays ‚Old Surehand' als Werk der Kontraste.*

Klußmeier, Gerhard/Plaul, Hainer: *Karl May. Biographie in Dokumenten und Bildern.* Hildesheim, New York 1978; aktualisierte und erweiterte Neuausgabe *(Jubiläums-Bildband)* Hildesheim, Zürich, New York 1992.

Dies.: *Karl May und seine Zeit. Bilder, Texte, Dokumente. Eine Bildbiografie.* Bamberg, Radebeul 2007.

Koch, Ekkehard: *Der ‚Kanada-Bill'. Variationen eines Motivs bei Karl May.* In: JbKMG 1976, S. 29-46.

* Ders.: *„...einer der gefährlichsten Winkel des fernen Westens...". Zum zeitgeschichtlichen Hintergrund der ‚Old-Surehand'-Erzählung.*

Kosciuszko, Bernhard (Hg.): *Großes Karl-May-Figurenlexikon.* Paderborn 1991; zweite, verbesserte, überarbeitete und erweiterte Auflage Paderborn 1996; dritte, verbesserte u. ergänzte Auflage *(Das große Karl May Figurenlexikon).* Berlin 2000.

* Krapp, Lorenz: *Das sittliche Ideal bei Karl May.* In: KMJb 1933, S. 361-392.

Lobgesang, Harald: *Die literarische Umsetzung von Wach- und Traumphantasien bei Karl May.* Schriftliche Hausarbeit im Fach Germanistik (Masch.), Marburg 1977.

Lorenz, Christoph F.: *Die wiederholte Geschichte. Der Frühroman ‚Auf der See gefangen' und seine Bedeutung im Werk Karl Mays.* In: JbKMG 1994, S. 160-187.

* Ders.: *Vom ‚Self-man zum ‚Helden des Westens'. Zur Abenteuerkonzeption und Integration früher Erzähltexte in Karl Mays ‚Old Surehand II'.*

Lowsky, Martin: *Karl Mays „indianische Zeitbestimmung".* In: MKMG 32 (1977), S. 6-8.

Ders.: *Karl May.* Stuttgart 1987.

McClain, Meredith: *Karl Mays Llano estakado und die Wirklichkeit heute.* In: JbKMG 1994, S. 299-311.

Meier, Herbert: *Vorwort.* In: Karl May: *Kleinere Hausschatz-Erzählungen* (KMG-Reprint). Hamburg, Regensburg 1982, S. 6-11 (*Three carde monte*).

Nicol, Martin: *Karl May als Ausleger der Bibel. Beobachtungen zur ‚Old Surehand'-Trilogie.* In: JbKMG 1998, S. 305-320.

Oel-Willenborg: *Von deutschen Helden. Eine Inhaltsanalyse der Karl-May-Romane.* Weinheim, Basel 1973.

* Olma, Walter: *Schuld, Sühne, Vergebung in Karl Mays ‚Old Surehand'.*

Plaul, Hainer (Hg.): Karl May: *Mein Leben und Streben.* Hildesheim, New York 1975.

Ders.: *Illustrierte Karl-May-Bibliographie.* Unter Mitwirkung v. Gerhard Klußmeier. Leipzig 1988.

Raub, Manfred: *Douglas und andere Bürgerkriegs-Generäle, oder: Wer focht in Bull Run?* In: MKMG 118 (1998), S. 10-13.

Roxin, Claus: *„Dr. Karl May, genannt Old Shatterhand". Zum Bild Karl Mays in der Epoche seiner späten Reiseerzählungen.* In: JbKMG 1974, S. 15-73.

Ders: *Old Surehand I-III.* In: *Karl-May-Handbuch*, 2. erweiterte u. bearbeitete Auflage, hg. v. Gert Ueding in Zusammenarbeit mit Klaus Rettner. Würzburg 2001, S. 200-210.

Serden, Karl: *Old Surehand – Roman der Erfüllung?* In: MKMG 66 (1985), S. 41-43.

Schmid, Roland: *Nachwort zur Reprint-Ausgabe* v. Karl May: *Old Surehand I.* Bamberg 1983, S. N1-N12.

Ders.: *Anhang zur Reprint-Ausgabe* v. Karl May: *Old Surehand II.* Bamberg 1983, S. A1-A8.

Schmid, Ulrich: *Das Werk Karl Mays 1895-1905. Erzählstrukturen und editorischer Befund.* Ubstadt 1989.

Schmidt, Arno: *Sitara und der Weg dorthin. Eine Studie über Wesen, Werk & Wirkung Karl May's.* Karlsruhe 1963.

Schmidt, Stefan: *„Three Carde Monte".* In: MKMG 66 (1985), S. 41-43.

Schmiedt, Helmut: *Karl May. Studien zu Leben, Werk und Wirkung eines Erfolgsschriftstellers.* Königstein/Ts. 1979; überarbeitete Ausgaben: Frankfurt/M. 1987 u. Frankfurt/M. 1992 (*Karl May. Leben, Werk und Wirkung*).

Schweikert, Rudi: *Panorama, Zauberland und Freiligrath. Anspielung, Zitat und Geist der Epoche zu Beginn von Karl Mays letztem ‚Old Surehand'-Kapitel.* In: JbKMG 1995, S. 241-251.

Sudhoff, Dieter/Steinmetz, Hans-Dieter: *Karl-May-Chronik*, Bd. 1. Bamberg, Radebeul 2005.

Dies. (Hg.): Karl May: *Briefwechsel mit Friedrich Ernst Fehsenfeld*, Bd. 1. Bamberg, Radebeul 2007.

Susteck, Sebastian: *Im Angesicht des Todes. Letzte Worte in Reiseerzählungen Karl Mays*. In: JbKMG 2009, S. 273-308.

* Vollmer, Hartmut: *Die Schrecken des 'Alten': Old Wabble. Betrachtung einer literarischen Figur Karl Mays*. In: JbKMG 1986, S. 155-184.

Wehnert, Jürgen: *Karl May, Joseph Kürschner und die Deutsche Verlags-Anstalt*. In: Karl May: *Der Krumir. Seltene Originaltexte*, Bd. 1 (KMG-Reprint). Hamburg, Gelsenkirchen 1985, S. 110-112.

Ders.: *Im Mistake-Cannon*. In: Karl May: *Der Krumir. Seltene Originaltexte*, Bd. 1 (KMG-Reprint). Hamburg, Gelsenkirchen 1985, S. 113.

Ders.: *Der erste Elk*. In: Karl May: *Der Krumir. Seltene Originaltexte*, Bd. 1 (KMG-Reprint). Hamburg, Gelsenkirchen 1985, S. 128f.

Wollschläger, Hans: *Karl May in Selbstzeugnissen und Bilddokumenten*. Reinbek bei Hamburg 1965; Neufassung: *Karl May. Grundriß eines gebrochenen Lebens*. Zürich 1976.

Die Karl-May-Studienbände im Igel Verlag

Karl Mays „Orientzyklus". KMS Bd.1
Br. 312 S., 21,- €; ISBN 978-3-927104-19-8.
Karl Mays „Im Reiche des silbernen Löwen". KMS Bd. 2
Br. 380 S., 24,90 €; ISBN 978-3-86815-505-1; Neuauflage 2010.
Karl Mays „Old Surehand". KMS Bd. 3
Br. 384 S., 24,90 €; ISBN 978-3-86815-509-9; Neuauflage 2011.
Karl Mays „Ardistan und Dschinnistan". KMS Bd. 4
Br. 222 S., 24,90 €; ISBN 978-3-86815-504-4; Neuauflage 2010.
Karl Mays „Satan und Ischariot". KMS Bd. 5
Br. 281 S., 24,- €; ISBN 978-3-89621-099-9.
Karl Mays „Und Friede auf Erden!" KMS Bd. 6
Br. 318 S., 24,90- €; ISBN 978-3-89621-135-4.
Karl Mays „Im Lande des Mahdi". KMS Bd. 7
Br. 297 S., 24,90 €; ISBN 978-3-86815-506-8; Neuauflage 2010.
Karl Mays „El Sendador". KMS Bd. 8
Br. 324 S., 24,- €; ISBN 978-3-89621-207-8.
Karl Mays „Weihnacht!" KMS Bd. 9
Br. 320 S., 24,- €; ISBN 978-3-89621-222-1.
Karl Mays „Winnetou". KMS Bd. 10
Br. 432 S., 24,- €; ISBN 978-3-89621-223-8.